SV

»… trotz allem, so wie du bist«

Wolfgang und Marion Koeppen Briefe

Herausgegeben von
Anja Ebner

Mit einem Nachwort von
Hans-Ulrich Treichel

Suhrkamp Verlag

Erste Auflage 2008
© Suhrkamp Verlag Frankfurt am Main 2008
Alle Rechte vorbehalten,
insbesondere das der Übersetzung,
des öffentlichen Vortrags sowie der Übertragung
durch Rundfunk und Fernsehen, auch einzelner Teile.
Kein Teil des Werkes darf in irgendeiner Form
(durch Fotografie, Mikrofilm oder andere Verfahren)
ohne schriftliche Genehmigung des Verlages
reproduziert oder unter Verwendung
elektronischer Systeme verarbeitet, vervielfältigt
oder verbreitet werden.
Druck: Memminger MedienCentrum AG
Printed in Germany
ISBN 978-3-518-41977-9

1 2 3 4 5 6 – 13 12 11 10 09 08

Inhalt

Die Briefe

1946

[1]

Reinfeld-Holstein[1]
2. Oktober 1946

Mein Buzzilein,

ich habe Verlangen nach dir. Hier ist alles unbeschreiblich. Ein Wirrwarr, aus dem nicht herauszufinden und aus dem nichts zu retten ist. Das heisst Sachen wären schon zu retten; ein ganzer Hausstand – aber wohin damit.

Ich werde mit dir reden und nocheinmal fahren müssen.

In allen Schuben alte Erinnerungen: Briefe, Manuskripte, Bilder – merkwürdiges Bildnis einer Jugend[2], die meine war und mir schon fremd ist. Distanz zu den Bildern der Sybille.[3]

Morgen fahre ich nach Hamburg. Wenn Hamburg so merkwürdig sein sollte wie seine Gegend um den Bahnhof, werde ich was erleben.

Hoffentlich bist du noch im Haus![4]

Ich habe dich lieb.

Wolfgang

1 W. K.s Nennonkel Theodor Wille und seine Tante Olga Köppen (im folgen-den O. K.) lebten seit ihrer Rückkehr aus Ostpreußen (um 1930) in Reinfeld. Wille war als Baurat in verschiedenen ostpreußischen Städten tätig gewesen, u. a. in Thorn-Mocker und Ortelsburg. Von 1908 bis zu Willes Tod am 9. Ja-nuar 1945 führte O. K. Willes Haushalt. Zusammen mit seiner Mutter Maria Köppen verbrachte W. K. einen Großteil seiner Kindheit im Haus des Baura-tes (von 1908 bis 1912 in Thorn-Mocker, von 1912 bis 1918 in Ortelsburg). Nach Willes Tod ging sein gesamter Besitz an O. K. Wille hatte sie in seinem Testament vom 1. November 1940 zur Alleinerbin erklärt. Das Erbe umfaßte

neben dem Elternhaus Willes, der Villa Daheim in Reinfeld und dem dazu-
gehörigen Hausrat, auch Aktien im Gesamtwert von ca. 31 000 Reichsmark.
2 O. K. verwahrte nicht nur ihre eigenen Erinnerungsstücke in Reinfeld, sondern auch die persönlichen Dinge ihrer Schwester, W. K.s Mutter Maria.
W. K. hielt sich zwischen 1934 und 1938 in Holland auf. Vermutlich lagerte
er währenddessen einen Teil seines Besitzes, wie Fotos und Briefe, bei seiner
Tante.
3 W. K. traf die Schauspielerin Sybille Schloß erstmals 1927 in Berlin. Die von
Schloß nicht erwiderte Liebe inspirierte W. K. zu seinem Debütroman *Eine
unglückliche Liebe*, der 1934 erschien. (Vgl. *Eine unglückliche Liebe. Werke 1.*)
4 W. K. meint das Elternhaus M. K.s in der Ungererstraße 43 in München. Seit
dem 14. September 1945 war W. K. per Meldeschein dort offiziell als Besucher registriert. Der vom Military Government ausgestellte Personalausweis gibt als ständige Adresse ebenfalls die Ungererstaße 43 an. (Wolfgang-
Koeppen-Archiv der Ernst-Moritz-Arndt-Universität Greifswald, im folgenden WKA.)

[2]

Reinfeld-Holstein
3. Oktober 1946

Mein Liebes, Gutes,

ich weiss nicht, ob ich weinen, lachen oder verrückt werden soll.
Meine Tante, der man so übel mitgespielt hat, ist leider schlimmer alterseinfältig als die Uli[1], und ich erfahre stündlich von
neuen Vermögenswerten, die gestohlen, unwiederbringlich verliehen oder verschleudert sind. Dabei ist das Haus noch immer
bis unter das Dach voll von Sachen in wilder Unordnung, und
ich würde gute vier Wochen brauchen, um alles auch nur einigermassen durchzusehen. Du fehlst mir hier sehr. Ich brauchte deine Hilfe, dein kaufmännisches Talent, dein Lachen und
deine hysterischen Schreie. Es scheint mir sehr notwendig zu
sein, dass wir beide noch einmal (und zwar bald, denn meine
Tante ist alt und schwach) hierherfahren und dann einen Transport zusammenstellen. Es wird aber für dich eine furchtbare
Anstrengung und Unbehagen sein. Ich wollte am Donnerstag

reisen. Ich weiss nicht, ob ich bis dahin auch nur das Notwendigste erledigen werde. Du erhältst über meine wahrscheinliche Ankunft ein Telegramm. Es wäre schön, könntest du am Zug sein.

Ich war gestern in Hamburg. Langes Gespräch mit Claassen-Goverts.[2] Hamburg selbst merkwürdig und von einer neuen Finsterkeit. Das Lokalessen nach meinem Eintagsurteil schlechter als bei uns. Für Fischgerichte fordert man Fischmarken, die ich nicht habe. Die grossen Geschäftsstrassen sind so gut wie unzerstört. St. Pauli und die Reeperbahn dagegen sehr mitgenommen. Auf der Reeperbahn ein unheimlicher Betrieb schon kriminell anmutender Armut. Die Mädchen sind verschwunden. Männer mit bösen Gesichtern versammeln sich zu einem Schwarzen Markt wie es in München der auf dem Sendlingertorplatz war. Es ist aber keine Kaufkraft da. Die Geschäfte sind Tausch oder werden in kleinen Mengen getätigt – 2 Zigaretten, 1 Pfund Brot, 1 50 Gramm Marke. Alles von der Hand in den Mund. Deutsche Polizisten gehen zwischen den Händlern auf und ab, werden aber wenig beachtet. Natürlich wird es noch einen Markt höheren Niveaus und mit grösseren Umsätzen geben. Er ist mir unbekannt. Wenig Ausländer. Keine Juden. Plötzlich wurde ich müde und litt unter dem scharfen kalten Wind, der durch die unverglasten Fenster des überfüllten Zuges nach Lübeck strich. Mein liebes Herz!
Heute Nacht träumte ich, du sagtest: wir haben uns sehr lieb.

dein Kopernikus

---

1 M. K.s Großmutter Luise von Schrenk, die in der Familie Uli genannt wurde.
2 Im Dezember 1934 gründeten Eugen Claassen und Henry Goverts in Hamburg den Verlag H. Goverts. Nachdem sie nach Kriegsende von den Alliierten eine Lizenz erhalten hatten, kam es 1946 zu einer Neugründung unter dem Namen Claassen und Goverts. 1947, nach der Trennung von Eugen Claassen, gründete Goverts zusammen mit Alfred Scherz den Scherz & Goverts Verlag. Goverts war W. K.s Verleger von 1951 bis Dezember 1960.

Reinfeld in Holstein
5. Oktober 1946

Betrügst du mich ordentlich?
Findest du das Leben ohne mich
schöner? Nun gut, nun gut.
Ich ziehe auf das Wohnschiff, einsam, allein, im Nebelnorden
und stelle Roditi[1] als Bootsmann an.

Mein liebes gutes Herzenskind, willst du zu mir halten?
Ich war eben auf dem Boden. Da stehen die Kunstgegenstän-
de[2] des Hauses in wilder Unordnung. Vasen, Uhren, Porzellan, Plastiken, Gobelins sind durcheinander geschichtet, vieles ist zerbrochen, noch mehr ist gestohlen, aber es ist immer
noch einiges da, um eine schöne Wohnung einzurichten. Das
Wichtigste ist für uns die Wohnung.[3] Möbel und alles andere
hätten wir. Es könnte eine schöne Wohnung werden. Glaubst
du, dass einer aus Bayern nach Reinfeld tauschen würde? Ich
hätte anzubieten ein 6 Zimmerhaus[4] mit Nebengelassen und
Garten und extra ein an der Strasse gelegenes Hausgrundstück.
Erreichbar wäre wohl ein Tausch nach Hamburg und auch
ein Tausch nach Berlin. In Hamburg sah ich an der Alster ein
Wohnschiff liegen. Es hiess, ich schwöre, Marion und war so
hübsch bemalt[5] wie du. Ich halte diese Idee noch immer für
gut. Du solltest dir mal sowas ansehen. Wir könnten auf diesem Schiff eine Katze, einen Hund und einen Blumengarten
halten. Wir könnten auch ein Hamburger Telefon haben und
Leute einladen, – wie grässlich! Die Leute würden sicher gerne
zu uns kommen, schon um der Originalität willen; aber ich
weiss nicht, auch Hamburg schien mir nicht mehr gut zu sein.
Ich fahre wahrscheinlich Montag nocheinmal hin und werde
mit einem Hausmakler sprechen. Ich weiss nicht, wie ich alles
schaffe. Der Wirrwarr ist nicht zu lösen. Meine Tante ist aufop-
fernd und rührend, sie ist sehr gut zu mir und würde es auch zu
dir sein, aber ihr Geist ist so verwirrt, dass sie mir leider jetzt

Schwierigkeiten macht, wenn ich etwas zu retten versuche. Sie hat einen sehr grossen, doch Gott sei Dank scheusslichen (der einzige scheussliche moderne) Teppich verliehen. Für nichts. Für ein Versprechen, das nichtmal gehalten wurde. Ich wollte jetzt den Teppich abholen lassen, um ihn zu verkaufen und die Steuer zu befriedigen. Meine Tante aber fürchtet ganz sinnloser Weise die Teppichbenutzer und wehrt sich dagegen, dass ich den Teppich zurückfordere und holen lasse.[6] Dabei ist das Geld für die Steuer nicht da und muss bis zum 15. gezahlt werden, um neue Verluste zu vermeiden. Es ist zum verrückt werden. Ein sehr wertvolles, weil sehr altes chinesisches Porzellan hat unglücklicherweise die Form eines Elefanten gehabt und ist als Kinderspielzeug geklaut worden. Herr Eger und auch Herr Siedhoff[7] hätten, um mit Siedhoffs Worten zu reden, dafür ein Vielfach-Mehrfaches gegeben. Ich habe das »Kinderspielzeug« wiedergefunden. »Och, de olle Elefant, dü is doch nits wart« wurde mir auf Plattdeutsch gesagt und mir eine Scherbe des Kopfes gereicht. Die Eltern des Kindes sind sehr böse auf mich, weil ich mich darüber aufgeregt habe. Meine Tante sagt nun, ich mache ihr Feinde im Ort. Dabei ist sie bereit, mir ALLES zu geben. Ich brauchte nur mit dem Möbelwagen vorzufahren. Aber ich habe leider nicht einmal das Geld, um einen versicherten Kistentransport in die Wege zu leiten. Wir m ü s s e n uns eine Wohnung schaffen und dann wieder herfahren. Ich bin wahnsinnig gereizt. Meine Tante liess es sich nicht nehmen, für mich einen Kuchen zu backen. Dies langsam, bedächtig und alles in dem e i n e n Zimmer[8], das uns zur Verfügung steht.

Und ausserdem sorge ich mich um dich. Was magst du schon wieder für Aufregungen, für Ärger, für Kräche haben, in welchen Nöten magst du sein, besoffen und nachher weinend. Du bist nicht die Braut für diese Zeit, aber du bist die rechte.[9]

Ich wollte am Donnerstag reisen. Es kann aber sein, dass ich es nicht schaffe. Abholen wäre gut! Ich telegrafiere. Aber du musst

13

ja nach Feldafing wegen deiner Karten!!!!!!! Ich dann auch.[10] Sofort.

Auf Wiedersehen! Umärmel mich.

dein Kopernikus
Wolfgang Koeppen

1 Vermutlich meint W. K. den französischen Schriftsteller Georges Roditi. Im April 1960, einen Monat vor seiner Frankreichreise, bat W. K. Henry Goverts um Roditis Adresse in Frankreich.

2 In einem Notizbuch inventarisierte W. K. handschriftlich nicht nur die Gegenstände auf dem Dachboden der Villa Daheim, sondern im ganzen Haus: »*Salon* / antike Standuhr / Säulenschrank (Empire) / 1 Biedermeierbank / 2 rote Plüschstühle / 2 grünbezogene Stuhlsessel / 1 Glaskronleuchter / 1 antiker Spiegel (Laubgerank) / 1 alter Türvorhang / 1 Bild (Reiher vor Bäumen) / 1 kleine halbrunde Konsole / 1 Segelbild Heckendorf / 1 alte Messingkaffeemaschine / 1 Bild Aquarell Poseidon im Grünen / 1 kleines Pastellportrait // [ein Wort unleserlich] 1 grüner Stuhl / 1 Kleiderschrank / 1 ovaler Biedermeierspiegel / 1 Lampe / Ess[zimmer] / 1 kleiner Klapptisch / 1 Säulenschrank mit Scheibe // *Küche* / 1 Tisch / der alte grüne Küchenschrank / Hinterküche grünes Küchenbuffet / *Diele* unterer Flur / [ein Wort unleserlich] / 1 kl. Sekretärkommode ohne Aufsatz mit Rollklappe / *obere Diele* / Bücherbrett mit Klassikern / 1 Adlerbild / 1 antiker Spiegel mit Schnitzrahmen / 1 grosser Wandspiegel / 1 Gasherd, 1 brauner polierter Wäscheschrank / 1 Klapptisch / 1 Standuhr / 1 braune Kommode / 1 dunkelbraune Kommode mit Scheiben / 1 kl. Schrank / 1 Eckschrank / verschiedene Bilder, Teller und Abgüsse // [ein Wort unleserlich] Reinfeld dunkler Rosenteppich / rotes Sofa / 2 rote Sessel / 1 Wandspiegel (Empire) / Dr. Lorentzen grosser ehemaliger Esszimmerklapptisch / Frau Schulz, [ein Wort unleserlich] gelbgrünes Biedermeiersofa u. 1 Tisch / Kammer neben Toilette / Kartoffeln / Bücherkisten Wilhelm Wille / Kleines Zimmer / grosses Bett / helles Biedermeiersofa / antiker Kleiderschrank / viereckiger Mahagonitisch / 2 Rohrstühle geflammte Birke / Handtuchständer / 1 grosser langer Spiegel mit Konsole / grosses Oberzimmer (Schröter) / Unten Bett / 1 Brücke handgewebt lang graublau / 1 Brücke handgewebt kürzer rot / 1 grosser Teppich dunkelrot mit schwarz / Im Bett / 1 kleinerer echter Teppich gestopft gemustert / rot grau u. bunt // [...] / Waschkommode (Mahagoni-Tantezimmer) Pappkarton einige Ringe, alte Uhren, Silbermünzen, 1 goldene Damenuhr Vachenen Genève No. 52227 18 Karat / 1 altmodisches Armband / 1 dazu passende Brosche (Schaumgold?) / 1 Uhrenkette von Th[eodor Wille]? / [...]«. (WKA)

3 Das Domizil in der Ungererstraße 43 sollte ein vorübergehendes sein. Aber

auch nach der Heirat am 24. November 1948 blieben die Eheleute Koeppen in der Ungererstraße wohnen. Erst nach dem Tod von M. K.s Vater, dem Rechtsanwalt Wolfgang Ulrich, 1963 und dem Verkauf des Hauses bezog das Paar eine Wohnung in der Löwitherstraße.

4 Gemeint ist die Villa Daheim. Vgl. Brief 1, Anm. 1.

5 In einem Brief vom 6. Januar 1944 aus Feldafing erwähnte W. K. gegenüber O. K. zum ersten Mal seine zukünftige Frau: »In dem Clubhaus [gemeint ist das Tennishotel in Feldafing, dessen Besitzer M. K.s späterer Schwager Georg Siedhoff war] bin ich gut aufgehoben. Weniger durch ein Wohlleben, als dadurch dass auch dieses Haus ein Romanheim ist, wie ich schon ähnliche erlebt habe. Jeder Bewohner des Hauses ist auf seine besondere Weise wahnsinnig, und unter diesen Wahnsinnigen gibt es eine Sechzehnjährige, die Tochter eines jetzt als Major eingezogenen Münchener Rechtsanwaltes, die der eigentliche Grund meiner verzögerten Abreise ist. Das Milieu und das Mädchen ähneln ein wenig dem in der ›Mitternacht‹ von Julien Green geschilderten. […] Marion steht vor dem geschlossenen Fenster der grossen Terrasse. Ihre blauen Kinderaugen sind dem trügerischen Schein der Unendlichkeit anheimgegeben. Der grellgefärbte Mund in dem blassen Gesicht gibt das Bild, dass Flammen Schnee aufsaugen. Die blutig lackierten Nägel ihrer eigentlich unsympathischen, zornigen, zanksüchtigen, mit Brillanten und Perlen geschmückten Hände klopfen leicht gegen das Glas des Fensters, und das Vibrieren der hellen Scheibe teilt mir sich mit, der ich hinter ihr stehe und seit langer Zeit wieder mein Herz schlagen höre. […] Marion ist ein Kind, eine Hure, eine Göttin. Wenn ich sie einen Engel nenne, muss ich ihr das Attribut des Bitteren geben: Engel der Verdammnis, Engel der Hölle, Engel des Todes.« (WKA)

6 W. K. notierte dazu handschriftlich in einem Notizbuch: »Ein echter Teppich (rot und grün und blau) bei Frau Süfke in Reinfeld.« (WKA)

7 Georg Siedhoff, der spätere Ehemann von M. K.s Schwester Lisa (Heirat am 18. November 1949 in Feldafing).

8 Am 23. Januar 1945 hatte das Landratsamt des Kreises Stormarn die Aufnahme von zwei Familien aus dem Osten und die Zuverfügungstellung von vier Zimmern mit Küchen- und Möbelnutzung angeordnet. (WKA)

9 Anspielung auf das Grimmsche Märchen *Jungfrau Maleen*, in dem das Motiv der Erkennung der wahren Braut zentral ist.

10 W. K. lebte seit 1944 in Feldafing am Starnberger See. Auch nach seiner offiziellen »Besucheranmeldung« in München, Ungererstraße 43 blieb W. K. in Feldafing, Höhenweg 122 wohnen. Laut einer im WKA erhaltenen Quittung, ausgestellt auf Marion Ulrich über die Abgabe des Meldebogens vom 13. Mai 1946, wohnte M. K. ebenfalls in Feldafing im Clubhaus von Georg Siedhoff. Sie hatte sich dort, gemeinsam mit ihrer Familie, auch schon während der letzten Kriegsjahre aufgehalten.

[4]

[Reinfeld-Holstein
7. Oktober 1946]
Montag

Liebes kleines Herz und Herzeleid,

dein Brief[1] ist angekommen. Ich verneige mich tief und zeige dem Geist des Badezimmers, der immer so frech lacht, den nackten Hintern.

Ich habe mich sehr gefreut. Du bist sehr lieb! Dass d e i n Haus-kampf sich noch nicht entschieden hat, stimmt mich traurig. Wie wirst du geschuftet haben, um die Möbel rauszubringen. Mein Gott! Ich erlebe hier täglich neue Unwahrscheinlichkei-ten. Ich denke ernstlich daran, einen Detektiv mit der Auffin-dung verlorener Sachen zu beauftragen. Das Dumme ist, dass ich augenblicklich so geldlos bin. Ich kann mich garnicht rüh-ren. Hieran scheitert zum Teil auch ein schon jetzt beabsichtig-ter Transport. Ich werde voraussichtlich Montag in München sein. Es kommt noch ein Telegramm.[2] Ich freu mich schon sehr auf dich. Bleib brav! Komm nicht unter Räder.

Herzlich dein

Kopernikus

(Wolfgang Koeppen)

Wollen wir in Hamburg oder in München einen Antiquitäten-laden eröffnen? Genug Sachen hätten wir.

1 Im WKA nicht erhalten.
2 Im WKA nicht erhalten.

16

1947

[5; handschriftlich]

Reinfeld

10. Oktober 1947

Mein lieber Sommerhut,

wirst du auch ein Winterhut sein? Ich denke lieb an dich und
träume schlechte Träume. Andauernd sehe ich dich besoffen
und in schlechter Gesellschaft an Strassenbahnen hängen. Heute vermute ich dich in Feldafing. Hoffentlich fällst du nicht aus
dem Zug oder wird dir von Lumpi die Nase abgebissen. Ich bin
sehr besorgt.

Das Unternehmen Beltzig[1] ist ein Unglück, das ich mir aufgeladen habe. Gestern kam ein Telegramm von ihm: »Transport
bestimmt ab 17.10. möglich«. Was heisst das? Wie lange soll ich
hier noch warten? Und wenn ich nicht warte und nach München fahre, vielleicht kommt er dann hier angeschissen. Ich bin
wütend! Ich habe es nun heute mit dem Hôtel arrangiert, dass
ich noch eine Woche bleiben kann, aber dies wäre der letzte Termin! Auch bin ich garnicht gerne solange von dir getrennt. Das
alles wird Ärger geben! Die Bücher des B. gegebenen Verzeichnisses sind wertvoller als der von ihm gebotene Preis. Es handelt sich zum Teil um ganz grosse Seltenheiten. Ich habe sie mir
jetzt erst richtig betrachtet. Es wäre schade, wenn du sie nicht
mehr sehen würdest. Viele der Werke haben einen Friedenswert
von 40-2000 Mark. Und einige sind wirklich prächtige Raritä-
ten. Wahrscheinlich wäre Hauswedell oder wären Kaul u. Faber
doch richtiger gewesen. Daneben gibt es natürlich eine Reihe
von uninteressanten Werken: Baufachbücher, Berliner Bauten
in 6 Riesenmappen, eine Geschichte der Universität Berlin in
8 dicken Bänden usw.[2] Ich möchte B. mit dieser reinen Fach-
bücherei abfinden. Aber leider sind einige Werke des ihm ge-

17

gebenen Verzeichnisses, wie sich jetzt beim Stöbern zeigt, ganz besonders wertvoll. Wenn er nun darauf besteht, gibt es Ärger. Vielleicht kann ich mit ihm ein Abkommen treffen, das ihn an den [nach] München zu bringenden Sachen beteiligt.

Wann werde ich dich in meine Arme schliessen, wie Odysseus heimkehrend zu Penelope? Du wirst dann recht alt geworden sein, wir werden Winter haben und kein Holz, keine Kohlen, kein Ofen, keine Katz und keinen Hund.

Ach, mein Gutes!

Kürzlich wurde hier im Walde eine Minderjährige ermordet.

Werde ich dem Gauner gewachsen sein?

Kein Geld, keine Marken und ein unruhiges Herz

Dein Oscar!

1 Transportunternehmer aus Reinfeld. Im Verlauf des Briefes mit B. abgekürzt.

2 In der im WKA aufbewahrten Bibliothek W. K.s sind davon erhalten geblieben: *Denkmäler deutscher Renaissance.* 300 Tafeln mit erläuterndem Text. Hg. von K. E. O. Fritsch. Berlin: Ernst Wasmuth 1891 (Band I); *BilderAtlas zur Weltgeschichte nach Kunstwerken alter und neuer Zeit.* 146 Tafeln mit über fünftausend Darstellungen. Gezeichnet und herausgegeben von Ludwig Weisser. Mit erläuterndem Text von Heinrich Merz. 2. Aufl. Stuttgart: Paul Neff 1881 [Besitzvermerk: Wilhelm Wille]; eine Mappe mit Skizzen und Plänen der Neubauten auf der Berliner Museumsinsel (1921). Unter den angegebenen Architekten ist auch Wilhelm Wille.

[6; Telegramm]

Reinfeld

18. Oktober 1947

WERDEN WEGEN ZULASSUNG VIELLEICHT ERST MITTWOCH MUENCHEN SEIN STOP ERWARTE MICH DANN ZU HAUSE = WOLFGANG KOEPPEN

1948

Reinfeld

31. Oktober 1948

Arme Marion, ich sehe dich mit Trinculo^2 im Bett, und das Zimmer ist eiskalt, oder schlimmer, ich rieche Kohlenoxyd, draussen geht der Sturm, und dann die Bettelsuppen! Iss mir nicht zuviel Fleisch!

Und ich? Gestern, Samstag, abend war ich im Gasthof, um die Boxkämpfe der Jugendriege des Sportclubs Reinfeld anzusehen. Sehr nette Jungens! Ich bereute es nicht, hingegangen zu sein. Aber nachher wurde es nichts aus meinem gemütlichen Glühwein. Das Feuer war erloschen. Statt dessen suchten mich ungute Nachtgedanken. Ich las Gides eigentlich recht seniles Tagebuch.^{3} Dann eine schöne neue Moritat von Brecht.^{4} Und Klaus Mann über Cocteau. Sehr im Stil der guten 20er Jahre. Kalt, kalt ist es.

All dies verscheucht nicht das Gespenst der Pleite. Was sage ich? Das Gespenst? Es ist die Pleite in Person. Wir können nicht darüber weg, dass wir ruiniert sind! Was geschieht nun? Die Schulden! Das Leben! Meine Arbeit! Deine *sehr notwendige* Garderobenerneuerung! (Erst in der Ferne sehe ich deutlich, wie schlecht du dastehst. Und ich ziehe dich im Geiste immer an, was man sehr lieblich tun könnte!).

Und der Winter! Der Winter! Mit dem Weihnachtsmann und den Birthdayerwartungen.^{5} Wir *sind* ruiniert! Ich sehe keinen Ausweg.

Noch besitze ich die Brücke noch und eigentlich möchte ich sie nicht verkaufen. Aber? Dann möchte ich wenigstens den schönen Teppich verladen und einiges Geschirr. Nicht zum Verkauf. Aber mit welchem Geld? Haushypothek ist nach allen Erkundigungen nicht zu bekommen. Wertsachen? Nur noch die Möbel, deren Verkauf sich im Augenblick ebenfalls nicht realisieren liesse.

ZUSAMMENBRUCH!

Morgen fahre ich wieder nach Hamburg! Schon um 9 Uhr früh will ich den Ring in das Institut für Gesteinskunde der Universität bringen. Am Abend um 5 kann ich dann das Gutachten haben. Kosten: 20 Mark.[6] (Was tue ich billig den Tag über in H.? Jedes Essen 15 Mark). Wenn nun das Institut die Echtheit des Safirs bestätigt, was ich ja annehme, stehe ich vor der alten Frage NATTENHEIMER.[7] Ich müsste ihm dann den Ring zu seiner Auktion am 11.11. bringen.[8] An sich möcht ich es noch versuchen. Aber – wenn er nun mit dem Limit von 3000 nicht versteigert wird? Wie kann man dann N. die 200 Mark seiner Rechnung zahlen, um den Ring wiederzubekommen? ICH SCHEUE DIESE VERANTWORTUNG! In mancher Hinsicht wäre es natürlich besser, du wärest auch hier. Nicht in jeder Hinsicht. (Ich betone noch, dass ich nach meinen bisherigen Erfahrungen, bei der Unterbewertung der Farbsteine in Hamburger Schieberkreisen es durchaus für möglich halte, dass der Ring *nicht* versteigert wird. Ich weiss allerdings nicht genau, wer alles zu N.s Auktionen kommt. Kommen nur Händler und Schieber sind die Chancen gleich Null. Auf lange Sicht, eben 4 Wochen, hielte ich den Juwelier SCHLEE für aussichtsreicher. Schlee hat die gute Kundschaft und das schöne Schaufenster, und es könnte sich dort ein ausländischer Liebhaber finden. (War aber der Ring bei N. nimmt ihn Schlee nicht mehr).

ODER MÜNCHEN? ODER BADEN-BADEN? DAS SÜSSE FRANKREICH?

Ach, ein Hut für dich!

Dein Kopernikus

---

1 Tintenzeichnung auf der Rückseite des Briefbogens.
2 Einer der beiden Schnauzer von M. und W. K. Der Name des zweiten Hundes lautete Bimbus.

3 André Gide: *Tagebuch 1939-1942*. Aus dem Französischen von Maria Schaefer-Rümelin. München: Desch 1948.

4 Gemeint ist die von Bertolt Brecht 1948 für eine Aufführung der *Dreigroschenoper* in den Münchner Kammerspielen neu verfaßte Moritat mit dem Titel *Die Moritat vom Räuber Mackie Messer*. Brecht fügte der bestehenden Fassung zwei Schlußstrophen hinzu (vgl. Bertolt Brecht: *Werke. Große kommentierte Berliner und Frankfurter Ausgabe. 30 Bände und ein Registerband*. Hg. von Werner Hecht, Jan Knopf, Werner Mittenzwei, Klaus-Detlef Müller. Frankfurt am Main: Suhrkamp 1988, hier: *Bd. 11: Gedichte 1*, S. 133 und 335).

5 M. K.s Geburtstag war der 27. Januar.

6 Im WKA ist eine Quittung der Universität Hamburg, Mineralogisch-Petrographisches Institut, Abteilung für Gesteinsforschung erhalten, die eine Prüfung vom 1. November 1948 ausweist. Diese ergab, daß es sich um einen natürlichen Saphir handelte. Die Gebühr für die Prüfung betrug 10 DM.

7 Ebenfalls erhalten geblieben ist ein Schreiben Herbert Nattenheimers, in dem er W. K. eine »Abschrift über das am 11. November 1948 auf [der] 32. Spezial-Juwelen-Auktion verkaufte Schmuckstück« sendet. W. K. benötigte diese Abschrift für das Finanzamt. Demnach verkaufte Nattenheimer für W. K. einen Platinring mit Saphir und Brillant für 3 000 DM (abzüglich einer Provision von 450,- DM). (WKA) W. K. kürzte Nattenheimer im Verlauf des Briefes mit N. ab.

8 W. K. besuchte am 11. November 1948 die 32. Spezial-Juwelen-Auktion in den Räumen des Hotels Esplanade in Hamburg. Laut Eintrittskarte mußte eine Gebühr von 5,- DM entrichtet werden. W. K. entwarf auf einem Anzeigenauftragsvordruck für die *Zeitschrift für die Freunde der Mineralogie, Edelsteinkunde und Goldschmiedkunst* folgenden handschriftlichen Brief an M. K.: »Donnerstag Auktion. Dies ist wohl die komischste Versammlung von Pleitegeiern, die ich je in einem prächtigen Saal gesehen habe. Dazu gab es Tee, das Gedeck zu 8 Mark (oder auch Kaffee) zu Kosten des Besuchers. Nähert sich ein Besucher den spärlichen unter Jupiterlampen liegenden Juwelen halten ihn Herren, die wohl Kriminalbeamte sind, in Distanz. Ich kann es verstehen. Ich erwarte sowieso, dass [es] jeden Moment knallt. Ich habe mir schon das Sofa ausgesucht, unter dem ich mich verstecken will, wenn hier die allgemeine Schiesserei losgeht. Das hier irgendjemand irgendetwas kauft, glaube ich nicht.

Eine Dame mit Pelz, die eben von der Besichtigung kommt, sagt: ›Nicht ein Stück möchte ich haben.‹ Es füllt sich. Erwartungsvoll sind nur die Gesichter der Leute, die etwas versteigern wollen. Alle andern blicken gelangweilt, ja angeekelt. Jetzt wird Kuchen angeboten. Das Stück zu 3 Mark. Alles dankt. Die Juweliere haben einige Spähleute geschickt, die schlechte Stimmung machen. N. tänzelt nervös durch den Saal. Schade, dass du nicht hier bist.« (WKA)

In einem Notizbuch verzeichnete W. K. eine umfangreiche Liste von Schmuckstücken samt Beschreibung und Preis. Es ist nicht mehr rekonstruierbar, ob es sich um Schmuckstücke aus dem Besitz O. K.s handelt, oder ob sich W. K. diese Aufzeichnungen während der Auktion machte.

1950

[8; handschriftlich; Postkarte]

Hamburg
[2. Februar 1950]
Donnerstag 20.00

Liebes, bin eben ganz gut in Hamburg angekommen. Habe noch Anschluss nach Reinfeld.

Herzlich
Dein Kopernikus

[9; handschriftlich]

Reinfeld[1]
3. Februar 1950

Liebe Marion,

die Reise war ganz nett, bis auf die Armut, die sie lang, langweilig und hart machte. In der 2. Klasse sass ein sehr schönes Mädchen mit einem hübschen vornehmen Pudel neben sich auf dem Polster. Der Pudel bekam sein Essen aus dem Speisewagen serviert und frass mit spitzem Mäulchen und äusserst krütsch.[2] Ich erreichte in Hamburg den Anschluss nach Reinfeld. In Reinfeld schien der Mond, war es kalt und lag viel Schnee! Schmidts[3] sassen hinterm Ofen und waren vorwurfsvoll wegen der Sonntag-Zimmerbestellung. Ich trank 2 Grog und bekam ein Zimmer, das mir Frau Schmidt als extrawarm empfahl, – die Heizung war eiskalt! Ich schlief schlecht und hart. Als ich aufwachte, hatte Fisch-Schütt noch nichts rausgehängt. Aber die Althändlerfüchse im Haus des Schneiders haben da nun 4 grosse Schaufenster gebaut und ein Warenhaus für Alt und Neu eröffnet.[4]

Es war sehr kalt und man sah sehr nette Kinder. Ich beschwerte mich bei Frau Schmidt wegen der Heizung. Sie versprach Abhilfe.

Meine Tante war Gott sei Dank ganz munter, eigentlich klarer als zuletzt. Das Zimmer war warm und gemütlich, und ich dachte, warum man sie nicht in Frieden lässt. Herr Heitmann hatte ihr zu Weihnachten ein Paket geschickt: Wurst, Butter, Käse, Schokolade, Kekse, Orangen und Wein. Das Paket lag *unberührt*! Die Orangen waren schon verschimmelt. Die Butter basch.[5] Meine Tante hatte alles für mich aufheben wollen. Der Wein ist ein Edeka-Süsswein, – gut gemeint, aber nichts.

Von Bahlsen war ein im Privaten höflich-freundlicher, im Sachlichen aber recht pflaumenweicher Brief hier, der schon Schwierigkeiten andeutet. Goertz hat noch nicht geschrieben. Ich sehe schwarz!

Frau Schröter empfinde ich als recht scheinheilig, und ich fürchte, sie wird bei einem Hausverkauf ihr wahres Gesicht zeigen, und das wird nicht freundlich sein. Tigerlilli ist tot. Frau Schröter sagt, sie hätte Rattengift gefressen. Ich glaube, dass sie (wie ja schon immer) schwach und krank war und an mangelnder Pflege gestorben ist. Der Bruder, der hellere Kater, meiner Tante Liebling, lebt und ist wohlgenährt, frech und lustig. Auch im Tierreich setzt sich der Robustere durch.

Der Schuttabladeplatz und Ruhrfriedhof hat sich noch vergrössert. Im Haus weiterer Verfall. Dies spricht für Verkauf! Herr Lorentzen[6] fällt in seinem Gartenteil die Bäume, – zum Kummer meiner Tante. Auch hat er sich ein neues Auto gekauft.

Mit Heitmann telefonierte ich. Sehr freundlich. Wir haben uns für Sonnabend verabredet.

Von deinen Hunden sah ich noch keinen. Den Ort fand ich bei einem Nachmittagsgang wieder überaus poetisch.

Mein Liebes, Gutes! Mache nur bitte, bitte keinen Kummer und meide den dummen Schnaps! Was soll ich beginnen, wenn du erfroren oder überfahren oder irrsinnig bist? Fahre nach Garmisch[7] und nach Feldafing. Sobald ich Geld habe, sende ich dir was.

Schreib nur bald!
Meine Tante lässt dich herzlichst grüssen.
Ich umarme dich
Kopernikus

Die Stettiner Hexe legt meiner Tante Karten. Offensichtlich ist sie dafür begabt. Sie hat meine Tante über all meine Geld- u. Berufs-Schwierigkeiten unterrichtet. Viel substanzieller als Otto!

1 Am 8. Februar 1950 verkaufte O.K. die Villa Daheim an Marie und Richard Heitmann, Inhaber eines Feinkost- und Kolonialwarengeschäfts in Reinfeld, um ihre Altersversorgung zu sichern. W.K. hielt sich vermutlich in Reinfeld auf, um seine Tante beim Verkauf zu unterstützen. Im Gegenzug für die Villa räumte das Ehepaar Heitmann O.K. das Wohnrecht auf Lebenszeit in einem der Zimmer des Hauses ein, außerdem wurde ihr die Nutzung eines Abstell-raums sowie ein tägliches warmes Mittagessen und die Versorgung mit Le-bensmitteln zugestanden. Als Betreuerin von O.K. wird in dem notariellen Beschluß Irene Schröter angegeben. Sie und ihr Mann erhielten ebenfalls das Wohnrecht in der Villa bis zum Ableben O.K.s. (WKA)
2 Norddeutscher Ausdruck für wählerisch.
3 Hotelbesitzer in Reinfeld.
4 Zwischen dem 7. September und 3. November 1949 hatten sich W. und M.K. gemeinsam in Reinfeld aufgehalten. W.K. konnte in seinen Beschreibungen Reinfelder Lokalkolorits also Ortskenntnisse bei M.K. voraussetzen. Ob M.K. auch schon zu einem früheren Zeitpunkt in Reinfeld gewesen war, läßt sich nicht mehr ermitteln. Daß sie gerne die Bekanntschaft der Tante ihres Mannes hatte machen wollen, dokumentiert ein undatierter Briefentwurf im WKA: »Sehr verehrte Tante Olla! Leider konnte ich Sie bis jetzt noch nie persönlich kennenlernen. Aber Kopernikus hat mir viel von Ihnen erzählt und von Ihrem einstmals so schönem und gepflegtem Haus. Es tut mir sehr leid, dass es jetzt so zerstört ist. Ich weiss, dass Sie sich in Ihrem Heim gar nicht mehr wohl fühlen können, und wir überlegen wieder, ob es vielleicht möglich wäre, dass Sie nach München zögen. Ich habe mich sehr über den schönen Ring gefreut und danke Ihnen herzlichst. Wenn Kopernikus Sie wie-der einmal besucht, würde ich gerne mitfahren und mich Ihnen vorstellen. Ich wünsche Ihnen alles Gute, auch zu Weihnachten, und bin Ihre ergebene«. (WKA)
5 Norddeutscher Ausdruck für scharf, ranzig.
6 Arzt in Reinfeld. In einem Notizbuch vermerkte W.K. handschriftlich: »Dr.

Lorentzen schrieb Attest, das O. K. Hilfe braucht. Attest liegt auf Rathaus«.
(WKA)

7 M. K.s Großmutter Luise von Schrenk bewohnte in Garmisch-Partenkirchen
die Villa Felseneck.

[10; handschriftlich]

Hamburg
13. Februar 1950
Liebe,
recht verbittert über die freundlichen Funkherren[1] und die be-
törend hübschen lesbischen Mädchen des Hauses, fahre ich nun
morgen nach Frankfurt. Donnerstag oder Freitag werde ich
wieder bei dir sein. Es wird sich von mir aus nichts geändert
haben. Alles beim alten! Es sei denn, dass du im Fasching die
Hand gefunden hättest, die dich fest und intim streichelt.
Ein Kuss
Kopernikus

1 Im WKA erhalten ist eine Abrechnung des Nordwestdeutschen Rundfunks
vom November 1950 über vier gesendete Kurzgeschichten W. K.s in der
Nachtprogrammreihe *Skurrile Geschichten*. Demnach wurden am 8. November 1950 von 22.45 – 23.10 *Am Strande; Eine Hinrichtung; Ein Fremdenheim*
und *Die Frau des Prometheus* gesendet. Bei den »freundlichen Funkherren«
handelt es sich wahrscheinlich um Redakteure des Nordwestdeutschen
Rundfunks, mit denen W. K. im Zusammenhang mit der Produktion seiner Geschichten für das Nachtprogramm zu tun hatte. Anscheinend wurde
W. K. durch die Erlebnisse in Hamburg auch zu einem weiteren Text ange-
regt: *Gemeinsame Reise*. In der entsprechenden Manuskriptmappe im WKA
finden sich unterschiedliche Textfassungen, darunter eine Manuskriptseite
mit einem Erinnerungsfragment: »als ich noch arm war, stieg ich in Hamburg immer im Hotel zum betrunkenen Hund [ab]. Es hiess Gasthof von
Christoph Mayer, Aalgrund, aber ich nannte es zum betrunkenen Hund,
und meine Freundin wusste Bescheid, wenn ich ihr schrieb ich wohne beim
betrunk[enen] Hund.« Bei *Gemeinsame Reise* könnte es sich um jenen Text
handeln, den W. K. in einem Brief an Max Tau am 5. August 1951 erwähnt:
»Das Manuskript, dessen Entstehen ich erwähnte, war nur in Fragmenten
vorhanden, in Anfängen und Stücken, die dann liegen blieben. Meine wirt-

schaftliche Situation war grässlich und grotesk. Ich hätte sicher wieder nichts geschrieben; wenn sich nicht Henry Goverts immer wieder an mich gewandt, mich bedrängt und mir zugeredet hätte … er war der einzige Mensch, der überhaupt noch etwas von mir erwartete, es war immerhin wohltuend, dass hin und wieder einer ins Haus kam, der mich zu drucken wünschte, und so geschah es, dass ich in zwar schlechter Verfassung, immer wieder von Not und Hysterie gehemmt, schließlich doch eine (andre als die geplante) Er- zählung zustande brachte. Das Manuskript wurde im Juli fertig. Es ist ein kleiner Roman ›Tauben im Gras‹.« (Eckart Oehlenschläger: *Nachrichten von Koeppen-Recherchen*. In: *Wolfgang Koeppen – Mein Ziel war die Ziellosigkeit*. Hg. von Gunnar Müller-Waldeck und Michael Gratz. Hamburg: Europäische Verlagsanstalt 1998, S. 15. Vgl. zu einer möglichen Vorstufe von *Tauben im Gras* auch: *Tauben im Gras. Werke 4*, S. 239.) In den Erstdruck von *Tauben im Gras* (Stuttgart: Goverts 1951) schrieb W. K. die Widmung: »für Marion / für Trinculo / für Bimbus / für alle Seemänner / Scheuermänner / Ubootmän- ner / Und Lotsen! / W. K.« (WKA)

1952

[11; handschriftlich]

Reinfeld

15. Oktober [1952]

3.00

Liebes, der Tod[1] ist sehr traurig. Er zeigt sich ärmlich, qualvoll und umgeben von Gewäsch und Habgier.[2]

Ich wohne Stadt Hamburg[3] eiskalt ohne Heizung. (Sonst war nirgends was frei.) Überlege, ob du kommen willst. Es wird wohl alles schnell gehen. Schröters[4] sind merkwürdig. Ich weiss noch nicht, ob sie fahren wollen. *Wenn* sie fahren, werden sie schnell fahren, d. h. wohl ca. 12 Stunden nach Abfahrt in München sein. Es wäre ja gut, wenn dann jemand von uns da wäre! Die Beerdigung scheint mehr zu kosten[5], als ich dachte. Wir müssen sparen. Frau Schröter tut so, als ob nichts auf der Kasse sei. Aber das kann doch nicht stimmen. Der furchtbare Wirt legt eben eine Marsch-Platte auf, um mich zu erfreuen.

Ich denke viel, lieb und besorgt an dich.

Dein Kopernikus

Es ist ein 10-Platten-Spieler! Jetzt spielt er »Mandolina, Mandolina!«[6]

Jetzt kommen 12 alte Frauen Karpfen essen. Eine Reisegesellschaft bei kaltem Regen.

---

1 Am 16. Oktober 1952 starb O. K. in Reinfeld. In einem Notizbuch hielt W. K. dazu handschriftlich fest: »Gesangsverein Nebenzimmer Hamburger Hof ›Hinter dem Lädele (Mädele), hinter dem Städele hält der Bettelmann Hochzeit‹ Chor: ›Am Brunnen vor dem Tore‹ mit Kritik ›In einem kühlen Grunde‹. […] Freitag früh / Gericht / Pfarrer / Holzkreuz / Gärtner / 2 Uhr Pfarrer / 15 Uhr Abhol. / Samstag 2 Uhr Beerdigung / 16.29 Hamb. / bis Montag früh H.« Außerdem finden sich in dem Notizbuch erste Hinweise auf die

späteren Romane *Das Treibhaus* und *Der Tod in Rom*: »(Die goldene Rose) / (Die politische Rose) / (Im Treibhaus) / (Das Treibhaus) / (Die künstliche Rose). [...] Name in Reinfeld Judejahn«. (WKA)

2 An Goverts schrieb W.K. am 11. November 1952 aus München: »Sehr verehrter, lieber Herr Doktor Goverts! Leider hat mich der Tod meiner alten Tante, meiner einzigen Verwandten, bei der ich aufgewachsen bin, doch vier Wochen lang aus aller Arbeit rausgerissen. Ich war verpflichtet, in Reinfeld unter den Verhältnissen der Armut, der Erpressung und des Betruges die Auflösung eines einstmals grossen und durch seine Kunstsammlungen bemerkenswerten Hausstandes vorzunehmen. Das Ergebnis ist neben dem entsetzlichen Zeitverlust Verschuldung und eine mit beschädigten alten Möbeln und allerlei Kisten vollgestopfte Wohnung in der Ungererstrasse, die Marion nun herrichten will. Ich bin seit gestern in die Pension Biederstein geflohen«. (WKA)

3 Bereits vom 6. bis 8. September hatte sich W.K. für zwei Nächte im Hotel Stadt Hamburg aufgehalten. (WKA)

4 In dem oben genannten Notizbuch eingelegt ist eine Rechnung über Wäsche für O.K., ausgestellt am 31. Oktober 1952 von A. Schröter.

5 Ebenfalls in diesem Notizbuch findet sich eine Rechnung über die Beerdigung. Die Kosten beliefen sich auf insgesamt 391.- DM. Daneben ließ sich W.K. für einen geplanten Möbeltransport von Reinfeld nach München am 28. Oktober 1952 ein Angebot einer Lübecker Transportfirma machen. Vermutlich blieb W.K. bis zum 28. Oktober in Reinfeld, um den Nachlaß seiner Tante zu regeln, u.a. den Abtransport der Erbstücke.

6 Deutscher Schlager. Musik von Walter Kubiczek, Text von Fred Gertz.

1953

[12]

Stuttgart[1]
23. April 1953

Liebe Marion, süsse Marion, meine Marion!
Ich bin und bleibe sehr traurig, ich bin und bleibe sehr besorgt, – ich habe dich sehr lieb![2] Könnte man nicht a l l e s rückgängig machen, nie wieder darüber reden?
Im Zug hatte ich Herzschmerzen. Und Stuttgart war nicht dazu angetan, mich meinen Kummer vergessen zu lassen. Dr. S.[3], der mich auf dem Bahnsteig erwartete, ist doch in aller erster Linie ein Manager, und er war auf dem Bahnhof, um mich sozusagen in die Hand zu kriegen. In den grossen Hotels war wegen eines Kongresses kein Zimmer frei, und so hatte er mich in einem kleinen abseitigen Hotel und dort in einer Dachkammer untergebracht. Ich bin heute früh in dem Zimmer wie in einem Sarg aufgewacht. Schräge erdrückende Wände! Ich habe S. gleich gesagt, dass es so nicht ginge. Er hat mir dann frei gestellt, mir was mir Zusagenderes zu suchen. Ich werde jetzt also durch Stuttgart gehen, um ein Zimmer zu finden. Die Aussichten sind aber schlecht. Es gibt in Stuttgart keine Hotels.
Eine Hochsommerhitze herrscht schon in diesem Kessel. Es ist 8 Uhr früh, und die Sonne brennt glühend in die Dachkammer. Mein Liebes, Gutes, Hübsches, Eigenartiges – leider, ach leider sah ich dich in der Nacht völlig verwirrt, völlig aufgelöst, völlig betrunken. Kannst du dich nicht fangen, nicht dich lösen. Es wäre so herrlich! Ich würde mit Freude wieder zu dir kommen! Ich sende dir ein Bild der Ella Fitzgerald.[4]
Heute abend rufe ich dich an.
Alles, alles Gute, wie du sagst, und vielen Dank für den Anruf.
Ich bin d e i n Kopernikus

1 Von April bis Juli 1953 hielt sich W. K. in Stuttgart auf. In dieser Zeit schrieb
er den Roman *Das Treibhaus* (erschienen im Herbst 1953 im Goverts Verlag, Stuttgart. In einem im WKA aufbewahrten Exemplar der ersten Auflage des Romans ist eine Widmung von W. K. vermerkt:»für Marion / W. K. /
2.11.53«). Henry Goverts hatte W. K. ein Treffen mit dem Pressechef des
Bundeswirtschaftsministers Kuno Ockhardt vorgeschlagen, um die Ambitionen des Autors zu unterstützen, der einen dezidiert politischen Roman
schreiben wollte (vgl. Henry Goverts an W. K. vom 29. Januar 1953, WKA).
W. K. hielt ein Treffen mit Ockhardt zwar förderlich für sein Buch, stellte
aber auch klar:»Ich möchte auch hier für alle Fälle betonen, dass ich wohl
noch recht begierig auf Informationen, auf einen Blick hinter die Kulissen
bin, dass ich aber einen Roman und keine Reportage schreibe (nicht einmal
eine Schlüsselgeschichte), und so kann ich meinen Roman auch nicht nach
eines Ministers Wunsch verfassen oder lenken. Darum mit letzter Deutlich-
keit: ich würde mich freuen, durch Herrn Ockhardt noch weiter unterrichtet
zu werden, aber ob, wie, in welcher Weise, in welcher Verwandlung ich seine
Gabe verwende, müsste mir in aller Freiheit überlassen bleiben. [...].« (W. K.
an Henry Goverts vom 25. Januar 1953, WKA). W. K.s Lektor Heinz Seewald
nahm umgehend Kontakt mit Ockhardt auf und teilte W. K. in einem Brief
vom 3. Februar 1953 mit:»[...] wie er [Ockhardt] mir eben am Telephon sagte, erwartet er Sie entweder noch diese Woche Donnerstag und Freitag oder
Dienstag-Mittwoch nächster Woche. [...] so dass Sie nun frei entscheiden
können, ob Sie noch diese Woche oder Mitte nächster Woche fahren wollen.
Sie müssten lediglich vorher noch einmal bei Herrn Ockhardt anrufen (Bonn
30161), damit er für Unterkunft sorgen kann. Für die Reise lasse ich Ihnen
heute telegraphisch DM 200,- anweisen.« (WKA) Am 6. Februar schrieb Seewald W. K. erneut und rät ihm, einen weiteren Kontakt in Bonn wahrzuneh-
men:»In aller Eile noch ein wichtiger Hinweis: Gen. v. Falkenhaugen (ehem.
Mil. bef. Belgien mit zahllosen ausländischen Freunden) rät dringend, daß
Sie seinen alten Freund *Mr. Flick-Steger*, Korrespondent der *Associated Press*,
Bonn, Graf Gahlen Str. 1a, *Tel. 23118* aufsuchen und sich von ihm ebenfalls
über Bonn berichten lassen. [...].« (WKA)
2 Zwischen den Briefen aus dem Jahr 1953 lagen zwei Zeitungsausschnitte:
zum einen das Gedicht *Schlaflose Nächte* von Kakinomto Hitamaro:»Ob in
alter Zeit, / die da lebten, die Menschen / ebenso wie ich / vor Sehnsucht nach
der Liebsten / Mühe hatten, zu schlafen? // Nein, nicht heute erst / ergeht es
den Menschen also. / Siehe, die Alten / haben sogar die Stimme / erhoben
und laut geweint.« (auf der Rückseite ist das Datum 23. April notiert); und
zum anderen ein Zeitungsfoto, das den Maler Maurice Utrillo beim Begräb-
nis seines Freundes Raoul Dufy zeigt.
3 Dr. Heinz Seewald, auch in anderen Briefen meistens mit S. abgekürzt.
4 Das Bild ist nicht erhalten.

[13; handschriftlich; Postkarte]

[Stuttgart
23. April 1953]

Briefkasten-Schlüssel liegt im Sekretär Arbeitszimmer! Gleich hinter der Klappe!

Schlüssel zum Sekretär steckt.

[14]

[Stuttgart]
24. April 1953
Freitag

Mein Liebes, Gutes und Empfindsames,
wieder ist es noch früh, 7 Uhr, und wieder bin ich in dem Sarg-Zimmer erwacht. Ich denke an dich, sehr freundlich, sehr liebevoll, und dabei muss ich annehmen, dass du jetzt noch in den Armen von K.[1] ruhst und nach Bier und Zank riechst. Gib's auf! Gib's auf!

Ich bin verbittert. Seit Sonntag um 5 Uhr habe ich nun keine Zeile am Roman[2] geschrieben. Wie soll ich diese Zeit noch einholen! Die Einrichtung hier [ist][3] auf ungewöhnliche Schwierigkeiten gestossen. Pensionen und kleinere Hotels nehmen wegen Reisegesellschaft-Vorbestellungen keinen Gast für 3 Wochen auf. Private Zimmer sind nicht zu haben oder stinkig und unmöglich. In den grossen Hotels kostet ein Zimmer 10 Mark, das sind 300 Mark monatlich, die von meinem Honorar abgehen! Ich |bin| gestern den ganzen Tag zu Fuss und im Auto durch Stuttgart gerast. Ich war erschöpft und traurig. Und den Seewald, der übrigens bei näherer Bekanntschaft dem Aussehen und dem Wesen nach dem Dr. Weiss[4] ähnelt, den Seewald habe ich gequält und beschimpft.

Mein Liebes, ich werde wohl heute in eines der teuren Hotels ziehen. Ich würde, denn ich liebe dich wirklich, sehr gern zu dir zurück, gern auch nach München kommen, – aber es steht zuviel auf dem Spiel, es scheint mir zu gefährlich zu sein. Lass uns vielleicht doch diese 3 Wochen durchhalten und dann nach gewonnener Klarheit wieder schöner zusammen sein. *Schreib mir bitte!* Schreib mir ehrlich, wie du über alles denkst. Ich telefoniere oder telegrafiere dir die Adresse meines endgültigen Hotels. Prüfe dich selbst. Versprich nichts, was du nicht halten kannst. Das würde alles nur noch schlimmer machen.

Und hab keine Angst. Ich werde immer nur dich lieben. Ich würde mich in eine andere garnicht verlieben können. Das ist so wahr wie ich hier unzufrieden bin.

Ach, ich umarme dich!

Grüsse beide Hunde.

Kopernikus

1 Gerda Kiefl, M. K.s langjährige Freundin. Im weiteren Verlauf der Korrespondenz kürzt W. K. Kiefl mit K. oder G. K. ab.
2 *Das Treibhaus.* Vgl. Brief 12, Anm. 1.
3 Im Brief: hat.
4 Günther Weiss, ehemaliger Rechtsanwalt und Notar von Luise von Schrenk.

[15]

[Stuttgart
24. April 1953]
noch einmal Freitag

Mein Liebes, deiner Stimme und deinen verlegenen belastenden einsilbigen Sätzen entnahm ich (als ich dich heute mittag anrief), dass G. K. bei dir war. Immerhin also, du hast dich getröstet, was ich ganz ohne Ironie sage, und ich weiss nicht, ob es mir lieber wäre, du bliebest gebrochen: – ich will dein Glück, will, dass du dich glücklich fühlst, es bist oder wirst. Als ich Donnerstag um 6 mit dir sprach, weintest du noch. Es bedurfte aller Zusprache, Ansprache, ins Gewissen und in die Vernunft reden des Dr. Seewald, sonst wäre ich evtl. noch am Donnerstag abend zurückgefahren. Mein Herz zog mich hin. Nun möchte ich aber doch meinen, dass es besser war, ich liess mich nicht ziehen. Denn wenn du dich mit G. K. getröstet hast und sie willst, ist es besser, ich komme vielleicht überhaupt nicht mehr oder nur noch |wegen| der sachlichen Auseinandersetzung. Solltest du dich aber nicht schon endgültig getröstet haben und nur nicht wissen, was du willst, wen du willst, wie du leben willst, dann bleibe ich besser vorläufig hier, bis du bei dir, in dir Klarheit über deine Gefühle geschaffen hast. Ich liebe dich, ganz bestimmt!, aber die Entscheidung liegt bei dir.

Mir geht es in jeder Hinsicht schlecht! Ich sitze jetzt unter dem Marktplatz von Stuttgart im Rathausbunker.[1] Der Raum ist wie eine Gefängniszelle gross und Tag und Nacht ohne Licht und mit künstlicher technischer Belüftung. Oben in Stuttgart ist es schwül. Hier herrscht eine Grabesluft. Das kostet 7,00 Mark am Tag. Wahrscheinlich werde ich am Dienstag in das Hotel Ketterer ziehen, wo auch du wohntest, und dort dann bleiben. Kosten 12 Mark am Tag, Kosten, die mir abgezogen werden.

Wenn du mir schreibst, schreib vorläufig an die Adresse Scherz & Goverts, Stuttgart-Feuerbach, Heidestr. 48.

Wenn ein Brief aus Paris[2] gekommen sein sollte, tue ihn in ein Couvert und sende ihn an mich zu Scherz & Goverts.

Ich bin sehr herzlich, mit allen guten Wünschen, dein Bild vor Augen

dein

Kopernikus

---

1 So wurde das unter dem Marktplatz in Stuttgart gelegene Hotel genannt. Der ehemalige Luftschutzbunker wurde von 1945 bis 1985 als Hotel genützt.
2 Vermutlich meint W. K. eine Einladung von Armand Pierhal, Mitarbeiter und Übersetzer im Laffort Verlag (Paris), zu einem Presse-Frühstück in Paris.

[Stuttgart
27. April 1953]

Montag

Liebes, Gutes und all mein Sehnen, diesmal habe ich mich am Mittag betrunken, an einem schwülen Tag, bei tiefen Wolken über dem Talkessel, der Stuttgart heisst, in den Kneipen der Altstadt in der Gesellschaft von Marktgängern und Landschwaben, am roten Trollinger, ich habe mich betrunken, weil ich mir nicht zu raten weiss.

Ich liebe dich. Ich liebe dich. Ich möchte zu dir kommen. Ich habe Angst, dich zu verlieren, wenn ich nicht komme.

Das Gespräch mit dir war gut. Es war besonders gut, dass du zugabst, noch zu trinken, dass du kein Geheimnis, keine Lüge daraus machtest, und ich glaube, dass wir in jedem Fall zusammenleben könnten, wenn du immer mir aufrichtig alles sagen würdest. Da du das Trinken eingestandest, glaube ich dir auch das andere. Eigentlich sollte ich froh sein.

Ich kämpfe nun mit mir. Ich kämpfe mit dem Entschluss, nach München zu fahren. Ich habe den Dr. Seewald (der übrigens ein Chamäleon und nun ein sehr gebildeter Mann ist, der Homer liest und die Griechen liebt) zu einer Unterredung bestellt, aber ich weiss ja nicht, was ich will. Zu dir kommen, gewiss! Es bedarf nur eines Anstosses von deiner Seite! Aber die Arbeit?

Es steht mit der Arbeit gefährlich. Durch die Spannungen der Ungererstrasse ist in das Manuskript das persönliche Drama hineingerutscht[1], das mit der Geschichte des Abgeordneten[2] (die ich schreiben wollte) keine allzu glückliche Verbindung eingegangen ist, und die Kritik könnte alles sehr gesucht und an den Haaren herbeigezogen finden. Der Abgeordnete hat in dem Münchner Manuskript eine lesbische Frau und seitenlang bewegt sich die Handlung in den Lokalen der Invertierten und ergeht sich in bitteren Schilderungen der kessen Väter, in verquälten Debatten mit den Tribaden. Das hat mit der politischen Handlung überhaupt nichts zu tun, und eine lesbische Frau ist nicht typisch für einen deutschen Bundestagabgeordneten. Ich möchte diese Frau aus dem Roman rausschmeissen. Aber werde ich das in München können?

Werde ich in München nicht wieder in den alten Jammer fallen?

Mir schwebt nun eine Zwischenlösung vor. Ich denke daran, hier im Ketterer das Gerüst des Romanes völlig umzukonstruieren und ihn in etwa 12 Tagen auf eine andere frauenlose Basis zu stellen. Ich könnte dann – so schwebt es mir vor – wieder zu dir kommen, in München in weiteren 12 Tagen den Roman vollenden und dann noch einmal für ca 5 Tage nach Stuttgart fahren.

Aber werden in 12 Tagen deine Gefühle für mich noch so herzlich positiv sein, wie sie es heute sind?[3]

Und dann das Finanzielle! Hier ist das Leben teuer. Der Verlag[4] hält mich knapp, und was er mir gibt, das bekomme ich nur hier. In München würde also los gehen, was mir entsetzlich ist, dein Herumwandern zu den Tandlern[5] – und damit, ach, wie verständlich nach beiden Seiten, die Sorge des Trinkens.

Wenn das Buch zustande käme, könnte ich vieles in Angriff nehmen, was unsere finanzielle Lage erheblich bessern würde. Vielleicht könnten wir noch in diesem Jahr reisen. Aber das Buch müsste geschrieben sein. Das Buch muss im Herbst erscheinen. Hiervon hängt alles ab.

Heute sitze ich noch im Bunker. Es ist unheimlich, und die Maschine dröhnt mit ihrem Klappern gegen die Betonwände. Mein Kopf ist wirr. Ich hätte nicht soviel Trollinger trinken dürfen. Schmeckt er mir so gut? Ach nein. Ich weiss nur keinen Ausweg; ich bin nur unseretwegen sehr besorgt. Hier sind 20 Mark. Mehr ist leider nicht möglich.

Herzlichst dein Kopernikus

---

1 W. K. spielt hier auf M. K.s Liebesbeziehung zu Gerda Kiefl an. Literarisch verarbeitete W. K. diese Erfahrung in *Das Treibhaus*. In diesem Roman ist Elke, die Ehefrau des Protagonisten Keetenheuve, in eine unglückliche lesbische Beziehung verstrickt. Eine weitere Frauenfigur im *Treibhaus* ist die

Heilsarmeefrau Gerda: »Gerda zerbiß ihre schmalen blutlosen Lippen. Sie war wütend. Wie haßte sie die Männer, die in ihrer Vorstellung durch das unverdiente Geschenk des Penis toll gewordene Dummköpfe waren. Gerda wäre gern davongelaufen, aber sie zweifelte, ob Lena, die kleine Sechzehnjährige, ihr folgen würde, und so mußte sie stehen bleiben und die Nähe des räuberischen Mannes erdulden.« (*Das Treibhaus*, S. 145) Der schriftliche Kontakt zwischen M. K. und Gerda Kiefl blieb mindestens bis April 1970 bestehen. Im WKA ist ein Briefumschlag vom 24. April 1970 erhalten geblieben. Inwieweit der Kontakt bis zu Kiefls Ermordung am 14. Mai 1972 bestehenblieb, ist nicht mehr zu eruieren. (Vgl. Anja Ebner, *Über Marion Koeppen*, S. 403 f. in diesem Band.)

2   Der Abgeordnete Felix Keetenheuve im Roman *Das Treibhaus*.

3   W. K. markierte diese Zeile am Rand der Seite mit rotem Buntstift.

4   Der Goverts Verlag in Stuttgart, dessen Autor W. K. von 1951 bis Dezember 1960 war. Am 1. Januar 1961 wechselte er offiziell zum Suhrkamp Verlag.

5   Die Antiquitätenhändler, mit denen die Koeppens Geschäfte machten. (Vgl. *Über Marion Koeppen*, S. 398 in dieser Ausgabe.)

[17]

[Stuttgart]
28. April [1953]
Dienstag

Liebste Marion, nachts Angst, Entsetzen und Schmerzen. Einen Brief, den ich dir gestern schrieb und dem ich 20 Mark beilegte, konnte ich erst in der Nacht aufgeben. Ich brachte ihn zum Bahnhof und expedierte ihn per Eilboten. Ich nehme an, du bekommst ihn heute mittag. Ich hatte bis spät in die Nacht Debatten mit Seewald. Seewald ist – mit vernünftigen Gründen – dagegen, dass ich wieder nach München fahre. Er sagt – mit Recht – dass die Maimitte der äusserste Termin für das Buch ist, dass das Buch im Herbst erscheinen muss und dass sonst eben alles für mich aus ist. Das weiss ich auch.

Also ich ziehe heute ins Ketterer. Und werde dort bis zur Auflösung arbeiten. Hoffentlich gelingt es! Die ganze lesbische Geschichte – leider 30 gute Seiten – habe ich aus dem Roman geworfen. Das wird vielleicht mal ein Buch für sich. Mein Held (der Abgeordnete) ist nun unverheiratet, und es wird ein rein politisches Buch. Leser wohl nur Männer! Handicap für eine hohe Auflage.

Von Pierhal Einladung für Ende Juni nach Paris. Ich weiss noch nicht, ob ich annehme.[1]

Meine Sorge um dich, Sorge in jeder Weise, jeder Hinsicht, jeder Richtung, ist furchtbar.

Und dann Sehnsucht!

Schreibe mir doch mal!

(Für Telefon kein Geld. Sehr knapp mit Geld.)

Adresse ab heute mittag (Dienstag): Hotel Ketterer, Stuttgart W, Marienstr. 3 – Telefon: 9 43 72.

Ach, ich umarme dich!

Dein K.

---

1 W. K. nahm die Einladung Armand Pierhals, der später W. K.s Roman *Der Tod in Rom* ins Französische übersetzen wird, nicht an. Am 10. Juli 1953 schrieb er an Goverts aus München: »Monsieur Pierhal hat mich zu einem Frühstück mit der Presse und mit französischen Schriftstellern eingeladen, aber leider, – ich kann nicht fahren. Die finanzielle Situation ist hier zu ernst, als dass ich das Geld verreisen könnte.« (WKA; vgl. Brief 15, Anm. 2)

[18]

Stuttgart
29. April 1953
Hotel Ketterer

Mein liebes, hoffentlich braves Kind,

ach ja, ach nein. Zweifellos geht es mir im Ketterer besser als im Bunker. Aber die Sorgen um München, die Sorgen um das Buch bleiben. Schon um 5 Uhr früh wachte ich auf. Das Zimmer hat keine Verdunkelung. Es wäre nichts für dich. Nein, gern, ich möchte, dass wieder alles gut wird zwischen uns. Sei nicht dümmer als Kim.[1]

Gestern war Einsiedel[2] in Stuttgart, tauchte plötzlich bei mir auf.

Wir waren am Abend zusammen. Er war sehr komisch. Hatte in München und hier äusserst komische Erlebnisse. Übrigens mag er dich. Er sprach sehr begeistert von dir. Mit Wärme.

Es ist hier schlecht zu telefonieren, und auf jeden Fall kommt es einem teuer zu stehen. In meinem Zimmer ist kein Telefon. Riefest du an, würde die Zentrale das Etagentelefon für das Zimmermädchen läuten lassen. Das Mädchen geht aber meistens nur mit grosser Verzögerung an den Apparat. Manchmal auch garnicht. Dann müsste das Mädchen mich holen. Ich müsste zu einer Zelle laufen, wohin das Gespräch dann umgelegt würde. Du siehst, es ist ein zeitraubendes und umständliches Verfahren, das unsere Telefonrechnung sehr erhöhen würde. Also schreib mir! Aber da natürlich auch ich deine Stimme wieder hören möchte, schlage ich vor, dass ich dich am Sonntag um 2 Uhr mittags anrufe. Also, wenn du nicht absagst, rufe ich dich am Sonntag, den 3. Mai, um 2 Uhr an.

Es ist alles sehr schlimm, sehr traurig und hätte nie soweit kommen dürfen. Oft habe ich grösste Lust (Unlust) den Roman hinzuwerfen. Aber das bedeutet Elend für uns beide.

Und nun umärmele ich dich – lange.

dein

Kopernikus

1 Im WKA ist ein leerer Briefumschlag mit dem Namen Kim Duffy erhalten. Eine vollständige Adresse oder andere persönliche Daten konnten nicht ermittelt werden.
2 Wolfgang von Einsiedel, Schriftsteller und Freund von W. K. (vgl. *Nachruf auf Wolfgang von Einsiedel*. In: *Gesammelte Werke. Bd. 6*, S. 373-375).

[19]

[Stuttgart
1. Mai 1953]

Denke viel an dich, heute, am 1. Mai, bei schönem Wetter, auch schon in der Nacht, unbedingt, ich liebe dich, mein Herz setzt

aus, wenn ich daran denke, dich ganz zu verlieren, und sicher
kann es geschehen –
ach, dann bin ich wütend, und da die Wut keine Betätigung findet, fühle ich mich lebensmüde –
jetzt hast du also wieder drei Feiertage, drei Freudentage, drei
Hochzeitstage mit K.,
wie schön, dass ich nicht da bin,
du gibst es nicht auf, und gross und grösser wird die Gefahr,
dass du dich immer mehr und mehr in diese Umarmungen ver-
strickst, dass du vielleicht doch nicht willst, dass ich komme –
und ich sitze hier bei diesem dummen Buch, in das doch immer
wieder störend die Münchner Gedanken fliessen

Verzweiflung vom Himmel, aus der Weite, in der Luft, im Zimmer, in mir
dein K.

[20]

[Stuttgart]
2. Mai [1953]
Samstag

Mein liebes Schätzchen,
es ist alles sehr, sehr traurig, denn leider habe ich auch kein
Geld, und es geht mir überhaupt und in jeder Weise schlecht.
dein K.

Schreib mir!
Hotel Ketterer, Stuttgart, Marienstr. 3

Zimmer 235

[Stuttgart
4. Mai 1953]
Montag

Herzelein, um 5 bin ich wach, um 6 stehe ich auf, um 7 schlägt
der Zimmermann auf dem Bauplatz ans Glas, um 8 blasen vom
Turm der Stuttgarter Zeitung Trompeten einen Choral[1], wacht
auf ihr Christen allzumal, ein schönes Symbol des württember-
gischen Pietismus, fromm und fleissig.

Ich träumte schlecht.

In der Ungererstrasse war ein sehr grosser Keller. Ich schichte-
te Holz auf. Du standest dabei. Da kam die Lisa[2] gelaufen und
schrie, der Vater will mich nicht aufnehmen, ihr alle wollt mich
nicht aufnehmen, es ist doch auch mein Haus. Du sagtest, du
hättest dich früher entscheiden müssen.

Wir standen in meinem Zimmer, und du botest dem Herrn Stallmeister[3] die Bibliothek an. Das ärgerte mich. Ich sagte, sie solle
500 Mark kosten. Herr Stallmeister war sehr uninteressiert. Das
machte mich kühn. Ich sagte, für 300 Mark könne er die Bücher
haben. Herr Stallmeister zog drei Hundertmarkscheine aus der
Tasche und gab sie dir. Ich war sehr verbittert.

Irene[4] kam nach München und war verbittert, weil Wilfried[5]
seiner Geliebten einen Stall als Wohnung eingerichtet hatte. Sie
wollte sich von Karl John Geld leihen, und Karl John sagte, er
könne ihr 10 Mark geben, aber nur gegen ein Pfand und einen
Schein. Irene gab Karl John eine goldene Uhr. Karl John schrieb
einen Pfandschein aus. Irene sagte, er solle hinein schreiben,
dass die Uhr 45 Mark wert sei. Karl John sagte, das könne er
nicht. Dann bat Irene, er möchte schreiben, über den Wert wird
noch geredet. Karl John war bereit, das zu schreiben, aber ich
sagte zu Irene, das hat ja garkeine Bedeutung, ob er das schreibt
oder nicht, denn er darf die Uhr, wenn Sie sie nach 2 Monaten
nicht einlösen, sowieso versteigern. Darauf sagtest du: »Ihr seid
gemein, zu Irene«.

Mir geht es garnicht gut. In keiner Weise.

Ich arbeite ohne Lust. Manchmal voll Wut.

Aber ich arbeite 10 Stunden.

Am Abend esse ich im Gasthof zum Falken.

Dann gehe ich durch [die] Altstadt und sehe zu, wie die Leute langsam zu Bett gehen.

Ich trinke dann manchmal noch ein Glas Wein.

Neger gehen mit sehr hässlichen Frauen vorüber. Ich denke, arme Neger.

Dann gehe ich zu Bett.

Ich stelle meine Schuhe vor die Tür. Nie kommt der Nikolaus.

Tausend der Post anvertraute Küsse.

dein

Kopernikus

---

1 Seit 1636 ist das Turmblasen in Stuttgart eine feste Institution. Bis 1948 spielten die Bläser nur auf dem Turm der Stiftungskirche, bis sie, auf Grund von Baumaßnahmen, auf den Turm der Redaktion des *Stuttgarter Tageblatts* ausweichen mußten. Heute spielen die Bläser abwechselnd auf beiden Türmen: Dienstags und donnerstags auf dem Turm der Stiftungskirche, mittwochs und freitags auf dem *Stuttgarter Tageblatt*-Turm jeweils um 8.45 Uhr.

2 M. K.s Schwester Lisa Siedhoff.

3 Lawrence Stallmeister, ein Bekannter des Ehepaares, der in die USA auswanderte. W. K. besuchte Stallmeister und dessen Familie während seiner Amerikareise 1958 in Beloit.

4 Irene Leschke-Naef, die erste Frau des Schauspielers Wilfried Seyferth, mit dem W. K. befreundet war.

5 Wilfried Seyferth, den W. K. 1927 in Berlin kennengelernt hatte und in seinen Briefen an Marion mehrmals erwähnt. Seyferth starb am 9. Oktober 1954 an den Folgen eines Autounfalls.

[22]

[Stuttgart
4. Mai 1953]
Montag

2. Brief

Dein Anruf, Liebes, Gutes, hat mich unendlich gerührt, und es tut mir sehr, sehr leid, dass ich dir nicht helfen kann.

Ich m u s s ja dieses Buch schreiben! Es gibt überhaupt keinen anderen Weg am Untergang vorbei.

Ich bin sehr überanstrengt.

Liebes, Gutes, wir wollen uns sehr lieb haben.

Deine Stimme war sehr sympathisch. Flattere nicht zu oft in die Stadt.

Grüsse die Hunde.

Es ist heiss.

Gestern abend sprach ich mit einem alten schwarzen Hund. Er meinte, das Wetter würde sich halten.

Dein K.

ich habe das Buch hier gänzlich umgeworfen, bin also dabei, das Buch eigentlich von Anfang an neu zu schreiben.

[23]

[Stuttgart
4. Mai 1953]
|Montag abend|

Liebes!

Ich weiss nicht, ob ich komme. Ich weiss überhaupt nichts mehr. Du riefst mich an, und das war lieb von dir, aber irgendwie glaube ich, dass du garnicht möchtest, dass ich ganz käme. Das ist nun ein ganz schwarzer Sack für mich! Ich glaub, ich bin vor einem Zusammenbruch.

Und dabei bin ich quälend sinnlich – doch nur auf dich! Und

ich habe dich sehr, sehr, sehr, lieb. Ich möchte sehr, sehr lieb zu
dir sein. Und ich hoffe immer noch, dass alles gut gehen möge.
Aber der heutige Tag war höllisch.
Goverts kommt morgen abend.
Ich weiss nicht, was ich tun soll.
Es ist unlösbar.
Ich hasse diese Stadt.
Ich denke viel zu viel an dich.
dein K.
|Eine irre drückende Schwüle.|

[24]

[Stuttgart
5. Mai 1953]
Dienstag

Mein lieber Kuckucksklan,

eine drückende Nacht gräulicher Träume!

Ich träumte, du seist tot, und ich war furchtbar traurig. Es war
in dem Bunkerhotel geschehen, das aber im Traum sehr mon-
dän war; auch eine grosse Bar hatte. Die Kellner unterhielten
sich darüber, dass sie viel Geld verdienten, aber man müsse es
verstehen und jeden |Gast| mit dem rechten Mädchen zusam-
menbringen. In unserm Zimmer fand ich dann eine junge Dirne
auf dem Boden liegen. Sie hatte ihren Rock hochgeschlagen und
hatte Cancanspitzenhosen an. Die streifte sie, |als| ich sie fand,
runter und onanierte. Ich war wütend. Da sagte das Mädchen,
*jetzt findest du natürlich, dass sich dir die Welt in ihrer ganzen Ge-
meinheit zeigt.* Ich ging aus dem Zimmer raus, kam aber zurück.
Da lag die Dirne in unserm Bett und schlief. Ich warf mich neben dem Bett auf den Boden und fing bitterlich an zu weinen.

44

Darüber wachte ich auf. Aber ich träumte noch einmal.

Es war in unserer Wohnung, aber sie war im Traum ganz anders. Du verabschiedetest dich, weil du auf eine »Künstlertournee« gehen wolltest. Ich war sehr traurig darüber. Als du weg warst, kam es zu allerlei Ärger. Der Gartenzaun wurde von einer unangenehmen Dame abgerissen, und die Hunde konnten weglaufen. Ich sagte dann, ich müsste die Hunde töten lassen, wenn du nicht zurückkämst. Dann versammelte sich bei mir ein Kreis von Studenten, die sich rund zusammensetzten und einen Kommers hielten. Es waren hundert Mann, und ich wunderte mich, dass soviel Leute in eine Ecke des Zimmers gingen. Ich kannte die Männer nicht; nur den Dr. Weiss, der dabei war. Während die Männer ihren Kommers hielten, gingen draussen auf einer Mauer Dirnen auf und ab. Sie guckten in das Zimmer rein, und ich konnte ihnen unter den Rock sehen. Eine Dirne sagte: Kaum ist seine Frau weg, hat er sich soviel Männer eingeladen. Eine andere Dirne rief: O Männer, wo sind sie?
Sie blickte ins Fenster rein und sagte enttäuscht: Aber das sind ja lauter Frauen. Da sah ich wieder zu den Studenten hin, die sich zu der »Fidelitas« des Kommerses Damenkleider angezogen |hatten, sie| waren sehr albern. Schliesslich gingen sie fort. Nur Dr. Weiss blieb bei mir. Ich holte Holz aus einem Schuppen und nahm mir vor, dem Dr. Weiss zu sagen, wie lieb ich dich habe. Da kam aber Weiss und sagte, du seist am Telephon. Ich dachte, du riefst von deiner »Künstlertournee« aus Brüssel an. Aber du warst betrunken und verrietst dich, dass du in Feldafing seist. Du sagtest mir, ich solle das Geld, dass |du| dagelassen hättest, nicht oben abgeben, du hättest in Feldafing noch alte Rechnungen gefunden. Ich hatte dann das Gefühl, ich müsse sofort nach Feldafing fahren.

So wachte ich auf. In Schweiss gebadet.
Es ist irgendetwas los. Es quält mich. Ich wäre gern überhaupt zurückgekommen, aber du willst es ja garnicht.

Ich weiss nicht, was ich tun werde. Ich glaube, es gibt hier eine Katastrophe. Ich will aus diesem Hotel ausziehen, schlimmstenfalls wieder in das Bunkerhotel. Das ist dann wenigstens ein kühler Sarg. Dies ist ein Sonnenbackofen, der auch nachts nicht abkühlt. Ich schreib, telegrafiere oder telefoniere, wenn ich umziehe. Herzlichst dein K.

Am Mittag – Mein Herzblatt, du vertelefonierst zu viel, aber deine Anrufe haben mich wirklich gefreut und gestärkt. Herzlichsten, allerherzlichsten Dank und tausend Bussis!

Es kam vor 3 Stunden nochmal eine Voranmeldung aus München – und dann nichts. Ich nehme an, dass dies – die 3. heute – ein Irrtum des Amtes war. Überhaupt glaube ich, dass es billiger kommt ohne Voranmeldung zu rufen. Ich bin ja vormittags meist da!

Gott sei Dank geht es mir nach deinen beiden Anrufen, durch deine beiden Anrufe etwas besser, obwohl die Hitze brütend ist![1]

Sei auch d u vorsichtig, wenn Gewitter kommen! Ich möchte dich nämlich ganz sicher behalten!

dienstag abend

Herzelein, hier ein paar Aufnahmen, die ich ganz nett finde, dich, den Trinkulo, die anderen Hunde, das Mandelbäumchen und die Pflaumenblüte. Die Bilder des Kindes gib bitte oben ab, mit Grüssen von mir.[2]
Furchtbare Kopfweh. Gewitterluft. Mit der Arbeit ging es aber bis jetzt, 6 Uhr, ganz gut.
Es bezieht sich.
Ich lese die Münchner Abendzeitung, lese »ganz privat«[3] und denke an dich.
dein Kopernikus

1 W. K. markierte diese Zeile am Rand der Seite mit rotem Buntstift.
2 Unter den Fotos im WKA nicht eindeutig zu identifizieren.
3 Die Klatsch- und Gesellschaftskolumne in der *Münchner Abendzeitung*. W. K.
   las diese Artikel anscheinend regelmäßig. Am 29. Juli 1958 schrieb er an Goverts: »In der Münchner Abendzeitung war in der Rubrik ›Ganz privat‹ Ihr
   Almbesuch bei Oda Schaefer und Horst Lange erwähnt.« (WKA)

[25; handschriftlich]

München
[6. Mai 1953]
Mittwoch 4 Uhr

Lieber guter Kopernikus!

Wenn ich durch die Straßen der Tändler gehe, oder durch die
Stadt, wenn ich Eis esse, oder aufs Land fahre, wenn ich schlafe, träume denk ich an dich. Deine vielen lieben Briefe und die
schönen Photos, die freundlichen Gedanken vielen Dank. Sei
bitte nicht traurig, mache dir nicht so viel Gedanken, mir geht
es ganz gut und ich freue mich sehr auf unser wiedersehn. Vielleicht können wir eine Reise machen. Ich bin selten allein, das
Kind langweilt sich und kommt sehr oft zu mir, die Tändler reichen sich die Türe, die Gasmänner, Lichtgespenster und …

Wann wirst du fertig sein, wann bei mir. Vielleicht war es gut
so wie es gekommen ist, denn wir wissen jetzt, wie wir fühlen.
Viel trauriges und lustiges habe ich dir zu erzählen, vielleicht
schreibe ich es.

Grüße bitte alles was um dich ist, den schwarzen Hund, die
Marktfrauen, die Weintrinker, die Guten und die Bösen, die
Weinberge, die Straßen und Gassen, die Plätze, Lokale und dein
Zimmer.

Sei umarmt von deinem Ungeheuer.

Marion, Trinkulo und Bimbus.

Bleibe gesund und sei vorsichtig.

[26]¹

[Stuttgart
6. Mai 1953]
Mittwoch

Wieder schlechte Träume und überhaupt kein gutes Gefühl.
Dein Vater wollte mich zum Teilhaber seiner Kanzlei machen,
und er war verstimmt, weil ich ablehnte.

Ich war mit Bimbus an einem Fluss. Er ging in den Fluss, aber er
schwamm nicht, sondern er lief unter dem klaren Wasser über
den Flussgrund. Ich hielt ihn an einem dünnen Bindfaden. Der
Bindfaden verheddarte sich um einen Pfeiler, und wenn ich nun
an dem Faden zog, um Bimbus die Richtung zum Ufer zu zeigen, zog ich den Hund immer tiefer in den Fluss. Ich konnte
auch den Faden nicht von dem Pfeiler losrucken, denn dann
wäre er gerissen, und Bimbus wäre leinenlos in dem Wasser gewesen und hätte den Weg zurück nicht gefunden.

Meine Schreibmaschine lag zerbrochen an einem anderen Wasser. Diebe hatten sie mir genommen, sie zerbrochen und sie ans
Ufer geworfen.

Schlechte Omen! Ich las heute früh das letzte Stück des Ge-
schriebenen. Es gefiel mir nicht. Noch viel Arbeit.

Was soll bloss werden?

Meine liebe Marion!
dein Kopernikus

---

1 Dem Brief beigefügt ist ein Ausschnitt aus dem Nachrichtenmagazin *Der
Spiegel* vom 6. Mai 1953 mit dem Titel *Sexualpsychologie: Der Fall Jorgensen*.
Der Artikel berichtet von der angeblichen Geschlechtsumwandlung eines
ehemaligen GI, der sich im nachhinein aber als ein »männliche[r] Kastrat
[…], der sich als Frau maskiert«, entpuppte.

[Stuttgart
7. Mai 1953]
Donnerstag früh
Träumte nicht schlecht, aber sinnlich. Erwachte erregt, ange-
regt, mit steifem Penieees und dachte daran, zu dir zu fahren.
Sofort. Der Zimmermann hatte noch nicht ans Glas geschlagen,
der Choral war noch nicht vom Turm geblasen worden. Wenn
ich mir ein Taxi genommen hätte, wäre ich vielleicht jetzt bald,
um 10 bei dir gewesen. Wie schön wäre es gewesen, wenn du
dann noch im Bett gelegen hättest. Ich wäre gleich zu dir unter
die Decke gekommen. Es hätte mich nicht einmal gestört, wenn
du nach Zwiebel und nach Sankt Spiritus gerochen hättest.[1]
Ich muss unbedingt mal kommen. Ich habe ausgerechnet, dass
ich n o c h 20 Tage brauche. Ich muss am Samstag, wenn er zu-
rückkommt, mit Seewald reden. Seewald ist bei Scherz. Kuk-
kuck!

Auf Wiedersehen, Kuckucksklan!
Kopernikus[2]

Donnerstag-nachmittag
Mein liebes gutes Herzenskind, nie habe ich dir nett genug ge-
schrieben, – so finde ich, seit ich deinen weisen, lieben Brief
gelesen habe. Vielen herzlichen Dank!
Ich will doch sehen, ob ich nicht kommen kann.
Muss jetzt aber noch Roman schreiben.

Ich bin dein und nur dein
Kopernikus

Eben ruft mich ein Mädchen von Scherz & Goverts an und
verwirrt mich mit der Mitteilung, dass das Französische Infor-
mationsamt in Offenbach (nicht die Clappier-Stelle[3] in Mainz)
mich nun doch per eiligem Einschreiben eingeladen hätte, an

der deutsch-französischen Schriftsteller-Zusammenkunft in Paris teilzunehmen, und das Mädchen meinte, dass in dem zu ihnen gekommenen Einschreiben an mich schon die Fahrkarte und Anweisungen und Dokumente liegen würden. Am 17. Mai ginge es los.
Ich kann aber nicht.

---

1 W.K. hegte eine lebenslange Abneigung gegen Zwiebeln und Lauchgemüse aller Art. »Sankt Spiritus« ist eine Anspielung auf M.K.s Alkoholsucht.
2 W.K. verzierte die Anfangsbuchstaben seiner Unterschrift mit einem Herz.
3 Louis Clappier. Er übersetzte W.K.s ersten Nachkriegsroman *Tauben im Gras* ins Französische. Clappier lebte in Mainz.

[28]

[Stuttgart
10. Mai 1953]
Sonntag vormittag

Mein liebes gutes Marionkind,
ich hatte gestern eine lange Unterredung mit Seewald, und die Probleme sind fast unlösbar. Eins liesse sich lösen, – aber alle? Da ist das Problem unserer Beziehung, das Problem, das ich so gern wieder zu dir kommen würde. Dann gibt es das Problem des Romans, das Seewald als das Hauptproblem ansieht. Und schliesslich das Problem der Finanzierung und des Geldes.
Das Nebenproblem Paris löste ich (nicht leichten Herzens) durch Absage. Was Seewald nicht richtig fand. Er hatte die Vorstellung, ich müsse unbedingt fahren und dort weiterarbeiten. Ein unmöglicher Gedanke!
Mit dem Roman ist es so: ich habe ihn ja tatsächlich hier neu geschrieben, da in München zuviel Unstimmendes hineingeraten war. Trotz wahnsinnigen Fleisses habe ich mit dem Buch noch 20 Tage, das heisst bis zum 1. Juni zu tun. Wirst du dich bis dahin nicht von mir abwenden? Das ist eine tiefe Sorge!
Ich wollte eigentlich zurück kommen und dort weiter arbeiten.

Aber wenn es dann schief ginge, wenn ich nicht 20 Tage lang von früh bis um 6 ungestört schreiben kann, dann wäre es mit dem Buch für diesmal aus. Was meinst du? Kann mans wagen? Soll mans wagen?

Ich habe sehr, sehr grosse Sehnsucht nach dir.

Alles andere – nichts steht fest, denn Seewald kann ja auch nicht entscheiden.

Ich glaube, ich würde in dieser Woche für einen Tag (welchen du willst) nach München kommen können. Das wäre, dass ich vom Mittag eines Tages bis zum Mittag des andern Tages bei dir wäre. Aber geldlos. Was meinst du? Stärkt es dich, oder regt es dich nur auf?[1]

Wenn ich nicht diesen einen Tag zu dir fahre, sondern die 20 Tage hier bleibe, dann könnte ich dir wahrscheinlich (mit Mitteln der Erpressung) statt meines Kommens 50 Mark senden. Vernünftiger ist das sicher. Aber ist es auch besser? Besser für uns? Ich würde dich so gern sehen, und ich hab so Angst, d u könntest dich an ein Leben ohne mich gewöhnen.

Seewald schlägt vor, wir sollten es die 20 Tage noch aushalten, und meint, du könntest dann, sollte es hier noch Änderungsbesprechungen geben, er meint, du könntest dann für eine Woche nach Stuttgart kommen. Was hieltest du davon? Vielleicht schön?

Für später habe ich den Plan, Goverts zu attackieren, uns für 6 Monate in Positano[2] oder Capri oder in Tanger in Nordafrika ein Haus zu mieten. Ich möchte mit dir weggehen, und ich glaube, auch dir würde |es| gut tun.

Rufe mich an, und sag mir, was du meinst. Ich bin Montag im Hotel vormittags bis 12. Und nachmittags auch. Aber aufpassen werde ich auf deinen Anruf so zwischen *10 u. 11.*

Ich habe dich sehr, sehr viel lieb!
dein Kopernikus

1 W. K. markierte diesen Abschnitt am Rand des Briefes mit einem Strich.

2 Schon Ende der 1920er Jahre wollte W. K. nach Positano reisen. Damals kon-
kurrierte er mit Wilfried Seyferth um die Gunst der Schauspielerin Sybille Schloß, seiner ersten großen Liebe. Die für alle Beteiligten schmerzhafte
Dreiecksbeziehung ließ W. K. sogar kurzzeitig an Selbstmord denken, wie er
in einem vermutlich Ende Mai verfaßten Brief an Seyferth formulierte: »Als,
im März etwa, die Idee aufkam, dass Sie [Seyferth] mit Sybil reisen würden,
war ich fest entschlossen Ihnen nach Positano nachzureisen, um mich dort
umzubringen.« (WKA)

[29]

> [Stuttgart
> 11. Mai 1953]
> Montag

Mein Liebes, ich wollte dich heute vormittag anrufen, aber ich
kam nicht durch. Vielleicht warst du auch nicht zu Hause. Ich
bin recht bedrückt, weil meine Kreislaufstörungen hier so sehr
zunehmen und mich die Kessel-Hitze vielleicht noch mehr mitnimmt, als das münchner Klima. Ich war vorhin sogar bei einem gegenüber liegenden Arzt, der mir 3 Mittel verschrieben
hat, die ich aber nicht kaufen kann wegen Geldmangel. Und
da sich alles hier so zuspitzt, mich dieses Hotel so schrecklich
deprimiert, möchte ich zurückfahren, entweder für 10 Tage
(worauf ich noch mal kurz nach Stuttgart müsste) oder für 2
Tage, um mich in München irgendwie, wohl durch Verkauf des
Photoapparates[1] (leider!), zu finanzieren, denn so geht es hier
überhaupt nicht weiter.

Bitte rufe mich morgen früh (Dienstag) an und sage mir, wie du
darüber denkst.

Vielleicht bin [ich] auch krank, weil ich grosse Sehnsucht nach
dir habe!
dein Kopernikus

1 W. K. verkaufte seine Kamera, eine Rolleicord samt Objektiv (Tricotas 3.5)
und Zubehör am 12. August 1953 in München. Er erhielt dafür 190 DM.
(WKA)

[30]

[Stuttgart
12. Mai 1953]
Dienstag
Lieber Kuckucksklan, sei freundlich erwacht, sei hübsch erwacht, blas lustig ins Horn, trag nette kleine Hosen und onanier
nicht soviel.
Hier gab es gestern noch eine grosse ärgerliche Verstimmung.
Nachdem es mir gelungen war, für dich die 100 Mark loszu-
eisen (sie sind schon abgegangen und werden spätestens Mittwoch mit dem Geldbriefträger kommen), rief mich am Mittag
der Kassierer des Verlages an, um mir mitzuteilen, er hätte für
mich ein anderes Zimmer in einem anderen Hotel bestellt. Ich
war sehr wütend, fuhr hin, sah mir das weit vom Stadtzentrum
entfernt liegende Hotel an und fand das Zimmer düster und
scheusslich. Ich fuhr dann wutschnaubend in den Verlag, aber
Seewald floh vor mir, und der Kassierer, ein Mann, der mit David
Ähnlichkeiten hat, setzte mir lang und breit auseinander, dass
das Vorschusskonto weit überzogen sei und dass der Umzug ja
in meinem Interesse läge, da sonst nichts mehr übrig bliebe, es
mir noch zu geben, wenn ich fertig |bin|. Tatsächlich geht ja die
ganze Hotelrechnung auf mein Konto, der Verlag leiht mir sozusagen nur das Geld für die Rechnung à conto Honorar. Was ich
schäbig finde. Ich vermute, da der Kassierer so energisch war,
dass, nachdem ich dein Geld durchgesetzt hatte, G.[1] angerufen
hat, vielleicht zufällig, dass er vom Stand der Dinge gehört hat
und ohnmächtig geworden ist. Denn ich habe inzwischen Geschichten über seinen Geiz gehört, die geradezu sagenhaft sind.
Ich kann mich nun leider im Moment nicht wehren, die Zeit ist
zu ungünstig, ich muss das Buch fertig machen, aber ich habe

53

dann eine grundsätzliche Aussprache mit G. vor, in der ich mit Weggang drohen werde.

Dies nahm mir auch die Freude an der französischen Ausgabe der TAUBEN IM GRAS[2], deren erste Exemplare ich im Verlag fand. Ich sende dir eins.

Ich ziehe morgen in das dunkle Loch: Hotel am Marienplatz, Böblingerstr. 1.
Herzliche Umarmung dein Kopernikus

1 Im weiteren Verlauf ihrer Korrespondenz kürzen W. und M. K. Henry Goverts mit G, G. oder Go. ab.
2 *Pigeons sur l'herbe*. Paris: Laffont 1953. (Übersetzt von Louis Clappier)

[31]

[Stuttgart]
13. [Mai 1953]
Mittwoch

Mein Gutes, Liebes, nein, ich bin nicht böse und zu dir schon garnicht. Aber ich hatte schlecht geschlafen, dann der mich ärgernde Umzug, dann das mich verstimmende Quartier, dann die Heiden-Heiden-Arbeit, von der ich weniger denn je weiss, ob sie wird.
Im übrigen habe ich jetzt kein Geld, was mir peinlich ist, denn es ist an sich mein Prinzip bei einem Einzug grosszügig mit Trinkgeldern zu sein.
Auch bin ich schon wieder Professor geworden. Du hast es ja schon gehört. Das ist sicher ein schlechtes Zeichen.

Adresse: Hotel am Marienplatz, Stuttgart-S, Böblingerstr. 1
Telephon: 7 41 66.
Schreib mir bitte! Ich freu mich sehr, wenn ich deinen Brief bekomme. Ich denke sehr, sehr viel an dich.

Ich könnte vielleicht an einer grossen Zeitung in Dortmund Feuilleton-Redakteur[1] werden. Gehalt ca. 800 Mark. Aber gingest du gern nach Dortmund (Ruhrgebiet, Industrierevier)? Jedoch die freie Wildbahn in München, – ist sie so frei?

Ich bin sehr herzlich
dein Kopernikus

1 W. K. könnte an die *Ruhr-Nachrichten* (Sitz in Dortmund seit 1948) oder die *Westfälische Rundschau* (Sitz in Dortmund seit 1946) gedacht haben.

[32]

[Stuttgart
14. Mai 1953]

Himmelfahrt

ist ein rechter Pechtag für mich. Ich wusste garnicht, dass Himmelfahrt sei, und ich bin ohne einen Pfennig Geld. Ausserdem fühle ich mich seit gestern abend krank und fiebrig. Vielleicht ist's eine Grippe, vielleicht sind's Kreislaufstörungen, vielleicht Mutlosigkeit und irgendeine Entzündung irgendwo. Und dann, es betrübt mich besonders, ist heute um 7.45 die Uhr wieder stehen geblieben und nun wohl nicht mehr zu reparieren. Was tu ich? Hier im Hotel ist keine Uhr öffentlich zu sehen, und ich muss doch wissen, wann es Morgen, Mittag und Abend ist. Jetzt regnet es, und ich hülle mich nackend in Düsterkeit, denn merkwürdigerweise ist das Hotel geheizt.
Meine Haare sind schlohweiss geworden. Ich sehe wie Bernard Shaw aus, und der war 97.
Strindberg würde sagen: es ist das Inferno!
Was würde e r draus machen!
Und dann deine Umarmungen!
Was würde er draus machen!
Ob mir der Wirt am Abend auf Kredit einen Glühwein bereiten wird? Er sieht sehr misstrauisch aus.

Ich habe wahrscheinlich doch Fieber, denn ich denke sinnlich an dich. Ob mir der Wirt auf Kredit ein Aspirin holt?
Er sieht sehr, sehr misstrauisch aus. Er sieht wie Herr David aus und wie der evangelische Pastor, der dir die Ohrfeige gegeben hat. Er könnte von beiden der dritte Bruder sein.

Ich kann mich garnicht von dir trennen!
Wäre ich nur nach Paris gefahren. Sehr, sehr herzlich
d e i n
Kopernikus

|Wilfried schrieb mir. Er ist verrückt geworden.

Später:
Gute Marion, ich hab Fieber und dich sehr lieb! Telephon hier keine Zelle, nur im Lokal!|

[33; handschriftlich]

München
15. Mai 1953
Lieber guter schlohweißer Kopernikus.
Eben habe ich schweren Herzens die Telefonrechnung bezahlt.
Die Uhr kann ich leider nicht abholen, da mir die 20 M. fehlen, die sie für Unkosten berechnet haben.
Wie geht es Dir? Hoffentlich besser, es beunruhigt mich sehr. So vegetiere ich dahin, schlafe manchmal in deinem Bett, onaniere ein bißchen und denke an dich. Die Sachen sind wie immer unverkäuflich, vielleicht haben wir sie auch, als damals wohlhabende Leute, nicht so genau angesehen und überschätzt. Was ich alles erlebt habe und noch erleben werde, möchte ich dir lieber erzählen.
Wochenende in München, Wochenende im Grünwalder Weinbauern, am Bodensee, im englischen Garten, im Kino, im Vor-

trag, im Kaffee, im Speicher. Manchmal auch bei Mage in der Westenriederstraße bei einer Tasse Kaffee und im Gespräch wie schlecht die Geschäfte gingen. Wir beide haben uns sicher sehr viel zu erzählen. Dr. Franzen wollte dich besuchen, Grace[1] ginge es gut, meinte er kurz angebunden, ich hätte mich so gerne länger mit ihm darüber unterhalten. Er läßt dich herzlichst grüßen.

Was ist mit unserer Italienreise?[2]

Sei nicht so fleißig, sonst wirst du krank und schwach. Deine Briefe freuen mich immer sehr. Ein schönes Bussi für Kopernikus.

Einen tiefen Diener für den schwarzen Hund.[3]

Verbleibe ich mit vielen Umarmungen

Dein Ungeheuer

Marion

1 Erich Franzen, Jurist und Literaturkritiker, und seine Frau Grace. W. K. kannte Franzen aus seiner Zeit als Journalist beim *Berliner-Börsen-Courier* (1930-1933). (Vgl.: *Ein Anwalt der Aufklärung*. In: *Gesammelte Werke. Bd. 6*, S. 351-354.)

2 Italien ist ein immer wiederkehrendes Reiseziel von W. und M. K. Ob das Ehepaar 1953 tatsächlich eine Italienreise unternommen hat, konnte nicht mehr ermittelt werden.

3 M. K. zeichnete eine sich verbeugende Figur neben diesen Satz.

[34]

[Stuttgart

16. Mai 1953]

Samstag

Dein süsser Brief, mein schönes Schätzchen, herzlichen Dank, ich erhielt ihn heute früh und freute mich sehr. Aber werde ich dich wiedererkennen? Deine Wochenenden rauben mir die Stimme. Wochenende am Bodensee? Was heisst Wochenende am Bodensee? Du lieber Gott!

Deine Verbeugung werde ich dem schwarzen Hund vielleicht heute abend ausrichten. Er wird verstimmt sein, weil ich mich schon lange nicht mehr sehen liess. Er wohnt in der Ketterer-Gegend, und ich bin ja verbannt in ein ganz anderes, in ein grünes Berg- und Parkviertel, und ich liebte direkt die engen muffigen Gassen des schwarzen Hundes.

Ich habe mir eine Wecker-Uhr gekauft, für 5,90 Mark, da es uhrlos nicht ging. Die Uhr hat 1 Jahr Garantie.

Weiter Kreislaufschwächen und ärgerliche und traurige Erlebnisse. Wäre ich nur schon fertig! Du bist mein Bäumchen und mein Licht.

Wo magst du dieses Wochenende sein?

Tausend Umarmungen!
d e i n
Kopernikus

[35]

[Stuttgart
18. Mai 1953]
Montag

Mein Liebes, du machst einen so guten Eindruck am Telephon, – ich kann es garnicht sagen! Ich bin sehr froh!

Ich habe Seewald sofort nach deinem Anruf die Pistole auf die Brust gesetzt, der Arme weiss sich garnicht mehr zu retten, und Goverts wird |ihn| vielleicht mit Vorwürfen überhäufen, – – also kurz und gut, ich habe Seewald bewogen, dass der Verlag dir heute noch 100 Mark sendet. Ich freue mich, dass er drauf eingegangen ist. Ich hatte nur 50 erwartet. Aber leider werde ich diesen Vorstoss nicht wiederholen können, und du müsstest (ich weiss! ich weiss!), wenn du um den 1. kommen willst, dir noch das Fahrgeld davon zurücklegen.

Ich habe dich sehr lieb, das kannst du glauben. Ich wäre gern gekommen, aber es ist wohl besser so. Und wenn du dann kommen könntest, das wäre sehr schön!

Quälen tut mich mein Reinmacheteufel von Zimmermädchen. Heute hat sie mir meinen Schlafanzug entrissen, weil sie geradezu entrüstet behauptete, der müsse nun endlich einmal gewaschen werden. Dabei war er ganz sauber. Überhaupt ist meine Stellung in diesem überfüllten Hotel reicher Leute schwierig.

Nun muss ich mich wieder der Politik zuwenden, der Politik des Romanes. Es hängt mir zum Halse heraus!

Viele Küsse von deinem Kopernikus

|Schreib ihm wieder!|

[36]

[Stuttgart
19. Mai 1953]
Dienstag

Mein Liebes, ich erwachte schon wieder um 5 nach schlimmen Träumen. Ich sah dich – im Traum – auf abscheulichen und ganz und gar vergeblichen Handelswegen, und das Haus war voll Zank und Not.

Heute früh ein Brief[1] von Goverts aus dem Kissinger Sanatorium: einsichtlose einfallose verkrampfte Besorgtheit, ob's was wird. Keine Wärme. Keine Menschlichkeit.

Gestern abend sprach ich wieder mit dem schwarzen Hund. Er wohnt im Armenviertel hinter dem stolzen Bau der Württ. Privelegierten Bibelgesellschaft. Seine Leute haben eine Art Blendladen. Er sagt, es gehe ihm ganz gut, und er habe jedenfalls sein Auskommen. Von den Menschen hält er wenig. Aber er toleriert sie. Er vermeidet Schwierigkeiten.

Dies alles ist herzlich gemeint. Sehr, sehr herzlich! Ich möchte gern mit dir alles bestehen! Nur mit dir!

Manchmal sehe ich bei kurzen Strassengängen hübsche Stuttgartnerinnen, aber keine ist so hübsch wie du! Ich kenne auch keine. Werde auch keine kennen lernen. Arbeit. Hetze. Kein Geld. Und einen heissen Kopf.

dein

Kopernikus

1 Brief im WKA nicht erhalten.

[37; handschriftlich]

München
19. Mai 1953

Mein armer, kranker Kopernikus.

Dein Freund Clappier schickt dir zwei Fahrkarten nach Mainz.[1] Was wirst du damit machen? Bitte beunruhige dich nicht, ich liebe dich, ich bin nur ein Naturbursche geworden, ich bin nur ein Ungeheuer geblieben; dein Ungeheuer, dein Naturbursche. Es ist jetzt drei Uhr und ich sitze inmitten eines alten Bauernhofes allein, bei einem Bier mit Brause. Eben hat die Kuh gebrüllt, ich denke sie läßt dich grüßen. Ein Wurstbrot wurde nun gebracht und der Gasthof heißt »Zum alten Hufeisen«. Eben habe ich entdeckt, daß unter der Wurst keine Butter ist, aber dies gehört eben dazu. Die Eingänge zu den Stallungen sind runde Torbögen. Im Hof stehen viele lange Heuwägen, und an den Wänden lehnen windschief alte, geschnitzte Türen. Leider ist es sehr windig. Die Bedienung hält mich für eine Ausländerin, weil ich nach dem Namen des Gasthofes mich erkundigt habe und so viel Briefpapier bei mir trage. Was wirst du machen? Kannst du schreiben? Geht es dir besser? Mein Wurstbrot ist schon kalt und das Bier warm geworden. Ich wage schon kaum, dir etwas von meinen Erlebnissen zu schreiben, weil es dich nur beunruhigt. Heute um sieben Uhr gehe ich [in] ein Caffee und dann will ich mir den Kopf waschen, nicht waschen lassen. Es ist fast als sitzt du neben mir und ich langweile dich.

Findest du dein Buch noch so unmöglich? Gefällt es dir jetzt besser. Muß Go. nicht mal wieder alle Viere von sich strecken. Laße dich ja nicht ärgern, sei hart.

Die Bedienung ist sehr freundlich und in Gedanken an dich ist es hier gemütlich. Ich überlege gerade, ob ich mir die Tiere ansehen soll, vielleicht bin ich aber enttäuscht. Der Wind will den Brief unbedingt gleich mitnehmen, aber ich glaube es ist doch zu unsicher. Gehst du noch so gerne spazieren, blickst in die Schaufenster. Ein Mädchen mit nackten Beinen, kurzem Rock putzt eben die Stallfenster, sie ist dick und ihr Busen hüpft im Takt des Putzens auf und ab. Jetzt ist sie auf die andere Seite gesprungen, man sieht jetzt nur noch ihre Hand das ist besser. Der Himmel ist stahlblau und wolkenlos. Die Kastanien haben ihre Kerzen aufgesteckt und der Flieder ist leider verblüht, wenn du kommst blüht der Jasmin der riecht ja auch sehr gut. Ich glaube du machst dir nichts daraus. In der Brause ist Zacharin und [ein Wort unleserlich]. Du hast jetzt sicher keine Haare mehr, nachdem du sie durch und bekommen hast. Bist du noch sinnlich oder impotent geworden. Träumst du von uns? Hast du nun einen sauberen Schlafanzug? Schläfst du mit oder ohne Hose? Onanierst du viel? Jetzt habe ich dir aber einen langen Brief geschrieben, ich hoffe es freut dich.

Viele, viele Küße mit Bier und Brausegeschmack ein Bussi auf den Bauch und das andere habe ich vergeßen.

Es grüßen Bimbus, Trinkulo, es grüßt ein Schmierfink.

Es umarmt dich erst eine Mieze die grade vorbei geht jetzt erst ich.[2]

Marion

---

1 Im Mai 1953 fand im Kurfürstlichen Schloß zu Mainz die Tagung der Gruppe 47 statt. W. K. hat weder an dieser noch an einer anderen Tagung der Gruppe 47 teilgenommen.
2 M. K. zeichnete die Tiere und sich selbst.

[38]

Mein Gutes, Liebes,

herzlichen Dank für den Brief! Sehr schöner Brief! Sehr existen-
zialistischer Brief! Aber mein Schätzchen, ich fürchte, du stellst
schlimme Dinge an, und wenn ich komme, wird man mich wohl
gleich ohnmächtig in den Garten tragen müssen. Wie kommst
du auf einen Bauernhof? Dabei ist dein Brief aus München! Was
heisst das, du seist ein Naturbursche geworden? Wer hat dir das
eingeredet? Mein Gutes, mein Liebes, ja, wirklich, wie kommst
du auf den Bauernhof? Aber du solltest unbedingt Schriftsteller
werden; du hast viel Talent für diesen schönen Beruf.

Gestern abend Gewitter. Ich hielt mit Seewald eine Besprechung ab, die sich bis Mitternacht hinzog, und dann kam, aus
Hannover mit dem Auto angekommen, Go. an. Er strahlte und
sah frisch und rosig aus. Ich glaube, er möchte mich mit nach
Vaduz[1] nehmen. Aber ich weiss nicht recht, ob ich mich darauf
einlasse. Dann wäre ich noch weiter von dir weg und ganz gefangen.

Nach unseren gestrigen Telefonaten geht es mir besser.

Aber nochmal: wie kommst du auf den Bauernhof? Hast du ein
Auto?[2]

Und dann schreibst du, du könntest mir garnicht alles schreiben! Wahrscheinlich haben sich die kessen Väter wie Ratten
vermehrt.[3]

Dein Brief – ich las ihn eben noch einmal – ist wirklich sehr
schön!

Viele Küsse und die mit starken sinnlichen Empfindungen.[4]

d e i n

Kopernikus

Nach deinem Anruf –
er hat mich froh gemacht, dein Anruf, deine Stimme klang so schön, ich glaube dir auch, ich liebe dich sehr, ich habe grosse Sehnsucht.

Ich möchte sehr, dass alles gut wird! Ich möchte auch zu dir gut sein. Ich möchte dir Sachen kaufen. Ich möchte mit dir reisen. Ich möchte mit dir – und nur mit dir – gut leben.
Was du von den Verkäufern sagst, ist sehr, sehr traurig.
Seewald setzt ja grosse Stücke auf das Buch und glaubt an einen Erfolg. Aber das wäre Weihnachten. Und vor allem ist das Buch ja nicht fertig. Es kann aber, wenn das Buch fertig ist, auch schon früher vieles besser werden!
Die lange Zeit. G. K. beunruhigt mich doch sehr. Sei nur klug! Lass dich nur von dieser alten Oger-Familie[5] nicht einfangen. Mir brennt es hier unterm Hintern.
Ich werde dich also am Sonntag nicht anrufen. Obwohl es am Sonntag immer mit den Verbindungen schneller geht. Und wenn du anrufst, ist eben dies, dass man mich erst holen muss.

Mein Zimmermädchen ist ein Reinmachteufel. Obwohl ich hier sitze und schreibe, wischt sie am Boden rum.

Bleib lieb. Dann hab ich dich auch immer lieb! Kein anderes Mädchen weit und breit!

Viele Küsse!

1 Henry Goverts lebte seit 1950 in Vaduz in der Schweiz.
2 Offenbar vermutete W. K., daß M. K. einen Ausflug mit Gerda Kiefl unternommen hatte.
3 Vgl. dazu *Das Treibhaus*, S. 24: »Wenn Keetenheuve von der Reise zurückkam, huschten die kessen Väter mit höhnischem Grinsen wie gesättigte Ratten durch die Tür. Er schlug nach ihnen; sie huschten in ihre Verstecke.«
4 W. K. verzierte seinen Brief mit der Zeichnung eines vor einer Schreibmaschine sitzenden Männchens und notierte daneben handschriftlich: »ich«.

5 Oger sind menschenfressende Ungeheuer im Märchen. Auch in W. K.s
Treibhaus taucht die lesbische Freundin Elke Keetenheuves in Gestalt dieses
Fabelwesens auf. »[...] ein Oger des Geschlechtsneides, eine bös und dick
gewordene Penthesilea der Budiken, die ihren Achill versäumt hatte.« (*Das
Treibhaus*, S. 24)

[39; handschriftlich]

[München
20. Mai 1953]
Mittwoch
4 Uhr

Lieber Kopernikus!

Schmierfink holt zerknittertes Papier aus der Tasche um dich
aus dem Milchhäusel sehr sehr herzlich zu grüßen. Es ist heiß,
schwül, Gewitterwolken am Himmel und ich muß an den Ratskeller denken. Sitzt und schreibst du schon im dumpfen Bun-
kerloch, oder bist du noch Professor. Soll, kann ich zu dir kommen.

Geht es dir besser? Ich wollte in »Die tätowierte Rose«[1], sie
spielten aber »Das Feuerwerk«.[2] Ging verbittert heim, da kein
Verständnis des Theaters vorhanden war, daß man das »Feuerwerk« nicht sehen will und die Karte verfiel. Heute habe ich
dem Gerichtsvollzieher 20 M. gegeben. Bin pleite.

Ich umarme dich
Marion

1 *Die tätowierte Rose* (Orig.: *The Rose Tattoo*, 1951), Theaterstück von Tennessee Williams. Deutsche Erstaufführung am 24. Februar 1953 in den Kammerspielen München, mit Wilfried Seyferth als Alwaro. Regie: Fritz Kortner.
2 *Das Feuerwerk*, musikalische Komödie nach einem Lustspiel von Emil Saut-
ter (UA: 16. Mai 1950). Wiederaufführung am 8. Dezember 1952 im Schauspielhaus München, u. a. mit Axel von Ambesser. Regie: Franz Josef Wild. Bis
zum 9. August 1953 wurde es einhundertachtmal aufgeführt.

[Stuttgart
21. Mai 1953]
Donnerstag

Mein Gutes!

Gestern ass ich mit Go. zu Abend. Er war recht nett und etwas verwirrt, was ihn sympathisch machte.

Leider hatte ich gestern, ich nehme an, der Hitze wegen, wieder einen schlechten Tag. Schlecht gesundheitlich und schlecht arbeitsmässig. Ich überlege deshalb, ob ich nicht doch wieder in den Bunker ziehe; denn dort ist es kühl.

Der Bunker ist ein Hotel mit 100 Betten unter dem Stuttgarter Marktplatz (Hotel am Marktplatz). Die Nachteile: die Einbett-räume sind mehr Kabinen als Zimmer. Das Neonlicht strengt beim Schreiben die Augen an. Die Luft ist immer etwas dumpf. Das Geklapper der Maschine hallt von den Betonwänden des Bunkers laut zurück. Schritte in den Bunkergängen, der Schlag der eisernen Türen, alles ist sehr dröhnend zu hören.

Denke freundlich an mich! Sei brav an Pfingsten!

Ich bin dein
K.

[Stuttgart
21. Mai 1953]
Donnerstag
2. Brief.

Liebes Marionlein, eigentlich, ja eigentlich bin ich sehr froh über deinen Anruf, denn irgendwie hatte ich das Gefühl, du würdest gern wieder bei mir sein. Liebes! Auch ich habe ganz grosse Sehnsucht, – und keine neue Freundin, da du danach fragst. Ich habe genug mit mir allein zu tun.

Leider werfen mich die verdammten Kreislaufstörungen zurück. Vielleicht bin ich auch aktuell überarbeitet. Aber ich muss es schaffen! Go war wirklich sehr nett, und irgendwie ist es ja eine Leidenschaft von ihm, Bücher verlegen zu wollen. Nun ja, ich muss es schaffen. Dies aber in meinem Interesse und auch in deinem!

Aber es macht mich ganz krank. Dieses furchtbare, dieses schwarze, dieses niederdrückende, tausendmal durch die Lauge des Pessimismus gezogene Buch!

Ich habe nicht vergessen, dass du kommen sollst. Aber es hat, was du ja auch einsiehst, erst Sinn, wenn ich fertig bin. Ich schreibe dir dann sofort darüber!

Den Clappier-Brief erwähnte ich nur deshalb nicht weiter, weil ich annahm, du würdest dir schon denken, dass ich jetzt nicht nach Mainz fahre. Und dann – die Tagung der Gruppe 47[1] interessiert mich wenig.[2] Ich hätte ganz gern Clappier besucht, und ausserdem hätte ich so die 2. Kl.-Rückfahrt nach München gehabt. Aber leider hat er die Fahrkarten nur bis zum 30. Mai ausgeschrieben, und so klappt auch das nicht.

Mein gutes Herz, du warst irgendwie traurig heute. Wenn du Kummer hast, schreib es mir.

Dein Brief ist noch nicht da.

Viele Küsse dein Kopernikus

Jetzt am Mittag
ist ein wahrer Hitzerekord.
Alles brennt. Dein Brieflein
ist noch nicht gekommen. Kommt
wohl auch heute nicht mehr.

---

1 Im Brief: Gruppe 45.
2 Vgl. Brief 37, Anm. 1.

[Stuttgart
21. Mai 1953]
Donnerstag abend

Süsser Schmierfink, doch noch spät dein Brief! Wie bist du brav! Schickst mir den PEN[1] nach, der allerdings nur Geld will. Doch man hätte es ja nicht wissen können!

Liebes, sei nur vorsichtig bei den Gewittern. Hier war heute nachmittag ein furchtbares. Und jetzt ist der Himmel schon wieder schwarz, und das Hemd klebt. Ich glaube, ich werde doch in den Bunker gehen.

Über die Kammerspiele bin ich entrüstet. Wenn du dich nicht geirrt hast, als du die Karte kauftest, m ü s s e n sie sie zurücknehmen. Die können ja nicht einfach was anderes ansetzen. Das gibt es nirgends. Wenn du dich aber geirrt haben solltest, ist es leider was anderes.

Herzchen, ich möchte du wärst schon da!

Ich werde mich schicken.

Und wenn du meinst, du müsstest kommen, dann komm schon.

Du schreibst sooooooo reizende Briefe!

Zehn Tage wirds noch dauern, bis der Schlusspunkt fällt.

Wohl doch Bunker. Alles klebt. Alles!

Nun bin ich mit vielen Bussis wieder
d e i n Kopernikus

---

1 Brief der internationalen Schriftstellervereinigung P.E.N. (Poets, Essayists, Novelists), deren Mitglied W. K. war.

[43; Telegramm]

[Stuttgart
22. Mai 1953]

HOTEL AM MARKTPLATZ TELEFON 97441

[44]

[Stuttgart
22. Mai 1953]
Hotel am Marktplatz, Telephon 97441
Freitag

Guter lieber Schmierfink,

nachdem ich gestern im Marienplatzhotel einen entsetzlichen Tag hatte, bin ich nun heute in den Bunker gezogen. Hier kommt es einem zunächst eisig vor. Hoffentlich wird es mir hier besser gehen, – sonst muss ich alles aufgeben und bin ein kranker Mann.

Den Verlagsleuten mute ich einiges zu. Bisher gehen sie freundlich mit.

Vielleicht ist es auch ausser dem Wetter, ausser der Arbeit, ausser dem Unglück des Buches das Denken an dich und an uns, dass mich so mitnimmt.

Also vielleicht wird es hier besser.

Stell zu Pfingsten nicht zuviel an! Überanstrenge dich nicht.

Ich wollte dir einen Maikäfer senden, aber ich konnte nicht aus dem Haus gehen. Ich kann es auch jetzt noch nicht.

Aber ich hab dich auch so lieb.

Ich bin herzlichst
dein
Kopernikus

[45]

[Stuttgart
23. Mai 1953]
Samstag vor Pfingsten

Liebes, schönes, sicher sehr reizvolles Marionkind,

was soll ich von deinem Anruf halten? Der Bunkermensch ist krank und traurig. Er schlief schlecht. Alles bedrückte ihn. Er

68

nahm Veriazol, Cortiron und Vegedyston, all die teuren Medizinen, die für die Katz sind. Und jetzt sitzt er, der Bunkermensch, schon wieder an einem wackligen Tisch und bemüht sich, in seiner düsteren Geschichte fortzufahren. Es wäre sehr schön gewesen, wenn du plötzlich mit dem Auto gekommen wärst! Dein Montevedeo[1] ist mir sehr, sehr unsympathisch. Du scheinst ein Allerweltskerl geworden zu sein.

Mein Ungeheuer! Der Bunker hat 100 Zimmer, und merkwürdigerweise sind sie alle besetzt. Holländer kommen in grossen Autobussen angefahren und kriechen hier in den Bunker. Es ist laut. Es hallt jeder Schritt in den Betonwänden zurück. Nachts schlagen die eisernen Türen, und zuweilen setzt die grosse Lüftung ein und zieht durch die Kammern wie ein Wetter durch ein Bergwerk. Ich bin sehr unglücklich.

Vielleicht vielleicht fahre ich doch noch zu Go nach Vaduz. Die Luft in Garmisch bekam mir ja immer ganz gut, und vielleicht bekäme mir die Luft der freien Schwyzer Berge noch besser. Ich überlege, ob wir uns dann vielleicht in Zürich treffen könnten, aber es wird wohl zu schwierig sein.

Ich wäre sehr gern sehr sinnlich bei dir, und das ich es nicht sein kann, beunruhigt und stört mich auch. Ich glaube, ich werde mir auch noch Schlafmittel kaufen.

Manchmal bin ich auch verbittert.

Manchmal bin ich auch wütend.

Aber immer hab ich dich sehr lieb und bin festen Vorsatzes, sehr lieb zu dir zu sein. Ich freu mich über deine Anrufe und besonders über deine schönen Briefe!

Go malte mir eine glückliche finanzielle Zukunft aus.

Nun ja, er ist Millionär. Ein Vielfacher!

Und ich bin dein Kopernikus

---

1 Vermutlich spielt W. K. hier auf den 1951 entstandenen Film *Das Haus von Montevideo* (Drehbuch: Curt Goetz) an. Zur Handlung: die Schwester des spießigen Professors Traugott Nägeler vermacht dessen ältester Tochter ein Haus in Montevideo, das auf den ersten Blick ein Bordell zu sein scheint, in Wahrheit aber ein Musikinternat ist. Nägeler sieht seine strengen Moralvor-

stellungen nicht nur durch das vermeintliche Etablissement gefährdet, sondern auch durch die Bedingung, die an das Erbe geknüpft ist: seine Tochter
muß ein uneheliches Kind bekommen, wie einst seine verstoßene Schwester,
bevor sie die Erbschaft der Tante antreten kann. Möglicherweise inspirierten
die ledigen jungen Frauen, die das Haus in Montevideo bewohnen, W. K. zu
einem Vergleich mit den Verhältnissen in seinem eigenen Haus in der Ungererstraße während seiner Abwesenheit.

[46]

[Stuttgart
24. / 25. Mai 1953]
Pfingsten
Ich glaube, es ist das Fest der Ausgiessung des Heiligen Geistes.
In Stuttgart brütet die Sonne, und hier unten im fast zu kalten
Keller brüte ich.
Es ist wie in einer Zuchthauszelle, man lauscht nach den Schrit-
ten auf dem Gang; na, vielleicht wirst du auch noch hier wohnen. Es ist im Sommer garnicht schlecht.
Ich wollte, du wärest hier. Ich würde die obzönsten Dinge mit
dir treiben.
Gestern abend gelang es mir nocheinmal aus dem Hotel zu gehen, was ich ja meist wegen Schwindel nicht kann, und ich geriet durch Zufall in ein tolles Lokal junger gänzlich verkommener Zuhälter. Ich habe noch nie so gemeine Gesichter gesehen,
so drastische Reden gehört, ein so geiles Getue unter Männern
beobachtet, die nicht schwul sind. Diese Burschen gehen zwar
auch (als Nebenerwerb) auf den Strich, aber in der Hauptsache leben sie von hässlichen Mädchen, die schneller verblühen als sie. Doch eine war da, die war nicht reizlos. Sie war
jung, aber schon aufgeschwommen, hatte schon den fettigen
Mehlteint der Prostituierten, aber da sie an diesem Pfingstvor-
abend – und wohl nur an diesem – sich betrank, war sie in Gesellschaft dieser unheimlichen, dieser faszinierend gemeinen,
anziehend ekelhaften Burschen lustig und komisch. Sie küsste

die verseuchten Münder, öffnete die Hosenschlitze, redete sehr drollige Sachen und sammelte für die Drei-Mann-Gelegenheits-Kapelle Geld, damit sie »Shoe Shine Boy«[1] spiele und andere »heisse Musik«, wie sie es nannte. Kam diese Musik, machte sie sehr begabte Beischlafbewegungen, Coitus-Tänze auf ihrem Platz, an dem Tisch (in dem Lokal wird nicht getanzt), und die verkommenen Burschen, 18jährig mit Rinnengesichtern, taten es ihr nach. Die Zeche bezahlte ein Fernlastfahrer, mit dem sie dann im Hof verschwand, und ein älterer Zuhälter, der wie ein ganz verkommener syphilistischer Marian[2] aussah, machte vor, wie das Mädchen im Hof den Fernlastfahrer befriedigen würde. Auch er, der Zuhälter, war nicht ohne darstellerisches Talent, und in einer gespenstischen Weise erinnerte er wirklich an Marian. Was sonst an Dirnen da war, wartete auf den Freier wie Kühe auf den Melker. Stumpfsinniges Rindvieh von rohen Knechten auf den Markt getrieben. – Das war, wie gesagt, gestern abend.

Heute – es ist 5 – habe ich den Bunker noch nicht verlassen. Wir erwarten gegen Abend eine Reisegesellschaft aus Madrid; Spanier, die im Omnibus schwitzend durch Europa fahren, um hier im Luftschutzbunker zu übernachten. Der Koch ist schon nervös, und der Kellner ist unfreundlich. Ich bekam den Salat mit Schnittlauch. Der Kellner deckt jetzt für 80 Personen, die spanische Gesellschaft. Ich lache mich tot, wenn die Spanier in Paris geblieben sind.

Denke ja nicht, dass es mir gut geht, mein Herzlein; mir geht es schon nicht gut, weil du nicht hier bist.

Ich überlege sehr einen Endspurt in Vaduz. Ich müsste dann Go erpressen, dass wir uns in Zürich treffen könnten. Was hieltest du davon? Oder in Konstanz. (Ich glaube zwar, dass du das schweizer Visum auch ohne Devisennachweis kriegen würdest, wenn Go dir eine Einladung schreiben täte.)

Seewald will mich heute abend mit einem geliehenen Wagen auf einen Berg fahren. Ich halte nicht allzuviel davon.

Vorhin ging es mir wieder sehr schlecht. Nun gut, jetzt geht es

mir besser. An dich und deine Pfingsten darf ich garnicht denken. Dann trifft mich sowieso der Schlag.
Ich bin dein komischer Kopernikus

1 *Chattanoogie Shoe Shine Boy* (1950): Lied von Clyde Julian »Red« Foley.
2 Anspielung auf den Schauspieler Ferdinand Marian.

[47]

[Stuttgart
23. / 24. Mai 1953]
Samstag / Sonntag

Bin tieftraurig.
Traurig in Spiesserstrassen und auf Spiesserplätzen.
Rettete einen Maikäfer. Vielleicht.
Sehr traurig.
Ist was mit dir?

|Sonntag
Konnte gestern abend
Brief nicht mehr [zum] Kasten
bringen, – zu schwindlig.
Heute bei Hitze
schlecht gearbeitet.
Ich möchte zu
dir kommen.
Ganz armer Kopernikus|

[48]

Herzelein,

nein, du warst nicht munter! Ich hätte längst zu dir kommen
müssen. Was hast du? Lass dich nicht unterkriegen, nicht unter-
jochen, geh nicht verloren.

Ich kann nichts tun. Ich sitze auf einem sinkenden Floss mit
einer schwachen Hoffnung, das Ufer zu erreichen.

Ich habe kein Geld.

Nächste Woche werde ich fertig sein.

Wenn ich noch nach Vaduz fahren sollte, dann nur, weil ich kein
Geld habe.

Aber auch kein sauberes Hemd mehr. Kann ich ohne ein Hemd
nach Vaduz fahren?

Den Preis der Gruppe 47 bekam in Mainz Ingeborg Bachmann,
die kleine Wienerin, die kleine Dichterin, die ich in Frankfurt
sah.[1] Zweitausend Mark. Hans Werner Richter hält seine Hand
über sie.

Hast du schon ein schönes, wertvolles Geburtstagsgeschenk[2] für
mich? Ich habe bald Geburtstag.

Am Pfingstsonntagabend war ich in einer Barackenkneipe, in
der französische Neger und französische Negerinnen trommelten. Sie trommelten – sonst geschah nichts. Es war ein grossartiges Lokal. Ich werde dir davon erzählen.

Pfingstmontag krank. Hitze. Verzweiflung.

Gestern Besserung.

Ich bin herzlich dein Kopernikus

Es gibt auch noch den Spiegel unter meinem Bett.

---

1 Ingeborg Bachmann erhielt den Preis für ihren Gedichtband *Die gestundete
  Zeit*.
2 W. K.s Geburtstag am 23. Juni.

[München]
27. Mai 1953
Mittwoch

Lieber Kopernikus.

Im Garten

Es ist ein trüber, schwüler, müder Tag heute und ich bin sehr beunruhigt wie es dir geht. Du bist sicher sehr blaß wenn du immer in dem Bunker lebst, ißt und schläfst und nie an die frische Luft gehst. Wie ist dir der Ausflug mit Seewald bekommen ich würde dich gerne im Juni treffen. Was ist mit Go.

Pfingsten ist viel passiert, aber mir geht es gut. Pappa und die Liesl[1] waren von Baden-Baden sehr beeindruckt, Stuttgart hat ihnen nicht gefallen. Trinkulo und Bimbus geht es auch gut. Bimbus hat den Reklamekopf des Maibocks, den Stiernacken des Obergruppenführers und den Leib eines Zollbeamten. Trinkulo ist ein manchmal gepflegter, manchmal staubiger Bettvorleger mit masochistischen Neigungen.

Er schläft in deinem Bett, unter deinem Bett oder auf dem roten Sofa.

Im Zimmer

Es ist mir zu windig geworden und Trinkulo bringt mir zu viele Steine, er hat mich vertrieben aus dem wenig schönen Paradies der Lampengespenster, verbitterten Kindern und neugierigen Beobachtern. Soll ich dich am Montag zwischen 10 und 12 anrufen. Sei bitte nicht traurig und bleib gesund. Bekommst du deinen Salat wieder ohne Schnittlauch? Bist du [ein Wort unleserlich]!

Viel Glück mein Gewitterhase.

Einen feuchten Kuß und viele Gedanken

Deine immer so brave

Marion

1 Wolfgang Ulrichs zweite Frau Elisabeth.

[50]

Donnerstag
Herzelein, dein Brief und grosse Freude über deinen Brief, und
jetzt springt er mir, den ich beiseite gelegt hatte, in die Maschi-
ne, um mir zu sagen, dass ich gleich danken soll.
Der Brief war etwas erzwungen. Warst du matt, oder war dein
Gefühl matt, oder war der Tag matt? Sei munter, mein Liebes,
strahle, sei schön, sei eigenartig!
Dein Brief war lieb. Aber er war auch – verschlossen. Bist du
Schweizerin geworden? Bist du in der Mode tätig?
Ach, ich muss dich bald, bald sehen.
Ich sitze hungrig hier. Ich bin nämlich festgefahren. Ich habe
keinen Pfennig Geld und kann nicht essen gehen. Ich sitze im
Bunker und schreib und schreibe. Ich müsste eigentlich schon
aus Geldgründen nach Vaduz fahren, aber ich kann mich zu
dieser Reise nicht ermannen. Ich fürchte auch etwas den Aufenthalt in Vaduz.
Aber ich möchte gern mit dir in Zürich sein.
Mein Schätzchen. Was tue ich nur? Ende nächster Woche werde
ich fertig sein. Ein böses Buch. Man wird mir keine Sympathien
mehr entgegenbringen!

Mit dem Geld ist es eine Katastrophe!

dein dich bleich und lüstern
betrachtender
Kopernikus

|Ich sehe dich als Huhn!|

[51; handschriftlich]

Lieber Kopernikus!

Das ist ja schrecklich wenn du mich als Huhn siehst. Geht es dir so schlecht? Ich denke viel an dich und träume oft von dir. Letzte Nacht, du hättest dir einen Anzug aus Persianerfellen machen laßen, das scheint aber nicht der Fall zu sein. Wilfried filmt zu viel, spielt nicht Theater, jagt dem Geld nach und ich sehe »Die tätowierte Rose«[1] nicht. Was sagst du zu deinem Freund!

Es tut mir leid, das dir mein letzter Brief nicht gefallen hat. Heute ist es hier sehr kühl und regnerisch. Ich werde mir noch einmal den Film »Durst«[2] ansehen. Du meinst Ende nächster Woche fertig zu sein und wir sehen uns in Stuttgart oder Zürich. Montag rufe ich dich an, ich freue mich.

Viele liebe Küße 10 000 Bussis

Marion

Einen Gruß an Spanien[3]

1 Vgl. Brief 39, Anm. 1.
2 Spielfilm aus dem Jahr 1949; Regie: Ingmar Bergman.
3 Vgl. W. K.s Bericht über die spanische Reisegesellschaft, Brief 46.

[52]

Mein lieber Schatz!

Mein kleiner Struwelpeter!

Heute wirst du vergebens in den Kasten schauen. Kein Brief für Marion! Ich kam gestern nicht dazu. Arbeit und Zweifel. Und dann hätte ich gestern auch kein Porto gehabt. Nun denk ich lieb an dich.

Es gibt diesen P l a n und bitte sage oder schreibe mir gleich, was du von ihm hälst.

Du kommst am Montag in 8 Tagen nach Stuttgart. Du wohnst mit mir im Bunker. Du bleibst 2 oder 3 Tage in Stuttgart. Wir gehen am Abend zu den Negerinnen aus Saint Martinique, wenn sie noch hier sein sollten. Die Truppe ist nicht mehr so gut, wie am ersten Abend. Der grossartige Trommler ist nach Paris abgereist. Aber die andern sind auch noch gut. Nur sind sie, besonders die Mädchen, veralbert und im Tanz und in der Musik nicht mehr ernst zu nehmen. Und dann ist das Lokal, an sich ein Bums, leider bekannt geworden, wozu leider auch der gute Seewald (ein netter Kerl!) das Seine beigetragen hat, und nun kommen da Rundfunkleute, Literaten, Gelehrte und merk- würdige Frauen hin. Die Neger sind verwöhnt, trommeln mal und trommeln mal nicht, und die Mädchen tanzen mal und tanzen mal nicht. Die dicke, furchtbar böse Wirtin schimpft auf schwäbisch in den Puff, die Neger antworten in einem Kau- derwelsch, lachen sich tot und machen dann plötzlich einen hysterischen Wirbel, nehmen den Nutten die Hüte weg, setzen sie sich auf und schreien minutenlang »Onkel Teo, Onkel Teo, Onkel Teo«, was dann die eine Negerin, die wie ein kleines Äffchen aussieht, zu wirklich hinreissend obszönen Bauch- und Hinterntänzen veranlasst. Sie tanzt diese Tänze in ihrem billi- gen, schäbigen Strassenkostüm und ist wirklich grossartig. Die andere Negerin ist vornehmer und sieht aus, als ob sie an der Sorbonne studiert habe. Sie spricht ein sehr schönes weiches Französisch. Hin und wieder kommt dann noch ein furcht- bar intellektueller Neger in das Lokal, der mit der ganzen Sa- che nichts zu tun hat und wie Sartre auf schwarz aussieht. Du siehst, ich habe dir was zu bieten, aber es ist fraglich, ob die Truppe in 8 Tagen noch hier sein wird. Dann musst du mit meinen Tänzen vorlieb nehmen. Und ausserdem ist das Lokal unverschämt teuer, der letzte Bums, wie gesagt, aber ein Glas Wein kostet 2,50.

Aber zurück zu dem Plan, den ich habe, und es ist nicht sicher, ob er sich durchführen lässt.

Also Plan: du bleibst 2 oder 3 Tage in Stuttgart. Dann fahren wir beide nach Konstanz. In Konstanz holt uns das grosse Auto aus Vaduz (Gos berühmter Chauffeur!) und fährt uns zu Go. Wir bleiben 2, 3 Tage in Vaduz. Danach fährt uns wieder ein Wagen nach Zürich. In Zürich bleiben wir einen Tag. Fahren mit der Bahn nach Stuttgart. Und weiter weiss ich nichts.

Es ist alles recht kompliziert. Ich soll an sich Ende Juni zu Laffont[1] nach Paris reisen. Ich denke sehr ernst daran, dich mitzunehmen; aber ich übersehe die Finanzierung so wenig, dass ich nicht einmal sagen kann, ob ich eingeladen bin. Das geht aus Pierhals[2] Brief nicht hervor. Aber ich möchte dich – wenn ich fahre – wirklich sehr gern mitnehmen.

Die Sache mit der schweizer Reise ist nämlich so: ich werde voraussichtlich Samstag fertig sein. Sonntag liest dann Seewald das düstere Werk. Am Montag, dem Tag deines Kommens, wird das Manuskript zur Abschrift gegeben, was ca. 2, 3 Tage dauern wird. Dann fahr ich (nach meinem Plan mit dir) mit dem sauberen Manuskript zu Go. Go liest, während ich (oder wir) in Vaduz bin (oder sind). Go redet mit mir. Du könntest mit Lady Margret[3] reden oder spazieren gehen oder schlafen oder sonst was tun. Abends Whisky mit Go. Chauffeur serviert in weissen Handschuhen. Also so stelle ich mir das vor.

Was meinst du?

Ich bin sehr herzlich mit Umarmungen, Verbeugungen und lüsternem Winken KOMM IN DEN BUNKER LUISE.[4]
d e i n Kopernikus

1 R. Laffont, Verlag in Paris.
2 Vgl. Brief 17, Anm. 1.
3 Margret Goverts, die Ehefrau des Verlegers.
4 Anspielung auf den Schlager von Hans Albers *Komm auf die Schaukel, Luise* (aus dem Bühnenstück *Liliom* von Ferenc Molnár).

[53]

[Stuttgart
30. Mai 1953]
Sonnabend
zweiter Brief

Mein Schätzchen,
Freude über deinen lieben Brief. Und deshalb muss ich meinem
ersten noch einen zweiten nachschicken. Um dir zu danken.
Und dann noch ein paar Bedenken und Erklärungen!
Ob der Plan Stuttgart, Zürich, Vaduz etwas wird, ist noch nicht
ganz sicher, weil Go. von dieser Planung noch garnichts weiss.
Es ist eine Idee von Seewald und mir, die aber wahrscheinlich
durchzuführen sein wird und auch die praktischste ist. Nur:
ich schrieb heute früh etwas wirr und optimistisch. Ich hatte
gestern den ganzen Tag nichts gegessen, weil ich nichts hatte,
und dann habe ich am Abend mit Seewald getrunken und war
heute früh noch etwas euphorisch. Auch bin ich von der Arbeit
sehr mitgenommen. Gestern sass ich von 8 Uhr früh bis 8 Uhr
abends unentwegt im Bunker an der Maschine.
Also ich würde mich freuen, wenn der Plan so etwas würde
Stuttgart, Vaduz, Zürich, – wenn du einverstanden bist. Und sehen tun wir uns in 8 Tagen auf jeden Fall.
Viel zu erzählen!
Es wäre gut, wenn du dir in München das *Schweizer Visum* be-
sorgtest. Du kriegst es auch ohne Einladung. Für ein Jahr, glaube ich. Das Konsulat ist um die Ecke bei Hirsch[1], das Haus im
Garten.

Nochmal sehr herzlich
dein
Kopernikus

Sage auf dem Konsulat
dein Gatte (!) sei Autor
des Verlages Scherz & Goverts
in *Bern*!

1 Das damalige Lebensmittelgeschäft Werneckhof Eugen Hirsch, Werneckstr. 16a, München.

[54; Telegramm]

[Stuttgart
1. Juni 1953]

WARTE MIT KONSULAT AUF BRIEF

[55; handschriftlich]

[München
1. Juni 1953]
Montag 3 Uhr

Lieber Kopernikus!
Natürlich möchte ich gerne nach Zürich fahren, mich schreckt nur Vaduz, die Geldlosigkeit und damit das abhängig sein von Go. Es schrecken mich die stummen steifen Diener und die sinnlichen Chauffeure, das wandern durch den Park im trauten Gespräch, vielleicht auch noch ausgedehnte Eßen wenn es sehr einsam ist. Das könnte ich nur mit viel Whisky ertragen und der bekommt mir nicht. Ich bin noch immer sehr menschenscheu, werde mir das Visum aber besorgen. Vielleicht gerät man dann in die gefährlichen Klauen des Verlegers. Einen Tag Zürich, vier Tage Vaduz fraglich ob wir den einen Tag allein sind. Warum

dann wieder nach Stuttgart zurück? Da ich in Basel oder Zürich niemand kenne und geldlos bin, kann ich da auch nicht auf dich warten. Was meinst du? In deinem Bunker kann man sich verkriechen. Am Samstag war ich ohne Brief von dir sehr beunruhigt. Hier ist es seit Tagen ziemlich kalt, das würde dir sicher gut tun. Du warst so streng am Telefon, so gereizt. Hoffentlich nicht gegen mich. Ich habe vergessen. Eben kam dein Telegramm, daß ich warten soll auf einen Brief von dir.
Ich warte mein Höhlenmensch,
mein düsterer Literat,
mein fliegender Reiter,
mein Phantast.
In Liebe
Marion

[56]

[Stuttgart]
1. Juni [1953]
Montag

Liebe Marion,
es hat sich eine unerwartete und blöde Schwierigkeit ergeben. Ich bekomme hier – weil in München wohnend – das Visum nicht.
Es bleibt mir deshalb nichts anderes übrig, als dir meinen Pass und den Fragebogen zu senden. Du musst mit beiden auf das Konsulat gehen, und du müsstest nach hiesiger Ansicht dort sofort das Visum bekommen. Danach bitte ich dich mir *sofort* den Pass *e i n g e s c h r i e b e n* zurück zu senden.
Hotel am Marktplatz
Stuttgart

Marktplatz

Ich habe die Rubrik mitreisende Ehefrau im Fragebogen nicht ausgefüllt, da ich annehme, dass du einen Fragebogen extra ausfüllen willst oder schon ausgefüllt hast. Wenn das nicht der Fall sein sollte, dann fülle du einfach die Frage 10 mit Blockschrift (oder mit Maschine!) aus.

Berichte mir sofort über deinen Erfolg!

Sehr herzlich bin ich dein Wolfgang
Bussis.

Freute mich, deine Stimme zu hören.
Rief dich um 1/2 1 nochmal an, aber du warst nicht da!

[57; handschriftlich]

[München]
2. Juni [1953]
Dienstag

Lieber Kopernikus!
Es ist alles glatt gegangen und der Schweizer lächelte freundlich als ich ihm die 10 M. gab. Er hat in einer halben Stunde ungefähr 200 M. eingenommen, also die Schweiz ist sehr beliebt. Ich hätte ihn gern gebeten ihn eine Stunde zu vertreten. Was meinst du zu meinen Bedenken? Es regnet und ich trage dich jetzt zur Post. Koeppen Wolfgang Arthur –
unveränderliche Kennzeichen – keine ???????
Sofort! Sofort! Sofort!
Schade deine Stimme nicht um 1/2 1 Uhr gehört zu haben. Auf in die reiche Schweiz zu den verschlafenen Schweizerinnen – – – auf daß sie erschoßen werden.
Mit 1000 Küßen ohne Bedenken
Bin ich deine
Marion

[Stuttgart
3. Juni 1953]
Mittwoch
Mein Süsses, Liebes, Lange nicht genug Geschätztes,
du bist ja so tüchtig, du hast ja grossartig funktioniert, ich hätte nie gedacht, dass ich den Pass so schnell zurück bekommen
würde, ja, ich hatte noch mit Schwierigkeiten, Rückfragen, Hin-
dernissen, wilden Telephonaten, Kümmernissen, Blitzen und
Landregen gerechnet. Du verdienst einen Orden und bist meiner Hochachtung sicher! – Traurig ist, dass es dich Geld kostete.
Was kann ich tun? Seewald ist nicht genug bevollmächtigt.

Und herzlichen Dank für deinen anderen sehr schönen Brief,
der gestern abend kam. Nein, nein, ich bin nicht auf dich missge-
stimmt, und meine Stimme sollte garnicht streng klingen. Ich
möchte im Gegenteil alles mit dir mild und gut machen. Deine
Bedenken wegen Vaduz teile ich nicht ganz, aber ich verstehe
sie sehr gut! Nun ist aber alles sehr dumm. Ich kann den Ma-
nuskriptfahrplan schlecht umstossen: Seewald liest Sonntag,
spricht mit mir, Abschrift Anfang der Woche, Überbringung
Arbeit Go Ende der Woche, Besprechung mit Go. Dann Zürich
allein. Wozu wir von Go Geld brauchen. Ich weiss nicht, wie es
anders gehen könnte, denn dass du hier im Bunker bliebest und
dann mich in Zürich träfest, das ist doch auch nichts. Vielleicht
könnte ich Vaduz noch einschränken, indem ich Go das Buch
senden und ihn erst lesen lasse, so dass der Besuch nur einen
Tag dauert. Aber dann ist zu überlegen, ob du schon Montag
hierher kommen sollst, was ich so gern möchte, da ich so grosse Sehnsucht nach dir habe. Ich glaube nicht, dass man sich in
Vaduz viel gesellschaftlich um uns kümmern wird. Ich glaube,
es wird harmlos sein. Lady Margaret ist harmlos. Keine Gesell-
schaftsziege. Unter Umständen wäre es auch nicht ausgeschlossen, dass wir im Schloss-Hotel wohnen.

Also p l a n e n wir mal: du fährst Montag. Du kannst mit 2 Zügen fahren. Der eine geht um Punkt 12.00 und ist 15.07 hier. Der zweite geht um 12.27 und ist um 15.55 hier. Mir ist es egal, welchen Zug du nimmst. Ich würde zu beiden auf dem Bahnhof sein. Aber darüber verständigen wir uns noch. WENIG Gepäck! Und wenn's geht, meinen Beutel; du kannst ja deinen in meinem hineintun. Rückfahrkarte, wohl 3. Dann rechtzeitig [am] Bahnhof sein.

Ich denke jede Nacht an dich und erwarte dich sehr.
dein Kopernikus

[59]

Stuttgart
[4. Juni 1953]
Donnerstag

Schätzchen, ich freue mich sehr auf dich und male mir schon alles aus; aber immer mehr fürchte ich auch, dass die tatsächlich vorhandene grosse Geldknappheit dich verstimmen könnte. Mache dir bitte hierüber keine Illusionen. Ich versuchte noch, einem Funkmann, den ich neulich mal kennen lernte, eine sofort zu machende Sendung über das Negerlokal einzureden; der Mann war auch am Abend von meiner Idee angetan, aber dann hat er wohl Bedenken bekommen und sich nicht wieder gemeldet. Ich werde zwar voraussichtlich nächste Woche im Funk eine Bandaufnahme haben, Lesung aus dem neuen Buch, aber die soll erst nach dem Erscheinen des Buches gesendet werden, also erst im Herbst[1], und ich fürchte, dass es auch vorher kein Geld geben wird. Es hängt nun natürlich viel davon ab, wie dem Verlag meine (mir leider nicht allzu gut gefallende) neue Arbeit zusagen wird. Mein Plan ist, aus Go selbst in Vaduz etwas herauszureissen, weil er dort nicht seine ständige hiesige Ausrede gebrauchen kann, dass er ja in Deutschland kein Geld habe. Aber wahrscheinlich wird er in Vaduz sagen, er habe das Geld

84

in England. Wir müssen eben beide, du und ich, den Vögeln in der Luft gleich, den Lilien auf dem Felde ähnlich leben, und es wird schon gehen. Mein Aufenthalt hier – der Bunker z. B. kostet 8,50 Mark pro Tag – hat den Verlag sehr viel gekostet, was er garnicht recht ahnte, als er drauf einging, und wenn das alles mir angerechnet wird, dann ist wohl ein Honorar von einer 3000 Auflage verbraucht. Verzeih diese ernste Betrachtung. ICH BIN NICHT ERNST UND AUCH NICHT BÖSE! Ich freu mich ganz gross auf dich.

Ich möchte vorschlagen: du machst dich für Montag 12 Uhr reisefertig. Rufst mich aber zwischen 9 und 10 am Montag nocheinmal an! Dies darum, weil ich glaube, dass Seewald bis dahin die Arbeit gelesen hat. Und es könnte ja sein, dass er so entsetzt wäre, dass die Beziehungen zum Verlag sich lockern. (Was ja aber doch erst von Go abhinge!) Oder es könnte auch sein, dass S. noch an grosse Änderungen und Ergänzungen denkt (und darin könnte er leider Go beeinflussen!). Ich weiss das ja heute nicht. Ich habe mich ausgeschrieben, und |kann| das Buch im Augenblick nicht beurteilen. Ich ahne nur, dass es sehr, sehr düster ist, dass Adenauer, Heuss, der Bundestag in seiner Gesamtheit tief verstimmt sein werden (wie Ambesser)[2], dass sie schäumen werden, und dass man vielleicht aus juristischen Gründen die ganze Sache nicht machen kann. Dies aber wurde mir bisher vom Verlag abgestritten. Nun ja.

Herzelein, Gutes, also am Montag um 9 – 10 telephonieren wir, und höchst wahrscheinlich fährst du am Montag um 12. Eventuell sende ich dir am Sonntag abend noch ein Telegramm, dass alles klar ist.[3]

Ich bin sehr herzlich mit Bussis
dein Kopernikus

---

1 Gemeint ist die am 12. September 1953 im Süddeutschen Rundfunk (SDR) ausgestrahlte Sendung *Dichter am Mikrophon. Wolfgang Koeppen liest aus Das Treibhaus.*

2 Der Schauspieler Axel von Ambesser glaubte sich in der Figur des Alexander
   in *Tauben im Gras* wieder zu erkennen und fühlte sich verunglimpft. (Vgl.
   auch *Tauben im Gras. Werke 4*, S. 255-259.)
3 Zwischen dem 8. und 15. Juni sind keine Briefe von W. und M. K. erhalten,
   was die Vermutung nahelegt, daß sich M. K. in dieser Woche tatsächlich in
   Stuttgart aufgehalten hat.

[60]

Stuttgart Bunker
[16. Juni 1953]
Dienstag

Meine liebe, schöne Marion, deine Stimme klang so frisch, –
und gern wär ich schon bei dir.

Die Schweiz, glaube ich, ist im wesentlichen langweilig. Liechtenstein ist sehr, sehr komisch, sehr reich und landschaftlich
bezaubernd.

Über Go viele Anekdoten. Am Sonntag wollte er plötzlich mit
mir nach Lugano fahren. Ich brachte ihn mit Mühe davon ab.

Ob das Buch erscheinen wird, steht im Augenblick im toten
Rennen, 50 zu 50. Go findet das Buch keineswegs schlecht. Im
Gegenteil, er sagt, gerade weil es so gut sei, wirke es direkt dä-
monisch böse, und das könne ihm und Scherz die Lizenz kosten.

Köster[1] halte ich nicht für eine Klippe. Aber ich weiss nicht, was
der bedeutende Anwalt (Fachmann für Urheberrecht, Verteidi-
ger von Malaparte in dem Freiburger Prozess gegen den Stahl-
berg-Verlag)[2] dazu sagen wird; denn für ganz ungefährlich halte
ich selbst das Buch nicht. Aber ich war bisher der Meinung, Go
sei bereit (genau wie ich), die Feindschaft mächtiger Leute zu
riskieren.[3]

Morgen mittag Tonbandaufnahme.[4]

Ich weiss nicht, wann du wieder von mir hörst, aber ich denke
viel und lieb an dich und sinnlich, nicht zu vergessen.

Wenn es hier schief gehen sollte, komme ich schon am Freitag oder am Samstag, geht es gut, evtl. erst Montag / Dienstag.

Herzlich dein tr. K

1 Hellmut Köster, Lektor im Goverts Verlag.
2 Curzio Malaparte, italienischer Schriftsteller und Journalist. In seinem Roman *Die Haut*, erschienen 1949 im italienischen Original, beschreibt er die Verhältnisse in Neapel während der Zeit der amerikanischen Besatzung so drastisch und brutal, daß der Vatikan das Buch auf den Index setzen ließ. Erst nach Malapartes Tod am 19. Juli 1956 erschien der Roman in deutscher Übersetzung im Stahlberg Verlag. Auf welchen Prozeß sich W. K. hier bezieht, konnte nicht mehr ermittelt werden.
3 Vgl. hierzu: Arne Grafe: *»Koeppen, aber kein Köppchen«, »schlechthin genial« oder ein »Ekel-Buch«? Ein Beitrag zur Beziehung Wolfgang Koeppens zum Rowohlt Verlag. Drei bisher unbekannte Gutachten zum Treibhaus-Manuskript.* In: *Treibhaus. Jahrbuch für die Literatur der fünfziger Jahre.* Hg. von Günter Häntzschel, Ulrike Leuschner, Roland Ulrich. Bd. 2. München: Iudicium 2006, S. 78-90.
4 Vgl. Brief 59, Anm. 1.

[61]

Stuttgart
[18. Juni 1953]
Donnerstag

Mein Liebes, ich weiss nichts zu sagen. Es ist alles furchtbar kompliziert. Heute abend ist die entscheidende Konferenz: Goverts, Seewald, Köster, Funke, Dr. Lehmbruck, Dr. Sieger (die Anwälte) und ich. Ich weiss jetzt schon, dass jeder eine andere Meinung hat. Am besten hat noch Go. das völlig Negative, das Destruktive, das, wie er sagt, Dämonische des Buches erkannt. Köster schlägt einen versöhnlerischen, kleinbürgerlichen Schluss vor, den ich nicht akzeptieren werde.
Ich kann dir garnichts sagen. Vielleicht kann ich dir morgen früh etwas sagen. Am Dienstag habe ich Geburtstag.

Freundliche Gefühle für dich!
dein Kopernikus

[62; handschriftlich]

Vaduz
[9. Juli 1953]
Donnerstag

Liebes!
Nach einer mich – auf Schweizer Boden – enervierenden Reise
bin ich in Vaduz gelandet. Es ist sehr schön. Ja, es ist toll. Aber
es ist auch eine Falle. Wunderbares Zimmer mit Bad und Lokus.
Der Verleger liest schon das Manuskript. Ich bin nervös. Er liest
in seiner Bibliothek, dessen Ehrenmöbel eine englische, eine
Londoner Standuhr ist. Eben doch ein Hamburger!
Es ist alles reine Natur!
Ein Schloss im Wald. Ich fühle mich hier sehr unheimlich!
Ich glaube Konstanz würde *uns* gefallen.
Ich sah aber noch nichts von Konstanz.
Einen Ort Vaduz scheint es nicht zu geben. Nur das Schloss Go-
verts und das Schloss des Fürsten[1] ist zu sehen. Sonst Wald und
Berge!

Ach, ach, ach!
dein Kopernikus

Hoffentlich kamst du gut an.[2]
Dieser Brief verdiente ein Motto aus dem »Schloss« von
Kafka!

1 Seit Mitte des 14. Jahrhunderts war das Schloß Vaduz Sitz der Grafen von
  Vaduz, bevor 1719 die Grafschaft und die Herrschaft Schellenberg unter dem
  Namen Liechtenstein zu einem Fürstentum vereint wurden. Vaduz ist heute
  der Hauptort des Fürstentums Liechtenstein.

Eine Unterbrechung im Briefwechsel zwischen dem 22. Juni und dem 8. Juli 1953 läßt darauf schließen, daß M. K. ihren Mann erneut in Stuttgart besuchte und erst unmittelbar vor W. K.s Abreise in die Schweiz nach München zurückfuhr.

[63; handschriftlich; Ansichtskarte: »Fürstentum Liechtenstein. Fürstin Georgine von u. zu Liechtenstein in ihrem Arbeitszimmer. Schloss Vaduz«]

> Vaduz
>
> [11. Juli 1953]
>
> Samstag

Liebe Marion, ach, bei Go und Co[1] werde ich nicht froh.
Grüsse von der Fürstin.
Dein Kopernikus

1 Vgl. Brief 61.

Die folgenden Briefe sind ohne Datumsangabe, können aber ihrem Inhalt nach dem Jahr 1953 zugeordnet werden.

[64; handschriftlich]

> Samstag 6 Uhr

Lieber Kopernikus!
Dank für Deinen lieben Gruß, es geht mir gut, ich war doch in Feldafing und es ist alles gut gegangen. Bimbus bekommt pünktlich seine Pillen, du siehst es ist alles in Ordnung. Die vielen Briefe werde ich jetzt zum Kasten bringen. Schreibe mir bitte bald wieder, einen lieben Kuß und alles Gute. Montag oder Dienstag bekommst du einen längeren Brief.
Alles, alles Gute
Deine Marion

[65]

[undatiert]

für Marion

100000000000000000000000050000007340000000099999

S o n n t a g s k ü s s e

von ihrem
Kopernikus

1954

[66; handschriftlich]¹

Stuttgart²

2. Januar 1954

Mein Liebes!

Ich werde nicht am Donnerstag um 17.25 in München sein.
Du kannst mich evtl. am Donnerstag früh um 9 noch hier an-
rufen. Ich habe Telefon im Zimmer Nr. 224.
Den Rundfunkmann sehe ich morgen abend.³

Alles Gute

und alles Liebe

Dein

Kopernikus

---

1 Briefbogen: Hotel Ketterer, Stuttgart.
2 Nach dem Erscheinen von *Das Treibhaus* kam es zu heftigen Reaktionen in
   der Öffentlichkeit (vgl. z. B. Peter Holz: *Treibholz im Strom der Gesinnungslo-
   sigkeit. Notwendige Betrachtungen zu einer »Buchsensation«.* In: *Welt der Arbeit* (Köln) vom 24. Dezember 1953; Klaus Harprecht: *Die Treibhausblüte. Zu
   Wolfgang Koeppens Bonner Roman.* In: *Deutsche Wochenzeitung. Christ und
   Welt* (Stuttgart) vom 17. Dezember 1953; Georg Hensel: *Elegie der Ratlosig-
   keit. Wolfgang Koeppens neuer Roman »Das Treibhaus«.* In: *Darmstädter Echo*
   vom 5. Dezember 1953). W. K. reiste deshalb im Januar 1954 zu einer Kri-
   sensitzung im Goverts Verlag nach Stuttgart. Er selbst und die Verlagsleitung
   sahen sich veranlaßt zu reagieren. W. K. scheute zwar eine Stellungnahme,
   erklärte sich aber in einem Brief an die Bonner Universitätsbuchhandlung H.
   Bouvier & Co. bereit, an einer öffentlichen Debatte teilzunehmen. Die Sitzung
   in Stuttgart hatte ihn zunächst beruhigt, jedoch hielt diese Beruhigung nicht
   an, wie W. K. Goverts am 15. Januar 1954 in einem Brief mitteilte: »Als ich aus
   Stuttgart zurückkam war ich guten Mutes. Man war sehr freundlich zu mir in
   Stuttgart, alle im Verlag und merkwürdigerweise auch einige im Funk. [...]
   Ich fuhr also guten Mutes, guter Laune von Stuttgart ab; doch leider bin ich
   jetzt schon wieder schwermütig gestimmt. Briefe, wie der an Bouvier, Zank
   und Auseinandersetzungen lenken mich ab und deprimieren mich«. (WKA)

3 Vermutlich handelt es sich um Herrn van Briessen [der Vorname konnte nicht ermittelt werden]. In einem Brief vom 13. Dezember 1953 an Goverts erwähnte W. K. ein geplantes Rundfunkgespräch mit van Briessen, das Seewald arrangieren wollte. (WKA)

[67; handschriftlich; Ansichtskarte: »Zürich«]

[Zürich[1]

10. Februar 1954]

Verloren!
Verloren!
K.

1 Am 10. Februar 1954 bestätigte Kurt Hirschfeld vom Schauspielhaus Zürich W. K., daß sich dieser vom 9. bis 11. Februar in Zürich aufgehalten habe, um mit ihm über ein geplantes Theaterstück zu sprechen. (WKA) W. K. erwähnt in einem Brief an Goverts vom 22. Februar 1954 seine Reise nach Zürich: »Ich war in Zürich, sah Hirschfeld und Sahl, lernte Herrn von Salis kennen, und es regnete von der ersten bis zur letzten Stunde. [...] Ich sitze am neuen Buch [*Tod in Rom*] und das ist der Zustand des an eine Galeere Geketteten. Nach diesem Roman will ich zu meiner Erholung ein Stück und für meinen Geldbeutel ein Hörspiel schreiben. Für das Stück glaube ich einen guten Einfall zu haben. Vielleicht könnte auch, glückt mir der Sprung auf die Bühne, eine Aufführung den Buchverkauf fördern.« (WKA) Es blieb beim bloßen Vorhaben. W. K. verfaßte kein Theaterstück für Hirschfeld oder eine andere Bühne.

[68][1]

Stuttgart[2]

7. September 1954

Liebe Marion,

es ist hier ein ziemlicher Wirrwarr, auch eine gereizte Stimmung und alles unklar. G. muss eines Todesfalls wegen morgen früh bis Samstag früh verreisen, und ich kann nicht wegreisen, da alles in der Luft hängt, und ich mit G. noch ganz ernste Worte sprechen muss, zu denen ich jetzt nicht komme.

An sich wäre es möglich, dass du gleich hierherkämst und bis
Samstag früh bliebest. Aber die Kosten? Und wie befindest du
dich? Du müsstest den Speisewagen meiden und dürftest auch
nicht einen Schluck Alkohol trinken. Sonst wäre dein Kommen
nur entsetzlich, deine Reise sinnlos und für niemand eine Freu-
de. |Ja, sie wäre eine Katastrophe!|
Ich grüsse dich!
W. K.

1 Briefbogen: Hotel Ketterer, Stuttgart.
2 In einem Brief vom 14. August 1954 schlug W. K. Goverts ein Treffen in Stuttgart vor: »»Der Tod in Rom‹ war schwere Arbeit. Jetzt geht es dem Ende zu.
Ich werde, wenn ich Glück habe am 25., sonst am 30. ds. Mts. fertig sein. [...]
Ich beabsichtige dann, und habe dies auch schon Dr. Seewald gesagt, mit
dem Manuskript nach Stuttgart zu fahren. Ich werde dort den Roman noch
einmal durchlesen und korrigieren müssen. Es wäre natürlich sehr schön,
wenn Sie es möglich machen könnten, zu dieser Zeit – der ersten September-
woche – auch nach Stuttgart zu kommen.« (WKA)

[69; handschriftlich]

[Bremen[1]

2. Dezember 1954]

Köln[2] glücklich hinter mir! Jetzt also Bremen. Bin ein Armer!
Denke besorgt an dich. Liebe dich!
Donnerstag, 2.12.
5^{00} früh!
Herzlichst dein
K.

1 W. K. hielt sich für ein Interview (*Die Satire der Gegenwart. Gespräch mit*
Wolfgang Koeppen) mit Christian Lewalter von Radio Bremen in der Stadt
auf.
2 In einem Brief an Goverts vom 15. November 1954 berichtete W. K. von seinen Ängsten vor dieser Reise: »Am 30.11. fahre ich nach Köln. Von Köln
werde ich nach Hamburg reisen, um dort am 3.12. zu lesen. Beide Termi-
ne, das Mittwoch-Gespräch in Köln und die Lesung in Hamburg sind mir

furchtbar, sind wahre Albträume und lähmen mich. Wie unangenehm ist es mir schon, einem Leser zu begegnen, von einem Menschen auf ein Buch hin angesprochen zu werden! Und nun soll ich mich gleich in einen Saal stellen.«
(WKA)

[70; handschriftlich; Ansichtskarte: »Bremer Stadtmusikanten«]

Bremen

2. Dezember 1954

Liebe Marion,

die siehst, ich bin in Bremen und in guter Gesellschaft (siehe Bild).[1]

Herzlich

Dein K

Hast du das Auto gewonnen?[2]

Töff, töff, töff!

1 W. K. spielt auf die Bildseite der Ansichtskarte an. Sie zeigt die »Bremer Stadtmusikanten«.
2 Sowohl W. K. als auch M. K. nahmen regelmäßig an Lotteriespielen teil. Im
   WKA sind unzählige Losscheine erhalten.

[71; handschriftlich][1]

Hamburg[2]

7. Dezember 1954

Meine liebe Marion,

nun habe ich's hinter mir! Bis auf ein paar Kleinigkeiten, bis auf ein Interview mit Fräulein Dr. Inge Brandt.[3]

Ich denke viel an dich. In Liebe und auch in Sorge. Hoffentlich geht es dir gut.

Ich komme bestimmt am Dienstag. Wann – telegrafiere ich noch.

Grosse Umarmung!

Hamburg sehr schön. Aber es regnet und ist teuer.

Heute bin ich zum Abendessen eingeladen und warte, dass man mich abholt.

Noch eine grosse Umarmung!

Herzlichst
dein Kopernikus

Über Mittwochgespräch grosser Bericht in der Frankfurter Allgemeinen vom Samstag.[4]

1 Handschriftliche Notiz von M. K. auf dem Brief : »73169 Seidel [ein Wort unleserlich]«.
2 W. K. las am 3. Dezember in Hamburg (vgl. Brief 69, Anm. 2.) und blieb danach noch einige Tage in der Stadt, um u.a. ein Interview mit Inge Brandt zu führen.
3 Gemeint ist vermutlich Dr. Ingeborg Brandt von der Redaktion der *Welt am Sonntag*.
4 *Mittwoch, der 192. – Wolfgang Koeppen mit und in der Kritik* von Albert Schulze Vellinghausen. In: *Frankfurter Allgemeine Zeitung* vom 4. Dezember 1954. Der Artikel stützt sich auf das in Köln geführte Gespräch.

1955

[72; handschriftlich; Ansichtskarte: »Strasbourg. Place Kléber«]

[Straßburg]

7. Januar 1955

Herzliche Grüsse

K

7.1.55

[73; handschriftlich]

Bad Griesbach[1]

8. Januar 1955

Liebe Marion,

in Griesbach ist es kalt. In meinem Zimmer steht ein kleiner elektrischer Ofen.

In Griesbach ist es anstrengend, es sind viele wilde Franzosen da, die kein Wort deutsch sprechen.

Ich weiss nicht, warum man auf Reisen geht.

In Strasbourg war alles sehr teuer.

Ich umarme dich!

Dein

K.

Vergiss nicht das *Telegramm*!

---

1 W.K. teilte Goverts am 28. Dezember 1954 seinen Entschluß mit, an einem Schriftstellertreffen in Bad Griesbach teilzunehmen: »Monsieur René Wintzen von ›documents‹ und der Gesellschaft für übernationale Zusammenarbeit hat mich zu einem deutsch-französischen Schriftstellertreffen in Bad Griesbach, Schwarzwald, eingeladen. Ich habe mir sehr überlegt, ob ich teilnehme, aber da von deutscher Seite u. a. Andersch, Böll, Jens, Rinser, von französischer auch Lektoren und Zeitschriftenleute kommen, werde ich fah-

ren. Ich glaube nicht, dass mich dieser Ausflug – vom 8. bis 12. 1. – aus der Roman-Stimmung reissen wird.« (WKA)

[74; handschriftlich]

Griesbach

11. Januar 1955

Liebe Marion, hoffentlich geht es dir gut. Ich träume schlecht von dir.

Ich habe eine Grippe und Fieber, glaube aber doch morgen diesen trostlosen Ort verlassen zu können. Wahrscheinlich aber werde ich, da ich mich schwach fühle, nur bis Stuttgart reisen. Und dann übermorgen bis zu dir! Evtl. rufe ich dich aus Stuttgart an oder schicke ein Telegramm.

Nein, sowas trostloses!

Dein Kopernikus

[75; Ansichtskarte: »Elbtunnel Hamburg-Steinwärder. Doppeltunnel unter der Elbe«]

|Hamburg[1]

15. Mai 1955|

Liebste Marion, ich bin gut angekommen und vom noch immer schiefbodigem Opernhotel[2] freundlich aufgenommen. Es gibt nur noch eine Katze, dafür aber einen süssen jungen weissen Pudel. Ich wohne in einem Doppelzimmer zur Hauptstrasse raus und deine alte Freundin bedient mich. Dir alles Gute!
dein W. K.

1 Auf einer von W. K. erstellten Ausgabenliste aus dem Jahr 1955 ist auch der Aufenthalt in Hamburg vermerkt: »13.5. – 3. Juni 1955: Reise München – Hamburg – Göttingen – München. Grund: Aufenthalt in Hamburg betr. Treatment Smorzick. Manuskriptbesprechung in Göttingen. Rückfahrkarte DM 154,-. Diktat und Abschrift des Treatment Smorzick in Hamburg DM

68,-. Papier ? / keine Diäten, alle Unkosten, Fahrkarte usw., wurden von mir bezahlt.« (WKA)

2 Das Ehepaar Koeppen hatte im September 1952 schon einmal im Hotel zur Oper in Hamburg übernachtet. Laut Hotelquittung logierten sie dort sechs Tage.

[76]

Hamburg
14. Mai 1955

Liebe Marion,

es regnet. Und wo ist mein Schirm? Und wo bist du? Am Brotstand im Hauptbahnhof verlangte jemand »gewürztes Brot« mit einer so betont norddeutsch steifen Aussprache, dass du sie sicher nachgemacht hättest.

Als ich gestern abend um 10 heimkam, meinte ich, besoffen zu sein. Im ersten Stock des Hotels wimmelte es von Pudeln. Schwarze und weisse Pudel, alte und junge, einer immer noch netter als der andere sassen im Frühstückszimmer und liefen erregt durch die Gänge. Erklärung: die Wirtin gab eine Pudelgesellschaft; sie hatte zur Taufe ihres weissen Pudels alle Hamburger Pudel eingeladen.

Ausser Pudel gibt es wirklich sehr hübsche Mädchen in den Strassen. Sie sind hier auf die engen Hosen gekommen und tragen sie sehr schick zu Sandalen ohne Strümpfe und ohne Socken. So eine Gloria-Assistentin. Gloria und auch der teure Laden an der Ecke und alles, |was| hier modisch ist, propagiert Streifenkleider, rosa-weisse Streifen in allen möglichen Schnitten. Nicht billig! Teurer als in München. Und düster sieht es für den guten Kopernikus aus! Die Herrensachen sind diesmal hier uneleganter und unmoderner als in München und dazu noch viel, viel teurer. Aus England gibt es nichts neues, und Italien scheint für Hamburg zu entfernt zu sein. Ein Paar Schuhe gefielen mir – 76 DM.

Ich habe Geldsorgen. Wenn die Göttinger[1] mich sitzen lassen, bin ich in einer dummen Situation.

Ich denke viel an dich und finde, wir sind doch ein gutes Gespann. Gern hätte ich dich hier! Nun denke ich an den Sommer und weiss noch nicht, was wird. An sich bietet man mir mehr an, als ich bewältigen kann. Venedig wäre schön – ganz privat, nur mit dir und für dich. Aber ausser der ungeregelten Filmfrage rückt Berlin ernstlich näher und auch Madrid ist in Reichweite. Würde es dir – anstelle von Venedig – Spass machen, mit mir 3 Wochen nach Madrid zu fahren?[2] Wir würden dort nicht nur Geld ausgeben, sondern Geld verdienen, könnten also unter Umständen wohlhabender leben. Aber Madrid ist eine grosse heisse Stadt, liegt nicht am Wasser und wäre für dich vielleicht keine Erholung, zumal ich viel unterwegs sein müsste. »Das Andere Blatt« ist eine gute Zeitung mit bedeutenden Mitarbeitern. Die erste Nummer ist gestern erschienen – mit dem »Tod in Rom« und meinem Bild.[3]

Alles Liebe und Gute wünscht dir dein Kopernikus

1 Die Filmaufbau GmbH Göttingen plante, *Der Tod in Rom* zu verfilmen. W.K. sollte das Drehbuch dazu liefern. In dem Essay *Schön gekämmte, frisierte Gedanken* thematisiert W.K. nicht nur seinen Aufenthalt in Göttingen, sondern auch den Anlaß seiner Reise dorthin: »In jeder Villa spaltete man Atome, und verhärmt gekleidete Doktorandinnen der theoretischen Physik grübelten in möblierten Zimmern aus rilligem Plüsch und gedrechseltem Nussbaum und dem Kranz zum fünfundzwanzigsten Hochzeitstag der Wirtinnenwitwe unter dem Glassturz Tag und Nacht bei Nes- und Malzkaffee der endgültigen Formel nach, den Erdball in die Luft zu sprengen, während in der Wöhlerstraße […] freundliche Herren am runden Tisch unterm rauschenden Blutbuchenbaum ein Filmmanuskript prüften, das sie bei mir bestellt hatten und in dem ich Gott im Himmel und den Menschen heil lassen sollte.« (Vgl. *Schön gekämmte, frisierte Gedanken*. In: *Gesammelte Werke*. Bd. 3, S. 158; vgl. auch Brief 75, Anm. 1.)

3 W.K. erwähnt hier zum ersten Mal die Möglichkeit einer Reise nach Spanien. Alfred Andersch, der ihn in seiner Funktion als Feuilleton-

Redakteur des Süddeutschen Rundfunks schließlich mit einer Reportage über Spanien beauftragen wird, bleibt hier noch unerwähnt. In einem Text über Alfred Andersch beschreibt W. K. seine erste Begegnung mit dem Redakteur: »Mir begegnete er in Hamburg in der bürgerlichen Gestalt des unverhofften Glücks. Er sprach mich in einer dunklen Straße hinter der Oper an und fragte mich, ob ich Lust hätte zu verreisen. Ich war erstaunt, daß Andersch mich überhaupt kannte, daß er mich erkannte, daß er die Romane, die inzwischen von mir erschienen waren, gelesen hatte. Als Leiter des Radio-Essays Stuttgart war er ein Gott, der mir die Welt anbot. Der Erdball lag in Anderschs Hand. Ich brauchte ihn nur zu ergreifen«. (Vgl. *Mein Freund Alfred Andersch.* In: *Gesammelte Werke. Bd. 6,* S. 393.)

4 *Die Andere Zeitung,* Nr. 1/Jg. 1 vom 12. Mai 1955. *Der Tod in Rom* wird darin als Fortsetzungsroman bis zum 22. September 1955 (Nr. 20) gedruckt. W. K. notierte unter ›Einnahmen‹ für das Jahr 1955: »Honoraranteil ›Andere Zeitung‹ DM 600,-«. (WKA)

[77]

Hamburg
17. Mai 1955

Meine liebe Marion,

es regnet, regnet und regnet, und manchmal blitzt und donnert es in den Regen hinein, wenn es auch recht kalt ist. So drängt sich die Überlegung auf, ob die Oper trotz der Katzen, des Pudels und der Freundlichkeit das rechte Hotel ist. Nichts funktioniert eigentlich, und die grösseren Hotels haben geheizt, während ich hier friere.

Der Film macht mir Sorge. Es stellt sich bei näherer Betrachtung heraus, dass der Stoff hinten und vorne nicht stimmt.

Ich wartete schon auf Post und dachte mir, dass du in Feldafing warst. So habe ich zuweilen grosse Angst.

Gestern abend war ich mit Gisela Andersch in einem Konzert à la »musica viva«. Dort war nun das Intellektuelle Hamburg versammelt. Eine merkwürdige Mischung aus Alster und Seine. Sehr schön eine Flötenmusik von Luigi Nono.

Ansonsten finde ich Hamburg diesmal provinziell. Nach dem Konzert trank ich bei Dölle[1] – allein – ein Glas Rotwein. Ging dann zu Bett. Eigentlich melancholisch.

Schreib mir bald und mach, dass du ein liebliches Gesicht hast, wenn ich dich wiedersehe, und nicht das entblösste, zerstörte Antlitz des Dorian Gray.[2]

dein

Kopernikus

---

1 Weinstube Dölle am Stephansplatz Ecke Dammtorstraße/Colonnaden in Hamburg.
2 W. K. spielt hier auf Oscar Wildes Erzählung *Das Bildnis des Dorian Gray* an, in der sich der Traum der Titelfigur nach ewiger Jugend auf mysteriöse Weise erfüllt, indem nur sein Portrait altert: »Ein Ausruf des Entsetzens löste sich von den Lippen des Malers, als er im trüben Licht das abscheuliche Gesicht auf der Leinwand erblickte, das ihn angrinste. In seinem Ausdruck war etwas, was ihn mit Abscheu und Ekel erfüllte. O mein Gott! es war Dorian Grays Gesicht, das er anschaute! Das Grauenhafte, was es auch sein mochte, hatte noch nicht völlig diese wunderbare Schönheit zerstört. Noch immer war etwas Gold im sich lichtenden Haar und etwas Scharlach auf dem sinnlichen Mund. Die verschwollenen Augen hatten noch einiges von der Lieblichkeit ihres Blaus bewahrt, die edlen Linien waren noch nicht vollständig aus den feingeschnittenen Nasenflügeln und dem plastisch geformten Hals verschwunden. Ja, es war Dorian. Aber wer hatte es gemalt? Er glaubte seinen eigenen Pinselstrich zu erkennen, und der Rahmen war sein eigener Entwurf. Die Vorstellung war ungeheuerlich, dennoch befiel ihn Furcht. Er ergriff die brennende Kerze und hielt sie vor das Bild. In der linken Ecke stand sein eigener Name, in hohen, leuchtend zinnoberroten Buchstaben hingesetzt.« (Oscar Wilde: *Das Bildnis des Dorian Gray. Märchen. Erzählungen. Essays.* München: Winkler 1988, S. 165.) Im WKA sind Entwürfe W. K.s zu einer Adaption des Themas mit dem Titel *das weinfest (dorothea Grey)* erhalten. (Vgl. Anhang, S. 374 ff.)

Hamburg
18. Mai [1955]

Ich gehe und kaufe mir Ohropax!

Liebe Marion,
du bist sehr zuverlässig! Ich danke dir schön für die Post und für
den klugen Brief.[1] Aber das rosagestreifte Gloriakleid würde dir
ja garnicht gefallen, du bist doch nicht für rosaweisse Streifen,
und mir gefällt der Gloria-Schnitt garnicht so sehr.

Es gibt hier in einem Geschäft für 55 Mark amerikanische gefüt-
terte Damentrenchcoats à la Wilfried olivengrün.

Ich hatte gestern und heute Krach mit dem Hotel: 1. weil nicht
geheizt war, und 2. weil man mich aus dem Doppelzimmer in
|ein| Einzelzimmer umlegte, das a) klein ist, in dem ich b) nicht
schlafen konnte, weil nebenan Studenten das Lied vom Pfalz-
grafen[2] sangen, und c) missfiel mir noch manches. So wollte
ich heute doch in das Filmhotel, den Europäischen Hof ziehen.
Aber da wiederum wollte man mich nur bis zum 25. aufnehmen und so ist es in jedem Hotel, denn vom 25. – 6. tagen in
Hamburg »die Bäcker der Welt« und haben seit 2 Jahren alle
Hotelzimmer belegt. Man kann nur sagen: REISENDE MEIDET
PFINGSTEN HAMBURG, ihr werdet in den Anlagen schlafen
müssen. Und ich musste reumütig in der Oper bleiben, wo ich
kein Auge mehr schliessen werde. Ach, hätte ich doch ein schönes Heim und eine liebe Frau und brauchte mich nicht in der
Fremde herumzudrücken.

Isst du Spargel? Ich nicht. In meinem Hotel kostet 1 Pfund
Stangenspargel mit zerlassener Butter und neuen Kartoffeln 5
Mark.

Heute um 5 wird mich ein sehr, sehr reicher und mächtiger Mann im Hotel abholen, und da er etwas von mir will, wäre es viel, viel besser gewesen, wenn ich ihn in den Jahreszeiten oder im Atlantic hätte empfangen können.

Es stürmt viel auf mich ein. Am liebsten wäre ich schon mit dir in Venedig. Aber vielleicht tagen in Venedig auch Bäcker, und wir bekommen kein Zimmer.
Ich umarme dich! dein
[tr.?] K.

Auch der Funk macht grosses Theater. Sie wollten mich vor Montag nicht sehen und haben nun zu Montag extra den in Paris weilenden Leiter ihrer Berliner Station[3] per Flugzeug nach Hamburg gerufen, – um mit mir zu verhandeln.[4]

1 Im WKA nicht erhalten.
2 Korrekt: »Das Lied vom Pfalzengrafen«.
3 Gemeint ist vermutlich Heinz Riek, der seit 1954 Fernseh-Sendeleiter des neu gegründeten Senders Freies Berlin war.
4 Diese Passage schrieb W. K. an den linken Rand des Blattes.

[79]

Hamburg
19. Mai 1955
Liebe Marion,
ich gebe eben einen Scheck für dich zur Post. Du wirst das Geld, 65 Mark, nach meiner Berechnung am Montag durch den Geldbriefträger erhalten.

Der sehr reiche Mann, von dem ich schrieb, holte mich, zu meinem Neid modisch italienisch aufschlaglos gekleidet, nach einem missbilligenden Blick in das Opernhotel zu sich in seine wie nach Bildern aus dem »Esquire« ausgestattete Wohnung an der Aussenalster. Natürlich in einem himbeerroten Mercedes 300 Cabriolet. Dort in der Wohnung redete er viel und versuchte, mich in die Geheimnisse des grossen Urheberrechtgeschäftes einzuweihen. Ich war sehr zurückhaltend, und unser Gespräch erwärmte sich erst, als wir auf die Kochkunst zu sprechen kamen, in der [er] ein Meister zu sein behauptet. Jedenfalls zeigte er mir voll Stolz seine wirklich phantastisch eingerichtete Küche mit einem ofenen Holzfeuergrill auf dem Dachgarten. Dann fuhr er mich himbeerrot auf schneeweissen Reifen zurück zur Oper. Ich ging nochmal zum Hafen, nicht zur Reeperbahn, sondern zu den Schiffen, zum Bollwerk, es war Sturm und Flut, und in einer alten Kellerkneipe lernte ich wieder einen Koch kennen, diesmal einen alten Mann, der auf Schiffen und in Amerika gekocht hat und nun arbeitslos, arm und trunksüchtig sein Leben endet. Er war ein netter Mann, und ich trank mit ihm einen Grog. Er lebt davon, dass er in den Freihafen zu den Schiffen geht und den fremden Matrosen pornographische Bilder verkauft. Aber die Bilder sind schlecht und dementsprechend schlecht geht das Geschäft.

Immer grössere Sorge um den Film. Der wird nichts! Sei froh, dass ich so gereizt und verbittert nicht bei dir bin! Doch denke ich sehr freundlich an dich in der Ferne.
Viele Küsse dein
Kopernikus

[80]

Hamburg
21. Mai 1955
Meine liebe Marion,
was ist denn los? Du bist aber sehr, sehr faul, du schickst die Postscheckbriefe spät, du schickst sie ohne Brief mit schmutzigen verwischten roten Herzen, und wer interessiert sich so für

meine Angelegenheiten, dass er meine Post öffnet und sie dann ungeschickt mit grobem Kleister wieder zuklebt? Ich sage demjenigen, dass es ihm garnichts nützen wird!

Verzweifelt über den Film, wenn mir Hamburg doch sehr gefällt. Ein gesundes, wenn auch kaltes Klima, eine rauhe, aber sinnliche Luft.

Unsere Zukunft ist ungewiss. Herr Roth[1] bedrängt mich mit Anrufen und kommt angereist. Am Montag ist das Gespräch mit dem Funk. Funk und Film werden sich überschneiden und zeitlich schwierig werden. Anfang Juni will ich wegen Madrid nach Stuttgart fahren.[2]

Willst du nach Hamburg kommen? Aber lohnt es sich? Und irgendwie schmälert |gefährdet|[3] es die Basis für Venedig. Möglich wäre es so: du reist am Samstag, den 29. mit dem D 83 um 11.38 III. Kl. nach Hamburg. Du kämst hier um 22.31 an. Bliebest Sonntag, Montag, Dienstag und würdest am Mittwoch zurück nach München fahren. Evtl. mit mir, evtl. mit mir bloss bis Göttingen, evtl. mit mir über Göttingen, evtl. du allein nach München. Kosten ca. 250 Mark.

Schreibe mir sofort, was du hierzu meinst.

Wir müssten in einem Bett schlafen und würden auf St. Pauli zu der kreischenden Musik der Automaten tanzen.

Es umarmt dich dein
W. K.

Oder doch besser Anfang Juni
Königshof[4] und dann evtl. Venedig
oder Berlin?[5]

1 W. K. hielt sich vom 13. Mai bis 3. Juni zunächst in Hamburg und dann in
   Göttingen bei der Filmaufbau GmbH zur Besprechung eines Filmprojek-
   tes auf. Dort traf er Ekkehard Roth, der wie Hans Abich als Produzent und
   Rundfunkautor für die Göttinger Filmgesellschaft arbeitete. In einem Brief
   vom 30. August 1955 nimmt Hans Abich Bezug auf ein Gespräch, das offenbar in Koeppens Abwesenheit in Hamburg stattgefunden hat: »Ich war am
   Sonntag mit Herrn [Rolf] Thiele und Herrn [Ekkehard] Roth zusammen.
   Dabei wurde auch ›Der Tod in Rom‹ gestreift. Aber Sie haben recht, vor
   Ihrer Spanien-Reise mußte wohl von einem Treffen mit Herrn Thiele, der
   noch dazu zu Probeaufnahmen nach Norddeutschland geht, abgesehen werden. […] und wünsche Ihnen vor allem eine gute Fahrt durch Spanien. Vielleicht gedenken Sie manchmal unserer Passionen, und vergessen Sie nicht die
   Filmstoff-Jagd!« (WKA)
2 Am 23. Mai 1955 schreibt Andersch an W. K. zur Frage der geplanten Spanien-Reise: »Lieber Herr Koeppen, ich habe hier bereits prinzipiell geklärt,
   dass Sie, wenn wir uns über alles einig werden, nach Spanien reisen sollen,
   um daraus eine *Hörfolge* für den Süddeutschen Rundfunk zu gewinnen. Aus
   diesem Grunde bitte ich Sie, mich sofort in Kenntnis zu setzen, wenn Sie wieder in München sind, damit wir dann hier oder in München in der Angelegenheit, die für mich als Programmredakteur sehr eilig ist, weiter verhandeln
   können.« (Alfred Andersch an W. K., Original im SWR Archiv, Nr. 1907.)
3 Handschriftlicher Zusatz am unteren Rand des Briefes.
4 Während W. K.s Tätigkeit für die Filmgesellschaft Bavaria (1943-1944) war
   das Hotel Königshof in München sein offizieller Wohnsitz.
5 W. K. zog von Hand einen Kasten um diese Passage.

[81; handschriftlich]

[München
21. Mai 1955]
Samstag 8 1/2 früh

Lieber Kopernikus!

Heute ist der erste schöne Tag seit einer Woche. Trinkulo wandert Nacht für Nacht hin und her wie ein schlafloser Professor.
Wie geht es Dir! Meinem armen, sicher schon halb erfrorenen
Kopernikus? Hans Sahl hat gestern angerufen und vermutete
dich bei der Gruppe 47. Ich habe ihm nur gesagt, daß du in Hamburg seist und Anfang Juni wieder in München. Ist das nicht ein
Foto von mir, beim »Tod in Rom«?[1] Vielen Dank, dass du es so

schnell geschickt hast. In den letzten Tagen ist nichts belangvolles an Post gekommen. Kannst du nun schon etwas klarer sehen mit dem Stoff und wann du es beendet haben wirst. Was ist es mit dem reichen, dicken Mann? Ich habe mir gestern die Zeichnungen, Steingravierungen der Neandertaler und Steinzeitmenschen, die man in Höhlen in Frankreich fand, angesehen. Es war wirklich sehr schön und sehr begabt und bestimmt genauso phantasievoll und farbig, wie vieles so Neues Modernes. Auch wie die alten Bayern sich erst Feuer zusammenbauten aus den Steinen, um das Pfeiflein anzuzünden, konntest du sehen. Menschen in Affenfellen verkleidet, Zauberer, Beschwörer und Geister, kraftvolle Stiere und bunte, zierliche Fische. Dicke üppige Frauen, schlanke hochbeinige Krieger. Bei den Zeichnungen der Buschmänner gibt es viele Menschen mit Tierköpfen wie bei Bele[2] nur noch phantasievoller. Ein schwuler, älterer, sehr kurzsichtiger Herr mit zwei Jünglingen war da, der immer behauptete die beiden wären Maler, und bräuchten deshalb keinen Eintritt zu bezahlen. Es gelang ihm aber nicht. Viele vornehme Damen, und hübsche Herren, es war eine recht bunte Gesellschaft die die ersten Handabdrücke unserer Vorfahren sehen wollten. Lieber Kopernikus, schreibe mir recht bald wieder und viele, liebe Küße.

Grüße von Trinkulo und Bimbus.

Deine Marion

1 In der ersten Ausgabe der *Anderen Zeitung* (vgl. Brief 76, Anm. 4) wurde ein Foto gedruckt, das W. K. an einem Fenster stehend zeigt. M. K.s Frage legt nahe, daß sie die Aufnahme von W. K. gemacht hatte.
2 Bele Bachem, Münchner Künstlerin und Freundin M. K.s. (vgl. *Über Marion Koeppen*, S. 401 f. in diesem Band).

[Hamburg
23. Mai 1955]
|*Montag*|

Meine liebe Marion,
ich bin traurig. Du scheinst mir sehr unter dem Pantoffel zu stehen.

Ich werde versuchen, dich Mittwoch zwischen 12 und 1 von der Post aus anzurufen, da man hier nur in öffentlichen Gängen sprechen kann. Aber beunruhige dich nicht, falls ich nicht anrufen sollte; vielleicht bin ich verhindert.

Ich möchte dich lieblich, freundlich, begehrenswert wiederfinden.
Herzlichst dein
Wolfgang

[83; handschriftlich]

[München]
24. Mai 1955
Dienstag

Lieber Kopernikus!
Wenn du kommst wirst du [vor] verschloßnen Türen stehen, wir haben ein neues Schloß bekommen. In deinem Brief, der gestern noch kam, meinst du doch auch, es wäre besser ich käme nicht. Ich hatte den einen Brief von dir mißverstanden und glaubte du hättest Juni keine Zeit für mich. So ist es vielleicht besser, ich komme nicht, und wir sparen das Geld für Venedig. Sehr gerne würde ich mit dir nach Stuttgart fahren und bestimmt machen wir den Abend im Königshof. Ich freue mich schon sehr. Wenn das Wetter schön ist, fahre ich morgen zum Chiemsee[1], ich werde dir von dort sofort eine Karte schicken, dass du dich nicht

ängstigst. In Hamburg bist du ja »ganz privat«. Von der Nuckel-
pulle halte ich mich fern, damit ich nicht von der Nuckelpinne
falle. Hier ist die Luft leider nur gereizt, nicht sinnlich, aber ich
bin es immer, in Gedanken an dich. Viel Glück und alles Gute,
mit deinen Filmfritzen. Oder soll ich doch kommen – mit dir
in einem Bett – tanzen – die Bäcker ansehen und die Blumen.
Schreibe mir noch darüber.
Viele Küße und alles Liebe
Deine Marion

Ich schicke dir die Karte von Franzen doch noch. Vielleicht
willst du sie haben. Es hat doch gut geklappt mit der Post, das
hast du doch selbst geschrieben!

Dienstag, 5 Uhr
Lieber Kopernikus – Trinke nicht – stehe auch nicht unterm
Pantoffel – ich sende dir den Brief per Eilboten, dass du ihn
bestimmt noch bekommst, denn vielleicht bin ich nicht da, da
anscheinend das Wetter morgen schön ist.
Bin nicht zerstört – das musst du doch aus meinen Briefen merken.[2]

---

1 Im WKA ist eine Ansichtskarte von Gerda Kiefl vom September 1958 erhalten. In ihren Zeilen an M. K. erwähnt sie den gemeinsamen Ausflug. Die
   Bildseite der Karte zeigt eine Luftaufnahme des Rasthauses am Chiemsee.
   Die darauf zu sehende Straße ist mit einem Pfeil und einem danebengezeich-
   neten Auto versehen. (WKA)
2 Zusatz am linken Rand des Briefes.

[84; handschriftlich]
[Bad Reichenhall / Bad Gastein]
25. Mai 1955
Lieber Kopernikus!
Ich wollte dir schon von Berchtesgaden aus eine Karte schicken,
um dir zu schreiben, dass du den deutschen Spießern mitten

ins Herz getroffen hast. Sie johlen und gröhlen, singen Marschlieder, denken an ihren Führer und tragen weiße Strohhüte. Ein bißchen wie am Rhein, nur dass es da nicht so schlimm ist, hier riecht es zu sehr nach dem Obersalzberg. So bin ich von Berchtesgaden weggefahren und bin jetzt in Bad Gastein. Es ist ein sehr hübsches Bad, mit kleinen winkeligen Gässchen und kleinen hübschen Weinlokalen und großem Kurhotel wie geschaffen für Uli. Auf dem Wege hierher, habe ich einmal sehr gut gegessen »Kassler Rippchen mit Bratkartoffeln und Sauerkraut« ohne Zwiebel und Schnittlauch und nicht versalzen. Du brauchst dir keine Sorgen zu machen, morgen fahre ich noch zum Thumsee und vielleicht hier noch auf den Predigtstuhl. Ich rufe dich, wenn ich wieder in München bin sofort an. Mit vielen Umarmungen
Deine Marion

[85; handschriftlich; Ansichtskarte: »Deutsche Alpenstraße. Blick auf den Watzmann«]

[Bad Reichenhall
26. Mai 1955]

Herzlichen Gruß und Kuß
Marion
xxx

[86; handschriftlich; Ansichtskarte: »St. Pauli – Große Freiheit«]

[Hamburg
27. Mai 1955]

Dank für *sehr schönen Brief* aus Reichenhall, der ohne Berlinmarke ankam. Das ist ja eine grosse Tour auf Führers Spuren. Trefflich deine Schilderung von Berchtesgaden.
Tausend Küsse
Dein W.

Hamburg
27. Mai [1955]
Hotel zur Oper
Dammtorstr. 29

Liebe,

hoffentlich hast du etwas von der Reichenhall-Chiemsee-Berg-und-Nuckelpinnen-Oberbayern-Liebesfahrt gehabt und bist nicht vom Sitz gefallen, nicht im Wasser ertrunken, nicht vom Blitz erschlagen oder gar das Opfer eines Sittlichkeitsverbrechens geworden.

Erhole dich nun! Vielleicht bist du braun gebrannt, vielleicht häutest du dich, vielleicht steht es dir sehr, sehr gut.

Herzlich FROHE PFINGSTEN!

Ich bin in Arbeit und Sorge. Wahrscheinlich werde ich das Manuskript doch noch in Göttingen umdiktieren.
Hier wurde mir eine Dame genannt, die das über Pfingsten für mich schreiben wollte. Verlangt aber 100 Mark, die in diesem Fall ich zahlen müsste.
Vorgestern brauste ein Porsche auf mich los, und in ihm sass die strahlende Eva-Ingeborg.[1] Sie war auf dem Weg zu Gloria, um für einen Film Kleider zu probieren. Wir unterhielten uns lange.
Gestern grosse Rundfunkkonferenz.[2] Sechs ernste Herren und ich (nicht ernst). Berlin.
Wenn ich zurückkomme, werden wir viel zu entscheiden haben.
Über mein Kommen halte ich dich auf dem laufenden. Es könnte sein, dass ich Dienstag früh schon nach Göttingen fahre und dann noch ein paar Tage dort bleibe.
Leid tut es mir um dich und Jahnke, das schöne Seemannslokal mit den gleunigen[3] Negern. Aber vielleicht hätten dich auch die Deerns verhauen.

Ich bin herzlichst dein
Kopernikus

Post lass nun man liegen.
Nicht mehr nachsenden!

1 Eva-Ingeborg Seyferth-Scholz, die zweite Frau von Wilfried Seyferth.
2 Vgl. Brief 80.
3 Norddeutscher Ausdruck für leuchtend, strahlend.

[88]

[Hamburg
29. Mai 1955]
Pfingstsonntag

Liebe Marion,
es ist wolkenlos, strahlender Himmel, und [vor] mir türmt
sich noch immer ein Berg von Arbeit. Ich diktiere jetzt in einem Schreibbüro, auch Pfingsten, und das kostet ein Heiden-
geld.

Herr Roth, der gestern in München war, rief mich von dort an
und erzählte, dass er mit dir telefoniert habe. So weiss |ich|, dass
du wieder zuhause bist.

Hier hast du noch einen Postscheck. Für die nächsten Tage. Du
weisst ja mit der Einlösung Bescheid.

Mit mir ist es |so|: ich werde wohl Donnerstag früh nach Göt-
tingen fahren. Ich hoffe, es wird mir gelingen, mich dort schon
Freitag früh empfehlen zu können. Ich würde dann am Freitag
nachmittag in München sein. Ich telegrafiere aber noch.

Wenn du magst, können wir die erste Nacht im Hotel schlafen,
wofür ich, da ich den schweren Koffer habe, das Bundesbahnho-

tel empfehle, aber meinetwegen auch den Königshof oder sonst ein gutes Hotel. Nur – geldlich ist alles nicht so rosig. Und ich dachte evtl. daran, dich Dienstag mit nach Stuttgart zu nehmen. Wenn wir's mit dem Münchner Hotel machen, müsstest du das Zimmer bestellen und dann am besten gleich mit deinem Köfferchen am Bahnhof sein. Aber leider kann ich nicht mit absoluter Sicherheit sagen, ob ich wirklich am Freitag kommen werde. Ich könnte das erst am Donnerstag abend aus Göttingen telegrafieren, oder auch dich anrufen. In jedem Fall – ich freue mich sehr auf dich!

Ich komme nicht einmal nach Reinfeld! Es ist traurig!

Bezahle bitte die »Süddeutsche«! Ich habe das in den Scheck einkalkuliert.

Ich umarme dich! dein Kopernikus

Dank auch für die Alpenstrassenkarte.[1]

1 Vgl. Brief 85.

[89; handschriftlich]

München
29. Mai 1955

Lieber Kopernikus!
Herr Roth rief gestern zweimal an und wenn ich ihn richtig verstanden habe, kommst du am Freitag nach München. Dann ist dies nun der letzte Brief den ich dir schreibe und die letzte Post. Das es mir gut geht, weißt du ja nun, leider wirst du mich dann nicht mehr braun sehen, da das Wetter hier wieder kalt und naß ist. Vielen Dank für deine Karte und Fortsetzung. Es wäre ja schön, wenn du schon am Nachmittag kämst, oder zumindest

nicht zu spät. Schreibst du mir bitte noch, wie du es dir denkst, mit dem Königshof!

Warum kannst du nicht früher nach Göttingen fahren? Herr Roth meinte zuerst, du kämst schon Dienstag oder Mittwoch nach Göttingen! Nun *Lebe wohl* und Grüße von mir die schöne Stadt Hamburg auf meiner Fahrt habe ich zwei Lübecker kennen gelernt. »Gib Acht« auf dich und »Vorsicht beim überqueren der Straße«. Ich freue mich sehr und wünsche dir noch alles Gute und 1000 Küße mein armer, lieber Kopernikus
von
Deiner Marion

Eben deinen Brief erhalten, Post bleibt also liegen, komme Pfingsten nicht unter die Räder und bleibe wenn möglich nicht zu lange in Göttingen. Hoffentlich bekommst du den Brief noch.
Alles alles Liebe.

[90; Ansichtskarte: »Binnenalster«]

Hamburg
1. Juni 1955

Liebe Marion, morgen, ganz früh, fahre ich nach Göttingen. Von |dort| telegraphiere ich oder rufe dich Freitag ganz früh an.
Alles sehr anstrengend.
Freu mich aber sehr auf dich!

Wiedersehen!
dein K.

[91; handschriftlich; Postkarte: Hotel Ketterer]

[Stuttgart[1]
7. Juni 1955]

Herzlichsten Gruss
von Deinem
Kopernikus
7.6.55

1 W. K. hielt sich vom 7. bis 8. Juni 1955 beim Süddeutschen Rundfunk in Stuttgart auf, um mit Alfred Andersch über die geplanten Reisereportagen zu sprechen. (Vgl. Brief 80, Anm. 2.)

[92][1]

Göttingen[2]
6. August 1955
Hotel zur neuen Börse,
Lange Geismarstrasse

Liebste Marion,
nach einem recht anstrengenden Vormittag beeile ich mich, dir deinen Scheck zur Post zu bringen, damit du ihn bestimmt am Montag morgen hast.

Ich möchte dir soviel schreiben. Aber ich komme garnicht dazu. Über die nächste Zukunft kann ich dir garnichts sagen. Alles ist ungeklärt. Sicher ist nur, dass ich vorläufig nicht hier abfahren kann. Ich hoffte, ich würde bis Montag wissen, wie dies hier weitergeht, aber jetzt sieht es so aus, als ob dies auch noch am Montag unbekannt sein wird. Wenn ich hier wirklich noch ein ganzes Drehbuch schreiben sollte, wäre ich wohl noch über den 20. hinaus von München fort, was deinetwegen bitter und auch sonst sehr dumm wäre. Alle Vorbereitungen für Spanien[3] würden dann in wahnsinniger Hetze geschehen müssen.

Mein Hotel ist primitiv, aber ganz nett. Die Wirtin hat einen Komplex. Sie bildet sich immer ein, dass Unzucht in ihren Zimmern geschehen könnte, – ein Gedanke, den sie offenbar nicht

115

erträgt. Das grosse Plus des Hauses ist das Essen. Ich werde hier trotz Arbeit und Ärger fett werden. Der Besitzer ist Koch. Ein geborener Koch, ein leidenschaftlicher Koch. Er kann nicht vergessen, dass er Chefkoch auf der Cap Arcona war, dem grossen Südamerikadampfer, der für seine Küche berühmt war. Hiervon profitiere nun auch ich. Du würdest schon verrückt über die Suppen werden, die dieser hervorragende Mann bereitet. Selbst das einfachste Gedeck ist wie von Walterspiel.[4] Gestern abend ass ich Fischfilet, billiges Fischfilet, aber es war in einer Sauce aus Wein und Pilzen nicht wiederzuerkennen. Leider versteht er nichts von Wein. Sein offener Wein ist schlecht, und die paar guten Flaschen, die er hat, sind viel zu teuer – ab 10 Mark. So schwanke ich immer, ob ich essen oder trinken soll. Essen hier oder trinken in der Junkernschänke. Bisher entschied ich mich fürs Essen.

Sollte ich doch noch – es wäre mir nicht unlieb, aber ich glaube es nicht – Anfang der Woche verabschiedet werden, würde ich für zwei, drei Tage nach Hamburg fahren, um mit dem NWDR[5] zu reden. Natürlich wäre es zauberhaft, wenn du hinkämst. Reise bis Göttingen, Übernachtung hier, Weiterreise mit mir nach Hamburg, Aufenthalt in Hamburg, Rückreise mit mir evtl. über Stuttgart. Aber was kostet das? II. Kl. dein Billett 150. Dann noch, sagen wir, sechsmal 30. Das sind 180, zusammen 330 Mark. Lohnt es sich? Fehlt es uns dann nicht? Auch für Spanien? Dennoch – es ist eine grosse Verführung. Ich wäre gern mit dir in Hamburg – falls ich fahren sollte.

Ich hätte dich gern in den neuen Pullovern ausgeführt. Vorgestern nacht ging es mir schlecht. Heute schlief ich besser.

Es ist nun schwül.

Ich habe dich lieb.

Sei vorsichtig.

Benutze vorsichtig den Roller.

Ich küsse dich

dein Kopernikus

|Vermögensabgabe wird Anfang der Woche überwiesen. Hast du *Kreile* gesprochen?[6] Sehr wichtig!

Anlage: Postscheck über 60 DM.|

1 Absender auf dem Kuvert: Koeppen, z. Zt. Filmaufbau GmbH, Göttingen.

2 Dieser zweite Aufenthalt in Göttingen führte trotz W. K.s Vorarbeiten zu keinem Abschluß des geplanten Filmprojekts: »Die freundlichen Herren in der Wöhlerstraße gaben mir einen Cognac, einen Scheck und mein Drehbuch zurück.« (Vgl. *Schön gekämmte, frisierte Gedanken.* In: *Gesammelte Werke. Bd. 3*, S. 160.) W. K. vermerkte in der bereits erwähnten Aufstellung für das Jahr 1955 (vgl. Brief 75, Anm. 1) unter ›Einnahmen‹: »|Filmaufbau 2500,-|«. (WKA)

3 W. und M. K. reisten vom 3. September bis 2. Oktober nach Madrid, Barcelona und Toledo. (Vgl. *Ein Fetzen von der Stierhaut.* In: *Nach Rußland und anderswohin. Werke 8*, S. 9-78.)

4 Alfred Walterspiel, Koch und Leiter des Hotels »Vier Jahreszeiten« in München.

5 Nordwestdeutscher Rundfunk.

6 Der Rechtsanwalt Reinhold Kreile, der sich um die Formalitäten im Zusammenhang mit der Erbschaft Luise von Schrenk kümmerte. (Vgl. *Über Marion Koeppen*, S. 399 f. in diesem Band.)

[93]

Göttingen
[7. August 1955]
Sonntag

Liebes Marionlein,

vielleicht komm ich doch noch hier los. Aber das würde wohl erst am Mittwoch sein, und frühestens am Dienstag abend werde ich es wissen.

Wahrscheinlich würde ich *dann* noch zum NWDR nach Hamburg und zu Andersch nach Stuttgart fahren.

So sehr du mich sicher in Hamburg erfreuen würdest, so gut es dir wahrscheinlich wieder gefallen würde, ich fürchte, wir müssen auf dieses Zusammensein in Hamburg doch wohl der hohen Kosten wegen verzichten, Was i c h besonders bedaure.

Würdest du mich evtl. in Stuttgart abholen wollen? Im übrigen zöge ich dann ja wieder (bis zur Reise) in die Ungererstrasse.

Aber alles ist noch ungewiss. Die Göttinger Herren sind heute in alle Winde gerast – nach München, nach Bonn, nach Berlin (wo Harnack[1] sitzt) und immer auch mit meinen neuen Entwürfen und Vorschlägen.

Vor Dienstag wird sich nichts klären.

Evtl., aber versprechen kann ich es nicht, rufe ich dich Dienstag zwischen 2 u. 3 an. Sonst unterrichte ich dich durch ein Telegramm. Mich kannst du leider schwer anrufen, da hier im Hotel nur ein einziger meist versagender oder unbedienter Anschluss in der Gaststube ist. Die Leute gehen ungern ans Telefon, wenn es läutet.

Ich träumte heute nacht leider wieder sehr düster von dir und deiner Freundin. Wachte darüber bedrückt auf.

Es umarmt dich dein Kopernikus

Brief mit Postscheck ging gestern ab.

---

1 Falk Harnack, Regisseur und Drehbuchautor, arbeitete seit Mitte der fünfziger Jahre in West-Berlin für das Fernsehen und von 1962-1965 als leitender Regisseur beim ZDF.

[94; handschriftlich; Ansichtskarte: »Göttingen Junkernschenke«]

[Göttingen
9. August 1955]

Liebe Marion,
auch das Haus, in dem ich wohne, sieht so alt aus. Ich bin neugierig auf deine neuen Sachen!

100000 Küsse

dein K.

Göttingen
10. August 1955

Meine liebe Marion,

es ist nun so weit. Ich fahre morgen früh nach Hamburg, wo ich voraussichtlich bis Sonntag abend bleibe. Dann will ich nach Stuttgart fahren[1], worüber ich dich aber noch anrufe oder dir ein Telegramm sende. Ich würde dann vorschlagen, dass du Montag nach Stuttgart fährst.

Ab München   12.18   an Stuttgart   15.11.

Ich würde dich auf dem Bahnhof erwarten.

Aber hierüber erhältst du noch ein Telegramm und auch einen Reisescheck.

Wie machst du es mit den Hunden?

Wir würden wohl am Mittwoch zusammen nach München und in unsere Wohnung fahren.

Schade mit Hamburg – Ich war eben noch sehr in Versuchung, dich anzurufen. Aber 300 Mark?

Ich freu mich sehr auf dich!

Herzlichst dein Kopernikus

Ich schicke den blauen Koffer zurück!
Innen Schreibmaschine!

---

1 In einem Brief vom 10. August 1955 hatte Alfred Andersch W. K. gebeten, sich endgültig für oder gegen die Spanienreise zu entscheiden (vgl. Alfred Andersch an W. K., Original im SWR Archiv, Nr. 1900). W. K. bat daraufhin Andersch telegrafisch aus Hamburg um ein Treffen, das am 15. und 16. August in Stuttgart stattfand (vgl. Originale im SWR Archiv, Nr. 1902 und 1903).

Hamburg
11. August 1955

Mein liebes Marionlein,

also es hat sich schon entschieden – wir sehen uns am Montag in Stuttgart. Du fährst mit dem Zug 12.18 und ich hole dich um 15.11 in Stuttgart von der Bahn. Ich freue mich sehr! Komme bitte mit freundlichem, heiteren, nicht lasterverdüsterten, weinunseligem Gesichte! Die Rückfahrkarte kostet 27 DM III. Kl. und 39,50 DM II. Kl. Ich sende dir hier einen Scheck über 60 DM. Nimm aber auf jeden Fall eine *Rückfahrkarte*, doch *keine* Sonntagskarte. – Warum gibst du die Hunde nicht in Pension!

Es ist hier sehr heiss! Morgen bin ich beim NWDR. Am Samstag will ich nach Reinfeld fahren. Am Sonntag fahre ich nach Stuttgart, wo ich am Montag morgen eintreffe.

Herzlichst bin
ich Dein K.

Du erhältst jetzt keine weitere Nachricht von mir – *höchstens* Montag vormittag ein Anruf aus Stuttgart (Hôtel Ketterer).

---

1 W. K. küßte den Brief und schrieb neben seinen, mit Lippenstift bemalten Lippenabdruck: »|in stiller Liebe|«.

1956

[97; Telegramm]

[Zürich
18. März 1956]
TRAURIG HOTEL PLAZA ZUERICH = KOPERNIKUS

[98]¹

[Zürich]
18. März 1956

Liebste Marion,

eine ziemlich entsetzliche Reise, eine ziemlich trostlose Situation. Ein schönes Hotel, das dir gefallen würde, ein moderner Raum mit Bad und Radio. Schönes Wetter, das den Möwen bekommt. Ich ging am frühen Morgen durch die Bahnhofstrasse. Ich sah dort ein Kostüm für 158 Franken, gegen das das Bessie Baker Kostüm ein alter Hut ist, und das mir so gut gefällt, dass ich die Fränkli für dich ausgeben würde, wenn nicht das Risiko zu gross wäre: der Zoll und noch mehr das Nichtpassen, was man dann ja durch einen Umtausch nicht mehr ändern könnte. Überhaupt, es gibt schicke Sachen hier. Für Damen! Nicht für Herren! Die Herrensachen sind recht konservativ und langweilig.

Der Film platzt wahrscheinlich. Inzwischen ist die Situation schon wieder anders, und W.² gestand mir, dass die neuen Herren der Firma, die Herren der Süddeutschen Bank nicht Geld riskieren, sondern Geld verdienen wollen. Nun wäre meiner Meinung nach gerade dort, wo Sie nur das Risiko sehen, etwas zu verdienen, – aber wir werden da nie zusammen kommen.

In einem Buchladen Bücher und Bilder von Gide, Proust, Claudel, Malraux, Roger Martin du Gard. Verkauften sie sich? Nein, sie verkauften sich nicht. Sie hätten sich nie auf diese Reise begeben, und sie sind meine Brüder. So bin ich also der Abtrünnige. Das kann nicht gut gehen.

Wahrscheinlich werde ich noch Go besuchen. Jedenfalls werde ich nicht mit W. zurückfahren. Ich werde dir meine Ankunft in München telegraphieren. Ich wäre gern mit dir hier; ich wollte, ich könnte dich hier lieb haben; ich denke an dich und leider mit Angst und Sorge.

dein
Kopernikus

|Dreh das
Bild um.
Dann wirst du
wissen, warum
ich es dir
sende.|[3]

1 Briefbogen: Hotel Plaza Zürich, Goethestrasse 18, A. Ineichen Dir.
2 Vermutlich der Schriftsteller Wolfgang Weyrauch.
3 W. K. legte dem Brief ein Nestlé Sammelbild bei, auf dem ein junges Mädchen zu sehen ist. Auf der Rückseite ist zu lesen: »Schöne Faulenzerin«.

[99; Telegramm]
[Zürich
22. März 1956]
NACH ANRUF SEHR BEUNRUHIGT STOP ICH HABE DICH DOCH LIEB EINTREFFE FREITAG 16.15 UHR = KOPERNIKUS

[100]¹

[Zürich]
22. März 1956
Liebe Marion,
ich habe schlecht geschlafen, weil ich mit Liebe, Angst, Rüh-
rung, Verzweiflung an dich dachte. Sei doch vergnügt! Ich hätte
noch eine Woche in Zürich bleiben können, komme aber nun
ganz bestimmt morgen Freitag um 16.15 in München an. Wahrscheinlich werde ich Mittwoch oder Donnerstag nächster Woche noch einmal nach Zürich reisen; du könntest dann mitfahren, und wir könnten über Ostern hierbleiben. Hunde Pension.
Was meinst du? Würde es dich freuen?
dein Kopernikus

1 Briefbogen: Hotel Plaza Zürich, Goethestrasse 18, A. Ineichen Dir.

[101; Telegramm]

[Zürich
4. April 1956]
DONNERSTAG 16.15 STOP WIE WAERE ES MIT EINER
HOTELUEBERNACHTUNG = KOPERNIKUS

[102; handschriftlich; Ansichtskarte: »Starnberg, See-
restaurant«]¹

[Starnberg
11. Mai 1956]
L.M., kam zu spät zum Zug und stehe traurig am See –
Dein W.K.

1 Anschrift: Frau Koeppen, Sanatorium Dr. Bannaski, Kempfenhausen bei
Starnberg. M.K. hielt sich bis Ende Mai 1956 in der Privatklinik von Dr.
Bannaski am Starnberger See auf, um sich wegen ihrer Suchtprobleme und
Depressionen behandeln zu lassen.

[München,
12. Mai 1956]
Samstag

Mein liebes Marionlein,

ich möchte dir soviel sagen, aber was soll ich sagen, was kann ich sagen? Der Besuch gestern bei dir war sehr unglücklich. Ich wusste es. Ich wusste es im voraus. Was hat denn am Donnerstag (Himmelfahrt), wo du doch am Nachmittag so vernünftig, brav und einsichtig warst, gegen Abend diesen Stimmungsumschlag bei dir hervorgerufen, dass du mich anriefst, mich rausbestelltest, mich aufs neue beunruhigtest, mir wieder sagtest, dass du nicht willst, nicht kannst, nicht magst, es nicht aushälst? Es ist doch, wie ich gestern dann sah, nichts inzwischen passiert! Zu der Kur, finde ich, könntest du Vertrauen haben. Zu dem Mittel auch. Es ist kein Wasser, und es hat wirklich vielen geholfen. Wenn du kein Vertrauen hast, ist es ja ganz sinnlos, dass du [da] bist. Es kann dann sein, dass eine an sich gute Medizin eben wie Wasser bei dir wirkt. Du darfst dir sowas nicht einbilden. Es ist doch unser Wille, es muss doch auch dein Wunsch sein, wieder gesund zu werden! So ging es doch nicht weiter, und über kurz oder lang wäre es zu einer wirklichen Katastrophe gekommen. Mach doch die Kur! Drei Tage hast du schon hinter dir. Nun sind es noch elf. Das ist doch nicht lang. Und verausgabe dich nicht mit soviel aktiven Widerstand. Der Kluge leistet immer nur passiven! Ich glaube z. B., dass du nicht schlafen kannst, weil du nicht schlafen willst. Du regst dich über viel zu viel auf. Der Kranke ist Objekt, Behandlungsobjekt, und das hat auch sein Gutes. Dir sind die Entscheidungen abgenommen. Lass alles über dich ergehen. Wie einen Regen. Es wird bald aufhören zu regnen.

Ich möchte nicht, dass du dich quälst. Ich möchte nicht, dass du dich veränderst. Ich möchte die alte Marion wieder haben, nur ein bisschen repariert, nur ein bisschen regeneriert, ein bisschen festgeschraubt. Ich glaube wirklich, du wirst dich n a c h der Kur körperlich und seelisch wohler fühlen, und auch der Haut und dem Aussehen wird es gut tun.

Ich will Montag kommen! Bis dahin.

Herzlich und dich liebhabend dein Kopernikus

wenn du wieder hier bist, gehen wir in den Herrn Ornifle[2] und zum Pariser Leben[3]!

Meine Sendung über Gertrude Stein ist erst am 5.6.[4]

---

1 Beigefügt ist ein Artikel (undatiert und ohne weitere Quellenangaben) mit dem Titel *Orson Welles' neue Zauberei*. ›*Confidential Report*‹ *in deutscher Synchronisation*: »Die Geschichte kann man nicht erzählen, weil ihr Wesentliches im genial hingezauberten filmischen Spuk und Geflunker liegt. Ein geheimnisvoller Unbekannter, Milliardär und Schurke von Weltformat, ein Vollbartträger mit einem südrussischen Namen, Levante in der Höchstpotenz, ein Vampir oder Oger, wie er im Film genannt wird, sieht sich von einem Parzival bedroht, der durch einen Zufall an das Geheimnis des Mannes mit dem Bart geriet. […].« (Das Wort ›Oger‹ ist im Text rot unterstrichen. Vgl. auch Brief 38, Anm. 5.)
2 *Ornifle*. Stück von Jean Anouilh. Erstaufführung 11. Mai 1956 in den Kammerspielen München, u. a. mit Axel von Ambesser. Regie P. Hoffmann.
3 *Das Pariser Leben*. Operette von Jacques Offenbach.
4 Erstsendung am 5. Juni 1956, Süddeutscher Rundfunk: *Ein Buch und eine Meinung: Die Autobiographie der Alice B. Toclas von Gertrude Stein*. (Vgl. auch: *Wolfgang Koeppen*, S. 19-25.)

[104; handschriftlich]

[Kempfenhausen]
15. Mai 1956

Mein lieber guter Kopernikus!

Mache Dir doch nicht so viel Gedanken, die Hauptsache ist das du gesund bleibst. Es ist doch bei uns immer wieder gegangen. Ich habe große Sehnsucht nach Dir.

Heute hat mir ein weibliches Gespenst aus den 30 Jahren, Blut aus dem Ohr gemolken. Hoffentlich stehen am Donnerstag keine Gewitterwolken am Himmel und du kannst kommen. Lüpfe

nicht zuviel und iß tüchtig sonst kannst du es nicht mit mir aufnehmen, wenn ich als Zampane wiederkomme. Wegen der anderen Sache etwas zu sagen, fehlt mir der Mut. Es werden wohl
16 Tage werden, die ich hier verbringen muß, ich streiche jeden
Tag ab mit einem Kreuz. Vergiß mich nicht – mit vielen Küßen
Marion
Wenn du angerufen wirst, bitte sage, das Mittwoch der Vater
kommt. Wie ist es mit der Rasierklinge?[1]

1 Die beide Sätze stehen jeweils am rechten bzw. linken Rand des Briefes.

[105; handschriftlich]

[Kempfenhausen]

15. Mai 1956

Lieber Kopernikus!

12 Uhr nachts. Habe den alten Brief zerrißen. Wenn du es nichts
nennst, das ich in der kurzen Zeit 400 gr abgenommen habe,
was bei den anderen Patienten absolut *nicht* der Fall ist. Sonst
habe ich allerdings keine Beschwerden. Nur die Knochen stehen
mir heraus und ich bin so nervös, das ich nun überhaupt nichts
mehr eßen kann. Stehe hier traurig vor dem Spiegel und versuche mit Oel, meinem mageren Körper etwas Fett zuzuführen.
Meine Augen quellen aus den Höhlen. Als Gespenst werde ich
nun durch den Sommer schleichen. Den dicken, fetten, impo-
tenten [ein Wort unleserlich] hier macht das natürlich nichts
aus. Ihre Köpfe platzen wie reife Tomaten. Sage nicht du wirst
mich wieder herausfüttern, du weißt wie wenig bei mir das Essen anschlägt, und das weiß ich jetzt, das wird sich auch durch
den Aufenthalt hier nicht ändern.
Herzlichen Gruß
Marion

[München
17. Mai 1956]
Donnerstag

|Meine liebe Marion,|
Herzlichen Dank, Gruss und Kuss.
Gestern war der Abend schön. Ich hätte noch bei dir bleiben
sollen. Auf den Zug musste ich sowieso eine halbe Stunde warten. Ich beobachtete am See die Motorboote und die Ausflügler.
In München fuhr ich gleich in die Wohnung, um die Hunde zu
versorgen. Sie bekamen ein Kalbskopfessen und frassen ungeheure Schüsseln auf. Dann ging ich noch etwas weg und sass
eine Weile im Hofgarten, bis es zu kühl wurde. Nachts schlechter
Schlaf. Sorgen. Heute früh Sekretärin. Dann plötzlich Wiede-
mann. Er roch enorm nach Alkohol; weil er kein Pervitin[1] mehr
bekommt, säuft er jetzt. Er war etwas unheimlich und brauchte
2 Mark, um sich von seinem Grossisten neue Zeitungen zu holen. Ich gab sie ihm. Heute abend wird dich wohl K. besuchen;
sie rief mich an. Ich komme bald. Sei brav und lieb und nett.
Ich bin dein Kopernikus

Kreile kann sich erst nächste Woche mit mir treffen.

Bimbus dankt für den Zucker.
Der Lotse spinnt, denkt aber freundlich an dich.

Heute schon wieder Gewitterneigung; die typische münchner
Luft, stechend, wenn die Sonne scheint, und schwül, wenn sie
hinter Wolken steht.
Frau Lidwennerhupfer schrie entsetzt auf, als ihr Bimbus eben
mit kalter Schnauze, so sagte sie, unter den Rock fuhr. Sie, Frau
L., wischte gerade die Diele auf.

|Du siehst gut aus, nicht mager!|[2]

1 Stimulanzdroge auf Metamphetamin-Basis. Das Medikament unterdrückt Müdigkeit, Hungergefühl und Schmerz.
2 Zusatz am linken Rand des Briefs.

[107]

[München
19. Mai 1956]
Samstag

Liebste Marion,
gestern abend war ein ungeheures Salamanderreiben.[1] Das Haus strahlte. Die Wagen parkten bis zu Lechner.[2] Silentium-Rufe hallten in mein Bett. Und heute morgen gingen sie schon wieder, tüchtig, tüchtig, in gelben Wämsern mit blauen Schärpen, in Stulpenstiefel und bunten Hüten durch den gepflegten Garten. Ich ass in den Badischen. Keinen Fisch, aber sonst gut. Nur zwei Schöppchen. Dann die üblichen Bouletten für die gierigen Hunde. Bimbus war enttäuscht, weil du ihm keinen Zucker geschickt hast. Nun regnet es wieder. Der Garten gleicht einem Sumpf mit Seen. Die Hunde werden Mohren gleichen. K., denk ich, wird nicht fahren, also dich noch einmal besuchen. Mit oben[3] wusste ich es bis jetzt noch nicht, und nun weiss ich es auch nicht. Ich erwischte deinen Vater auf der Treppe. Er versicherte, dass er rausfahren wolle, aber war noch gänzlich unentschlossen, wann. Ich glaube nicht, dass er heute fährt. Also kann ich ihm die Zeitungen nicht mitgeben. Sehr kompliziert. Per Eilboten geht nicht gut. Schneider-Schelde[4], der kürzlich noch so Kampflustige, ist gestorben. Ich schwankte heute nacht auf lauter Sorgen wie eine Nusschale auf dem Meer. Ich fürchte grosse Katastrophen. Verhängnis naht. Du sahst reizend aus. Sehr nett, sehr hübsch, sehr jung und lustig. Kein Buch für dich und keine Tugend. In Kempfenhausen werden sie sich der Tränen nicht enthalten können, wenn du Abschied nimmst. Auch die Telephonrechnung ist da. Diesmal die richtige: 36 Mark. Ich muss zu Pfeffer gehen. Und zur Weber. Die Last des Haushalts, – du weisst.

Ich glaube, wenn du raus kommst, wird das Wetter schön werden. Wir treiben dann Sport im Heim.

Wahrscheinlich werde ich am Montag kommen; doch vielleicht auch schon morgen, wenn dein Vater nicht fahren sollte.

Ich umarme dich! Tue den Doktoren nichts! Herzlich bin ich dein Kopernikus

1 Trinkritual bei Zusammenkünften von Mitgliedern studentischer Verbindungen. Auf Kommando werden die Gläser in einem Zug geleert, dann auf dem Tisch »gerieben« und schließlich deutlich hörbar abgesetzt.
2 Gaststube Lechner in München.
3 Gemeint sind Wolfgang und Elisabeth Ulrich.
4 Rudolf Schneider-Schelde, Autor und Präsident des Schutzverbandes Deutscher Schriftsteller in München. W. K. kannte Schneider-Schelde seit 1946. Vermutlich im Januar dieses Jahres hatte W. K. Kontakt mit ihm aufgenommen, wie ein im WKA erhalten gebliebenes Antwortschreiben von Schneider-Schelde dokumentiert: »Sehr geehrter Herr Koeppen, vielen Dank für Ihre Mitteilung. Natürlich ist mir Ihr Name nicht fremd. Würden Sie so liebenswürdig sein und am Dienstag, 15. Januar nachmittags drei Uhr zu mir kommen, damit wir uns über Ihren Vorschlag unterhalten können? […].« (WKA) Um welchen Vorschlag es sich handelte, ist nicht mehr eruierbar. (Vgl. auch: *Wolfgang Koeppen*. Suhrkamp BasisBiographie, S. 43/44.)

[108]

[München
22. Mai 1956]

Liebste Marion,

ich habe eben Frau Z.[1] überredet, bei uns die Fenster und die Teppiche zu machen. Sie verspricht, es am Freitag zu tun. Vorher passt es ihr nicht. Nun fällt mir aber ein, dass du ja sagst, dass sie sehr gern etwas mitnimmt, und ich müsste sie ja am Freitag, wenn ich dich hole, allein in der Wohnung lassen. Geht das?

Nun hast du's bald hinter dir. Und du hast dich brav gehalten.
Ich freu mich auf Freitag.
Herzlichst dein
K.

1 Name anonymisiert.

[109; handschriftlich]

[Kempfenhausen
22. Mai 1956]
Dienstag, 5 Uhr
Lieber Kopernikus!
Heute hätte ich nicht einmal Lust zum See zu gehen, der Garten
und das Vogelgezwitscher machen mich ganz krank. Gestern
abend konnte ich nichts Essen, und heute mittag ekelte es mich
an, es war ein zu einem Stern geformter Griesbrei der mit Käse
durchzogen und mit Schnittlauch bestreut war, ich kam nicht
von dem Gedanken los, dass es unter dem Rock der Köchin sicher so röche. Ein Pudding für kleine Mädchen mit schlechtem
Geschmack. Ich fühle mich zu geschockt, dabei ohne Müdigkeit, ich komme mir wie ein lila Großpappa vor.
Noch war der Docktor nicht da, möchte nicht allzuviel sagen
sonst läßt er mich Freitag nicht frei. Wie geht es mit deiner Arbeit? Quälst du dich sehr?
Sicher hat dir der Haushalt viel zu schaffen gemacht. Ich kann
mich nicht entschließen, den Flieder wegzustellen von meinem
Bett er riecht wunderbar süß, macht aber Kopfweh.
Noch zwei Nächte, zwei Tage ich wage nicht, dich zu bitten,
noch einmal zu kommen. Aber vielleicht, schreibst du mir noch
einmal! Ich freue mich schon auf den Abend, die Nacht,
Leb wohl, grüße die Quälgeister
viele liebe Bussis
Marion

Wie denkst du über die Befriedigung der Schwestern? Denke an das Kleid! Warst du bei der Wäscherei? Was machen die Salamderreiber? Gibt es noch Bäume?

[110]

[München
23. Mai 1956]
Mittwoch

Liebe Marion,

herzlichen Dank für deinen lieben Brief. Ich hoffe, es ist nur die Depressionswelle des Mittels, die dich quält. Aber du solltest doch dem Arzt sagen, wie du dich fühlst; denn es wäre ja schrecklich und ein ganz grosses Unglück, wenn du hier in München zusammenbrechen würdest. Man weiss ja garnicht, was das für Folgen haben kann. Ich meine, du solltest dem Arzt nichts verschweigen. An sich glaube ich, dass die vielleicht stärkere Reaktion auf die zweite Kur berechnet, vorhergesehen und gut ist, und dass du vielleicht Anfang nächster Woche besonders gut aussehen wirst. Zu überlegen wäre, ob du dir nicht noch einen mittelfreien Ruhetag gönnen solltest. Aber ich verstehe auch, dass du rauswillst, und ich mache dir da keine Schwierigkeiten und überlasse die Entscheidung dir.
Ich freu mich auf dich.
Ob mein Engelrahm-Plan[1] gut ist? Wer weiss? Erst wollte sie nur die Fenster putzen. Die Teppiche musste ich ihr abringen. Und vielleicht lässt sie mich am Freitag auch sitzen. Wenn nicht Groterjahn[2], werden wir wohl in ein neues Hotel in Bahnhofsnähe gehen. Zum Kleid scheint es mir kein Wetter zu sein.

Ich bin dein K.

Gestern war des Schullehrers Hund in unserm Garten. Er liess sich aber nicht anfassen, sondern flüchtete durch eine Latte,

die e r aufgebrochen hatte, zurück. Ich nagelte die Latte wieder
fest.

1 Frau Engelrahm, eine Haushaltshilfe der Koeppens. Auf einer nicht abge-
  schickten Ansichtskarte aus Dijon an Elisabeth und Wolfgang Ulrich sendete
  M. K. Grüße an Frau Engelrahm und Frau Beckenbauer. (WKA)
2 Pension in München.

[111; handschriftlich; Postkarte]

[Kempfenhausen]

23. Mai 1956

Mein lieber süßer Mops!
Du siehst, es muß jetzt zu Ende gehen, meine Hose ist geplatzt,
so dass ich jetzt mit nacktem Hintern im Bett sitze. Ich habe
jeden Tag mehr Angst vor dem Schnäpschen, dass es mich zwar
nicht körperlich, aber seelisch ziemlich mitnimmt. Grotejahn
wäre doch sehr schön.

Dank du braver, fliegender Postbote.
Ich freue mich schon sehr
Deine Marion

[112; handschriftlich; Ansichtskarte: »Alte Brücke und
Lungarno Archibusieri«]

[Florenz[1]

6. Dezember 1956]

Liebe Marion,
ich fiebrig, Florenz kalt. Ich stehe im Nebel auf der alten Brücke
und denke an dich. Küsse dein C[opernikus]

1 Nach der gemeinsamen Spanienreise im Herbst 1955 hielt sich W.K. für Re-
  cherchen zu einem weiteren Reise-Essay allein in Italien auf. Daraus entstand

132

der Reisebericht *Neuer römischer Cicerone.* Erstsendung am 28. Mai 1957 im Süddeutschen Rundfunk. (Vgl. *Neuer römischer Cicerone.* In: *Nach Rußland und anderswohin. Werke 8,* S. 241-283.)

[113; Telegramm]

[Rom
7. Dezember 1956]
ROM SCHOENES WETTER HOTEL SCHLECHT BRIEF FERME IN POSTA PIAZZA S SILVESTRO HERZLICHST = KOPERNIKUS

[114; handschriftlich]

[München]
8. Dezember 1956
Lieber Kopernikus!
Hoffentlich geht es dir wieder besser. Es ist ein trauriges, düsteres, kaltes, nasses Wetter seit dem Tag deiner Abreise und auch ich denke mit Wehmut an die schöne alte Brücke und an uns beide dort stehend im Sonnenschein.[1] Denke manchmal an die arme Frau im Dunkeln, umgeben von fallenden Dächern, nassen Gängen, klappernden Fenstern, deren monotones Geräusch mich nachts nicht schlafen läßt. Wirf eine Münze für mich in den freundlichen Brunnen. Schön was du geschrieben hast über den »Koloß von Maroussi«.[2] Eine kleine Karte von dem [ein Wort unleserlich] Köster und er möchte gerne die Faulknerbesprechung.[3] Ich habe das Buch mit Spannung gelesen. Es freut mich daß es in Rom schön ist und 13° hat, dies weiß ich von der Fernsehwetterkarte. Ein wenig tröstlicher Abschluß, Alfred Scherz ist gestorben mit 53. Ich habe Angst und dich lieb.
Leb wohl Kopernikus, umarme mich in der Ferne mit vielen sehnsüchtigen Bussis Deine Marion. Schreib bald!
Nichts von der Bavaria, nichts von der Bank.

1 Auf Einladung der Gruppe 47 waren Koeppens 1954 nach Italien gereist.
   Die Tagung fand vom 29. April bis 2. Mai in Circeo, südöstlich von Rom
   statt. M. K. erkrankte auf der Reise zum Tagungsort in Rom. Das Ehepaar
   blieb daraufhin in der Stadt und reiste nicht weiter. Rom inspirierte W. K. zu
   seinem fünften Roman *Der Tod in Rom* (vgl. *Wie ich dazu kam. Zur Entstehung des Romans ›Tod in Rom‹.* In: *Gesammelte Werke. Bd. 5*, S. 242). In einer
   im WKA aufbewahrten Erstausgabe von *Der Tod in Rom* (Stuttgart: Goverts
   1954) ist eine Widmung W. K.s erhalten geblieben, die an die gemeinsame
   Reise erinnert: »für meine Marion / der lieben / Rom-Gefährtin / dem tapfe-
   ren / Frescati-Freund.« (WKA)
2 Gemeint ist W. K.s Besprechung *An der Kastalischen Quelle gelabt* von Henry
   Millers *Der Koloß von Maroussi* (Hamburg: Rowohlt 1956). (Erstdruck in:
   Süddeutsche Zeitung vom 8./9. Dezember 1956. Auch in: *Gesammelte Werke.
   Bd. 6*, S. 250-252.)
3 W. K. besprach die deutsche Ausgabe von William Faulkners Roman *Requiem
   für eine Nonne* (Stuttgart: Scherz & Goverts 1956). Die Besprechung erschien
   am 1./2. Dezember 1956 unter dem Titel *William Faulkner oder Die Geburt
   der Tragödie aus den Sümpfen des Mississippi* in der *Süddeutschen Zeitung.*
   (Auch in: *Gesammelte Werke. Bd. 6*, S. 274-279.)

[115]

Rom
8. Dezember [1956]
Samstag

Liebste Marion,

Rom ist zwar wieder sehr schoen, das Wetter herrlich, strahlende Sonne wie im September, aber ich ahnte es ja, kein glueck-
licher Stern. Das Hotel Dragoni ist ein Reinfall. Ich habe ein
winziges Zimmer, eine Rosi-Kammer, die auf eine Gasse mit
einem Maennerpisstand geht, primitivst eingerichtet, was mich
alles noch nicht stoeren wuerde, aber dieses Loch kostet Due-
Mille-Lire-Cinquanta, 2050 Lire am Tag, das sind mindestens
14 Mark, und ausserdem stuerzen andauernd trinkgeldgieri-
ge Hyaenen auf einen los. Ich wollte eigentlich heute morgen
ausziehen, aber Traegheit und Schwaeche liessen mich bleiben.
Wehmuetig stand ich vor der Fontana Trevi, deren Wasser munter wie jeh fliessen, und sah das nette Hotel, sehr versucht, dort

wieder einzuziehen. Aber ich fuerchte schon, mit meiner Zeit nicht auszukommen, um genug Stoff fuer das Feature zu finden. Jetzt sitze ich auf der Post an der Piazza S. Silvestro und schreibe dir diesen Brief. Es ist ein strahlender Morgen. Ich habe weite Wanderungen vor. Als alter Reisesportler. Mitbringen werde ich kaum etwas. Alles ist sehr, sehr teuer. Die ital. Schuhe, nicht moderner als in Muenchen, kosten hier mehr. Natuerlich gibt es auch schoene Sachen, aber irrsinnig teuer. Und dann – auch hier ist Weihnachten ausgebrochen, Schneedekorationen in den Laeden, und die Leute lassen sich bis auf das Hemd ausziehen. Vielleicht ziehe ich doch noch um. Am besten ist es, du schreibst mir:
Wolfgang *Koeppen*,
Ferme in posta
Piazza S. Silvestro
Roma
Koeppen unterstreichen, nicht Wolfgang.

Florenz enttaeuschte; das muss ich erzaehlen.
Ich denke viel an dich. Mit Freude und mit Sorge.
Bleib brav!

Ich umarme dich! Kopernikus

|FERME IN POSTA|

[116; handschriftlich; Ansichtskarte: »Roma – Via Appia Antica«]

[Rom
9. Dezember 1956]
Sonntag

Liebe Marion, ein Tag voll unbeschreiblicher Klarheit. Warm wie im Hochsommer. Könntest du doch kommen! War am frü-

hen Morgen Via Appia Antica – dann zu Mittag Forum. Unvergesslich!
Dein Kopernikus

[117; handschriftlich; Ansichtskarte: »Forum von Trajan«]
[Rom
9. Dezember 1956]
Sonntag II
Bleibe wohl Dragoni wohnen. Herrlicher Himmel. Noch schöner wäre es mit dir! Gehe jetzt über die Brücke nach Trastevere. Record im Gehsport.
Dein K.

[118]
[Rom]
10. Dezember [1956]
Montag
Meine liebe und gute Marion,
gestern schrieb ich dir zwei Karten. Es war ein wunderbarer Tag; ich meine, das Wetter und Rom waren besonders schoen. Aber am Abend war ich voellig erschoepft. Meilen war ich gegangen. Die Via Appia hinaus, durch die Foren und dann noch ganz Trastevere ueber den Giancocolo bis zur Hadriansburg. Alles zu Fuss. Es war etwas zu viel. In den Foren musste ich den Mantel ausziehen. Es war richtig heiss und ein schleierloser hellblauer Himmel. Heute dagegen ist der Himmel verhangen, und es ist recht kalt. Cafés und Restaurants sind uebrigens immer ungeheizt. Sie haben garkeine Heizung. So isst man am Abend ueber dem Steinfussboden froestelnd sein Mahl. Ich ass gestern mittag in der Schenke der Gladiatoren. Kein Luxuslokal. Aber es waren eben schon Amerikaner dagewesen – wo waren sie nicht – und

ich opferte etwa 10 Mark. Allerdings ass ich die besten Ravioli meines Lebens. Dazu Insalata verde, knusprig nach Nuessen schmeckend. Sonst ist es mit Gemuese und Obst schlecht bestellt. Die Orangen sind noch nicht recht reif. Sie sind so sauer wie in Muenchen, aber dafuer teurer. Rom schlaegt momentan Paris. Fuer dich nichts. Mode sind ueberweite Cordroecke. Kosten 80–120 Mark. Ich weiss garnicht, ob ich mit dem Geld reichen werde. Besonderes habe ich bis jetzt nicht erlebt. Kein Diebstahl.[1] Kein Carlos Enrique. Kein Polizist. Fuer mein Feature ist das schlecht. Ich bin sehr besorgt. Und muss mich jetzt meinem Pensum zuwenden. Sportsmann bis zum Abend. Im Dragoni werde ich wohl doch, wenn auch verbittert, bleiben. Ein bloedes, ein hoechst langweiliges Haus.

Du kannst also dahin schreiben. Ich werde wahrscheinlich versuchen, frueher zurueckzukommen. Vielleicht schon am Montag.

Ich denke sehr an dich; Lieb und besorgt;

Ich vergreife mich dauernd auf der Maschine, die eine andere Tastatur als die deutschen hat.

Einen Vorteil bietet die Jahreszeit: es gibt keine Reisegesellschaften, fast garkeine Fremden.

Viele schoene Katzen. Echte.
Ich bin dein Herzlichst Kopernikus

---

1 Bestohlen wurden Koeppens allerdings während ihrer Spanienreise 1955. W. K. verarbeitete dieses Erlebnis auch in seinem Reisebericht *Ein Fetzen von der Stierhaut*. In: *Nach Rußland und anderswohin. Werke 8*, S. 54/55: »Die entwendete Brieftasche führte zu Begegnungen mit der Deutschen Botschaft und mit der spanischen Polizei. Auf der Botschaft war man es gewohnt, daß die Schafe zu ihrem Hirten kamen und um Geld baten. Man tröstete mich mit schönen Diebsgeschichten, mit anderer Leute Mißgeschick; man erlaubte mir, über den Fernschreiber ein SOS auszusenden; der Staat und das Fernmeldewesen funktionierten. Ein freundlicher Diplomat warnte

mich, zur Polizei zu gehen. Er sagte, das führe nur zu Scherereien. Aber ein Deutsch-Spanier, dem ich empfohlen war, kannte einen Kriminalbeamten, und dieser Kriminalbeamte nahm sich meines Falles an. Er verbreitete einen Optimismus, dem nicht zu widerstehen war. Schon sah ich meine Brieftasche wieder auftauchen, das Geld zurückkehren. Der Beamte hieß Don Alfonso. Er redete auch mich mit Don und mit meinem Vornamen an. Er war eifrig. Er war immer gehetzt. Er kam immer atemlos von irgendwoher wie ein Jagdhund auf der Spur.«

Das abgesendete »SOS« richtete sich an Alfred Andersch: »Im Omnibus nach Toledo Geld und Reiseschecks gestohlen. Erbitte Honorarvorschuss von 1200 Mark für mich an banco Comerciale Transatlantico Madrid. Davon 600 deutsche Mark telegrafisch und Gegenwert von 600 Mark mit Luftpost-Eilboten-Wertbrief französische Franken in Noten oder Scheck. Bin bis Mittwoch in Madrid aber zur Zeit in allen Unternehmungen behindert. Tut mir leid. Gruss Wolfgang Koeppen. / Vorstehendes Telegramm ging ein am 16.9.55, 14.45 Uhr. Noch am gleichen Tage wurde die Rhein-Main Bank beauftragt, die vorstehend gewünschte Zahlung vorzunehmen.« (W. K. an Alfred Andersch, Originalabschrift eines Telegramms von W. K. im SWR Archiv Stuttgart, Nr. 1893.)

[119]

Roma

11. Dezember [1956]

Montag

Liebe Marion,

dein Brief, dein lieber, dein poetischer Brief, den ich eben in Empfang nahm, ruehrt mich, freut mich, ruehrt und freut mich sehr. Bald bin ich wieder bei dir.

Seit gestern abend ist es recht kalt, was das teure Hotel Dragoni zum Anlass nahm, die Heizung endgueltig abzustellen. Auch der Morgen ist trueb und nasskalt. Aber mich troestete erst ein heisser starker Capuccino in der Galleria und dann auf der Post dein Brief. Ich hatte in der Nacht haesslich von kessen Vaetern getra[e]umt, von dicken Ogern mit aufgeworfenen Lippen.[1] Dass Scherz gestorben, ist es ein gutes oder ein boeses Omen? Bei Go wird es Veraenderungen geben. Scherz Schwiegersohn und Nachfolger[2] ist gaenzlich amusisch. Vielleicht ist es ein

Glueck fuer Knaus, – wenn Go weitermacht. Das Schweigen der Bavaria beunruhigt mich tief. Es waere eine rechte Katastrophe! Ich will zum Vatican; doch nur um mir die Ringkaempfer der Antikensammlung anzusehen. Gestern war ich im alten Ghetto und ass Artischocken nach juedischer Art.[3] Auch war ich auf dem Weihnachtsmarkt der Piazza Navona. Im allgemeinen gehe ich frueh zu Bett, wie ungedachterweise auch die Roemer. Nach 10 Uhr abends sind die Lokale leer und die Strassen ausgestorben. Was sollen die Leute auch noch. Es ist kalt, die Lokale sind durchweg ofenlos, die Zimmer auch, also man geht zu Bett. Ich allein, die Roemer in Familie.

Ich freue mich schon jetzt darauf, wieder einmal mit dir hier zu sein. Ich koennte dir viel zeigen. Die Muenze werde ich fuer dich in den Brunnen werfen.

Ich werde sehen, sobald wie moeglich, zu kommen; zu dir. Vielleicht schon Anfang der Woche. Ich schreibe es noch. Wenn du diesen Brief Donnerstag hast, kannst du mir gleich noch einmal schreiben: Dragoni. (Ich frag aber auch auf der Post). Spaeter ist es unsicher, ob der Brief mich noch erreicht. Wir wollen immer zusammen bleiben!

Hoffentlich geht es der Leber einigermassen! Warst du bei Banasski[4]? Ich moechte dich strahlend sehen!

Sehr herzlich dein Kopernikus

1 Vgl. Brief 38, Anm. 3.
2 Rudolf Streit-Scherz.
3 Vgl. dazu W. K.s Reiseessay *Neuer römischer Cicerone* in: *Nach Rußland und anderswohin. Werke 8*, S. 256: »Dem Cenci-Haus gegenüber kann man Artischocken nach jüdischer Zubereitung essen. Sie sind in Fett gebacken, öltriefend, die Blätter brechen wie dürres Laub strohfad auf der Zunge, doch der weiche säuerliche Geschmack des Bodens überrascht dann den Gaumen.«
4 Gemeint ist Dr. Bannaski (vgl. Brief 102, Anm. 1).

[120; handschriftlich; Ansichtskarte: Gemalter Soldat der Schweizer Garde]

[Città del Vaticano
11. Dezember 1956]

L. M., nach Stunden in den verwirrenden Sammlungen (sah den H[eiligen] V[ater] auf Rollschuhen) völlig erschöpft noch ein Gruss aus dem Vatikan.
Dein K.

[121; handschriftlich; Ansichtskarte: »Heiliger Peter«]

[Città del Vaticano
11. Dezember 1956]

Liebe Marion,
hebe diese Karte bitte auf. Ich sende sie mit der Vatikan-Post.
Herzlich Kopernikus

[122; handschriftlich]

[München]
11. Dezember 1956

Lieber Perni![1]
Dank für deinen Brief. Hoffentlich hast du inzwischen ein besseres, billigeres Zimmer gefunden. Es ist Dienstag 5 Uhr und ich sitze traurig vor dem Fernsehapparat. Morgen gehe ich ins Theater »Der Teufel und der liebe Gott«.[2] Etwas bin ich schon beunruhigt, seit Samstag keine Post mehr von dir. Es geht dir doch hoffentlich gut. Von der Bavaria ist noch immer keine Nachricht [da], vielleicht haben sie es sich noch einmal anders überlegt. Go beschäftigt sich noch immer mit der Rußlandreise und hat dir einen Zeitungsausschnitt aus der »Zeit« geschickt mit der Leitzeile »Warum krankt die östliche Kultur«, er bemerkt dabei am Rande, daß er mit der Schlußfolgerung nicht

einverstanden ist. Den Schluß habe ich oben hingeklebt.[3] Oft sehe ich deinen kleinen, bärtigen Freund durch Schwabingen schweben. Komm bald mein Liebling. Denk an die Tage von [ein Wort unleserlich], sie waren so schnell vorüber. Viel Glück! Deine Marion

1 Von M. K. verwendete Abkürzung für ›Kopernikus‹.

2 Theaterstück von Jean-Paul Sartre aus dem Jahr 1951.

3 Der undatierte Artikel aus der *Zeit* trägt den Titel *Gebt keine Antwort!*: »Und da ist uns ein Erkennungszeichen in die Hand gegeben, das die innere Gesinnung eines jeden einzelnen dieser östlichen Kulturemissäre nachprüfbar macht. Gottlob ist der Kreis der *freiheitlichen westlichen Intellektuellen*, die in diesem *consensus* stehen, von prachtvoller Integrität, unberührbar vom berühmten Vorwurf des Faschismus, da sie selber lange Jahre unter der Verfolgung der Faschisten standen. Sucht nun die Sowjetkultur die Hilfe dieser Männer zur Überwindung ihrer Krise, so hat sie eine Vorleistung zu stellen; sie hat sich zu rehabilitieren in der gleichen Weise, wie sich England und Frankreich unter dem Druck der Völker zu rehabilitieren beginnen. Tut sie das nicht, stellt sie in Ungarn nicht die Grundbedingungen der Freiheit her, so ist es die *Pflicht der freiheitlichen Intellektuellen, sie von der Teilnahme an den westlichen Kulturformen (qui nous est indispensable*, rief Ehrenburg in Venedig aus!) *auszuschließen*. Tut sie das, so wird sie offene Türen finden, und der erste Schritt wird getan sein hin zu jener Welt des Friedens, der Freiheit und des brüderlichen Austausches, nach der wir uns alle sehnen.« (WKA, Kursivierungen im Original.)

[123]

Rom
13. Dezember 1956

Liebe Marion,
ich bin etwas enttaeuscht, gestern und heute keinen Brief bekommen zu haben. Hoffentlich geht es dir gut.
Ich komme schon bald. Am Dienstag frueh werde ich in Muenchen sein. Du brauchst aber nicht so frueh aufzustehen und zur Bahn zu kommen. Natuerlich kannst du auch kommen, wenn du magst. – Dienstag, 8.02 Hauptbahnhof. – Aber vielleicht hat

der Zug, der sich ja ueber die Alpen muehen muss, auch Verspaetung.

Ich wandere weiter durch Rom und um Rom herum. Gestern mittag war das Wetter wieder herrlich. Auf der Spanischen Treppe lag alles in der Sonne.

Mein Genuss ist etwas getruebt, weil meine Einsamkeit gestoert ist durch Literaten, die auf meine Spur gekommen sind. Ungluecklicke Folge eines Besuchs im Café Canova.[1] Ich werde eingeladen und sage ab, und es bahnt sich etwas an, in Rom zu lesen. Wahrscheinlich werde ich mit Moravia[2] zusammenkommen, was natuerlich interessant ist. Die Literaten sind hier viel reger und gelten mehr, als bei uns.

Schoene Gaenge am alten Tiber. War auch auf dem Wohnschiff. Nur Hunde! Keine Knaben.

Sei brav! Ich bin es auch. Ich freue mich auf dich.

Bis Montag mittag Albergo Dragoni.

Herzlich umarme ich dich!
dein Wolfgang

---

1 Vgl. dazu W. K.s Reisebericht *Neuer römischer Cicerone* in: *Nach Rußland und anderswohin. Werke 8*, S. 276: »Im Café Canova bespricht man die neueste Literatur, und zwischen Marmor und majestätisch roten Vorhängen ruht Pauline Borghese, Napoleons sinnliche Schwester, nackt und üppig auf des Bildhauers steinernem Bett und lauscht gleichgültig dem Spott der Rezensenten und den Schwüren der obdachlosen Liebe.«

2 Alberto Moravia, italienischer Schriftsteller, Auslandskorrespondent und Verfasser von Reiseberichten (Reisen u. a. in den mittleren Orient, die Türkei, Griechenland und Spanien, in die USA und UdSSR): »Moravia wurde erwartet, und Moravia kam nicht«. (*Neuer römischer Cicerone*, S. 280)

[124; handschriftlich; nicht abgeschickte Ansichtskarte:
»Tempio di Saturno – Foro Romano«]

Rom
14. Dezember [1956]
Freitag

Meine liebe Marion, herzl. Dank für deinen 2. Brief. Freue mich, dass du im Theater warst. Mir geht es gut. Andersch rät mir dringend[1]

1 Der Brief bricht an dieser Stelle ab. (Vgl. Brief 125.)

[125]

Roma
14. Dezember 1956

Meine liebe Marion,

herzlichen Dank fuer deinen zweiten Brief. Ich sehe dich vor deinem Bildschirm sitzen und sehe dich auch im »Teufel und der liebe Gott«. Es war sicher interessant, du musst es mir erzaehlen. Go scheint als letzter Marxist sterben zu wollen.

Heute frueh wurde ich durch einen Eilbrief geweckt. Ich dachte; er sei von dir, aber er kam von Andersch privat.[1] Andersch raet mir dringend, ueber Weihnachten und Neujahr und ueberhaupt moeglichst lange in Rom zu bleiben. Der Grund ist die Spesenabrechnung. Er scheint als Folge des Durcheinanders Schwierigkeiten zu haben. Er schreibt mir auch, ich muesse die Hotelrechnungen aufheben usw. Das ist alles recht und schlecht und leider undurchfuehrbar, zumal die Bavaria ja Schwierigkeiten zu machen scheint und es somit unmoeglich ist, dich kommen zu lassen und mit dir ein trauriges Fest in einer winzigen Hotelkammer zu verbringen. Es bleibt also bei meiner Ankuendigung: ich bin am Dienstag frueh um 8.02 in Muenchen;

Bis dahin noch einmal alles Gute! Ich sah viel in die Laeden, um etwas fuer dich zu finden, aber ich finde wirklich nichts. Huebsche Handtaschen – ab 10000 Lire = 70 Mark. Sehr schoene Schuhe – nicht unter 60 und dann noch das Risiko, dass sie nicht passen. Schreib also einen Wunschzettel fuer Muenchen und empfange mich mit ihm. Ich habe das Gefuehl, du traegst rote Haare!

Umarmung d e i n Kopernikus

Noch immer gibt es den Laden, das Schaufenster mit den jungen Hunden.

1 Im WKA ist Anderschs Brief nicht erhalten. Allerdings befindet sich im SWR Archiv Stuttgart ein Brief W. K.s an Andersch vom 15. Dezember 1956: »Lieber Alfred Andersch, ich danke Ihnen sehr fuer Ihren Brief und Ihren freundschaftlichen Rat, moeglichst lange in Rom zu bleiben. Nichts taete ich lieber, denn Rom ist erregend und schoen. Aber leider werde ich doch noch vor Weihnachten nach Muenchen zurueck fahren muessen. Meine Lage ist durch das Warten auf die Russen [gemeint ist die Einladung des russischen Literaturverbandes zu einer Reise in die UdSSR; vgl. *Nach Ruß-land und anderswohin. Werke 8*, S. 407], durch die langen Verhandlungen, dann durch die Erwaegungen Aegypten entsetzlich kritisch geworden. So kann ich leider nicht Marion nach Rom nachkommen lassen, was sonst eine gute Moeglichkeit gewesen waere, und ich kann sie auch nicht Weihnachten und Neujahr allein und ohne Geld in Muenchen lassen. Ich hatte zum 9. Dezember unglueklicherweise auch noch eine wahnsinnige Steuernachzahlung zu leisten, die ich zur Haelfte beglichen habe, die andere Haelfte aber ohne Stundung schuldig geblieben bin. Meine einzige Hoffnung, mich zu sanieren, ist ein Kampf mit der Filmgesellschaft, die mir noch 2 Raten schuldet, sie aber anscheinend nicht zahlen will. Jedenfalls berichtet mir das Marion aus Muenchen. So werde ich wohl naechsten Donnerstag oder Freitag Rom verlassen. Die Verrechnung des Vorschusses macht mir natuerlich die groesste Sorge, und ich schrieb Ihnen das schon. Waere es unbillig, wenn ich Sie bitte, fuer Rom eine Spesenpauschale von tausend Mark anzusetzen? Rom ist sehr teuer, was sich besonders in den schwer nachweisbaren Nebenausgaben, weniger in der Vorweisung der Hotelrechnung, etwa 14 Mark am Tag zeigt. Das uebrige Geld muessten wir dann mit dem Honorar verrechnen und evtl. noch mit anderen Arbeiten. Das Rom-Manuskript wird viel-

leicht ganz gut werden. Ich hoffe, es Ihnen schon in der ersten Januarhaelfte geben zu koennen.
Ich gehe Tag und Nacht durch Rom und habe viel gesehen und auch einige Leute getroffen. [...].« (Original im SWR Archiv Stuttgart, Nr. 1845.)

[126; handschriftlich]

[München]

14. Dezember 1956

Mein Kopernikus!

Ich habe den Donnerstag fast verschlafen. Du weißt doch, ich werde manchmal so müde und da bin ich erst am Nachmittag wieder aufgewacht. Der Bimbus macht mir viel Kummer. Seine Anfälle häufen sich, oft am Tag zweimal, meistens in den frühen Morgenstunden. Mit der Bavaria, es wird noch klappen, ich habe mich mit Frau Seifferth in Verbindung gesetzt, sie hatten es vergeßen, zu viel zu tun in den nächsten Tagen soll es kommen das Geld oder ein Bescheid von Frau S. So ist es nun mein letzter Brief, ein Brief reiste nach Ferme in Posta. Ich werde ihn jetzt zu Welz tragen und dort in den Kasten werfen und ein Nachtbote wird ihn hoffentlich noch zum Zug bringen. Grüße bitte noch von mir die bunten Katzen, die lustigen Römer, die Antiken und Modernen, die Alten und Jungen, die vielen Brunnen, und besonders, du weißt schon, die Thermen des ?[1] ich bin zu faul zum nachlesen.

Lebe wohl und ich freue mich schon sehr auf[2] Montag oder Dienstag.

Geb Acht auf Dich

Deine Marion

1 Vgl. *Neuer römischer Cicerone* in: *Nach Rußland und anderswohin. Werke 8*, S. 246/247: »Du gehst vom Bahnsteig die Stufen wie in einen Keller hinunter und stößt auf eine Mauer, die zu den Thermen des Diokletian gehört. Der Bahnhof ist auf dem Gelände der kaiserlichen Bäder errichtet; der Spaten der Bauarbeiter grub in die Hinterlassenschaft der Cäsaren. Freundliche Mädchen, orkushaft bleich und schön im unterirdischen Leuchten, bereiten nun

dir das Bad, und während du, an Petronius Lebenskunst, doch nicht an sein Ende denkend, im lauen Wasser der Wanne liegst, wird dein Anzug gedämpft und gebügelt, wird deinen Schuhen, die du nicht besonders achtetest, ein ungeahnter Glanz verliehen. Die Götter sind dir freundlich gesinnt; du fühlst dich neugeboren.«

2 Im Brief: am.

1957

[127; handschriftlich; Postkarte mit einer Abbildung des Hotels Kempinski, Kurfürstendamm 27, Berlin][1]

[Berlin[2]

6. Juni 1957]

Sehr wichtig:

In der *äusseren* Brusttasche (Ziertasche) des gestreiften italieni-schen Anzuges, der zur Reinigung soll, befindet sich der kleine Kofferschlüssel der Stenonette.[3]

Nimm den Schlüssel bitte raus und verwahre ihn sorgfältig.

---

1 W. K. kennzeichnete auf der Postkarte mit einem Kreuz die Lage seines Zim-mers.

2 Auf Einladung des sowjetischen Schriftstellerverbandes führte W. K.s fünf-te Reise für den Süddeutschen Rundfunk nach Rußland (*Herr Polewoj und sein Gast. Eine empfindsame Reise durch die Sowjetunion in Aufzeichnungen von Wolfgang Koeppen*. Erstsendung 12. November 1957, 20.00 – 22.00 Uhr, im Süddeutschen Rundfunk). Die Einladung galt nicht, wie zunächst an-genommen, auch für die Ehepartner, woraufhin Walter Jens und Wolfgang Hildesheimer, die ebenfalls eingeladen waren, absagten. (Vgl. *Nach Rußland und anderswohin. Werke 8*, S. 405.) Schon der Beginn dieser Reise war mit einigen Komplikationen verbunden. So schreibt W. K. am 1. Juni 1957 an Alfred Andersch: »Wie Sie sehen, bin ich noch in München. Ich habe ge-stern die Visum-Zusage der Polen, auch meinen Pass aus Bonn zurückbe-kommen, aber nun ist unerwarteterweise ein Kampf um den Platz im Zug |entbrannt|. Auf der Strecke scheinen östliche KdF-Reise-Gesellschaften im Augenblick alles belegt zu haben. Ich werde erst morgen erfahren, für wann man mir einen Platz reservieren konnte. Sollte sich diese Komplikation nicht bald lösen, werde ich wohl doch fliegen, – aber mit Bedauern, denn ich halte die Bahnreise für die interessantere. Auf jeden Fall nehme ich an, spätestens Pfingsten in Russland zu sein. […].« (Original im SWR Archiv Stuttgart, Nr. 1910.) *Nach Rußland und anderswohin* erschien erstmals 1958 im Goverts Verlag und beinhaltet neben der Rußlandreise auch die Reisen nach Spanien, London, Holland und Italien. In einem Exemplar dieser Erstausgabe findet

sich eine Widmung für M. K.: »Marion, / meiner treuen / Reisebegleiterin. /
Wolfgang Koeppen«. (WKA)
3 Reiseschreibmaschine der Firma Grundig.

[128; handschriftlich][1]

Berlin

6. Juni 1957

Mein liebes gutes Marionlein,
nach an sich guter Fahrt, aber doch erkältet kam ich hier an. Das
Hôtel war irrsinnig hochnäsig, hatte am Morgen noch nichts
frei, und ich konnte verstimmt erst jetzt am Mittag einziehen.
Das Zimmer kostet soviel wie ein Doppelzimmer im Königshof.
Es gefällt mir nicht. Ganz Berlin gefällt mir vorläufig nicht. Das
polnische Visum habe ich, jedoch nur Transit. Es ging bei dem
Konsulat wahnsinnig zu, Schlangen standen dort, und der Kul-
tur-Attaché war nicht da. Er hatte aber was hinterlassen, und ich
bekam mein Visum schnell und bevorzugt, musste aber 8 Mark
zahlen, was mich verbitterte. Doch jetzt eben rief mich der At-
taché an, bedauerte alles und bat mich doch am Samstag noch
mal auf das Konsulat zu kommen.
– In der Nacht schlief ich kaum und dachte viel und sehr gerührt an dich. –
Zweifele nie! Ich habe dich viel, viel lieber, als ich je jemand hatte. Das ist wirklich wahr, und du kannst dich drauf verlassen.
Nun – es ist 1^{00} – hast du schon den neuen Zahn. Und vielleicht
geht die Schaukel auch schon. Aber sei vorsichtig und überanstrenge dich nicht.
Ich freu mich schon sehr auf dich und auf Venedig!
Herzlichst dein
Kopernikus

1 Briefbogen Hotel Kempinski.

[129; handschriftlich]

[Berlin
8. Juni 1957]
Samstag vor Pfingsten

Mein liebes, liebes Marionlein,

dies ist der letzte Brief aus Deutschland. Ich bin nun unter dem Zwang der Umstände zur Fahrt bereit. In 4 Stunden geht mein Zug. Es ist gewitterschwül. Ich war noch einmal bei dem Polen, der nun reizend war. Mein Programm ist bis 25. in Russland zu bleiben. Am 27. will ich in Warschau ankommen und dort ca. 4 Tage bleiben. Also am 2. oder 3. Juli will ich in Berlin sein, wenn ich nicht über Prag direkt zu dir fliege. Sonst rufe ich aus Berlin an. Sei bitte abends daheim.

Den Photoapparat – Wert 2500 – nehme ich nicht mit. Er steht bei Journalist *Walter Kaul*[1], *Berlin-West, Wincke-Ufer 8*. Heb dir bitte diese Adresse auf, falls was passiert. Der Apparat gehört dann dir!

Ach, habe ich von dir schlecht geträumt. Du warst ganz von der Familie unterjocht! Sei brav! Venedig wird schön! Ich liebe dich sehr! Und war und bleib dir treu.

Dein Kopernikus

---

1 W.K. kannte Walter Kaul aus seiner Zeit als Journalist beim *Berliner-Börsen-Courier* (1930-1933). Kaul war dort als Sportredakteur tätig, verfaßte aber, nach W.K.s Aussage, auch Filmkritiken, so daß W.K. gezwungen war, seine Initialen zu ändern (vgl. W.K. an Eckart Oehlenschläger vom 21. Juli 1984, WKA). 1959 besprach Kaul übrigens Koeppens zweites großes Reisebuch *Amerikafahrt* (vgl. Walter Kaul: *Amerikas Poeten waren seine Piloten. Wolfgang Koeppen: Amerikafahrt*. In: *Der Kurier* vom 4. Juli 1959).

[130; handschriftlich]

[Berlin
8. Juni 1957]

Mein liebes, mein gutes Marionlein, vergiss mich nie! Auch ich werde dich nie vergessen.

Recht traurig
Dein Kopernikus

Samstag

[131; handschriftlich]

[Berlin
8. Juni 1957]
Sonnabend

Herzliebes Marionlein,
dies ist nun der letzte Moment. Ich sitze schon auf dem Bahnhof Zoo. Kaul, dem ich den Apparat brachte, versetzte mir noch den letzten Schlag, indem er mir sagte um 1. Juli und später seien alle Flüge und Betten von Berlin schon jetzt ausverkauft wegen »Berliner-Film-Festspiele«. Es war zu blöd, nicht über Kopenhagen zu fliegen. Ich hatte keine Freude in und an Berlin. Nur der gute Gedanke an dich.
Schaukelst du nun schon? Und nicht zu wild? Wirst du kräftig? Noch einmal alles alles Gute!
Immer dein mit 1000 Küssen
Kopernikus

[132; handschriftlich; Postkarte]

[Brest
9. Juni 1957]
Pfingstsonntag

Herzlichen Gruss aus Brest UdSSR.
Dein Wolfgang

[133; Telegramm]

[Moskau
10. Juni 1957]
GUT MOSKAU HOTEL MOSKAU ANGEKOMMEN = WOLF-
GANG

[134; handschriftlich]

Moskau
11. Juni 1957
Hôtel Moskau

Meine liebe Marion, ich bin nach langer, teils anstrengender,
teils interessanter, immer sehr heisser Reise gut in Moskau angekommen. Ich wohne im 10. Stock des 15 Stock hohen, riesigen Hôtels. Ich habe einen weiten Blick über die Stadt und sehe
grade vor meinem Fenster den Kreml. Im Augenblick – am frühen Morgen – liegt Moskau schon wieder in einem tropischen
Hitzedunst. Ich bin ganz falsch angezogen. Ich zerfloss gestern
in Schweiss. Viel Getränke – Tee, herrliche Fruchtsäfte, abends
sehr guten Krim-Wein, auch Wodka. Sehr liebenswürdige Aufnahme. Ein netter kluger Dolmetscher[1], der schon Moravia[2] geführt hat.

Heute soll das Programm entworfen werden. Sicher Leningrad.
Aber man rät mir sehr zu Mittelasien (Taschkent). 12 Stunden

Flug hält man hier für eine kleine Entfernung. Mein Einwand, die Zeit reiche nicht, wird nicht recht anerkannt. Ich fürchte etwas die Hitze, die in Taschkent und Samarkand z. Zt. ungeheuer sein muss. Ich schlug Kiew und Odessa vor.

Wenn ich denke, was du wohl machst, ziehe ich immer 2 Stunden von der Zeit ab. Jetzt z. B. ist es hier 8, bei dir also erst 6, und du schläfst und träumst noch.
Grüsse Hunde, Schaukel –
Ich hab dich lieb!
Dein Wolfgang
Sei brav!

Überall genießt
man hier den
Sommer in
vollen Zügen.[3]

Gestern nach meiner Ankunft sandte ich dir ein Telegramm. Aus Brest wollte ich dir eine Ansichtskarte senden, aber es gab keine.[4]

1 W. K.s Dolmetscher während der Rußland-Reise hieß Breitbourd (vgl. *Nach Rußland und anderwohin. Werke 8*, S. 323). Im Reiseessay *Herr Polevoi und sein Gast* gibt er dem Dolmetscher den Namen Bernardus.
2 Vgl. Brief 123, Anm. 2.
3 W. K. zog um diesen Abschnitt von Hand einen Kasten.
4 Zusatz am linken Rand des Briefes.

[135; handschriftlich]

Moskau

12. Juni 1957

Meine liebe Marion,
es war schade, dass du gestern abend um 1/2 11 und 11 nicht zu Hause warst. Ich habe dich um 1/2 1 und 1 Moskauer Zeit

angerufen. Wann ich das wieder tun kann, weiss ich nicht. Vielleicht sende ich vorher ein Telegramm. Wir haben gestern ein Programm entworfen, und man wäre sehr enttäuscht, wenn ich vorher abreisen täte. Ich werde wahrscheinlich 6 Tage mit einem Schiff die Wolga hinunterfahren. Dann an das Schwarze Meer fliegen. Danach 8 Stunden zurück nach Moskau fliegen. Dann Leningrad und wahrscheinlich Flug Helsinki – Kopenhagen. So werde ich wohl Warschau sein lassen, was mich bekümmert. Ich denke am 1. oder 2. Juli dich aus Hamburg anzurufen.

Gestern gab ich beim Deutschen Botschafter meine Karte ab, was prompt zu einem Anruf der Botschaft führte: der Botschafter möchte mich kennen lernen. Ich werde ihn heute morgen aufsuchen.[1] Leider wieder irrste Hitze. Jetzt – 1/2 9 – schon im Zimmer 28 Grad. Ich habe zu wenig Hemden mitgenommen. Ging gestern auch lange allein in Moskau spazieren. Ich falle nicht auf.

Mein sympathischer Dolmetscher ist kein Alkohol-Freund.

Herzlichst bin ich Dein Wolfgang[2]

1 Von dieser Einladung in die Botschaft berichtet W. K. auch in seinem Reiseessay *Herr Polevoi und sein Gast*: »Der deutsche Botschafter hatte mich zu einem Empfang in seine Residenz geladen. Das Haus war schön; es war geräumig, es war solide, es war behaglich, es hatte einst einem reichen Kaufmann gehört. Ein Cocktailempfang. Man stand herum. Die Deutschen kannten einander; sie waren Diplomaten, Journalisten, sie hatten miteinander zu tun. Auch die Russen, die gekommen waren, kannten einander; sie waren Diplomaten, Beamte, Funktionäre, sie hatten miteinander zu tun. [...] Die Unterhaltung verlief doppelsprachig einsilbig. Sie stockte immer wieder. Dann sprachen die Deutschen mit Deutschen, die Russen mit Russen. Man stand herum, man leerte die Gläser, ein Diener brachte neue, bot Gebäck, bot Sandwiches an, aber, genau genommen, verkehrte man nicht miteinander, es war eine Begegnung wie von Parlamentären während eines Waffenstillstandes. Ein Lachen klang deplaziert. [...] Der Botschafter hatte sich entschuldigen lassen. Er hatte sich verspätet. Dann kam er und sah müde aus. Dr. Haas sah wie ein Schachspieler aus, der von einer schwierigen Partie, deren Ende und Ausgang man noch nicht absehen konnte, aufgestanden war, um einen Augenblick lang Luft zu schöpfen, während sein kluger

Gegner den nächsten Zug überlegt.« (Vgl. *Nach Rußland und anderswohin.*
Werke 8, S. 193 f.)

2 Diese Sätze plazierte W. K. in der Mitte des Doppelblattes und an seinem linken Rand.

[136; handschriftlich; Ansichtskarte mit einem Gemälde von W.
Kuprianow. Das Bild zeigt zwei Soldaten die den Zaren in einen
Kessel stecken]

[Moskau
13. Juni 1957]

Herzliche Grüsse, am 13.6. aus dem tropisch heissen Moskau.
Gestern sah ich im Bolschoi-Theater ein grosses und wunder-
schönes Ballett.
Tausend Küsse

Dein Wolfgang

[137]

Moskau
14. Juni 1957

Meine liebe gute Marion,
noch viele, viele Kilometer trennen mich von dir. Oft und besonders nachts denke ich, was du wohl machst. Mit der Verbindung
hat es ja, denke ich, bisher recht gut geklappt. Wenigstens mit
der von mir zu dir. Anfang Juli werden wir uns wiedersehen.
Man hat mich in liebenswuerdigster Weise aufgenommen. Ich
bekomme viel zu sehen, ein reiches Programm. In den naechsten Tagen werde ich mit einem Schiff die Wolga hinunter nach
Gorki, das alte Nischni Nowgorod, nach Kasan, Uljanowsk,
Kuibyschew, Saratow und Stalingrad fahren. Von dort werde ich
nach Rostow fliegen, von Rostow nach Noworossiisk am Schwarzen Meer, dann per Flugzeug wieder nach Moskau evtl. ueber

Odessa und Kiew. Die Schiffsreise wird 6 Tage dauern. Hoffentlich ist es nicht so entsetzlich schwuel wie es hier die letzten Tage
war. Ich bin ganz falsch angezogen. Die Fuesse brennen mir. Die
Sandalen waeren das richtige gewesen. Nach der Reise werde
ich wieder einige Tage in Moskau sein, dann nach Leningrad
fahren und von Leningrad wahrscheinlich nach Kopenhagen
fliegen. Moeglicherweise fliege ich bis Hamburg, sonst fahre ich
mit der Bahn ueber die Gjedserfaehre nach Luebeck, Hamburg.
Von dort rufe ich dich an.
Es koennte sein, dass du waehrend der Schiffsreise ein paar
Tage nichts von mir hoerst. Sei dann nicht beunruhigt. Nach
der Schiffsreise, etwa am 24. werde ich versuchen, dich aus
Moskau anzurufen. Wahrscheinlich um 10 Uhr |abends| nach
deiner Zeit.

Meine Ankunft stand in der Presse. Daraufhin riefen mich viele
Zeitungsleute an. Gestern besuchte ich den deutschen Botschafter, Dr. Haas, der sehr nett zu mir war und mich eingeladen hat.
Leider stehen mir zwei Interviews bevor. Ich habe sehr wenig
Lust dazu, konnte mich dem aber nicht entziehen.
Schade, dass du nicht mitfahren konntest. Es ist sehr sehenswert. Ich spreche manchmal von der Frau, aber man geht nicht
recht drauf ein. Dabei fuehren sie hier alle ein vorbildliches Familienleben. Nix Konfetti! Du kannst ganz beruhigt sein.

Schon im Zug und ueberall riecht es gut. Gute Parfums, die
ueberall zu kaufen sind. Preis zwischen 25 und 150 Rubel. Ich
habe zu den Preisen noch garkein Verhaeltnis. Einiges scheint
mir teuer, anderes billig zu sein. Das Geld ist hier nicht aus-
schlaggebend. Fuer 2 englische Pfund Reisechecks erhielt ich
bei Intourist in Brest 55 Rubel. Also fuer etwa 23 Mark 55 Rubel.
Aber auch das gibt keinen Anhalt.

Jetzt muss ich abbrechen. Es kommt ein Photograph von einer
Zeitung. Von welcher Zeitung weiss ich nicht. Auch er spricht

nur russisch, wie die meisten Leute hier, selbst das Hotelpersonal. Es ist manchmal beschwerlich, garnichts zu verstehen oder sagen zu koennen. Gestern kaufte ich eine Kleinigkeit im Warenhaus. Das ging mit Zeichen ganz gut. Die Verkaeuferin lachte, aber sehr freundlich. Ich gehe nach Moeglichkeit viel allein aus, um dem Erlebnis naeher zu kommen. Wenn ich mich verlaufen habe, nehme ich ein Taxi zurueck ins Hotel. Taxis gibt es ueberall, und sie sind wirklich sehr billig.

Liebes Marionlein herzlichst dein Wolfgang

II

Moskau

14. Juni 1957

Ploetzlich grosse Eile. Mein Dolmetscher kommt und sagt mir, dass die grosse Reise nun schon heute um 5 Uhr beginnt. Ich soll eine Einzelkabine auf dem Schiff haben, was etwas sehr grosszuegiges ist. Die Hitze hat sich in einen Regen aufgeloest. Hoffentlich ist es im Sueden nicht schwuel. In 8 oder 9 Tagen werde ich wieder in Moskau sein. Wenn du diesen Brief bis zum 18., 19. haben solltest, waere es sehr lieb von dir, wenn du mir schreiben wuerdest, wie es dir geht. W. K., Hotel Moskwa, Moskau, UdSSR.

Bitte, liebe Marion, ich vergass den Kacktus. Nimm du dich seiner an und gib ihm einmal Wasser. Er lebt!

Meine Briefe an dich werden nun wahrscheinlich eine Unterbrechung finden oder sehr lange unterwegs sein.

Sei lieb! Manchmal bin ich sehr traurig und denke, du koenntest mir nicht treu bleiben. Ich bin dir treu und freue mich auf Venedig.

d e i n Wolfgang

|Ich werde versuchen, dich
am 23. oder 24. abends um
10 Uhr anzurufen!|

Auf der Wolga,
an Bord des Motorschiffes Kasastan
15. Juni 1957

Liebste Marion, das Schiff ist sehr gross, fast wie ein Seedampfer, und die Wolga ist schon jetzt manchmal breit wie ein grosser See, und sie wird noch viel breiter werden. Wir fuhren gestern abend aus Moskau ab. Das Wetter aenderte sich. Regen und Sturm, und heute gehen die Wellen richtig hoch, das Schiff schaukelt, aber nicht unangenehm, und Sturm und Regen peitschen gegen das große Fenster meiner Kabine. Mir gefaellt die Fahrt bisher sehr gut. An Bord herrscht ein freundliches Leben. Gestern abend wurde auf dem Hinterdeck getanzt, unmondaen, aber sehr nett. Auch unsere beiden Kellnerinnen tanzten miteinander. Im Salon der 1. Klasse steht ein Fluegel. Eine Dame spielte heute morgen klassische Weisen. Ein Russe spielte mit mir Schach und besiegte mich zweimal. Ich fuerchte, ich habe ihn enttaeuscht, aber da er nicht Deutsch konnte, bemuehte ich mich vergeblich, ihm vorher klar zu machen, dass ich nur schlecht spiele. Er war ein Meister. Der Verkehr ist zwanglos, gemuetlich, freundlich. Einige kommen auch im Pyjama in den Salon, was mir auch gut gefaellt. Dann sind auch freundliche, harmlose, meist sehr artige Kinder unter den Passagieren, doch mehr in der zweiten Klasse. Ich hielt mich eine Weile auch im Salon der zweiten Klasse auf, er liegt eine Treppe tiefer, und auch dort gefiel es mir gut. Im Salon der 2. Kl. steht statt des Fluegels ein Klavier. Ein Hund ist nicht an Bord. Aber in Moskau sah ich viele nette Hunde. – Eben erfahre ich folgende Dinge: Der Kuechenchef des Schiffes, dem man gesagt hat, dass ich keine Zwiebeln esse, war sehr verwundert und betruebt. Als er dann aber bemerkte, dass ich Wodka trinke, soll er strafend gesagt haben, wer keine Zwiebel esse, solle auch keinen Wodka trinken. Ohne Zwiebel sei Wodka sehr schaedlich. Und dann kommen wir jetzt nach Uglitsch, wo Boris Godunoff den Prinzen Dimitri ermorden liess. Als eine Glocke die Ermordung dem Volk meldete, liess Boris die Glocke auspeitschen, ihr die Zunge ausreissen und verbannte sie nach Sibirien. Die Stadt Uglitsch zerstoerte er dann. Aber es soll noch den alten Kreml von Uglitsch geben. Leider werde ich wohl des stroemenden Regens wegen nicht in die Stadt gehen koennen. Nach Uglitsch soll die Fahrt durch den groessten kuenstlichen See der Welt gehen, 70 Kilometer lang, und man sagt, es wuerde heute auf dem See sehr stuermisch sein, und wahrscheinlich wuerden viele seekrank werden. Nun, ich will zu Mittag essen – ohne Zwiebel, aber mit Wodka.

Wir hielten 25 Minuten in Uglitsch. Stroemender Regen. Ich lief ueber aufgeweichte Wege, ueber eine lange Holzbruecke zur alten Kirche, zum alten Schloss Ivans des Schrecklichen. Alles geschlossen. Schliesslich ein alter vornehmer Herr. Mit grossen Schluesseln schliesst er auf. In grosser Hetze die beruehmte Glocke, den Sarg Dimitris (Ivans Sohn), den Thron Ivans. Das Schiff tutet. Dauerlauf zurueck. Atemlos und durchnaesst wieder an Bord.
Auf der Wolga grosse Holzfloesse. Zu Mittag Kaviar aus dem Fluss. Unerhoert frisch und mild. Eine koestliche Fischsuppe. Ich sage zur Kellnerin spasszibo, was danke heisst. Sie lacht dann strahlend.

Auf der Wolga
16. Juni 1957
Sonntag

Gestern nach der Fahrt ueber den See ein schoener Abend. Eigenartiges Licht. Dann Kaviar und Kascha, gebratene Buchweizengruetze, diese auf meinen Wunsch. Heute frueh Aufenthalt in Kostrowa. Eine alte Handelsstadt. Ich besuchte sie und haette beinahe mein Schiff versaeumt. Ich bin jetzt sozusagen im Herzen Russlands. Als das Schiff mich wieder hatte, gab es ganz heisse Broetchen aus dem Ofen der Schiffskueche. Dazu Tee. Eben wieder ein Ort – Bless[1] – mit einem Sanatorium fuer Ballettaenzerinnen. Es regnet aber wieder, auch reichte die Zeit nicht zum Besuch des Ortes.

Morgen frueh sollen wir in Gorki sein. Ich werde dort versuchen, diesen Brief an dich aufzugeben. Es geht mir, wie du merkst, gut. Wir werden dann nach Gorki noch 4 Tage bis Stalingrad fahren. Bis dahin muss ich entscheiden, ob ich, was moeglich waere, auf dem Schiff bleibe und noch weiter durch den Wolga-Don-Kanal nach Rostow fahre, was sicher sehr interessant waere, aber noch mal drei Tage dauert. Ich muesste dann auf das Schwarze Meer verzichten, saehe dafuer allerdings das Asowische Meer. Wahrscheinlich aber werde ich von Stalingrad nach Rostow fliegen, und von Rostow zum Schwarzen Meer und von dort wieder nach Moskau fliegen.

Ob ich in Moskau einen Brief von dir vorfinden werde?[2] Gestern traeumte ich sehr schlecht von dir. Du warst betrunken und krank und mochtest mich nicht. – Wer kann fuer boese Traeume?

Ich moechte dich sehr erholt, sehr schoen, sehr gesund, von der Schaukel gekraeftigt, kultgepflegt wiedersehen. Ich und meine Kabine, wir duften wie ein Puff, denn ich habe mir Eau de Cologne gekauft, die beim Schaukeln des Schiffes immer auslaeuft. Die Eau de Cologne ist sehr stark und haftend, aber fuer meinen Geschmack zu suess. Es soll aber andere geben; ich habe nur die falsche erwischt. Ich blicke, waehrend ich schreibe, auf ein schoenes gruenes Ufer. Sehr frisch. Laubbaeume.

Alles, alles Gute! Und viel Liebe! Und gruesse die Hunde. Und sei brav! Viele, viele Kuesse!

Immer dein Wolfgang

Der Brief geht also
am 17. aus Gorki ab.[3]

---

1 Korrekt: Pless.
2 Im WKA sind keine Brief M. K.s in die UdSSR erhalten.
3 Zusatz am unteren Rand des Briefes.

Noch immer auf der Wolga
19. Juni 1957

Meine liebe, gute Marion, noch immer reise ich auf der Wolga, und es wird wohl bis zum 21., dem Tag, an dem wir in Stalingrad ankommen sollen, so dauern. Gestern mittag war ein Gewitter, grade als mir der Chef Sterlett, den besten, aber auch in Russland selten gewordenen Fisch vorsetzen wollte. Der Fisch fuehlt sich durch den regen Verkehr auf der Wolga gestoert und ist in stillere Fluesse abgewandert. Nach dem Gewitter schmeckte er mir sehr gut. Um Mitternacht waren wir gestern in Uljanowsk, der Geburtsstadt Lenins. Leider zu kurzer Aufenthalt, um die Stadt zu besichtigen. Danach ging es wieder durch einen grossen Stausee. Es erhob sich ein Sturm, und zum ersten Mal schaukelte das Schiff ziemlich heftig. Ich schlief aber grade durch das Schaukeln ein und schlief gut. In etwa drei Stunden werden wir in Kuibyschew, dem oestlichsten Punkt meiner Reise sein. Von dort geht es dann suedwestlich. In Kuibyschew haben wir drei Stunden Aufenthalt, und ich werde versuchen, diesen Brief an dich aufzugeben. Allmaehlich lerne ich alle Mitreisenden kennen, aber keiner spricht Deutsch. Ein Herr etwas Englisch, eine alte Bibliothekarin etwas Franzoesisch. Sorge macht mir die Zeit. Ich zweifele, ob es in Stalingrad und Rostow mit den Fluganschluessen klappen wird, so dass ich am 23. am Schwarzen Meer und von dort mit ca. 8 Stunden Flug am 24. oder 25. wieder in Moskau sein kann. Obwohl die Flussfahrt sehr interessant und sehr schoen ist, fange ich doch an, mich nach Moskau zurueckzusehnen. Ich habe einfach das Gefuehl, dort etwas zu versaeumen. Ich habe dann nur noch, wenn alles klappt und gut geht, drei Tage fuer Moskau und drei fuer Leningrad, was sehr wenig ist. Man schlug mir noch vor, ueber das Schwarze Meer mit dem Dampfer nach Odessa zu fahren und von Odessa mit der Bahn nach Kiew. Sicher sehr verlockend, aber du weisst ja, dass ich unbedingt Anfang Juli wieder in Muenchen sein muss. So bleibt nur der Flug, die Fluege, die

ja nicht viel sehen lassen. In Moskau wird es noch einen Empfang durch den Schriftstellerverband geben, und dann muss ich
auch einen Abschiedsbesuch bei unserem Botschafter machen.
Ich glaube, dass inzwischen in allen Moskauer Zeitungen meine
Bilder waren und somit mein Besuch doch eine gewisse Publi-
zitaet bekommen hat.
Natuerlich sind meine Gedanken oft bei dir. Ich schlafe wenig.
Bin auch besorgt. Seit gestern schlaeft hinten unter dem Ret-
tungsboot ein Hund. Man wollte ihn erst nicht an Bord lassen,
aber die Familie, mit der er reist, flehte, er sei schon ueber 2000
Kilometer mit ihnen gereist, und sie koennten ihn hier nicht zu-
ruecklassen. Nach langer Auseinandersetzung siegte der Hund,
der im uebrigen eine Fahrkarte hat. Er ist klug, eine Huendin,
aber schuechtern. Erinnert etwas an Susi.
Gestern nacht hatte ich eine freundliche Unterhaltung mit dem
Koch. Er war Koch bei der russischen Armee in Potsdam, zeigte
mir Postkarten von Potsdam und Berlin. Dann tauschten wir
Rezepte aus. Er versprach, mir ein besonderes sibirisches Gericht zu kochen. Dann kam die Frage, nach Krieg und Frieden.
Ich versicherte, dass jeder den Frieden wuenscht. Vor meinem
Blick nun ein langgestrecktes Dorf. Erst Holzhuetten. Dann ein
Kulturhaus mit Saeulen im Bau. Dann ganz neue, weisse sehr
freundliche Haeuser. Zu dumm, dass ich keinen Photoapparat
bei mir habe. Jetzt wieder Holzhuetten. Ansteigender Kiesel-
strand.
Noch 12 Tage, Marionlein! Wenn du diesen Brief erhaelst schon
weniger!

Herzlichst bin ich dein Wolfgang

Stalingrad
21. Juni 1957[2]

Liebe Marion,

es ist 10 Uhr nach Moskauer Zeit, 11 Uhr nach Stalingrader Zeit, 8 Uhr morgens nach deiner Zeit. Ich bin eben in Stalingrad angekommen. Fast ein Wuestenklima. In dem die Stadt sich ueber 6 Kilometer lang gigantisch an der Wolga hinstreckt. Ich habe einen Salon und ein Schlafzimmer in einem Hotel, das gegenueber dem Warenhaus[3] liegt, in dem Paulus sein Hauptquatier hatte. Lauter Neubauten. Nur das Hotel ist ein aelterer Bau. Breite Strassen. Denkmaeler. Saeulen. Pavillone.

Ich bleibe aber nur heute hier. Heute nacht um 1 Uhr geht ein Flugzeug, das mich zum Kaukasus und ans Schwarze Meer bringen soll. In dem Badeort am Schwarzen Meer, ich glaube Sotscher[4], will ich den 22. und 23. verbringen. Am 24. dann in 8 bis 9 Stunden Flug nach Moskau. Vielleicht aber auch ueber Tiflis (Hauptstadt Kaukasiens), von wo es ein schnelleres Duesenflugzeug nach Moskau (aber nicht taeglich) geben soll.

Gestern abend, den letzten Abend auf der Kasastan, war ich traurig. Die Wolga, das Schiff, alles stimmte mich auf einmal traurig. Auch die langen Fluege, die vor mir liegen. Aber im Grunde ist es ja phantastisch.

Sei versichert, wie lieb ich dich habe!

Aus Sotscher werde ich dir ein Telegramm schicken. Dann wieder aus Moskau. Wahrscheinlich werden die Telegramme vor diesem Brief ankommen.

Ich moechte so gern wissen, wie es dir geht.

Immer und ewig dein Wolfgang

Hitze weit ueber 30 G|rad!|

1 Briefbogen: [Hotel Intourist Stalingrad]
2 Am selben Tag informierte W. K. in einem Brief Alfred Andersch über seine
   Pläne für die Rückreise:»Eingereist bin ich mit dem Zug, aber zurueck werde
   ich doch fliegen. Wahrscheinlich ueber Helsinki-Kopenhagen, moeglicherweise aber ueber Paris. Mit Entfernungen springt man hier grosszuegig um.
   Fuer Warschau wird die Zeit leider nicht reichen.« (WKA)
3 Das Warenhaus Univermag. Hier hielt sich der Oberbefehlshaber der 6. Armee, Friedrich Paulus, während der Belagerung Stalingrads 1943 mit seinem
   Stab auf.
4 Gemeint ist Sotschi.

[141; Telegramm]

[Sotschi
23. Juni 1957]

ANRUFE DICH MONTAG ODER DIENSTAG 2 UHR
GLUECKWUNSCH = WOLFGANG

[142]

Sotschi am Schwarzen Meer
23. Juni 1957

Meine liebe gute Marion, es ist moeglich, dass ich schon bei dir
in Muenchen bin, wenn dieser Brief ankommt. Ich weiss nicht,
wie lange ein Brief von hier reist. In Stalingrad war der Tag sehr
anstrengend. Ein sehr mitnehmendes Klima. In der Nacht flog
ich dann mit einer verhaeltnismaessig alten Maschine, aber in
gutem Flug nach Sotschi. Morgens um 4 machten wir in Kras-
nodar eine Zwischenlandung. Einsame Flugstation. Ein kleiner Garten. Blumen. Morgen und Duefte. Sehr schoen. Dann
ueber den Kaukasus an das Schwarze Meer. Sotschi ist ein riesiger Park mit subtropischer Flora und tropischem Badeleben.
Palmen, Oleander, Bananen, Feigenbaeume und doch ganz anders als Italien. Wir fuhren gestern noch ins Gebirge, auf einen
Heiligen Berg, wo wir grusenisch assen. Heute frueh an mei-

nem Geburtstag badete ich im Schwarzen Meer. Das Wasser ist sehr schoen, aber der Strand ist hier steinig. Das Wasser hatte 21 Grad. Es gab viele Medusen (Quallen) in der See, die aber niemand stoeren. Ich besichtigte Sanatorien mit sehr reichen Kureinrichtungen. Mein Hotel liegt direkt am Meer; aus meinem Zimmer blicke ich in die Weite. Es ist aber sehr heiss. Mindestens 30 Grad.

Morgen frueh fliege ich um 8 Uhr nach Moskau. Es soll eine groessere Maschine sein, und ich hoffe am Nachmittag dort zu sein. Von dort will ich dich anrufen.

Ich denke viel an dich! Heute natuerlich besonders viel. Gern waere ich bei dir – wie ich es bleiben will.

Liebe Marion auf Wiedersehen! dein Wolfgang

Im Badeleben herrscht hier der Bikini vor. Selbst die aeltesten und dicksten Frauen tragen ihn in winzigster Form und haben ihn damit ganz allgemein enterotisiert. Man sieht so auch die huebschen Maedchen nicht mehr an. Ein Flirt am Strand ist hier unvorstellbar. Alles spielt sich hier sehr freundlich und harmlos ab. Gaenzlich harmlos. Meist baden ganze Familien zusammen. Keine Absperrungen. Keine Kabinen. Kein Eintritt. Und jeder tut oder laesst was er will.

Vielleicht werde ich am Abend noch ein zweites Mal baden.
Ich trank roetlichen Isabella-Wein von den Bergen. Es geht mir gut, aber irgendwie bin ich traurig. Weil du nicht hier bist.

Die Bahnfahrt nach Moskau wuerde 40 Stunden dauern.

[143; handschriftlich; Ansichtskarte: [»Leningrad.
Kanal Gribojetowa«]]

[Leningrad
28. Juni 1957]

Herzliche Grüsse aus dem schönen Leningrad!
Wolfgang

Koeppen
Hôtel Europa
Leningrad

1958

[144; handschriftlich; Ansichtskarte: »Eglise Saint Germain des Prés«]

Paris[1]

23. April [1958]

Liebste Marion,

rief dich 1/2 4 an. Krank, besorgt, deinet- meinetwegen. Wetter herrlich. Paris blüht. Aber Dombrowski[2] dumm. Habe Fieber. Musste [zum] Arzt gehen. Schickte mich zu Bett. Arm dick und der Arzt sagt: schlimm, schmerzhaft, aber *ungefährlich*. Fieber wohl bis Sonntag.

Dein Kopernikus

1 W. K. brach am 24. April von Paris aus zu seiner Amerikareise auf. Er reiste von der französischen Hauptstadt zunächst nach Le Havre, von wo aus er mit dem Passagierschiff Liberté nach New York weiterfuhr. Die Reise in die USA war seine sechste Reise im Auftrag des Süddeutschen Rundfunks. Erstsendungen: *Die Früchte Europas. Amerika westwärts – Amerika ostwärts. Wolfgang Koeppen in den USA*. 1. Teil (*Amerika westwärts*): 29. Dezember 1958, 20.00 – 22.00 Uhr; 2. Teil (*Amerika ostwärts*): 30. Dezember 1958, 20.00 – 22.00 Uhr. Beide im Süddeutschen Rundfunk. In einem Exemplar der im Goverts Verlag 1958 erschienenen Erstausgabe befindet sich eine handschriftliche Widmung von W. K.: »Die halbe Erde / für meine liebe / Marion, der ich / gern die ganze gäbe. / Wolfgang Koeppen«. (WKA)

2 Gemeint ist W. K.s Hausarzt Dombrowski [Vorname konnte nicht mehr ermittelt werden] in München.

[145; Telegramm][1]

[München

23. April 1958]

ALLES IN ORDNUNG TELEFON KAPUTT ENGELRAM ERWARTE DRINGEND TELEGRAMM AUCH NACHTS NICHT

166

BEI ULRICH ANRUFEN ZU SPAETER ODER FRUEHER
STUNDE VIELLEICHT MEIN TELEFON BIS 8 UHR FRUEH
6 ERICHTET

1 Adressiert an: Wolfgang Koeppen, Hotel Atlantik Paris.

[146; Telegramm 08:38]

[Paris
24. April 1958]
ERWARTE BRIEF NEWYORK HOFFNUNG HERZLICHST =
KOPERNIKUS

[147; Telegramm 08:41][1]

[Paris
24. April 1958]
= AUCH DONNERSTAG FRUEH KEINE TELEFONVERBIN-
DUNG SEHR BESORGT TELEGRAFIERE SCHIFF

1 Auf der Rückseite ist der Entwurf für ein weiteres von M. K. aufgegebenes
   Telegramm notiert: »Straßenarbeiter Telefonkabel beschädigt Hotel Atlantic
   Fernamt unbekannt schickte Telegramm Atlantik – war verzweifelt – Alles in
   Ordnung – Brief folgt: Herzlichst Deine Marion«.

[148; Telegramm][1]

[München
24. April 1958]
STRASSENARBEITER TELEFONKABEL BESCHAEDIGT HO-
TEL ATLANTIK FERNAMT UNBEKANNT SCHICKTE AUCH
TELEGRAMM ATLANTIK WAR VERZWEIFELT ALLES IN
ORDNUNG BRIEF FOLGT IN LIEBE DEINE = MARION

1 Adressiert an: Wolfgang Koeppen, Liberté Frenchline Le Havre.

[149; handschriftlich; Ansichtskarte: »Notre Dame
(Le Diable)«]

[Paris
24. April 1958]

Liebe, gute Marion,
bin äusserst besorgt um dich. Bitte telegrafiere (*Brief*kabel) wie
es dir geht SS Liberté.

Ewig dein Kopernikus

[150]

Auf der Liberté
24. April [1958]
nach der Ausfahrt aus Le Havre

Meine liebe gute Marion,
ach, wie war ich krank und verzweifelt in Paris, wie stand ich auf
den Telephonämtern, wie war ich in Sorge nach deinem ersten
Telegramm, das mir ja das Schlimmste deutlich sagte, – und
wie schön war dabei Paris, wie schön der Tag, wie schön und
freundlich Frankreich, dieser liebliche Garten.

Ich wollte dir nun meine Erlebnisse schreiben, meine guten und
schlechten, meine komischen und traurigen, ich wollte dir meine Installation schildern, es sollte ein langer Brief für die Absendung in New York werden, aber da ich höre, dass man am
Abend in Southampton Post von Bord geben kann, will ich dir
nur schnell einen kleinen Trost senden.

Dein Telegramm nach Le Havre hat mich nach der schrecklichen Morgenfrühe auf dem Telegraphenamt des Bahnhofs St.
Lazare e t w a s beruhigt. Ich danke dir sehr, sehr dafür!

Ich verspreche dir, mich wirklich nie wieder ohne dich auf eine so lange Reise einzulassen. Es geht nicht! Ich sehe es jetzt ein. Diesmal musst du noch mutig sein! Du darfst mir nicht vor Kummer sterben. Auch ich möchte nicht mehr ohne dich leben. Lass den entsetzlichen Alkohol, bitte, bitte, lasse ihn wirklich! Willst du wie die Gäste bei Dumbsky aussehen? Willst du verblöden, ohne Gedächtnis und Verstand dahinvegetieren, willst du verachtet sein, was etwas schlimm ist, ganz schlimm machen?

Du sollst nicht untergehen! Der Preis wäre zu hoch. Nocheinmal, sei tapfer, stehe mir bei. Ein Abbruch der Reise – ich habe ihn in Paris tausendmal erwogen, noch am Morgen auf dem Bahnhof, noch in Le Havre – würde nach allem Geschehenen für uns bitterste Not bedeuten, einen Verlust von bis jetzt schon über 4000 Mark, den ich tragen müsste. Aber wenn du überzeugt bist, es nicht aushalten zu können, wenn du meinst an dieser vorübergehenden (doch und bald vorübergehenden) Trennung zu sterben, *dann* lass den *Dr. Bannaski* ein Telegramm an die angegebene Adresse in Washington senden. Aber wirklich nur dann! Wirklich!

Und sonst schreib mir liebe Briefe und ruinier uns nicht durch Telegramme.

In Paris war ich bei einem sehr guten Arzt. Schwere Impfreaktion. Arm war dick wie ein Elephantenbein und feuerrot. Starke Schmerzen und Fieber. Der Arzt wollte mich zu Bett schicken. Ich war aber doch, wenn auch kurz, bei Schlumberger.[1] Der Arzt stellte auch zu hohen Blutdruck fest. 180. Er meinte, der müsse runter. Viel Medizin geschluckt. Heute geht es mir – körperlich – besser. Arm geht zurück.

Mein Kabine i s t I. Klasse. Sehr gut! Aber der Touristenspeisesaal – ! Eine Art Hofbräuhausschwemme, immerhin auf französisch. Nur arme Auswanderer mit einer Unzahl von Babys! Wetter bis jetzt sehr schön. See ruhig. Doch all diese Schilderungen aus New York.

Ich liebe dich, mein Herz, mein Ein und Alles! Ich sehne mich nach dir. Ich werde dich immer lieben! Sei tapfer! Und klug! Du kannst es sein!

Viele, viele Küsse dein Kopernikus
|Kabine 419|

1 Jean Schlumberger, französischer Publizist und Journalist. Der Kontakt zu Schlumberger bestand seit 1957. W.K. hatte damals die deutsche Ausgabe von dessen Monographie *Madeleine und André Gide* (Hamburg: Claassen 1957) rezensiert. Schlumberger reagierte auf diese Besprechung mit einem »außerordentlich liebenswürdigen Brief aus Paris«. (W.K. an Alfred Andersch vom 1. Juni 1957, Original im SWR Archiv Stuttgart, Nr. 1910. Vgl. *Die Ehe von Madeleine und André Gide*. In: *Gesammelte Werke. Bd. 6*, S. 470-474.)

[151; Telegramm][1]

[München
24. April 1958]

WOLFGANG KOEPPEN SS FNTT DAN STRASSENARBEITER TELEFONKABEL BESCHAEDIGT HOTEL ATLANTIK FERNAMT UNBEKANNT SCHICKTE AUCH TELEGRAMM ATLANTIK WAR VERZWEIFELT ALLES IN ORDNUNG BRIEF FOLGT IN LIEBE DEINE MARION

1 Briefbogen: Radiotélégramme. Compagnie Radio-Maritime. Société Anonyme au Capital de 956.137 500 Francs. Direction – 8, Rue Lavoisier – Paris-8. Tél. Anjou 78.81 – Adr. Tél.: Exploradec-Paris-8. R. C. Seine 55-B-14.866 – C. C. P. Paris 657-16.

Vor Southampton
24. April [1958]

Liebe, gute, süsse Marion, eben dein |Radio-Telegramm|, das mich nun hoffen lässt, das doch nicht das Schlimmste schon geschehen ist. Nach deinem Telegramm in das Hotel Atlantic, das ich nach meinem Besuch bei Schlumberger vorfand, malte ich mir natürlich aus, dass das Telefon in der alten Weise kaputt gegangen sei und dass ich oben nicht wegen Riesenkrach anrufen solle. Immerhin auch dies Pariser Telegramm hatte noch etwas Gutes, denn sonst wäre ich vielleicht über das Nichtantworten unserer Nummer ganz verzweifelt gewesen. Ich hoffe, ich werde heute nacht endlich etwas besser schlafen und hoffe es auch von dir!

Ich schrieb dir vorhin einen längeren Luftpostbrief. Da wir noch nicht in Southampton eingelaufen sind, kommt vielleicht auch dieser Brief noch zur Absendung. Das Wetter hat sich plötzlich verschlechtert, und das Schiff fährt etwas unruhig.

Mein nächster Brief aus New York! Noch immer keine Reiselust. Nur Traurigkeit.

Ich esse schlecht und bekomme fast nichts zu trinken. Ich werde wohl abmagern und du wirst mich nicht erkennen. Das schildere ich alles im nächsten langen Brief!

Meine Gute! Meine Liebste!

Immer dein Kopernikus

Keine schönen, keine guten Menschen an Bord.

See-Radio-Telegramme sind s e h r teuer.

|Sei lieb!
Sei brav!
Bleibe gut!
Ich freu mich jede

Stunde auf unser
Wiedersehen!|

1 Briefbogen: French Line »Liberté«.

[153; handschriftlich; Ansichtskarte: »Compagnie Générale
Transatlantique. French Line ›Liberté‹«]

[Southampton
25. April 1958]

Liebe Marion,
dies ist das Schiff, auf dem Bild schon vor New York, in Wahrheit erst im Kanal. Jetzt schaukelt es etwas, und im feudalen Uli-
Salon pimpert die Kapelle.
Dein Kopernikus

[154]¹

Liberté
25. April 1958

Meine liebe Marion,
ob der Ozean das alte Wahre ist, möchte ich nun doch bezwei-
feln. Aus der Nähe betrachtet, sieht er recht unheimlich aus,
bleifarben, schwer, wogend natürlich und unendlich und sehr,
sehr böse, unter einem Schauerhimmel. Dass die Griechen
nicht schon Amerika entdeckt haben, schreibe ich nicht ihrer
Unfähigkeit, sondern ihrer Klugheit zu. Warum sollten sie das
freundliche, menschliche Mittelmeer verlassen und sich in Be-
reiche begeben, die doch wohl dem Orkus angehören? Die Liberté stampft und wackelt, und man merkt, wie sie sich anstrengt.
So gross sie ist, in dieser Weite wirkt sie wie eine Nusschale, die
du auf den Starnbergersee setzt, wenn er stürmisch ist.

Ich bin kein glücklicher Passagier. Ich bin traurig. Ich bereue das Unternehmen und dies nicht nur deinetwegen, die du mir so leid tust. Meine Kabine ist luxuriös. Die Wände sind mit echter Seide bespannt, das Bett ist weich, die elektrische Heizung ist regulierbar, ich habe eine Dusche und einen Lokus für mich, aber es ist doch ein Käfig, in den ich nun 6 Tage beim ewigen Brausen der Lüftung eingesperrt bin. Gestern, bis Southampton gehörte mir das Schiff. Es herrschte noch keine Ordnung und Absperrung. Ich sah die Decks der ersten und der Kabinenklasse, die Offiziere begrüssten meinen Anzug und sagten »Sir« zu mir, die Halle der ersten Klasse ist die eines Nizzaer Uli-Hotels aus den achtziger Jahren, ein Orchester spielte den Fledermauswalzer, wie es, sollte die Liberté untergehen, rette unsere Seele spielen wird[2], plötzlich war ich in einem Riesenkino, in dem ich die verfilmte Pekinger Oper sah, im Schreibsaal der ersten Klasse konnte ich das vornehme Briefpapier der Gesellschaft benutzen, während drei nicht minder vornehme Stewards jedes Winkes gegenwärtig um mich herum standen, man bot mir das Schwimmbad, forderte mich zu Bordspielen auf, lud mich zu Bridgepartien ein, putzte in der blitzenden Bar noch einmal den luftledergepolsterten Sitz für mich blank, Sir vorne, Sir hinten, kurz, man hielt mich für den Herrn des Schiffes, den Passagier erster Klasse, das um diese Jahreszeit rare und pfleglich zu behandelte Tier. Das ist heute alles aus! Raffinierte Sperren trennen mich von der Welt der Sirs, und nur in meiner Kabine und bei meinem Steward geniesse ich einige Achtung. Der Steward sagt »Monsieur«, spricht nur französisch und ist nett.

Lass dir erzählen. Im Zug von München schnarchte über mir ein Deutscher, während ich vor Kummer und Armschmerzen und Schweiss und Kopfweh und Herzbeschwerden kein Auge zutat. Schon vor Paris war das Wetter herrlich. Frankreich zeigte sich als blühender Garten, und ich dachte: wie schade, wie schade! Auf dem Bahnhof frühstückte ich am Büffet. Der Tee war schlecht, aber diese herrliche Atmosphäre! Alles war

173

mir vertraut und recht.[3] Wir müssen einmal länger in diesem Frankreich leben, das doch das angenehmste Land ist. Ich schalt mich verrückt, nicht zu bleiben. Ich liebte den Chauffeur und sein altes Taxi. Wir fuhren durch die Balzac-Strassen.[4] Das Atlantic in der rue de Londres, an der Ecke der rue Amsterdam war klein, aber recht gut. Mein Zimmer war noch nicht frei.[5] Ich ging zum Büro der Schiffahrtsgesellschaft, an der Oper vorbei, zur rue Auber und merkte, dass ich Fieber hatte. Aber es war klug von mir zur Gesellschaft zu gehen. So sicherte ich mir meine Kabine und einen erster Klassesitz im Bootszug, was wichtig war. Im Hotel stellte ich dann fest, dass mein schmerzender Arm dick geschwollen und feuerrot war. Es sah gefährlich aus, und ich dachte böse an Dombrowski. Ich nahm mir ein Taxi zu den Champs Elysees und sass dort eine Weile bei einem Pernod vor einem Café. Traurig, aber doch beobachtend in der Menge. Frauen, Mädchen tragen alles, und die Schicksten, Jüngsten und Nettesten Rock und enge, tiefaufgeknöpfte Pullover. Alle jedoch tragen sehr kurze, fast kniefreie Röcke, egal, ob weit oder eng, und alle dazu sehr hohe Absätze. Am Mittag waren sie ungeschminkt. Das Haar ganz auf Ungekämmt frisiert. Dies im elegantesten Viertel. Ich guckte dann, nun auch noch humpelnd, denn im Absatz meines Schuhs war ein böser Nagel aufgetaucht, in einige Modefenster. Ich sah dein Kostüm, wie es hätte werden sollen in einer Boutique – 31 000 ffr., etwas weniger als 300 Mark. Zum Trost: deine Matrosenjanker, blau und weiss, gehören zum Schicksten. Nur werden sie recht kurz, mit gekürzten engen Armen und mit Schlipsen gezeigt. Du kannst deine aber gut tragen, wie sie sind, nur solltest du dich auch um die Schlipse bemühen. Dann fuhr ich zur Strassova.[6] Sie wohnt jetzt woanders, ganz im alten Quartier latin. Sie winkte aus dem Haus, wollte es sich nicht nehmen lassen, mich zum Essen einzuladen und war eigentlich recht nett. Ich bat sie um eine Zange für meinen Schuhnagel, aber sie hatte keine. Dann bat ich sie um einen Arzt. Sie telefonierte rum und machte ein Rendez-vous für mich aus. Sie führte mich auch zu einem Schuster, der reizend war, den Nagel entfernte und kein Geld dafür nahm. Dann gingen wir in ein kleines Restaurant. Das Essen war wunderbar, aber ich konnte es nur kosten, mir war zu elend. Ich erzählte Strassova von deinem Kummer. Sie war gerührt. Sie kommt um den 5. Mai nach München und will dich anrufen. Ich würde dir raten, sie zum Essen einzuladen, vielleicht in das Italienische. Sie will zum Erscheinen meines Buches in Paris einen Presseempfang arrangieren, damit wir wieder hinkommen können. Das wäre doch nett. Sie erzählte, dass dort, der Franzose, der bei unserer Hühnchen-Einladung war, in ganz Paris davon spreche und behaupte, ich sei der König von München und lade jeden zu einem ganzen Riesenhuhn ein.

Nun musste ich zum Arzt. Er wohnte am andern [Ende] von Paris. Wieder ein Taxi. Also ich sah Paris vom Taxi aus. Entzückte und verbitterte mich. Angler an der Seine. Die Bouquinisten. Die Clochards. Wie liebe ich sie alle! Bastille. Place de la République. Endlich der Boulevard St. Martin und der Arzt. Er war ein Arzt wie aus vergangener Zeit, altmodisch eingerichtet, keine grossen Apparate, klug, Jude von der guten Sorte, gründlich, gewissenhaft. Er hörte mich an, liess mich mich ausziehen, untersuchte mich ganz und gar, selbst mit Urinprobe, stellte allgemein zu hohen Blutdruck fest und sagte, ich sei schwer impfkrank, ich hätte eben momentan »die Pocken« und gehöre unbedingt ins Bett. Meine Grippe in München war keine Grippe, sondern eben die Impfung, was Dombrowski abgestritten hatte, während dieser erfahrene Arzt es mir erklärte. Es sei ganz natürlich, meinte er, weil ich ja als Kind nicht mehr geimpft worden sei, hätte ich eine schwere Reaktion bekommen, was vorauszusehen gewesen wäre. Er kenne bei noch älteren Leuten noch schlimmere Fälle. (Du also würdest weniger stark reagieren!) Dann geschah was Komisches. Er mass Fieber, unbedingt im Hintern, und als ich wehrte, war es, als wolle er mich vergewaltigen, er streifte mir Hose, Unterhose und – den Geldbeutelgurt runter. Ich war ganz verwirrt. Also er wollte mich ins Bett stecken. Ich sagte ihm, ich könne nicht. Ich erzählte von Schlumberger. Er verneigte sich tief, bestand aber darauf, dass ich mich hinlegen und Aspirin schlucken solle. Kosten: 2000 Ffr.

Nun stand ich sehr verwirrt und traurig auf dem Boulevard St. Martin. Vor den Ständen eines billigen Warenhauses, vor einem Tisch mit kleinen Spitzenhosen wurde mir schrecklich schwindlig. Vom Taxi aus hatte ich ein Postamt gesehen. Das suchte ich nun und fand es auch. Dringendes Telefon nach München. Pas repond. Keine Antwort. Nun, es beunruhigte mich noch nicht so sehr, denn es war 1/2 4, und du konntest ja weggegangen sein. Ich nahm mir wieder ein Taxi und fuhr mit einem alten reizenden Chauffeur (einem Russen) zum Café Deux Magots. Alles, alles unverändert! Ich trank Tee und fühlte mich sehr schwach. Dann musste ich vor einem Bekannten, der auftauchte, fliehen. Ich irrte über den Boulevard St. Michel. Schrieb dir Karten. Versuchte noch einmal zu telefonieren. Nummer antwortet nicht. Nun schon stärker beunruhigt. Was sollte ich machen? Das Fieber stieg. Ich trank eine Citrone. Keinen Alkohol. Ich wollte nur noch zu Breitbach[7] gehen, um abzusagen. Schönes Paris! Herrlicher Boulevard St. Michel! Studenten. Neger. Araber. Die Restaurants! Die Preise gehen sogar. Mit 10 Mark pro Mahlzeit kämen wir hin. Natürlich nicht üppig. Mit 16 Mark wäre es aber schon gut. Grosse Liebe zu Paris. Grosse Liebe zu Marion!

Doch zum vornehmen Place du Panthéon! Mein Besuch bei Breitbach war zunächst von Kafka erfunden, und ich benahm mich den ganzen Abend wie Chaplin. Zunächst wanderte ich zweimal um den grossen Platz herum, ohne das Haus zu finden. Schliesslich fand ich es, ein Palais. Aber Madame la Concierge war klatschen gegangen, sie sass nicht in ihrer Loge und hatte die Haustür offen gelassen. Nun musst du aber wissen, dass in vornehmen pariser Häusern keine Namen an den Wohnungstüren stehen. Das gilt als höchst unfein, und dieses Haus hatte 5 Stockwerke. Und für den Fahrstuhl war Madame la Concierge eben nicht da. Also ich klingelte erst unten an einer Tür. Monsieur Breitbach? Non, inconnu, unbekannt. Aber er muss hier wohnen. Man bedauerte. Man habe nie von dem Herrn gehört. Ich dachte, vielleicht wohnt er ganz oben. Schwitzend in Fieber stieg ich die Treppen rauf. Oberste Wohnung: Eine vornehme alte Dame, die Herzogin von Guermantes als Greisin, hinter ihr gleich eine Riesenbibliothek kostbarer Einbände. Monsieur Breitbach? Non. Gänzlich unbekannt. Ich sage: un écrivain, ein Schriftsteller, un Homme des lettres. Die alte Dame lächelt freundlich und weiss von nichts. Nächste Etage. Es öffnet überhaupt niemand. Tiefer. Ein kleines Mädchen öffnet. Dieselben Fragen, dasselbe Nichtwissen. Das kleine Mädchen bittet mich, in die Wohnung zu kommen. Ganz grosses Bürgertum. Schwere Teppiche, viel Silber. Das kleine Mädchen ist allein in der Riesenwohnung. Es holt Papier und einen Bleistift und bittet mich, den Namen aufzuschreiben. In massloser Verwirrung schreibe ich – das viel mir später ein – statt Breitbach Breithaupt. Hoffentlich kriegt mein Freund nie diesen Zettel zu sehen. Das kleine Mädchen sinnt nach, guckt mich gross an und sagt schliesslich wieder: inconnu! Ich sage zu dem kleinen Mädchen, vielleicht 12 Jahre alt: Vous êtes très aimable![8] Das kleine Mädchen lächelt und geleitet mich aus der Wohnung. Wieder die Türen ohne Namen. Es ist halb sieben. Ich will die hoffnungslose Suche aufgeben. Aber vielleicht noch diese Etage. Ich läute. Ein hübscher junger Diener in weisser Jacke, zart und liebenswürdig. Ich stottere etwas, hoffentlich Breitbach und nicht Breithaupt. Der Diener verneigt sich und sagt Monsieur erwarte mich. Monsieur ist mir im Alter und auch sonst etwas ähnlich, nur hat der Reichtum, der ihn einhüllt, sein Wesen geformt. Grosse Allüre der Begrüssung. Meine Klage, ihn beinahe nicht gefunden zu haben, findet er ganz selbstverständlich. Er sagt, nein, niemand in diesem Haus würde einem Fremden die Wohnung eines Mieters zeigen. Das wäre ja indiskret. Auch könne es ja sein, dass der Besucher unwillkommen wäre. Namen an den Türen? Wie schrecklich. Das ganze Haus sei empört, weil ein Arzt eine Wohnung gekauft habe und ein kleines Schild »docteur« angebracht habe. Breitbach wohnt – na ja – er wohnt paradiesisch. Andersch ist gegen ihn wie ein Hund in seiner Hütte eingerichtet. Modern? Das wäre vulgär. Alt? Nicht ganz. Es ist eine ausgeklügelte Mischung. Höchst erhaltene, ausgesuchte, echte Antiquitäten und moderne Stücke die extra angefertigt wurden. Mich rührte ein antiker Reisesekretär, ähnlich dem schönen Reinfelder[9], hier nun auf einem Ehrenplatz. Es gab ausgesuchten Portwein. Breitbach erzählte, er sei grade von einem Ausflug zurückgekommen. Er begrüsse jedes Jahr mit seinem Koch, mit seinem Diener und seinem Chauffeur den Frühling. Das sei schon Tradition. Am ersten wirklich schönen Tag lade er sie zum Essen draussen an der Seine ein. Der Diener: ein wirklich sehr schöner Ephebe, dabei nicht feminin und als Diener hervorragend geschult. Breitbach über ihn: Er leidet manchmal darunter, wenn Besucher zu mir kommen, die kein gutes Französisch sprechen. Das verträgt sein Ohr nicht

Unterbrechung 25. April Mittag
Ich musste unterbrechen, um zu Mittag zu essen. Als ich in den Touristen-Speisesaal kam, fing plötzlich das Schiff an, in einer unvorstellbaren Weise zu schaukeln. Es waren schon am Morgen Leute seekrank gewesen – darüber nachher –, aber nun ging es los, die Reihen lichteten sich, der Saal wurde leer, hier und dort wurde gekotzt, Aufwärter kamen mit Eimern und Sägespähnen. Zum ersten Mal auf dieser Reise war ich etwas vergnügt. Ich beobachtete die beginnende Auflösung.
Meine Tischpartner verschwanden einer nach dem anderen und liessen mich mit dem Wein allein. Es gab eine vorzügliche Chichoree-Zubereitung, zerfliessender als Spargel, überhaupt nicht bitter, ich möchte den Koch nach dem Rezept fragen, es schmeckte sehr gut. An meinem Tisch war ich allein. Eine ältere Dame von meinem Nachbartisch, auch sie allein geblieben, lächelte mir zu. Ich beobachtete dann, wie ihr Lächeln immer verkrampfter wurde. Nun lächelte ich ihr zu, bis sie aufsprang,

aber nicht mehr hinauskam, sie kotzte mitten in den Saal. Als ich recht gut gespeist hatte, ging ich etwas auf Deck. Schwere Wogen. Überall Schaumköpfe. Und überall, auf allen Gängen, Treppen, Decks Lagen voll Erbrochenem. Kein Mensch mehr zu sehen. Ich ging dann in meine Kabine zurück. Vor das Fenster war nun ein eiserner Deckel geschraubt, und ich kann nun nicht mehr hinausgucken. Draussen pocht und rumpelt der Ozean.

Zurück zu Breitbach. Um mir seine Bilder zu zeigen, führte er mich durch die Wohnung. Unbeschreiblich. Wohl 12 Zimmer. An den Wänden Bilder eines jung verstorbenen Malers von kraftvoller Schamlosigkeit. Breitbeinige Jünglingsakte. Der Penis immer im Mittelpunkt des Bildes und unnatürlich gross und betont. Gute Malerei. Breitbach: Der Maler liebte die Stallknechte von St. Denis (der Rennbahn), dort holte er sich seine Modelle. Daneben – sehr, sehr reizvolle neue Primitive. Ein altes Stillleben aus Spanien. Nur Erdbeeren. Aber grossartig. Erdbeeren, die grade zu faulen beginnen, ein Gemälde von faszinierender Dekadenz. Dann ein frühes Selbstbildnis von Manet. Genial! Breitbach: Ich habe es in meinem Testament dem Louvre vermacht, der es mir abkaufen wollte. Alle Bücher der ernormen Bibliothek sind von einem englischen Meisterbuchbinder in Saffianleder gebunden. Bs Schlafzimmer: Noch durch Schallbelege abgedeckt, Teppiche zum Versinken, das Bett eine üppige Wiese, darüber ein Aubusson-Teppich, der zarte badende Knaben zeigt, auch bei ihnen ist der Penis unnatürlich gross gemalt, aber gut hingesetzt und nicht störend. Sehr, sehr reizvoll. Doch jetzt kommt die Höhe! Das Fenster des Schlafzimmers blickt auf den Schulhof des berühmten Gymnasium Henri IV. Gides »Falschmünzer«. B: Ich gucke ihnen zu, wenn sie dort turnen. Camus fragte mich, haben Sie kein Fernrohr? Wahrscheinlich hat er dieses Ausblicks wegen die Wohnung gekauft. B: das Haus ist in Etagen aufgeteilt, man kann hier nicht mieten, man kann hier nur kaufen. Mir gehört auch noch die Etage über mir. Ich lasse sie leer stehen. Eine zinslose Anlage. Ja, ja, eine Etage ist sehr, sehr teuer. B: ich denke nicht daran, nach Amerika zu fahren. Ich bin zweisprachig aufgewachsen, deutsch und französisch. Ich weigere mich, englisch zu lernen. Wie barbarisch. B: Leider ist das Panthéon ein Schauplatz für die Fremden, diese Landplage! Wir nennen sie die Schwalben, und wir Anwohner des Platzes wissen ja, dass Frankreich die Devisen braucht, aber jeden Sommer überlegen wir uns, eine neue Bartholomeusnacht zu veranstalten. (Hinschlachtung der Reformierten). Dies Pack! B: ich bin konservativ, die Linke ist ein Unsinn. Ich, K. versuche die Linke zu verteidigen. B: In Deutschland ja, weil die deutschen Konservativen so dumm sind. Endlich wage ich vorzubringen, dass ich krank bin und nicht zu Schlumberger gehen kann. B bekommt einen Nervenzusammenbruch. Sie dürfen nicht! Sie dürfen nicht! Ich gebe nach. B: Eigentlich wollte ich Sie ja bei mir zum Essen behalten. Wissen Sie, bei Schlumberger ist nicht mein Koch. Schlumberger ist Reichtum in der zweiten Generation. Ein Rentenvermögen reicht nicht mehr für die zweite nichterwerbende Generation. Schlumberger muss sich einschränken. Wir werden bescheiden essen. Auch seine Wohnung ist bescheiden. Aber bedenken Sie, Schlum[10] ist der letzte grosse Mann der französischen Literatur. Sie werden, Sie müssen vorlieb nehmen! (Zweite Generation, z. B.: Kommerzienrat, noch erwerbend, stirbt zu früh, Uli schon nicht erwerbend, 1. nur ausgebende Generation deine Eltern, für die zweite bleibt nichts mehr. Nach B. ist es ein Gesetz).

Wir gehen, ich allmälig mit Schüttelfrost zu Fuss durch den Luxembourg. Wegen der Schönheit. B: die Franzosen sind schön geworden. Sehen Sie die Knaben dort! Aber Sie waren in Russland. Ein naives Volk! Nach dem Kriege war ein russischer Deserteur bei mir versteckt. Welch ein kraftvoller, naiver Junge. Ich: sie sind Puritaner. B: ja, ja, aber er war so naiv. Sechs Wochen lang. Sehen Sie, hier an diesem Gitter beginnen »Die Thibaults«[11] von Roger Martin du Gard! Da ist Schlumbergers Haus. Alt. Aber er will nicht in meine Etage ziehen. Ein altes Patrizierhaus. Kein

Fahrstuhl. Doch auch beim armen Schlumberger öffnet ein Diener. B. gibt dem Diener die Hand, ist sehr vertraut mit ihm. B. später zu mir: Er war Gides Diener. Ich habe ihn zu Gide engagiert. Auf meine Anzeige meldeten sich viele. Aber er schrieb, dass er eine Stellung habe, wo er Kindern den Hintern reinigen müsse. Daraufhin sah ich ihn mir an. Er hat Gide treu gepflegt. Jetzt ist er bei Schlumberger. Die Verleger sind hinter seinen Memoiren her. Schlums Wohnung ist von herrlicher Behaglichkeit. Bücher. Bücher. Bücher. In diesen Räumen wurde die »Nouvelle Revue Francaise«[12] gegründet. Hier verkehrte, wer im literarischen Frankreich einen Namen hatte. Schlum ist ein reizender alter Herr und hinreissend courtoisie. Gott sei Dank spricht er feines, gebildetes Deutsch. Fragen, Fragen. Sehr wach! Dann bittet Gides Diener zu Tisch. Hummer, Ente in Orangen, Salat, Sahneauflauf. Champagner. Alles hervorragend, aber so serviert, dass selbst ich mich weiter wie Chaplin benehme, z. B. meinen Salat auf einen Teller tue statt in eine Art Instrumentenschüssel wie beim Ohrenarzt. Zum Hummer viele mir völlig fremde Geräte, die B. und Sch. selbstverständlich gebrauchen. Abschliessende Urteile über Thomas Mann, Heinrich Mann, Hofmannsthal und über Franzosen. Kostbare Erstausgaben mit Widmungen von Proust, von Gide und allen anderen. Wir sprechen von Pornographie, von Miller, den sie ablehnen, von Sade und Neuen, die ich nicht kenne. Sie zeigen mir Bücher, unerhörte Luxusdrucke. Ihre Kenntnis der modernen deutschen Literatur ist erstaunlich. Ich kann nicht mehr folgen. B merkt es und bricht ab. Herzlicher Abschied von Sch. Vor der Tür Bs Wagen. Ein Kriegsschiff. Der Chauffeur wohl auch sein Leibwächter. Er fährt mich ins Hotel. Unterwegs erzählt B. mir, dass er nur noch wenig schreibe: Aus Rücksicht auf meine Mutter, sie ist so empfindlich. Dann mangelt ihm auch die Zeit: Ich habe 5 Familienvermögen zu verwalten, und dann das Leben, das Leben in Paris – Er lehnt sich wollüstig zurück: natürlich habe ich es an der Leber, dann muss ich Diät leben. Mein armer Koch. Schade, dass sie seine Kunst nicht prüfen konnten. Er ist der beste in Paris. Kommen Sie doch im Sommer auf die Schlösser. Er ist so intim mit mir, dass ich es nicht wage, meinen lieben Stuhl zu erwähnen. Ausserdem dreht sich alles um mich vor Fieber. Über mein Hotel verliert B. kein Wort. Er hält es für weit unter seiner Würde. Er verabschiedet sich schnell, als fürchte er, ich könne es wagen, ihn in ein solches Haus zu bitten. Aber wir wollen uns wiedersehen.

Ich gehe benommen in die Halle und empfange dein erstes Telegramm. Keulenschlag. Natürlich musste ich das Schlimmste annehmen. Dein Warten auf Engelrahm deutete auf Hilflosigkeit. Was kann ich tun? Was kann ich tun? Ich melde ein dringendes Gespräch an. Keine Antwort. Ich taumle aus dem Hotel. Ich muss jetzt noch was trinken. Die Gegend um Gare St. Lazare ist mir ziemlich unbekannt. Aber sie ist nett. Nette, kleine Lokale mit, wie ich glaube, gutem und billigem Essen. Jetzt speisen schon der Patron und seine Kellner. Ich trinke einen weissen Burgunder. Herb und angenehm. Billig. Aber ich bin traurig, traurig. Ich gehe zurück ins Hotel. Was kann ich verantworten? Zu fahren? Die Reise aufzugeben? Ich schlucke 3 Aspirin und schlafe kaum. Ich liebe dich doch!

Unterbrechung, 25. April 4 Uhr nachmittags
Plötzlich ertönten überall Lautsprecherstimmen im Schiff. Dann gellte die Sirene. Ich guckte aus der Tür. Das Schiffspersonal hatte Schwimmwesten übergezogen, und Passagiere hasteten mit Schwimmwesten durch die Gänge. Unaufhörlich schrieen die Lautsprecher und die Sirenen. Ich nahm dann auch meine Schwimmweste. Die Absperrungen waren fort. Auf meiner Weste stand die Nummer meines Rettungsbootes, und ich musste auf das mir sonst versperrte Promenadendeck der ersten Klasse gehen. Es war der Probealarm. Ich stand unter den reichen Leuten auf dem Promenadendeck und wurde mit ihnen über mein Verhalten beim Schiffsuntergang belehrt.

Am Morgen des Donnerstag (24.4.) war ich früh wach. Ich ging gleich zu einem Telephonamt und versuchte, dich zu erreichen. Wie du dir denken kannst, beunruhigte mich das nun aufs äusserste. Ich zerbrach mir den Kopf, welche Botschaft ich dir senden könne. Mir fiel dann Bannaski ein, und ich schickte dir zwei Telegramme. Ich regelte meine Verpflichtungen im Hotel. Es waren ausser mir noch andere Touristenklasse-Passagiere da. Auswanderer-Familien und deprimierend. Ich ging zum Bahnhof St. Lazare. Ich setzte mich dort in der Halle vor das Buffet. Paris strömte an mir vorbei. Ich dachte daran, Andersch ein Telegramm zu senden, dass ich in der Halle sitzen bleiben wolle und einen guten Text schreiben würde. Mir gegenüber warb auf einem Plakat ein üppiges Mädchen in einem Badeanzug für la bière ancre. Ich zögerte gegen meine Gewohnheit das Zum-Zug-gehen hinaus. Das Aufstehen von meinem Stuhl war sozusagen der Abschied von Europa. Warum konnte ich nicht in Paris bleiben, nicht dich kommen lassen? Ich ahnte nichts Gutes! Die Auswanderer strömten wie mit Gepäck beladene Mäuse durch die Sperre. Durch meine Fahrkarte erster Klasse gehörte ich zu den reichen Leuten und wurde gut behandelt. Mit mir reisten die Photographierten aus Harpers Bazar. Barbara Hutton[13] sass zehnmal im Zug und stand fünfmal auf dem Bahnhof. Theatralische, tiefgekühlte Abschiedsszenen. Nur eine Französin, die einen Mann verabschiedete, empfand wirklich etwas. Mir gegenüber sass ein amerikanischer Geschäftsmann unter schweren Schweinslederkoffern. Rote Zettel: First Class. Ich hatte gelbe Zettel. Alle anderen Koffer hatten rote. Der Geschäftsmann sah hart und verschlagen aus, aber zu mir sagte er freundlich: Good morning. Ein Mann der Schiffahrtsgesellschaft ging mit einer Glocke am Zug entlang. Das Bild war Auswanderung (Touristenklasse) und Untergang der Titanic (Erste Klasse). Auch die Uli stand auf dem Bahnsteig. Genau die Uli. Sie winkte dem Zug nach. Die Auswanderer sahen entweder wie die Familie der Beckenbauer-Schwägerin (die bei dir sauber machte)[14] aus oder wie Frau Mederer. Dies scheint der

Typ zu sein. Viele solche Frauen. Die meisten mit harten, bösen Gesichtern, entschlossen, einen Mann und eine Versorgung zu finden. Die Harpers Bazar Barbara Hutton Damen aber setzten sich, als der Zug an und durch das schöne, liebliche Frankreich fuhr, zu einer Bridgepartie zusammen, oder sie sprachen von Pariser Modehäusern, die ihnen nicht geholfen hatten.

Pass-, Zoll-, Devisen-, Embarquement-Kontrollen. Alle französischen Beamten waren sachlich, höflich, angenehm. Die berühmte hervorragende französische Verwaltung unter dem Strudel der Politik! Die Reichen reisten in die Langeweile, die Armen wollten Millionär werden oder würden in den Slums enden. Rouen, die Stadt Flauberts! Le Havre Maritime. Ich wollte meine Koffer nehmen, aber der Geschäftsmann sagte: o no, give it a porter. Ich gabs dem Porter, und ich ging mit dem Geschäftsmann in erster Klasse Eintracht über den erster Klasse Steg ungehindert auf das Schiff. Wir waren zusammen Vanderbilt und Morgan, millionenschwer, und keiner wagte, nach unserer Berechtigung zu fragen, während die Touristenklassen-Passagiere an ihrem Steg strengen Kontrollen ausgesetzt waren. Und wieder gab es eine Chaplinade. Die Nummer meiner Kabine heisst auf französisch quatre cent dix neuf, 419. Ich sagte dies einem purpurrot gekleideten Pagen, der aber soixante dix neuf, 79 verstanden hatte und mich auf das Deck der Luxusappartements führte. Dort stand ein würdevoller Obersteward, der zu mir sagte, Sind Sie es, Sir?, und sich bis zum Boden verneigte. Ich sagte, ich sei es, und der würdige Herr führte mich unter tiefsten Ergebenheitsbezeugungen in eine abgesperrte Zimmerflucht aus Salon, Schlafzimmer, Kachelbad, Sonnenterrasse. Mir kamen doch Bedenken, und ich sagte sie dem Ergebenen. Da er mich mit Nr. 419 auch noch zur ersten Klasse zählte, blieb er höflich. Ich wanderte zwei Deck tiefer und fand meine Kabine, gegen die nichts zu sagen ist.

Ja, das Essen! Ich bin vorne, und ich muss lange, lange durch das ganze Schiff nach hinten gehen. Erst über gebohnerte Gänge der ersten Klasse, dann über Linoleum der Kabinenklasse, immer tiefer dabei, schliesslich über nackte Bohlen, an Massenquartieren vorbei, unter Röhren gebückt, zum Speisesaal – zum Speisesaal der Touristenklasse. Dort gibt es keine Sirs mehr. Die Kellner sind mürrisch. Der Saal ist schäbig. Man setzte mich an einen Vier-Personen-Tisch mit zwei Frauen und einem kleinen quengeligen Kind. Erst wollte ich protestieren, dann aber überlegte ich die Vorteile. Die Frauen waren bescheiden, und sprachen irgendeine sonderbare Sprache. So war keine Unterhaltung zu fürchten. Zweitens nahm ich an, dass sie seekrank werden würden, und drittens tranken sie nur etwas Wein mit Wasser. Das war wichtig, weil auf jedem Tisch zu jeder Mahlzeit eine Flasche Rot- und eine Flasche Weisswein stehen. Für 4 Personen. Wenn das vier Säufer ist das nicht viel. Und ich sah Säufer im Saal. Also protestierte ich nicht. Das erste Essen war nicht schlecht und war nicht gut. Vor allem wurde von jeder Speise sehr wenig gereicht. Daher dachte ich, ich würde mager werden. Aber am Abend änderte sich viel. Erstens die Tischordnung. Ich blieb nicht bei den günstigen Frauen, sondern kam an einen anderen Vier-Personen-Tisch. Ein junger Amerikaner, viel gereist, mit junger Frau und dickem dreijährigen Jungen. Frau und Junge waren schon am Abend seekrank. Er wurde es heute. Blasser Streber. Primustyp. Leider sprechen sie etwas deutsch und etwas französisch. Neugierig. Meine Sorge um meinen Weinanteil war überflüssig. Er verachtet Alkohol und sieht mich jedesmal, wenn ich mir einschenke, strafend an. Ich vertrage seine Verachtung aber besser als sein Nichttrinken. Seine Frau muss er vor dem Säufer gewarnt haben. Sie rückt immer von mir ab, wenn ich einen Schluck trinke. Ich fragte ihn, wie ihm Paris gefallen habe, und er sagte mir streng, er verabscheue die Stadt, sie [sei] sittenlos, schmutzig und ihre Bewohner verkommen. Worauf ich ihm sagte, dass ich mich dort unendlich wohl fühle. Wieder strafender Blick, als wolle er mir aufgeben, hundertmal abzuschreiben: Paris ist schmutzig. Jetzt ist er seekrank. Schwer. Ich habe dabei selbstlos gewarnt, den totenblassen Rebenhasser. Doch mit dem Essen irrte ich mich. Es wird lieblos serviert, aber es ist gut und reichlich! Gestern abend: Vorspeisen, dann ein hervorragender baskischer Fisch, dann Entenbraten, sehr gut, verschiedene frische Salate, Käseauswahl, Eis, Obst, Kaffee. Nun ja. Dagegen etwas enttäuschend das Frühstück. Es stand viel auf der Karte, aber die Kellner rückten nicht[s] heraus. Ich bekam Orangensaft, Tee, Butter, Toast, Eier. Und ausserdem gab es Zwiebelsuppe zum Frühstück. Der ganze Saal stank danach. Na, und nachher kotzten sie dann auch schön die Suppe überall hin.

Nachteile meiner Situation, obwohl das Schiff schwach besetzt ist, besonders die erste Klasse, alle Kabinen neben mir sind unbewohnt, und ich denke an dich, ist die Absperrung raffiniert. Ich kann nicht mehr an Deck. Oder ich muss den langen komplizierten Irrweg nach hinten, wo ein winzig kleines Touristenklasse-Deck mit ein paar ärmlichen Bordspielen ist. Das ginge noch. Aber leider ist auch dieser Weg nicht immer passierbar, und es widerfuhr [mir], dass ich nach kurzem Luftschöpfen nicht wieder zurück konnte, eine entscheidende Tür war verriegelt, und ich sah mich vom Paradies meiner Kabine ausgeschlossen. Niemand wollte die Tür öffnen. Ich musste den Obersteward der Touristenklasse aufsuchen und mit Krach drohen. Dann wurde ich sozusagen zurück eskortiert. Also werde ich wenig an die Luft [kommen]. Vorläufig ist alles grau und regnerisch.

Das Schiff schaukelt im Moment so, dass ich nicht weiter schreiben kann.

Liberté, 26. April
Ein neuer Tag. In der Nacht fand ich das starke Schwanken des Schiffes ganz angenehm. Man lag wie in einem Schaukelstuhl, und es schläferte ein. Am Morgen probierte ich die Dusche. Es

ist aber ein Kunststück bei schwankendem Boden den Wasserstrahl zu lenken und mit ihm fertig zu werden. Am Ende schwamm alles. Gestern abend waren im Speisesaal drei Menschen. Ich ass ausgiebig und erntete die Bewunderung der Kellner. Leider kann ich Hammesh Englisch[15] nicht anwenden. Die Kellner sprechen mit mir französisch. Heute erschien die Puritaner-Familie vollständig zum Frühstück. Der Arzt hatte ihnen Injektionen gegen die Seekrankheit gemacht. Sie verachteten mich wieder sehr und machten sich bei Tisch unerhört breit. Er wollte nun, wenn auch puritanisch, wieder Gipfel stürmen und bestellte sich den englischen gebratenen Speck. Ich sah dies mit Wohlgefallen und beobachtete ihn interessiert. Der Speck war recht fett. Er ass ihn. Dann wurde der Mann grün im Gesicht, griff sich nach dem Magen und verschwand grusslos. Ärgerlich ist, dass mein Fenster noch immer nicht vom eisernen Deckel befreit werden darf. So sitze ich den ganzen Tag über wie im Stuttgarter Bunker. Auf dem Touristendeck war ich kurz. Windig und regnerisch. Unvorstellbar die Leere des Ozeans! Man sieht kein Schiff, kein Flugzeug, nichts. Dies stellt man sich anders vor und malt sich die Gefahren einer Seereise nicht richtig aus. Sollte ein Flugzeug im Wasser notlanden müssen, sollten die Passagiere mit Ihren Schwimmwesten lebend aussteigen können, – nie wird man sie in den Wogen finden. Vom Strand aus gesehen, ist das Meer freundlicher, hier gibt es sich, wie ich schon sagte, ausgesprochen böse, menschenverachtend, und auf die Dauer langweilt der Anblick.

Wie ich entdeckte, hat auch die Touristenklasse einen Salon, eine Bar und ein Tanzcafé mit drei armen Geigern. Der Anblick ist recht trostlos und lockte mich nicht zum Verweilen. Ich ging um 9 Uhr, nachdem ich mein Hemd gewaschen und im Duschraum aufgehängt hatte, zu Bett. Das werde ich jeden Abend tun. Jeden Morgen stellt man die Uhr eine Stunde zurück. So merkt man die Zeitdehnung kaum.

Und jetzt muss ich versuchen, über Carson McCullers zu schrei-
ben.[16]

26. April nachmittags

Mein Versuch, über die McCullers zu schreiben, ist zunächst gescheitert. Ich konnte mich nicht konzentrieren. Zu Mittag erschienen die Puritaner wieder. Der dicke Junge starrt mich unverwandt an, wofür ich ihm manchmal böse Grimassen schneide. Die Puritaner sind nur gegen sich, aber nicht gegen das Kind streng. Sie stopfen es voll. Die arme Frau tut mir leid, sie ist eine geborene französische Kanadierin und sieht erschöpft aus. Ich bot ihm ironisch Wein an, damit ihm endlich besser werde. Er lehnte empört ab und musste zur Strafe dann auch wieder während der Mahlzeit verschwinden. Er ärgert sich furchtbar, wenn ich ihm jedes Mal sage, mir ginge es ausgezeichnet. – Am Nachmittag wurde das Wetter schön. Der Steward schraubte mein Fenster auf, und nun bläst der Seewind in die Kabine und stört mich eigentlich. Ich ging auf das klägliche Touristendeck, wo die Leute sich nun sonnten. Unter ihnen echte Auswanderer. Einzelne Frauen. Dann ältere Mütter, von ihren Söhnen herübergeholt. Ein französischer Gangster, Zuhältertyp niedrigster Sorte. Ich fürchte, er reist zu seinem elektrischen Stuhl. Der Horizont weit, glitzernd, unendlich, und noch immer Leere, niemals ein Schiff zu sehen. Armes Gesellschaftsleben in der Touristenhalle. Wie zum Hohn sind auch dort die neuesten Börsen-Kurse aus Paris und New York angeschlagen. Ich hielt es nicht lange dort aus und ging zurück in meine Kabine. Der lange, lange Weg durch das Schiff. In der ersten und in der Kabinenklasse ist das Schiff sehr schwach besetzt. Ich gehe an ganzen Reihen leerstehender Kabinen vorbei. In meinem Trakt herrscht vollkommene Ruhe. Interessant auf meinem Weg: hinten der deutliche Geruch der Armut, der Menschennähe, zu 8, zu 12 in eine enge Kabine gesperrt, die Betten zweistöckig, dann immer weiter zu mir hin der Geruch der blankgeputzten Wohlhabenheit. Überall stehen in diesen leeren Gängen die rotgekleideten Pagen wie Wächter.

Ich glaube, ich werde diesen Brief an dich schliessen, er wird
sonst zu dick, und morgen fange ich gleich den neuen an. Du
wirst beide zu gleicher Zeit bekommen.
Meine liebe, meine gute Marion, behalte lieb deinen Kopernikus

1 Geschrieben auf Luftpostpapier.
2 W. K. spielt hier auf die verbreitete Anekdote an, wonach die Kapelle an Bord
der Titanic im Moment des Untergehens *Näher mein Gott zu dir* gespielt haben soll. »Rette unsere Seelen« ist die deutsche Übersetzung des in der Schiff-
fahrt üblichen Notrufs SOS — Save Our Souls.
3 W. K. hielt sich erstmals Anfang Juni 1933 in Paris auf und schrieb daraufhin
den Artikel *Paris in diesem Frühjahr* (zuerst erschienen in: *Berliner-Börsen-
Courier* vom 4. Juni 1933; auch in: *Gesammelte Werke. Bd. 5*, S. 72-79).
4 Vgl. *Amerikafahrt*. In: *Gesammelte Werke. Bd. 4*, S. 280: »In Paris auf dem
Bahnhof St. Lazare, dicht bei Balzacs alter Rue d'Amsterdam, blühte Frankreich, spannte sich von Pfeiler zu Pfeiler das Netz der Hirngespinste, faulte
Geschichte.«
5 Jahre später, in einem Brief an Norbert Wehr vom 15. August 1983, kam
W. K. auf den österreichischen Schriftsteller Ernst Weiß zu sprechen und
erwähnte in diesem Zusammenhang sein damaliges Pariser Hotelzimmer:
»Es gibt aber eine traurige, unheimliche Verbindung von ihm [Ernst Weiß]
zu mir. Als ich zum ersten Mal nach dem Krieg wieder in Paris war, wohnte
ich im Hotel Trianon in der Rue Vaugirard. Ein Altbau mit besserer Vergangenheit, in dem ich ein hohes Zimmer mit einem düsteren Bad hatte. Eines
Tages besuchte mich Joseph Breitbach. Er sah das Badezimmer und sagte:
›In diesem Raum hat sich Ernst Weiß erhängt‹. Nach dem Einzug der Deutschen in Paris. So Breitbach: ›Ich kann mich für die Wahrheit dieser Aussage
nicht verbürgen‹. Aber ich fühlte mich fortan in dem Trianon sehr zuhause«.
(WKA)
6 Helena Strassova, Literaturagentin in Paris.
7 Joseph Breitbach, Schriftsteller und Mäzen. Im Verlauf des Briefes kürzt W. K.
Breitbach mit B ab.
8 »Sie sind sehr liebenswürdig«.
9 In einem Brief vom 26. Februar 1948 aus Reinfeld berichtete O. K. ihrem
Neffen vom Verkauf des Schreibtisches: »Lieber Wolf! Auf Deine Frage nach
unseren Sachen aus dem Nachlass von Theodor Wille teile ich Dir mit, dass
ich dem in unserem Haus wohnenden Fuhrunternehmer Paul Worm einzig
und allein den großen Schreibtisch verkauft habe, und dass ich auch nicht die
Absicht habe, Herrn Worm weitere Möbel zu verkaufen, weil ich sie, wie Du
ja weisst, Dir erhalten will. […].« (WKA)

10 Jean Schlumberger. W. K. kürzt im Verlauf des Briefes Schlumberger mit Schlum ab.

11 *Les Thibaults* ist der Titel des großangelegten Familienromans von Roger Martin du Gard. Der Roman beginnt wie folgt: »An der Ecke der Rue de Vaugirard, als sie schon an den Gebäuden des Internats entlanggingen, blieb Herr Thibault, der während des ganzen Weges noch kein Wort an seinen Sohn gerichtet hatte, plötzlich stehen.« (Roger Martin du Gard: *Die Thibaults. Die Geschichte einer Familie.* Rowohlt 1960)

12 *Nouvelle Revue Française* (NRF) ist eine französische Literaturzeitschrift die, abgesehen von einer Unterbrechung während der Kriegsjahre, seit dem 1. Februar 1909 bis heute erscheint. Jean Schlumberger und André Gide (Chefredakteur von 1908 bis 1914) waren unter den Mitbegründern.

13 Vgl. *Amerikafahrt.* In: *Gesammelte Werke. Bd. 4,* S. 282: »Die den sicheren Weg gegangen und schon als Kinder von Millionären geboren waren, standen vor den Luxusabteilen der ersten Klasse und hielten Hof. Dies war die Welt von Harpers Bazar, Barbara Hutton und die Herzogin von Windsor traten auf, und im Dutzend kauften die Photographen die Gesichter billiger. Die Herrschaften waren wieder in Paris gewesen, sie waren wieder durch Europa gereist, sie hatten sich nach neuen Verbrämungen ihrer Standbilder, nach bizarren Ausschmückungen ihrer ach so langweiligen Legende in den Societyspalten der Zeitungen umgetan. Sie hatten wieder mal Erfolg gehabt, die Klatschkolonnen waren gefüllt, ein Monat des leeren Lebens begraben, und irgendwer von der Botschaft und die Stammgäste des Ritz brachten sie zum Bootszug, doch selbst hier gab es Tränen, letzte Küsse und Abschiede wie für immer, selbst hier endete die Zeit und schreckte die Ewigkeit, die Tod bedeutet.«

14 Der Name der Schwägerin von Ludwig Beckenbauer konnte nicht ermittelt werden. Da es sich bei Beckenbauer um einen Bekannten aus Kempfenhausen handelt (im WKA befindet sich eine Postkarte von Beckenbauer vom 15. April 1954 mit dieser Ortsangabe), liegt die Vermutung nahe, daß dessen Schwägerin als Reinigungskraft im dortigen Sanatorium tätig war.

15 In W. K.s Bibliothek finden sich drei Wörterbücher Englisch-Deutsch aus dem Jahr 1957. W. K. könnte hier auf Louis Hamiltons *Konversationsbuch Englisch-Deutsch.* Berlin: Langenscheidt 1957 anspielen und dabei den Namen Hamilton mit Hammesh verwechseln.

16 W. K. schrieb nicht nur Reise-Essays für den Süddeutschen Rundfunk, sondern war auch als Rezensent für den Sender tätig. Noch vor W. K.s Abreise nach Amerika hatte Helmut Heißenbüttel, Radiofeuilletonchef beim Süddeutschen Rundfunk, ihn beauftragt, eine Besprechung über die deutsche Ausgabe von Carson McCullers Roman *Reflection in a Golden Eye* zu verfassen (Stuttgart: Goverts 1958). Am 27. April 1958 sendete W. K. von der Liberté aus das Manuskript an Heißenbüttel: »Lieber Herr Heissenbüttel, ich

erlaube mir, Ihnen meine Besprechung der Carson McCullers zu senden. Der Ozean ist leer und böse.« (Original im SWR Archiv Stuttgart, Nr. 1465) (Vgl. *Wolfgang Koeppen spricht über das Buch ›Der Soldat und die Lady‹ von Carson McCullers*. Erstsendung am 28. Mai 1958 im Süddeutschen Rundfunk. Vgl. auch: *Wolfgang Koeppen*, S. 25-30.)

[155][1]
Zweiter Brief vom Ozean!
Bitte, lies erst den ersten, der gleichzeitig ankommt!

Liberté
27. April [1958]
Sonntag

Meine liebe, gute Marion,
tiefster Pessimismus hat mich befallen, und ich glaube, dass du recht hattest, dass ich mich auf dieses Unternehmen nicht hätte einlassen sollen. Noch immer ist um mich der weite, leere, endlose Ozean und weder Schiff noch Land ist zu sehen. Ich denke an dich, wie du wohl den Sonntag verbringst, und in meinem Kummer sehe ich dich schon für mich verloren. Ja, recht betrübt sitze ich eingesperrt in meiner Kabine, in der es nun merkwürdig heiss ist, obwohl die Luft draussen eigentlich nicht wärmer wurde. Ich habe die Besprechung der Carson McCullers geschrieben und nun Kopfschmerzen. Es widert mich aber an, durch die langen Gänge zu dem Touristendeck zu gehen und Luft zu schöpfen. Die Passagiere gehen mir schon zu den Mahlzeiten auf die Nerven. Mit dem Ruhigerwerden der See hat sich ein fröhliches Reisegesellschaftsleben entwickelt. Man singt und spielt und tanzt und lässt die zahllosen kleinen Kinder laufen. Diesmal war selbst ich naiv, und es zeigt unser aller Provinzialität, meine, Andersch, des Funks.[2] Eine englische, französische oder gar amerikanische Radiostation würde höchstens ihren Bürodiener in der Touristenklasse reisen lassen. Es gibt dort nicht einen gebildeten Menschen, und alle haben furchtbare Manieren. In der Kabinenklasse reisen die Sekretärinnen und auf den Decks der ersten promenieren kleine Journalisten.

Wenn man sich in Deutschland ein solches Unternehmen nicht leisten kann, soll man es sein lassen. Hätte ich nicht meine Kabine, wäre es die Hölle. Meine Kabine ist natürlich ein Refugium, aber für den ganzen Tag doch ein Käfig. Das Essen ist nicht schlecht, da französisch. Manchmal gibt es offensichtlich Abfälle vom Tisch der Reichen. So gestern abend ungeräucherten Lachs, der schon zu blass geworden war, um in den anderen Klassen noch serviert zu werden. Nun gut. Aber die Manieren der Leute. Den dicken gefrässigen Jungen der Puritaner könnte ich mit Vergnügen vergiften. Zuweilen entleert er seinen übervollen Mund wieder auf seinen Teller. Zum Glück tragen die Stewards alles in rasender Fahrt auf, so dass die Qual nicht allzu lange dauert. Jeden Abend um 9 bin ich im Bett. Das ist die beste Zeit. Am Morgen muss dann die Uhr wieder eine Stunde zurückgestellt werden. Jetzt ist es bei mir erst sieben, wenn es bei dir schon 10 ist und morgen 11 und übermorgen 12 und schliesslich 13, was dann New Yorker Zeit ist.

Auch an die Landung denke ich mit Ärger. Da meine Koffer in den Zollschuppen der Touristenklasse kommen, dort auch meine Einwanderungsabfertigung stattfindet, wird der Beauftragte des State Departement[3] mich entweder garnicht finden, oder wird sich denken, den kann man schlecht behandeln. Ganz falsch, was Andersch darüber meint! Und jetzt bezieht es sich. Es sieht nach Wind und Regen, vielleicht gar nach Gewitter aus, alles grau in grau, das Meer, der Himmel, aber das Schiff ist ja ein Faradayischer Käfig. Manchmal gibt es grüne, rohe, englische Staudensellerie zu essen, die auch dir gut schmecken würde. Wie es überhaupt mit dir alles viel erträglicher wäre! Zu den wenigen sympathischen gehört ein offenbar frommer Jude, der mit dem Hut auf dem Kopf speist.

Bleib brav, Marion. Bleib vernünftig! Immerhin sind schon 6 Tage vergangen. In New York werden es 9 sein, wenn du die Briefe erhälst wohl 12.

1 Geschrieben auf Luftpostpapier.
2 W. K. spielt hier auf die bescheidenen Reisespesen an, die der Süddeutsche
   Rundfunk bewilligt hatte. In einem Brief vom 13. April 1958 hatte W. K.
   Andersch detailliert seine Vorstellungen über die Höhe der Reisekosten er-
   läutert: »Verzeihen Sie mir die grässliche Hartnäckigkeit, mit der ich meine
   Bitte um ein Tagegeld von 20 Dollar vertrete. Sie wissen, dass ich mich nicht
   an Diäten bereichern will. Aber ich sorge mich, dass die Reise mit geringerer
   Ausstattung sinnlos werden könnte. Alle Befragten und alle Reisehandbü-
   cher sagen mir, dass 20 Dollar mindestens erforderlich sind. Das Wirtschaft-
   liche Handbuch für Touristen gibt für Amerika einen Betrag von DM 85 (bei
   geringen Ansprüchen) bis DM 135 an. Der amerikanische Guide, den Sie bei
   mir sahen, nennt Mindesthotelpreise von 8 Dollar und setzt hinzu, dass man
   für dieses Geld nicht immer ein Zimmer bekäme. Natürlich wird es billigere
   Hotels geben. Aber kein Reiseführer nennt sie und nach Franzen sind sie
   sehr schlecht und schwer zu finden. Ich könnte mich nicht darauf verlassen,
   immer ein billiges Hotel zu entdecken, und es einen Tag lang zu suchen, wäre
   vielleicht Zeitverschwendung. Und dann werde ich bei der Ausdehnung der
   amerikanischen Städte nicht umhin können, eine Stadtrundfahrt zu machen,
   um einen ersten Überblick zu bekommen und später zu Fuss gehen zu können. Eine solche Fahrt kostet im Durchschnitt 5 Dollar, zeigt aber oft nur die
   eine Hälfte und die Besichtigung der zweiten kostet wieder 5 Dollar. In Chi-
   kago[!] gibt es dann noch eine Sonderfahrt zu den Schlachthöfen, die mich
   interessieren und sonst wohl nicht erreichbar sind. Preis 3 Dollar extra. Diese
   Angaben von 1956. Es wäre schade, u. U. aus Geldmangel auf solche Ein- und
   Überblicke verzichten zu müssen. Essen scheint in Automatenrestaurants
   und Cafeterias verhältnismässig billig, in besseren Lokalen wieder teuer und
   in denen der High Life unerschwinglich zu sein. Gewiss, ich werde in den
   billigen Möglichkeiten essen, aber vielleicht wäre, um sie zu sehen, doch ein
   gelegentlicher Ausflug zu den Reichen zu empfehlen. Und dann noch hier
   oder dort Eintrittsgelder, Trinkgelder, Taxis und Taxen. Ich fürchte wirklich,
   dass es mit weniger als 20 Dollar nicht gehen wird.
   Ich schlage Ihnen vor, mir für 45 Tage 8 Dollar zu geben, das sind 360 Dollar,
   und ich werde versuchen meine ersten zusätzlichen Tage in NY und die Reise
   nach Washington irgendwie einzusparen. […]«. (Original im SWR Archiv
   Stuttgart, Nr. 1809.)
   Letztlich einigte man sich auf 4 247 DM (Hin- und Rückreise inbegriffen).
   W. K.s Tagegeld wurde mit 15 Dollar und einer Aufstockung in Notfällen auf
   20 Dollar festgelegt (vgl. Alfred Andersch an W. K. vom 17. April 1958, Ori-
   ginal im SWR Archiv Stuttgart, Nr. 1805). W. K. hatte im Vorfeld der Reise
   Informationen zu verschiedenen Hotels in Amerika von Erich Franzen erhal-
   ten, der von ca. 1933-1951 in den USA gelebt hatte: »Adressen und Auskünfte
   Franzen: […] Ghost Towns / Wackawanna Ferry, 23 St nach New Jersey, von

dort zurück Fähre zur Battery / Roomette gegen Bedroom / Von Boston nach Concord: Wright Tavern, altes Hotel / Boston: billiges Hotel vis-à-vis North Station / Cambridge interessanter als Boston / Grace Eltern / C. W. Cheney, 20 Gray Gardens West – T. Cambridge K I 7 – 2977 / N.Y.C. – Central Parc [!] West – 90/89 St. und Broadway / »Wunde v. New York«, 3 Strassen von Negern gekauft / Haarlem [!]: Express Independent Subway von Columbus Circle nach 125 Str. / N. Y. C. – 34 u. 14 St. zwischen 5 u 7 Av., billige Läden, alle Rassen / Chicago: Negerviertel hinter Universität, Slums, nicht nachts. / Hotel Stadler, teuer, aber interessant, weniger Palmer House / Los Angeles: Hotel Roosevelt / N. Y. C. Hotel Georg Washington, 23 St. Ecke Lexington / ein Hotel gegenüber Parc [!] Shearton, Zentrum, billig, 7 Av.? […].« (WKA)

3 Gemeint ist Henry Lunau, der W.K.s Amerikaprogramm arrangierte. (Vgl. auch Brief 161, Anm. 4.)

[156]¹

Montag
28. April [1958]

Es ist wirklich unglaublich, nun schwimmt der Kasten schon vier Tage und strebt in rasender Fahrt New York zu, und noch immer ist der Ozean weit und leer. Heute ist es zur Abwechslung eisig kalt. Wir sind in die Region der schwimmenden Eisberge, des Untergangs der Titanic gekommen. Wahrscheinlich fahren wir aus Vorsicht langsamer. Fern am Horizont sind einzelne dieser Berge in hoher Gischt zu sehen. Man hat das Gefühl, dass die Berge höhnisch zum Schiff hinüberblicken und grimmig mit ihren Eisspalten knirschen. Solange man sie sieht, nehme ich ja an, dass auch der Kapitän sie sieht und ihnen ausweicht. Gefährlich sind die unterirdischen, die sich wie Unterseeboote heranschleichen. – Ich habe mir Fahrpläne amerikanischer Eisenbahnen besorgt. Sie sind sehr verwirrend, und ich werde danach niemals wo ankommen. – Meinen Kabinensteward, mit dem ich mich sonst gut unterhalte (er spricht nur französisch und versteht erstaunlicherweise kein Wort englisch), habe ich heute nicht verstanden. Er hat mir einen langen Vortrag über meine Zollerklärung gehalten, der mir völlig rätselhaft geblieben ist. Ich habe nur verstanden, dass ich mich an den Maitre

194

des Bagages der Kabinenklasse wenden soll. Da mir aber der Weg zur Kabinenklasse versperrt ist, weiss ich nicht, was ich tun kann. Überdies hätte ich auch dem Maitre des Bagages nichts zu sagen. Er mir vielleicht? Oft erinnert dieses Schiff an Geschichten von Kafka. Auf dem Gang zum Frühstück fand ich diesmal eine Tür zu einem sonst verschlossenen Saal geöffnet, in dem ältere Herren in rotundweiss gestreiften Badeanzügen turnten, teils auch im Skuller und auf künstlichen Pferden sassen. Die Bordnachrichten melden, dass morgen abend eine »Gala« stattfinde, das Abschiedsfest des Kapitäns vor der Landung. – Ob wegen der Eisberge oder aus anderen Gründen, mein Kabinenfenster ist wieder durch den eisernen Deckel verschlossen, und ich muss den Tag im Bunker verbringen. Manchmal habe ich das Gefühl, das Schiff sei schon untergegangen. Lautlose Stille, bis auf das Summen der Ventilation. Durch die eiserne Aussenwand dringt eisig die Kälte. –

Mein liebes, liebes Marionlein, die du es wirklich nicht verdient hast, dass ich dich verlassen habe, wann werde ich dich wiedersehen? Ich verspreche dir, in Amerika alles in rasender Fahrt zu erledigen. Auch dort werde ich hauptsächlich in Käfigen sitzen, nämlich in der Roomette[2] der Züge. Und dann noch der Käfig zurück nach Frankfurt. Denke bitte scharf darüber nach, was wir dann tun wollen. 14 Tage hätte ich Zeit für dich! Wollen wir in die Gegend von Genua fahren? Oder nach Paris? Oder nach Oslo[3] für länger? Oder soll ich erst arbeiten – und dann Sizilien? Was für Fragen! Sei du nur nicht traurig! Sei vorsichtig! Pflege dich mit Grandel und Vitaminen und iss Spargel! Und sei diplomatisch gegen alle bösen Leute!

Bitte, setze im Lotto für mich diese Zahlen: 4 19 22 23 24 30

Mein Gespräch mit dem Maitre des Bagages der Kabinenklasse war belanglos. Ich ahne nur, dass ich nach der Landung meine Sachen nicht wiedersehen werde. Alles Gepäck – bis auf die Nachtsachen, wo soll ich die lassen – wird schon morgen nachmittag aus den Kabinen geholt und wird dann vom Schiff in die amerikanischen Zollhallen transportiert. Auf dem Kofferzettel steht Touristenklasse, abgeben tu ich die Koffer in der Kabinenklasse, und abgefertigt werde ich vielleicht in der ersten. Wer soll sich da auskennen. In die Räume der Kabinenklasse führte mich durch geheime Türen und Absperrungen ein Page. Da er mich dann verliess, nützte ich die Freiheit, mich zu verirren. Die Kabinenklasse ist schon viel besser und komfortabler und die Absperrungen von ihr zur ersten sind, wie ich sah, nicht so streng. In der Kabinenklasse reisten auch Priester. Selbst die Kirche weiss, was sie ihrem Ansehen schuldig ist. Ich verirrte mich also und verbrachte eine Stunde in der ersten Klasse, inspizierte die Decks und die Gesellschaftsräume, nun wurde ich wieder mit »Sir« angeredet und von den Schiffsoffizieren gegrüsst, aber im Grunde war es in diesem Bereich ebenso langweilig wie in dem der Touristen. Nur einige Läden auf dem Main-Deck beeindruckten mich, ein tolles Blumengeschäft, ein Parfümverkauf mit Riesenpackungen für Amerika und ein Modegeschäft, mit Kleidern von 2000 Mark aufwärts. Tatsächlich konnte ich nicht in meine Absperrung zurückkommen. Schliesslich fuhr ich mit einem Fahrstuhl zum Schwimmbassin und dort fand ich eine Tür »Verbotener Eingang«, die auf den Weg zu mir führte.

Zu Mittag gab es heute wieder ein unerhört reichliches und sehr gutes Essen: Oliven, rohe Sellerie, Radieschen, Salami, Heringssalat, Butter / dann eine hervorragende Geflügelpastete, dann Lammkoteletts, Strohkartoffeln, echte haricots verts, gemischten Salat ohne Zwiebel, ohne Schnittlauch, dann die Käseauswahl, ein erstklassiges Eis und Trauben und Birnen. Und die Abendmahlzeit ist noch reichhaltiger. In der ersten Klasse muss eine Schiffsreise einer Mastkur gleichkommen.

Meine liebe Marion, ich werde nun auch diesen Brief schliessen. Hier kann man morgen Post frankieren lassen, aber ich weiss nicht, ob ich die Luftpostbriefe nicht besser selber in New York aufgeben werde. Auf jeden Fall sende ich dir am Mittwoch nach der Ankunft ein Telegramm. Meine Gedanken sind immer bei dir – Liebes Marionlein, die Zeit geht ja schnell vorüber! Wenn ich 6 Sonntage weg sein sollte, – einer ist ja schon vorbei. Ich habe dich sehr, sehr lieb, und du brauchst nichts zu fürchten! Wenn wir dies überstanden haben, wollen wir uns nie wieder für eine so lange Zeit trennen. Wir wollen dann ein sehr gemütliches Familienleben zu zweit oder viert[4] in der von dir angestrichenen Wohnung führen! Nur die Gewitter drohen. Und im übrigen habe ich das Gefühl, dass ich in Washington[5] Krach kriegen werde. Verstimmungen liegen jedenfalls in der Luft.

Mein nächster Brief wird aus New York oder schon aus Washington kommen, vier oder sechs Tage später als diese beiden ersten.

Sei nicht mehr traurig! Sei nicht verbittert!

Behalte mich so lieb, wie ich dich lieb habe!
dein Kopernikus

1 Geschrieben auf Luftpostpapier.
2 Schlafwagenabteil in Zügen. Es bietet Platz für bis zu vier Personen.
3 Der Schriftsteller und Lektor im Bruno Cassirer Verlag Max Tau lebte seit seiner Flucht aus Deutschland 1938 in Oslo. Immer wieder lud er das Ehepaar Koeppen – vergeblich – ein, ihn für einige Zeit zu besuchen.
4 Anspielung auf die beiden Hunde.
5 In Washington traf sich W. K. mit den Organisatoren seines Reiseprogramms (vgl. Brief 161, Anm. 4).

[157][1]

Dritter Brief von der Liberté
29. April 1958

Meine liebe, gute, schöne Marion,
ich will die Briefe, die ich dir an Bord geschrieben habe, doch lieber selber in New York aufgeben, da ich zu der Briefannahmestelle auf dem Schiff kein rechtes Zutrauen habe. Aber vielleicht irre ich mich, und dann wird dieser Brief als erster zu dir kommen. Herzliche Grüsse und liebe Küsse!

Morgen früh um sieben sollen wir in New York sein. Ich denke plötzlich recht verzagt daran und würde am liebsten mit der Liberté umkehren und dich in Paris treffen.

Mein netter Steward behauptet nun, ich könne mein Gepäck bei mir behalten und es durch einen Träger in die Zollhalle bringen lassen. Das ist mir sehr lieb, wenn es auch strikt den Anweisungen zu widersprechen scheint, die den Passagieren gegeben wurden. Nun, schlimmstenfalls werde ich mich dumm stellen – und hoffentlich mein Gepäck wiedersehen.

Das Meer ist sehr ruhig. Der Himmel grau und die Luft schwül. Wir sind jetzt ungefähr auf der Höhe von Rom. (New York liegt auf der Breite von Neapel).

Meine Absicht ist nun, nur zwei Tage in New York zu blieben, um mir dann in Washington Klarheit über den weiteren Verlauf der Excursion zu verschaffen. Auf keinen Fall werde ich mir dort einen Strick für weitere Tage um den Hals legen lassen. Du kannst mit mir rechnen und brav die Tage abstreichen.

Alles, alles Gute und ein tapferes Herz!
dein Kopernikus

1 Geschrieben auf Luftpostpapier.

[New York
30. April 1958]

GRUSS AUS NEUYORK KOPERNIKUS

[159]¹

1. Brief aus NEW YORK
30. April [1958]
mittags

Meine liebe Marion, heute müssen dir die Ohren geklungen haben: ich bin angekommen und denke ausschliesslich an dich. Also um 5 Uhr auf dem Schiff aufgestanden, um die Skyline zu sehen. Ich ging auf das Promenadendeck der ersten Klasse. Ein eiskalter Wind. Das deutsche |Schiff| Berlin², mit dem ich beinahe gefahren wäre, lief vor uns ein: winzig klein gegen die Liberté. Ja, man muss es sehen, um zu wissen was los ist, aber aufregend ist es nicht. Die Leute! Was die Leute nur immer haben. Also die Skyline vor dem Sonnenaufgang: lange nicht so imponierend, wie man sich das vorstellt. Wolkenkratzer, gewiss. Auf einen schmalen Raum, der Spitze von Manhattan zusammengedrängt, wirken sie wie ein grössenwahnsinnig gewordenes Dorf. Dahinter scheinen sich Schuppen auszubreiten. Dann die Midtown-Wolkenkratzer, wie Rockefeller Center usw. Eindruck enttäuschend. Schiff legt um 7 Uhr an. Dann warten, warten, warten. Aber es geht wohl nicht anders. Ich setzte mich in einen tiefen Sessel der ersten Klasse und hatte Geduld. Alle Leute sinnlos aufgeregt. Ärgerte mich nur, weil keinerlei Fragen nach Photoapparat.³ Hätte vielleicht deine Reise finanzieren können. Nachher immer klüger! Formalitäten bei mir harmlos. Gegen 10 Uhr verliess ich die Liberté. Ade, Frankreich! Riesiger Zollschuppen. Anscheinend Chaos, aber geordnet. Ging zum Buchstaben K. Glück, da wenige Ks. Ein junger harmloser Mann sprach mich an. War gekommen, um mich zu begrüssen. Wollte

199

mich gleich nach Washington verfrachten. Ich sagte: I have a appointment tomorrow. Er musste darauf hin telefonieren. Warf Pläne um. Ging aber. Er gab mir die Fahrkarte nach Washington. Eine Hoteladresse dort. Reservierte mir ein Zimmer hier. Brachte mich zu einem Taxi und verabschiedete sich. Im Taxi, das sehr roh und schäbig war, fand ich es nun doch aufregend. Ich war in New York. Immerhin! Schäbige Strassen. Vorstadt und Achtzigerjahre. Sympathisch: viele kluge Mischrassenhunde guckten aus den Fenstern. Auch Katzen. Weg nicht weit. Taxi aber 1 Dollar = 4,25 DM. Mein lieber Programmdirektor. Hotel Century, 111 West, 46 Street. 350 rooms each with private bath. Halle für mein Empfinden schäbig. Aber Kommen und Gehen wie in einem Bahnhof. Mein Zimmer bestellt, aber nicht frei. Irgendjemand verschwindet mit meinem Gepäck. Nun gut, ich will in 2 Stunden wieder kommen. Ich gehe. 5 Minuten zum Broadway. 10 zum Times Square. Leichte Orientierung. Aber alles keineswegs grossartig. Berlin? Ja und nein. Nicht der Kurfürstendamm, aber vielleicht die Friedrichstrasse 1890. Links und rechts unsagbare Ramschläden. Alle so angepriesen: Gestern 2 Dollar, heute nur 1. Kleider wie aus dem Amerikanerladen in der Sendlingerstrasse.[4] Wirklich. Massenartikel scheinen unerhört billig zu sein, sind es aber nicht, wenn man den Preis mal 4 rechnet. Aber für die amerikanische Menge ist es wahrscheinlich billig. Keine Qualität. Alles für schnellen Verbrauch und dann für den Orkus. Verblüffend ein Fenster mit nuttigster Reizwäsche von einer Ordinärität, wie ich sie in meinem ganzen Leben noch nicht gesehen habe und dies auf nackte Schaufensterpuppen gezogen. Alles grob. Ganz grob betonte Sexualreize. Frauen – bis jetzt – harte Gesichter, müde, aber krampfhaft auf »fit« gemachte Züge, alle arbeitend. Dann aber ganz tolle Figuren: Kleiderständer, die die neueste pariser Mode spazieren führen, aber wie von Emma gemacht, nur von einer Emma, die nicht zur Zurückhaltung, sondern zum Irrsinn tendiert. Und dazu unbeschreibliche Hüte! Ich hatte Hunger. Ging in eine Caféteria. Selbstbedienung. Verwirrend. Dachte, ein Steak soll gut sein. War aber das Londoner Gummisteak.[5] Dazu londoner grüne Bohnen. Preis: 1,15 Dollar = 4,60 DM. Ungefähr das billigste Angebot. Eine Frankfurter mit Kraut 0,80 Dollar = ca. 3,50. Ging zurück. Guckte bei Woolworth rein! (Alle Läden sehen wie Woolworth aus). War sprachlos. Eine ganze Abteilung falscher Zöpfe von den natürlichsten bis zu den grellsten Farben. Scheint grosse Mode zu sein. Und dann Hüte, nein, nein, nein, kleine plattgedrückte Blumenbeete, die jemand eine Nacht lang unterm Hintern gehabt hat und dies in stechenden Farben und für 3 Dollar. Geschenkt! Zurück ins Hotel. Ja, mein Zimmer. Im 16. Stock. Im Fahrstuhl merkst du nicht, dass er fährt. Nur Ziffern sagen dir, wo du bist. Ausgesprochen unheimlich! Überall Feuertüren. An meiner Zimmertür steht: Keep this door closed, this may save your life in case of fire. Sieht nicht vertrauenerweckend aus. Aus dem Fenster geht es 16 Stock runter auf eine Hinterfront. Keine Feuerleiter. Ausblick interessant: die Skyline von hinten. Wolkenkratzer, die sich vereinzelt über normalen berliner Häusern der 80er Jahre erheben. Ich habe, warum weiss ich nicht, ein Doppelzimmer. Nicht gross. Mittelschäbig. Kleines Bad. Radio und riesiger Televisionskasten. Boy drehte ihn gleich an. Ich fragte, wie stellt man ihn ab. Durch Knopfdrehung kann ich unter 6 – 8 Programmen wählen. Kostprobe war nicht ermunternd. Daddy, Wrightlys Gum is sooo good! Ein weinerliches Kind. Auf der Hotelstrasse junge Mädchen mit dicken Keulenbeinen. Fortbildungsschule oder sowas. Gar nicht lockend. Mein Zimmermädchen ist eine dickliche recht uninteressierte Negerin. Viel Neger auf den Strassen. Öffentlich: Gleichberechtigung!

Mit dem Wein, glaube ich, ist es aus. Für mich fängt die Prohibition an. Gemischte Gefühle! Ich schrieb mal für den Börsen-Courier eine Geschichte, die in New York spielt.[6] Es stimmt! Insofern hätte ich mir den Weg und dir den Kummer sparen können.

Ach, wie gern würde ich dich alles sehen lassen. Ich hätte dich sehr, sehr gern hier.

Du hättest mir zur Schiffsankunft schreiben können. Aber daran hatten wir nicht gedacht.

Hinter der Tür könnte immer ein Mörder stehen.

Sehr, sehr komisch alles. Aber nicht heiter.

herzlichst dein Kopernikus

Sandte dir Kabel vom Schiff bei Ankunft. Kostet 2,50 Dollar, über 10 Mark.

|Am Fenster ist ein ganz gefährlicher
Apparat. Ich glaube, ein Blitzanzieher.
Stimmen auf dem Gang klingen
immer wie Stimmen von Betrunkenen,
die äusserst gereizt sind.|

1 Geschrieben auf Luftpostpapier.
2 Das Passagierschiff Gripsholm wurde 1924 gebaut und verkehrte zunächst zwischen Göteborg und New York. Nach Umbauarbeiten (1949-1950) übernahm die Norddeutsche Lloyd das Schiff und benannte es in *Berlin* um. Am 15. Oktober 1966 wurde es außer Dienst gestellt.
3 Die einzigen überlieferten Reisefotos stammen aus Spanien, Griechenland und Frankreich. Wie schon die Rußlandreise (vgl. Brief 129) trat W. K. auch die Reise in die USA ohne Kamera an. Vermutlich versetzte er sie vor der Reise, wie schon einmal im Jahr 1953 (vgl. Brief 29, Anm. 1).
4 Straße in München.
5 Im September 1957 reiste W. K. für den Süddeutschen Rundfunk nach London und Den Haag. Da sich aus dieser Zeit keine Korrespondenz zwischen W. und M. K. erhalten hat, ist davon auszugehen, daß M. K. ihren Mann auf dieser Reise begleitet hat und der Anspielung auf das »Londoner Gummisteak« eine gemeinsame Erfahrung zugrunde liegt.
6 Gemeint ist der Text *Krise*. Zuerst in: *Berliner-Börsen-Courier* vom 27. November 1933, Nr. 547. (Auch in: *Gesammelte Werke. Bd. 3*, S. 111-117.)

New York

2. Mai 1958

Meine liebe Marion,

völlig erschöpft nachhause gekommen, habe ich mir erst einmal die schwitzenden Kleider ausgezogen, die Füsse von den brennenden Schuhen befreit und sitze nun in Unterhosen an der Schreibmaschine. Der Blitzanziehungsapparat vor meinem Fenster hat sich Gott sei Dank als Air-Condition erwiesen, eine Notwendigkeit. Es ist heute so schwül, dass ich es im Juni nicht auszuhalten fürchte. Gestern und schon vorgestern abend weinte |ich| und wirklich keine Krokodilstränen, weil du nicht mitkommen konntest, denn vieles, sehr vieles würde dir gefallen, aber heute meine ich doch, es wäre (wenigstens was ich alles tue) zu anstrengend für dich gewesen. London war ein Dorf dagegen! Ich meine damit die Entfernungen, die ich zu Fuss zurücklege. Ja, New York ist natürlich anders als der erste Eindruck, der auch wiederum stimmt, aber eben für die Times Square Gegend. Es gibt hier alles: wirkliche Eleganz, Solidät, Reichtum, neben Unschick, Aufgedonnertheit, Talmi und Armut. Vor einigen Läden würdest du verrückt! Süsse, flache Schuhe! Träume von hochhackigen, wie kleine rote Vögel. In gewissen Läden für umgerechnet etwa 60 Mark Kleider von wirklichem Dior-Stil. Und dann immer wieder Hüte, Hüte, Hüte! Ich kann mich an die alten Damen mit den Blumen-Omeletts auf dem Kopf nicht gewöhnen. New York ist die komischste und die unheimlichste Stadt, die ich kenne. Ich finde die Amerikaner so komisch, dass ich andauernd lachen muss. Aber unheimlich ist, dass man zugleich von jedem jedes erwartet, d. h. sein Überschnappen. Und es stimmt, New York ist auch gemütlich. Der Drugstore, in dem ich frühstücke, z. B. ist sehr gemütlich. Aber die Preise! Mein für hiesige Verhältnisse unerhört einfaches Frühstück – Orangensaft, Tasse Tee, Spiegelei, Toast und Butter – kostet umgerechnet etwa 3,50. Gestern und heute ass ich in Caféterien, schlecht und mittelschlecht, immer für Amerikaner billig, umgerechnet teuer. Toll das Durcheinander der Rassen. Und ihre Mischungen. Was entsteht ist eine neue, wie ich finde, schöne Art. Alle sehr selbstbewusst. Die Neger sind alles andere als demütig. Noch der Schuhputzer ist ein Herr. Dann ist New York wohl die Stadt, in der Damen mit Charme alt werden können. Ich spreche nicht von der »Mammy«. Sie ist der vorherrschende Typ. Aber daneben gibt es einen in Europa unbekannten Typus der älteren arbeitenden Dame, sehr selbstständig, sehr gut angezogen, das Haar meist raffiniert grau getönt, um dadurch das gepflegte und zurechtgemachte Gesicht jugendlich erscheinen zu lassen. Diese Damen sind durchaus nicht unerotisch. Gestern morgen war ich oben auf dem Empire State Building, 120 Stockwerke hoch, im Fahrstuhl saust es in den Ohren. Dann ein wirklich überwältigender Rundblick. Häuser etwa wie der Königshof wirken von dort oben gesehen wie kleine Hütten. In Pennsylvania Station löste ich mir meine Fahrkarte (Sitzplatz) für Washington. Auch dies verwirrend und ganz anders als bei uns. Das Warenhaus Gimbel – dann ein riesiger Woolworth mit einem Kosmetikstand wie die teuerste Luxusparfümerie. Ich ging gestern zuviel rum. War dann mit Joan Daves, der Agentin, verabredet. Sie führte mich in ihre Stammbar neben ihrem Office. Ausserordentlich gemütlich! Intellektuelles Publikum. Zu den Drinks wurden kostenlos ausgesuchte Leckerbissen gereicht. Daves war sehr nett. Wir lachten viel. Sie fand meine Eindrücke wieder sehr komisch. Wahrscheinlich war die Bar sehr teuer. Ich konnte nicht zahlen. Sie hatte ein laufendes Konto da und unterschrieb nur die Rechnung. Man nahm von mir kein Geld. Das soll typisch amerikanisch sein. Wirklich sehr grosse Gastfreundlichkeit. Bei uns fühlen sie sich dann – mit Recht – schäbig behandelt. Nachher weiss ich nicht, was mit mir los war. Ich wollte noch in das deutsche Viertel fahren, aber ich war so müde, die Füsse brannten mir so, dass ich im Hotel ins Bett sank. Heute früh war ich in der Unterstadt, am Washington Square, an der Battery. Fuhr mit einem Taxi zum Fulton-Fischmarkt. Der Fahrer hatte mich aber falsch verstanden und fuhr mich durch wirklich schreckliche Elendsviertel (die Bowery) zu einer Fischgrossmarkthalle. War nicht uninteressant, aber kostete 2 Dollar. Die Fahrt. Dann besuchte ich eine Bank und dann die Börse. Die Börse – die Stock Exchange in der Wall-Street – war eindrucksvoll und komisch. In rote, körperenge Kostüme gekleidete Blondinen, eine seltsame Mischung aus Lehrerinnen und Animierdamen, führen den Besucher und erklären ihm, wie er reich werden kann. Auch eine Mädchen-schule besuchte die Galerie und mit ihr zusammen sah ich mir kostenlos |Übrigens kann man hier viel kostenlos sehen z. B. die Television-Shows; an jeder Strassenecke werden einem Karten in die Hand gedrückt.|[2] einen Film über die Welt in 20 Jahren, gesehen aus der optimistischen Perspektive der Broke an. Die kleinen Mädchen schienen |an| eine herrliche Zukunft zu glau-ben. Draussen verkauften allerdings die Zeitungshändler mit gutem Absatz eine Broschüre »Another depression?«. Mittags in Wallstreet. Du stehst zwischen den Wolkenkratzern wie eine Maus unten auf dem Boden einer Kiste. Ich erholte mich auf einem alten Friedhof, der gegenüber der Börse ist. Drückendste Schwüle bei eigentlich klarem Himmel! Menschen! Menschen! Menschen! Ich konsumiere Eiscream-Soda, Fruchtsäfte, Eis-wasser in Massen, wie alle hier. Alkohol will ich meiden. Er ist sehr teuer und macht müde. Erschöpft. Und heute abend habe ich eine Karte für eine sehr abgelegene kleine Bühne, die die Einakter von Tennessee Williams[3] gibt. 64 Street. Aber man fin-det und erreicht jeden Ort sehr leicht. Nur ich kann nicht mehr zu Fuss gehen.

Übrigens wurde ich gestern telephonisch davon verständigt, dass ich nicht schon Freitag (heute), sondern erst Sonntag nach Washington zu fahren brauche, – weil die Büros des State De-partement ab Freitag mittag geschlossen haben. Nun eine Ver-abredung für Montag früh, und ich fahre Sonntag vormittag und bin dann am Nachmittag in Washington.

Dort soll es noch heisser sein. Und es wird von Tag zu Tag hei-sser.

Heute früh im Bett dachte ich wieder sehr besorgt an dich. Es ist ja eine lange Zeit! Hoffentlich finde ich in Washington einen Brief von dir vor. Bitte, bitte, lass es dir gut gehen! Du bist meine Liebe.

Wahrscheinlich werde ich ein paar gewöhnliche Briefe – nicht air mail – mit Drucksachen senden. Bitte, hebe die für mich auf. Sie sind wichtig für meine Arbeit und zu schwer für mein Gepäck.[4]

Ich bin herzlichst dein, dein, dein Kopernikus

1 Geschrieben auf Luftpostpapier.
2 Die handschriftliche Ergänzung steht am unteren Rand des Briefes.
3 Vgl. dazu W. K.s Erinnerung an die Aufführung eines Theaterstückes von Tennessee Williams in seinem Reisebericht *Amerikafahrt*: »Es war ein glühend heißer Mittag, und ich mußte an Tennessee Williams' Einakter ›Garden District‹ denken, den ich in New York in einer eindrucksvollen Inszenierung abseits vom Broadway gesehen hatte, und da war ein junger Mann aus dieser behüteten, märchenhaften Welt des Garden District, durch die ich ging, ein Erbe aus diesen Säulenhäusern, Sklavenhaltervillen, Treibhausgärten an einem Strande von Negerkindern gejagt, erschlagen, zerrissen und gefressen worden.« (Vgl. *Gesammelte Werke. Bd. 4*, S. 364/365.)
4 Im WKA haben sich nur wenige dieser Prospekte und Magazine erhalten u. a. *New York Restaurant Guide*, *The Staten Island Ferry*, *The Hotel Algonquin, New York* und *Wegweiser für Amerika-Reisende*.

[161][1]

Washington DC
5. Mai 1958

Mein liebes, mein braves, mein gutes Marionlein,
ich habe geweint, als ich deinen ersten Brief[2] las, beinahe schon im Büro des Mannes, der mir ihn gab, und der zweite hat mich jetzt im Hotel etwas beruhigt. Danke dir! Ich bitte dir alles ab, was ich in Paris vermutete! Das war ja wirklich höllisch! Und dann noch Karl John! Ach, ich *konnte* ja in Paris auch nicht die

Wahrheit ahnen! Die französischen Telephondamen sagten nur immer: non repond, keine Antwort. Mein Liebes!

Inzwischen wirst du schon viele Briefe von mir bekommen haben. Lass dir weiter berichten. Meine Ankunft gestern in Washington war eine Katastrophe. Sonnabend abend noch das Leben auf dem Times Square. Gewaltige Mengen von Landbewohnern. Und dann Kinder. Sie sind hier wirklich die Könige. Aber die Stadt machte doch sehr müde. Das Theater – der Tennessee Williams – war grossartig. Sehr auf excentrisch gespielt. Intellektuelles, meist jüdisches Publikum. Sonnabend vormittag war ich kurz in Harlem. Wieder rein Chaplin-hafte-Erlebnisse. Ich musste u. a. einem Negergottesdienst bis zu Ende beiwohnen und mitsingen, weil mich wahnsinnig freundliche Neger eingeladen hatten, doch nicht bei der Tür stehen zu bleiben, sondern – leider ganz vorne – Platz zu nehmen. Ja, und dann am Sonntag nach Washington. Erst noch alles gut. Ich reiste im Parlor Car.[3] Unerhörter Luxus für unsere Begriffe. Vor jedem Fenster nur ein drehbarer und versenkbarer Zahnarztsessel. Air conditioned. Extra Damen-Salons. Sehr sittlich. Erstaunliches Landschaftsbild. Wird vom Auto beherrscht. Man denkt, die Automobile sind die wahren Bewohner. Wohnwagenstädte. Siedlungen spiessigster Art. Dann Industrie. Dann nahe dabei – Wildnis. Einfach Wildnis.

Himmel bezog sich. Wurde schwarz. Ungeheures Gewitter. Dachte Faradayischer Käfig. Er bewährte sich. Die Blitze knatterten auf dem Dach. Schliesslich fand ich es ganz interessant. Herren, die wie Senatoren aussahen und es wohl waren, bestellten sich beim Negerdiener Whisky. Ich dachte, ich warte bis Washington, bis zum Abend. Ein Fehler! In Washington stieg ich aus meinem künstlich kühl gehaltenen Wagen. Es war wie ein Hammerschlag. Ich dachte, ich falle um. Eine Schwüle wie ein Sack heisser Watte. Im Nu war ich in Schweiß gebadet. Vor dem Bahnhof Taxiknappheit. Mehrere Parteien stiegen immer in einen Wagen. Ich bekam keinen, weil ich in die falsche Richtung fahren musste. Der Himmel schwarz. Beginnender heisser

Regen. Wie eine heisse Brause. Schliesslich Taxi zusammen mit einem Westpoint-Kadetten. In heisse Watte gepackt. Die ersten Blitze. Der Kadett steigt aus. Der Neger-Fahrer fährt mich weiter und weiter. Er fährt mich ins Grüne, er fährt mich über einen Fluss. Ich glaube, nicht mehr atmen zu können. Endlich das Sheraton Park Hotel. Eine Luxus-Karawanserei in einem Dschungel. Irrer Betrieb. Anstehen nach dem Zimmer. Hochmütige Neger tragen Koffer nicht unter einem Dollar. Ich bekomme das für mich bestellte Zimmer. Ein Doppelzimmer hoch über grünem Dschungel. Ich lese das Preisschild: 40 Dollar. Ich telephoniere. Bedauern. Man würde mir einen Boy senden und ein anderes Zimmer geben. Boy kommt nicht. Entsetzliche Hitze. Ich versuche den Kühlungsapparat anzustellen, aber es gelingt mir nicht. Schliesslich gehe ich wieder zum Empfang. Man hat mich vergessen. Der Mann, mit dem ich telephoniert hatte, war nicht zu finden. Schliesslich ja, ein anderes Zimmer. Boy kommt, trägt für neuen Dollar meine Koffer. Wieder ein Doppelzimmer. Noch schöner, noch grösser, wieder 40 Dollar. Ich jetzt wütend. Telephon. Man versteht mich nicht. Ich verstehe sie nicht. Grosse Konfusion. Neues Gewitter. Ich will schliesslich ergeben auspacken, da kommt ein neuer Boy. Irrtum. Boy trägt für einen Dollar meine Koffer in ein anderes Zimmer. In diesem Zimmer liegen Kleider. Es ist bewohnt. Wieder Irrtum. Boy trägt meine Koffer in die Halle. Ich Nervenzusammenbruch. Neuer Boy, neuer Dollar. Wieder Zweibettzimmer, aber nicht Air conditioned. Die Sackschwüle. Aber ein riesiger, krachender Ventilator. Ich könnte dieses Zimmer für den Extrapreis von 20 Dollar haben. O. K. Ich packe aus. Sehe dann viele Türen. Öffne sie. Badezimmer, gut. Ein riesiger Raum mit Herd, Spültisch und Eisschrank. Ein riesiger Salon. Es war eine Residenz-Suite, für Leute, die monatelang im Hotel wohnen. Fernsehapparat vom Bett zu bedienen. Ich wechsele das triefende Hemd. Nun will ich einen Whisky trinken. Ich frage nach der Bar. Man schaut mich an, als hätte ich nach dem Puff des Hauses gefragt. No Bar, no drinks. In Washington wird kein

Alkohol ausgeschenkt. Ich will weggehen. Weit und breit nur regentriefendes Grün. Durch dieses Grün fährt eine Art Ausstellungseisenbahn mit ernsten Senatoren und ihren Gattinnen drauf. Die Bahn fährt nirgendswohin. Nur so durch den Park. Neues Hemd nass. Neuer schwarzer Himmel. Furchtbares Unwetter. Ich gehe zurück ins Hotel. Ich gehe, was soll ich tun, ich hatte bisher nur gefrühstückt, jetzt war |es| 7, in den Speisesaal. Filmpompös. Kerzen. Musik. Der Oberkellner spricht mich an und ist aus Heidelberg. Nicht angenehm. Aber smart. Verdient mehr als ein deutscher Minister. Er sagt, es gebe heute abend das kalte Buffet. Ich nehme mir wie die ernsten Senatoren und ihre Damen zwei Teller. Ich gehe dann am Buffet lang und bekomme riesige Mengen von Salaten, Fleisch, Fischen, Früchten auf meine Teller geladen. Der deutsche Kellner führt mich zu einem Tisch. Er sagt, ich könne Dortmunder Bier haben. Ich weiss, es wird das teuerste Bier und Essen meines Lebens sein. Also gut. Der deutsche Kellner sagt, er habe Adenauer bedient und Erhard und Strauss. Sie haben alle im Sheraton Park Hotel gewohnt. Das Dortmunder Bier ist schön kalt. Draussen scheint mit Sturm und Blitz die Welt unterzugehen. Die Senatoren trinken nicht, aber sie essen. Ich schaffe meine Teller nicht. Der deutsche Kellner bringt aber noch einen dritten Teller mit Süssigkeiten. Alles ist gänzlich unwirklich. Ich will zahlen. Aber das kann man nicht. Viel zu unfein. Man unterschreibt irgend etwas. Ich sinke unter meinem kreischenden Ventilator ins Bett und verfluche den Süden.

Heute früh kühler und Regen. Frühstückssaal: die Kellner in weissen Anzügen (Neger) sehen wie Irrenwärter aus. In der Halle haben sich Damen mit merkwürdigen Damenhüten hinter lange Tische gesetzt, auf denen das Schild Oil Corporation steht.

Ich fahre zu den Ämtern. Wieder Taxinot. Eine Negerchauffeuse. Sie nimmt unterwegs noch andere Fahrgäste auf. Die mir angegebenen Herren sind nett. Aber ich muss kämpfen. Sie wollen ihre 60 Tage haben. Ich siege darin. Dann will man mir einen Dolmetscher geben. Hätte zwar auch Vorteile, aber ich will nicht. Dann die Reiseroute.[4] Im grossen und ganzen ja. Um ein paar mal fliegen, komme ich nicht herum. Santa Fé – Los Angeles. Chicago – Boston. Boston – New York. Und dann – hier musste ich nachgeben – noch einmal Washington per Flugzeug. Sie wollen unbedingt die Eindrücke dieses sonderbaren Gastes hören. Übrigens sind sie recht gut über mich unterrichtet. Glaubten das Sheraton Park Hotel mir antun zu müssen. Ich erzählte ihnen meine Abenteuer und wir kamen überein, dass ich wegen der dauernden Taxifahrten zur Stadt umziehe. Das tat ich eben. Ich wohne nun sehr angenehm und billig im Fairfax-Hotel in der Stadt. Habe aber wieder ein Appartement mit Küche: Herd, Eisschrank, Spültisch. Doch keinen Fernseher. Aber Air conditioned und eine Bibel. Ich fühle mich hier wohler. Ich muss bis Freitag hier bleiben. Dann nach New Orleans, wo es noch heisser sein soll.

Meine gute Marion, lassen wir es weiter bei der angegebenen Adresse. Es ist das beste. Die wissen, wo ich bin, und sie werden mir die Post gut nachsenden. Jetzt giesst es. Übermorgen bin ich zur Pressekonferenz des Präsidenten geladen. Das ist natürlich interessant.

Die Ankunft in Washington war furchtbar. Aber im ganzen gefällt mir auch sehr viel. Und es bleibt dabei: ungeheuer komisch und etwas unheimlich.

Bleibe so brav wie du bist – und der Tag meiner Rückkehr wird ein schöner Tag sein!

Ich bin dein! |Immer dein| Kopernikus

1 Geschrieben auf Luftpostpapier.
2 Die Briefe M. K.s nach Amerika sind nicht erhalten.
3 Salonwagen Erster Klasse im Zug.
4 W. K.s Programm sah folgende Stationen vor [handschriftliche Zusätze von W. K.]:
 »U. S. Itinerary for Mr. Wolfgang Arthur KOEPPEN of Munich, Germany,

free lance writer and a participant in the Foreign Leader Exchange Program of the International Educational Exchange Service of the U. S. Department of State. Program arranged by Mr. Henry Lunau

Friday, May 8, |1.30| 6.30 p.m., Eastern Standard Time: Leave Washington on Southern Railroad Train 37. Roomette 1 in Car S-28 has been reserved for you.

Saturday, May 10, 7.25 p.m., Central Standard Time: Arrive New Orleans. Louisiana. Please take a taxi to your hotel. Reservations have been made for you at the: Columns Guest House, 3811 St. Charles Avenue. In New Orleans, your local sponsor will be: Department of State Reception Center, Mr. Michael Buzan, Jr., Director Masonic Temple Building, 333 St. Charles Street, Telephone: EXpress 2189 |Montag früh|. You may expect a message at your hotel form Mr. Buzan's office.

Wednesday, May 14, 8.35 a.m. CST: Leave New Orleans on Missouri Pacific Railroad Train 303. You have reserved accommodations on this train.

6.10 p.m., CST: Arrive Houston, Texas. Please change trains here.

6.45 p.m.,CST: Leave Houston on Santa Fe Railroad Train 66. Lower Berth 3 in Car 14 has been reserved for you.

Thursday, May 15, 3.55 p.m., MST: Arrive Belen, New Mexico.

4.00 p.m., MST: Leave Belen on the railroad bus wich will meet your train. The fare is included in your rail ticket.

4.55 p.m., MST: Arrive Albuquerque, New Mexico. Please take a taxi to your hotel. Reservations have been made for you at the: Park Lane Hotel, 1701 Central Avenue, N. E. |Santa Fe [Sheriff] Naumann|. In Albuquerque, your local sponsor will be: Miss Wilma Shelton, Chairman, Hospitality Committee, 4117 Mackland Avenue, N. E., Telephone: ALpine 5-3169. If there is no message for you at the hotel, please contact Miss Shelton at your earliest convenience.

Monday, May 18, 3.25 p.m., MST: Leave Albuquerque on Trans World Airlines Flight 97. Dinner will be served on the plane.

7.00 p.m., Pacific Daylight Time: Arrive Los Angeles, California. Please take an airport bus to your hotel. Reservations have been made for you at the: Biltmore Hotel, 515 S. Olive Street. In Los Angeles, your local sponsor will be: |Farmens Market| |hingehen ab 9.30| Los Angeles World Affairs Council, Mr. Walter P. Coombs, Executive Director, 450 General Petroleum Building, 612 South Flower Street, Telephone: MAdison 9-3194. If there is no message for you at the hotel, please contact Mr. Coombs' office Tuesday morning, May 20.

Thursday, May 22, 7.15 a.m., Pacific Standard Time (8.15 a.m. Pacific Daylight Time): Leave Los Angeles on Southern Pacific Train 98. You have a reserved seat on this train.

6.00 p.m., Pacific Daylight Time: Arrive San Francisco, California. Please

take a taxi to your hotel. Reservations have been made for you at the: |wenn
Wetter schön Marc Hopkins Hotel Dach-Bar| Hotel Canterbury, 750 Sutter
Street. In San Francisco, your local sponsor will be: Department of State Reception Center, Mrs. Ambrose Diehl, Director, 108 Federal Office Building,
Civic Center. Telephone: KLondike 2-2350. |am nächsten Morgen Mr. Scar-
beck|. Please contact Mrs. Diehl's office on Friday morning, May 23.

Monday, May 26, 10.25 a.m., PDT: Leave San Francisco on Western Pacific
Train 18 (›The California Zephyr‹). You have reserved accommodations on
this train.

Tuesday, May 27, 5.40 a.m., Mountain Standard Time: Arrive Salt Lake City,
Utah. Please take a taxi to your hotel. Reservations have been made for you
at the: Temple Square Hotel, 75 W.S. Temple Street. In Salt Lake City, your
local sponsor will be: Brigadier General H. L. Ostler, 1775 South 13th Street,
E., Telephone: HUnter 5-5549. If you should need any assistance, you may
contact General Ostler.

Wednesday, May 28, 6.00 a.m., MST: Leave Salt Lake City on Denver, Rio
Grande and Western Train 18 (›The California Zephyr‹). You have reserved
accommodations on this train.

Thursday, May 28, 2.00 p.m., Central Daylight Time: Arrive Chicago, Illinois.
Please take a taxi to your hotel. Reservations have been made for you at the:
St. Clair Hotel, 162 East Ohio Street. In Chicago, your local sponsor will be:
|Büro noch vor 5.00 p.m.| Institute of International Education, Mrs. Clifton
Utley |Atley|, Director, 116 South Michigan Avenue, Telephone: CEntral 6-
8232. Please contact Mrs. Utley's office at your earliest opportunity after ar-
riving in Chicago. We understand that you wish to visit Beloit, Wisconsin
sometime during your stay in Chicago. Details on this will follow.

Thursday, June 5, 8.40 a.m., CDT: Leave Chicago (Midway Airport) on American Airlines Flight 602. A box lunch will be available at the airport.

1.45 p.m., Eastern Daylight Time: Arrive Boston, Massachusetts. Informa-
tion on your hotel accommodations will follow. In the Boston/Cambridge
area, your local sponsor will be: Mr. J. Hampden Robb |Lenox-Hotel, Boyls-
ton/Exeter Str.| University Marshal, Wadsworth House, Harvard University,
Telephone: KIrkland 7-7600, extension 2144. Please contact Mr. Robb's office
sometime during the afternoon.

Tuesday, June 10, 9.20 a.m., EDT: Leave Boston on American Airlines Flight
201.

12.05 p.m., EDT: Arrive Washington. Please take an airport limousine to your
hotel. Reservations have been made for you at the: Presidential Hotel, 900-
19th Street, N.W. Please telephone our office after you arrive at your hotel.

Wednesday, June 11 4.00 p.m., EDT: Leave Washington on Pennsylvania Railroad Train 152 (›The Afternoon Congressional‹).

7.35 p.m., EDT: Arrive New York City (Pennsylvania Station). Please take a taxi to your hotel. Reservations have been made for you at the: Wellington Hotel, 55th Street at 7th Avenue. In New York, your local sponsor will be: Department of State Reception Center, Mrs. Grace Belt, Director, Room 1424, 250 West 57th Street, Telephone: JUdson 6-2000. Please contact Mrs. Belt's office on Thursday morning, June 12.

Thursday, June 18: We understand you plan to leave New York for home and will take care of confirming or changing your flight reservations. Please advise us, if necessary by phone or telegram, what arrangements you have made for your return travel.

BEST WISHES FOR A VERY PLEASANT TRIP!

|Albu: Hilton El Fidel 2.00 Franciscan, Belen, Kuhn 30, Hilton 80, Beloit|«.

(WKA)

Die eindrucksvolle Kulisse der »Marc Hopkins Hotel Dach-Bar« beschreibt W. K. im Reiseessay ausführlich: »Verweilen mochte man wohl auf dem Top of the Mark, der Turm-Bar des höchsten Hotels auf dem höchsten Hügel von San Francisco, einer Sensation des Nachtlebens und des Fremdenverkehrs. Man schwebte wie in der Gondel eines Ballons über der schönen Gemeinde. Vergnügte, gutgekleidete Gäste. Man speiste französisch. Man lachte und schwätzte und schaute mit Ausrufen hellen Entzückens in die glanzvolle Nacht, auf die rumorende, wirbelnde, über Berg und Tal laufende Stadt, blickte zur Bay, um die sich die Lichter ihrer Ufer wie leuchtende Perlenschnüre zogen, man erkannte den Ozean an den Raketenzeichen der Schlachtschiffe und Militärflieger, man trank den Cocktail und vergaß, daß die Erde trotz aller Lichter ein dunkler und unerforschter Stern war.« (Vgl. *Amerikafahrt.* In: *Gesammelte Werke. Bd. 4*, S. 412.)

[162][1]

[Washington]

6. Mai 1958

Mein liebes Marionlein,

mein Reiseplan steht nun ziemlich fest. Ich gebe ihn dir hier, damit du immer weisst, wo ich bin.

Freitag, 9. Mai abends, mit Zug nach New Orleans, Louisiana. Sonnabend abend Ankunft in N. O.,

Mittwoch, 14. früh Abreise mit Zug nach Albuquerque, New Mexico

Donnerstag nachmittag Ankunft in Albuquerque.

Bis Montag, 19. Aufenthalt in Albuquerque und Santa Fê (Indianer-Reservation).
Montag per Flugzeug (über die Wüste) nach Los Angeles.
Donnerstag, 22. mit Zug nach San Francisco
Montag, 26. mit Zug nach Salt Lake City, Utah.
Dienstag Ankunft in Salt Lake City.
Mittwoch mit Zug weiter nach Chicago.
Am Sonntag, 1. Juni wahrscheinlich Besuch bei Stallmeister (1011 Harvey street, BELOIT, Wis. – dahin könntest du evtl. schreiben)
dann mit Flugzeug nach Boston und Cambridge
evtl. mit Auto nach Concord
dann leider am 10. Juni von Boston mit Flugzeug nach Washington
am 12. oder 13. Juni irgendwie nach New York.

Am 19. wohl Abflug zu Marion.

Kenner sagen, ich würde sehr erschöpft sein. Allein schon wegen des dauernden starken Klimawechsels.

Morgen früh gehe [ich] zur Pressekonferenz von Eisenhower ins Weisse Haus.

Gestern abend wollte ich mir einen gemütlich häuslichen Abend im Hotel machen mit Eisschrank, Herd und Küche. Leider missglückte der Abend völlig. Mit meinem Essen steht es überhaupt schlecht. Unter 4 Dollar bekommst du keine anständige Mahlzeit. Heute aber habe ich frische Erdbeeren im Eisschrank stehen.

Stallmeister hat mir einen rührenden Brief geschrieben. Er fleht mich gradezu an, zu kommen. Rosi hätte schon den Tapezierer bestellt. Der arme Stallmeister!
Vorhin rief mich der äusserst sensationierte Bruno E. Werner[2]

an. Wollte mich morgen in einen Club zum Essen einladen. Geht aber von mir aus nicht. So vielleicht übermorgen.

Washington ist kein Vergleich mit New York. Viel, viel Grün. Ein ins Weite und in wirkliche Grösse gezogenes Bonn. Aber eine echte Demokratie! Das ist nicht zu leugnen.

Streiche nur fleissig ab!

Ich bin dein, dein, dein Kopernikus

|Und iss *Spargel*!|

später: ich konnte den Brief nicht einwerfen, da es wieder goss, und ich wegen morgen früh nicht durchnässen wollte. So ass ich hier für 4,50 Doller = ca. 20 Mark ein völlig rohes Hammelkotelett mit einer riesigen, in der Schale gebackenen süssen Kartoffel, die wie erfroren schmeckte, aber künstlich so gezüchtet war. Mir geht es hier allmählich mit dem Essen wie dir in Madrid. Dazu gab es Eiswasser. In Mengen. Oder Kaffee. Auch in Mengen. Mein Hotel ist noch strenger als das Sheraton Park – hier gibt es gar keinen Alkohol, nicht einmal Dortmunder Bier, die kleine Flasche für 5 Mark.

1 Briefbogen: The Fairfax. Washington's Family Hotel. 2100 Massachusetts Avenue N.W. Washington 8, D.C.
2 Bruno E. Werner, Publizist und Feuilletonleiter der *Neuen Zeitung* in München. Werner war mit Koeppens seit Anfang der fünfziger Jahre bekannt und unterstützte M.K.s schriftstellerische Versuche insofern, als er eines ihrer Gedichte, *Die Netze leer*, in der *Neuen Zeitung* vom 23. Juli 1951 veröffentlichte: »Einsam auf einer Insel, / Sitzend zwischen den Trümmern geborstener Schiffe, / Um mich / Nichts als Moder und Algengestank. / Klöster, Zitadellen – / Turmhohe Wellen / Treiben schaukelnd dich kleines Boot. / Die dich liebten sind tot. / Möwen flattern durch hohle Fenster, / In dem Licht des Blitzes weiße Gespenster, / Schreien sie ein Echo der Klage. / Vergangen die schönen Tage. / Quallen kleben am fauligen Holz. / Verloren die Jugend, begraben der Stolz. / Die Netze der Fischer bleiben leer. / Als kleiner Seestern schwimme ich hinter dir her.« (WKA)

215

[163; handschriftlich; Ansichtskarte: »The Fairfax.
Washington's Family Hotel«]

[8. Mai 1958]

Ein herzlicher Gruss ohne Luftpost
von Deinem Kopernikus
8.5.58

[164]¹

Washington
8. Mai 1958

Mein liebes, gutes Marionlein, ich empfing hier im Hotel deinen
lieben Brief vom 4. Mai und war wieder tief gerührt, besonders
über den traurig machenden Frühling und das blühende Mandelbäumchen. Ich glaube, wir lassen es bei der angegebenen
Postadresse. Die Briefe werden mich so am schnellsten erreichen; doch kann ich dir morgen, wenn ich meine Fahrkarten
bekomme, vielleicht auch noch ein auf der Route liegendes Hotel nennen.

Gestern abend um 10 wurde mir bewusst, dass es bei dir schon
4 Uhr morgens war und welche Entfernung uns doch trennt.
Das stimmte mich sehr traurig, und wenn ich erst in Kalifornien
sein werde, dann ist, wenn du um 8 Uhr aufstehen solltest, bei
mir erst 11 Uhr am vorigen Abend. Aber die Sonne geht bei dir
wie bei mir auf und unter, und wir zählen beide die Tage.

Morgen, Freitag, werde ich nun nach New Orleans reisen, den
südlichsten Punkt, wo ich am Sonnabend nachmittag ankommen werde. Hoffentlich wird die Hitze zu ertragen sein. New
Orleans ist geographisch etwa Kairo. Hier ging es in den letzten Tagen, da es andauernd regnete, und die Leute fanden es
kalt. Aber heute vormittag gingen plötzlich die Wolken weg,
und eine sehr grelle Sonne stach vom Himmel. Alles war gleich
aquariumgrün, wenn auch ohne Palmen, was merkwürdig ist.
Washington entspricht Neapel, hat aber garnichts italienisch

Südliches. Es ist eher ein England unter heisser Sonne. Und auch der Präsident wohnt in seinem Weissen Haus einerseits wie auf einem englischen Landsitz und andererseits wie in einem tropischen Aquarium. Das jedenfalls, wenn er zum Fenster hinausschaut.

Heute mittag stand ich hier vor einem eleganten, sehr teuren Laden, der echte französische Kleider verkauft. Da war nun wirklich dein Kostüm zu sehen, und ich glaube, man könnte es für den Herbst retten. Und wahrscheinlich müssen doch viel, viel grössere und weisse Knöpfe raufgesetzt werden. Leider fürchte ich, dass ich dir von all den oft sehr schönen Sachen, die ich hier sehe, nichts werde mitbringen können. Erstens sehe ich mich tatsächlich mit meinem Geld nicht auskommen. Die Amerikaner nehmen ganz selbstverständlich an, dass mich der Funk mit einer guten Reisekasse versehen hat, und ich kann ihnen da auch die Wahrheit nicht sagen. An Andersch müsste ich schreiben, aber ich kann mich nicht dazu entschliessen. Doch davon abgesehen – Schuhe oder Blusen, die manchmal selbst in der billigeren Preisklasse sehr nett sind, kann ich ja wegen des wahrscheinlich nicht passenden Sitzes nicht mitbringen. Zumal sie hier mit anderen Grössen rechnen. Oft sieht man deinen Gondoliere hut in meist stechenden grünen oder rötlichen Farben, manchmal mit einer kühn in den Himmel ragenden Blume. Bei Blusen ist sehr die Marine Mode und immer mit locker gebundenem Schifferknoten.

Überlege dir bitte, was wir tun wollen, wenn ich wieder da bin. Ich bin in Versuchung, nicht mit der Lufthansa, sondern mit der KLM zu fliegen. Ich hätte dann von Amsterdam sofort eine Verbindung nach München, und es ginge etwas schneller, als mit der Lufthansa. Aber ich kann mich noch nicht entschliessen. Eine grosse Störung all meiner Pläne ist es, dass ich noch einmal von Boston nach Washington fliegen muss. Hier muss dann das vollendete Treibhaus sein. Aber ich komme nicht gut darum herum.

Meine Briefe werden nun von morgen ab etwas länger unterwegs sein. Zunehmend bis San Francisco. Aber meine Gedanken sind sehr nahe bei dir, und ich werde häufig schreiben.

Morgen sende ich dir noch einige Drucksachen. Die sind *für mich* bestimmt! Hebe sie mir bitte auf, ich brauche sie für meine Arbeit.

Alles, alles Gute und tausend Küsse!
dein *Kopernikus*

1 Briefbogen: The Fairfax. Washington's Family Hotel. 2100 Massachusetts Avenue N.W. Washington 8, D.C. Dem Brief legte W.K. zwei Zeitungsausschnitte mit verschiedenen Kleidermodellen bei.

[165; handschriftlich; Ansichtskarte: »Castle Rock«]
[Arizona
10. Mai 1958]
Dein Kopernikus im Wilden Westen

[166; handschriftlich; Ansichtskarte: »Moss draped Oaks and Azaleas«]
[New Orleans]
11. Mai 1958
Herzliche Grüsse aus tropischer Atmosphäre!
Dein Kopernikus

Sonntag,
den 11. Mai [1958] in New Orleans
und recht unglücklich

Meine liebe, gute Marion,
auf der Fahrt hierher, auf der langen Reise dachte ich schon, als
es mir noch gut ging, wie weit ich mich doch von dir entferne,
und wie recht du hattest, ich solle es nicht tun.

Ich fuhr von Washington mit dem Zug in einer Roomette. Eine
Roomette ist ein Lokus. Tatsächlich. Es ist ein etwas grösserer
Lokus, in dem sich ausserdem noch ein Polstersessel befindet.
Nachts kann man mit einem sehr komplizierten, ja akrobati-
schen Vorgang, bei dem der Schaffner nicht hilft, ein recht be-
quemes Bett machen. Ich stellte mich wieder wie Chaplin dabei
an, und du wärest unter das Bett, wenn nicht unter den Zug
geraten. Und dann hatte ich irgendeinen Festmachehebel übersehen, und das ganze Bett klappte mit mir in die Wand zurück.
Diese Roomette hat etwas sehr Schönes: wenn es dir gelungen
ist, in das, wie gesagt, recht bequeme Bett zu kommen, kannst
du das Licht löschen, das Roulleau hochziehen, und du liegst
dann direkt vor dem breiten Fenster und guckst in die Nacht
hinaus. Dabei darfst du über dir einen Ventilator brausen lassen. Das ist aber auch alles an Vergnügen, und selbst dies deprimiert durch den Anblick, der sich dir bietet. Grün, Grün, Grün,
aber nicht südländisch, nicht italienisch, sondern wie ein wahn-
sinniges, allzu üppig wucherndes Holsteiner Grün. Darin Autos
und Autofriedhöfe. Erst dann Menschen. Und diese in weissen
Siedlungen und in schwarzen Siedlungen. Beide von einer hin-
reisenden Trostlosigkeit. Am Tag darüber ein entsetzlicher Gewitterhimmel. Das ist der Süden. Von dem Backofen, durch den
du fährst, merkst du airconditional berieselt zunächst nichts.
Du siehst nur die Hitze. Du sitzt verhältnismässig im Kühlen.
Aber du sitzt über 24 Stunden in einem Lokus. Das Fenster des
Lokus ist nicht zu öffnen. Kein Fenster im Zug ist zu öffnen.

Und mit dir reisen ernste Geschäftsleute und ein Heeresrabbiner der US-Army, und sie sitzen alle wie du eingesperrt in ihrem eigenen Lokus. Ein seltsames Kloster und wie von Saul Steinberg erfunden.

An den Haltestellen kannst du einmal zur Tür hinausgehen. Dann schlägt die Hitze wie ein Hammer auf dich ein. Weit darfst du dich nie vom Zug entfernen. Denn es gibt wohl eine Fahrplanbroschüre, aber du weisst nicht, wo du bist, nicht wieviel Uhr es ist, nicht, ob der Zug Verspätung hat. Warum nicht? Die Stationen nennen ihren Namen nicht. Auf keiner Station gibt es eine Uhr. Und gäbe es eine Uhr, müsstest du erst erkunden, welche Zeit sie anzeigt. Ich hätte beinahe meinen Zug versäumt, da ich nach der Washingtoner Daylight-Time zum Bahnhof gehen wollte. Der Zug fuhr aber nach der Eastern Standard Time. Auf dem Washingtoner Bahnhof herrscht eine andere Zeit, als in der Stadt. So ist es auf fast allen Bahnhöfen. Man wird aber nicht darauf aufmerksam gemacht, welche Zeit dort ist. Und manchmal – das ist nun ganz zum verrückt werden – fahren auch Züge nach der Ortszeit ab. Die Amerikaner ertragen diese Konfusion gelassen, kennen sich aber auch nicht mit ihr aus. Also ich wusste weder Zeit noch Ort, nur, dass wir wohl nach New Orleans fuhren. Aber selbst das war nicht sicher. An den Zügen, ja an den Wagen stehen schöne Namen. Mein Wagen hiess Bush River. Aber an keinem Zug, an keinem Wagen steht, wohin er fährt. Im Speisewagen z. B. fürchtet man immer, wenn eine Station kommt, dass nun der Speisewagen ganz woanders hinfährt als dein Schlafwagen. Niemand sagt einem das. Auf den Bahnsteigen gibt es nichts zu kaufen. Keine Zeitungen, kein Obst, keine Würstchen, kein Getränk. Da du nicht ahnst, wann der Zug weiterfährt, kannst du auch nicht in den Bahnhof hineingehen, um dir etwas zu besorgen. Auch die Amerikaner wagten es nicht. Ich beriet mich einmal mit dem Rabbiner. Auch er wollte eine Zeitung haben, fand das Unternehmen aber zu riskant. Du bist also auf den (für mich) teuren Speisewagen angewiesen. Preise: Mark = Dollar. Etwa 2 Spiegeleier mit Brot

1,50 Dollar. Dann wieder im Lokus. Niederdrückend. Aber draussen braute sich nun ein Unwetter zusammen. Einer der Mexiko-Golf Gewitterstürme. Obwohl ich wusste, dass es mir nicht gut tat, liess ich das Roulleau nicht hinunter, sondern guckte es mir an. Faszinierend und höllisch. Schwarze, bis zur Erde hängende Schleierwolken. Dahinter dann ein Himmel von einem leuchtenden Grau. Und dann eine in Feuer getauchte Sündflut, in der Bäume wegzufliegen scheinen. Gott sei Dank hatte ich, vorsichtig geworden, Whisky bei mir. Dies ereignete sich, als wir durch das Mississippi-Delta schlichen. Manchmal fuhren wir auf schmalen, geländerlosen Stegen eine Viertelstunde lang über Wattenmeere. Na, es war unsagbar. Schliesslich erreichten wir mit 3 Stunden Verspätung New Orleans. Hier Ärger mit meinem viel zu schweren Gepäck. Ich hatte es einem Träger gegeben. Der Träger kam nicht, wie verabredet, zum Taxistand. Ich wollte schon zur Polizei gehen. Da kam er ganz gemütlich. Hatte noch was anderes getan. Inzwischen waren aber alle Taxis weg. Und noch immer Gussregen und manchmal Blitz und Donner. Und die Luft wie ein heisser feuchter Wickel. Fahrt zum Hotel endlich. Ich war schon misstrauisch gewesen. Man hatte mir gesagt, in dem Hotel sei kein Zimmer zu bekommen gewesen, daher habe man mich in Collumns Gästehaus untergebracht. Es läge aber auch mitten in der Stadt. Fahrt durch Regen und Gewitter mit einem mürrischen Fahrer. Gegend immer ländlicher. Schliesslich das Haus in einem Park am Mississippi. Säulen, Veranden, Schaukelstühle, weiss. Ein Besitzer wie von Faulkner. Altes Kolonialhaus. Ein Riesenzimmer. Aber keine Klima-Anlage. Schwere, heisse Luft. Der Mann öffnet ein Fenster. Stellt einen Ventilator an. Hilft nichts. Neues Gewitter. Ich frage, wie weit es zur Stadtmitte sei. Mit dem Auto eine halbe Stunde. Ich Nervenzusammenbruch. Gehe dann völlig niedergebrochen zu Bett. Schlafe auch in der Hitze ein. Dann – ein Mückensummen vor meinem Gesicht. Nur schärfer, lauter. Ich merke, dass ich gestochen bin. Ich mache Licht. Grosse Beulen auf der Hand und im Gesicht. Ich denke, Mosquitos. Das offene

Fenster. War ein Fehler. Vom Fluss hier Dampfersirenen. Ich schliesse das Fenster. Ich suche die Mosquitos. Finde sie nicht. Dann sehe [ich], dass sich etwas auf dem Nachttisch neben meinem Bett bewegt. Ein braunes Tier, doppelt so gross wie ein Maikäfer, braun und doch irgendwie froschartig. Ich war völlig entsetzt und schlage das Tier mit dem Reiseführer tot. Die Stiche schwellen weiter zu grossen Beulen an. Also gut, denke ich noch, das Tier ist nun tot, das Fenster ist geschlossen. Ich will das Licht wieder löschen, da sehe ich, dass es am Boden noch andere dieser Tiere gibt, die mich böse angucken oder sich grell summend in die Luft erheben. Neuer Nervenzusammenbruch. Auf meiner Uhr ist es zwei. Ich ziehe mich an, trete einige der Tiere tot und gehe hinunter in die Halle. Merkwürdigerweise ist der Mann noch auf und sieht fern. Ich erzähle ihm, was geschehen ist und zeige ihm meine Stiche. Er scheint das ganz normal zu finden. Er geht und holt eine Spritze und kommt dann in mein Zimmer. Er bespritzt die Tiere. Er sagt, die seien ganz harmlos. Die Stiche würden wieder weg gehen. Aber das eine rote Tier, das ich totgetreten hätte, da hätte ich Glück gehabt, dass ich nicht barfuss gewesen sei, mein Fuss wäre schon dick angeschwollen. Tatsächlich tötete die Spritze die Tiere, und der an sich freundliche Mann ging wieder. Ich konnte nun aber nicht mehr einschlafen.[2] Als ich es endlich konnte, weckten mich bald wieder Geräusche. Taubenartiges Gurren, aber viel lauter. Heftiges Flügelschlagen. Als ich hinaus guckte, sah ich truthahnähnliche grosse Vögel auf dem Gesims des Hauses sitzen und diese Laute von sich geben. Und schon wieder war es schwül. Ich stand auf. Baden konnte ich nicht. Es fehlte der Stöpsel an der Wanne. Im Haus schlief alles. Die Strasse war heiss und leer. Eine einsame Negerin. Ich fragte sie nach der Stadtrichtung, und sie wies sie mir. Dann sah ich, dass der Weg endlos sei. Eine weisse Frau stand an einer Haltestelle. Ich fragte sie, ob man von dort zur Stadt fahren könne. Sie sagte ja. Sprach dann mit mir. War Krankenschwester. Kam vom Dienst. Etwa 30 Jahre alt. Merkwürdigerweise konnte ich die Frau nicht wieder loswerden. Ich hatte mir einige Hotels aufgeschrieben aus dem Reiseführer. Die Frau sagte, sie könne mir die Hotels zeigen. Wir fuhren mit einer Strassenbahn. Die Frau erzählte vom Krankenhausdienst und dass sie Paris besucht habe. Ich fragte die Frau, wie spät es sei, da niemand auf der Strasse war. Die Frau sagte, es sei 6 Uhr New Orleans Daylight Time. Ich war also viel zu früh auf. Auch für die Hotels. Die Frau sagte, sie wolle mir die Altstadt zeigen. Nein, es sei kein Umweg für sie, sie wohne dort. Tatsächlich zeigte sie mir einige schöne Häuser. Als wir zu dem alten Hotel Monteleone kamen, wollte ich mich verabschieden. Aber die Frau wollte mir noch ihr Haus zeigen. Es sei ein altes französisches Haus mit einem Patio. Das stimmte. Der Patio – der Garten – war sehr schön. Üppige Agaven. Aber als sie mir dann noch ihre Wohnung zeigen wollte, wurde mir angst und bange. Meine Begleiterin schien mir das Fräulein Hermann von New Orleans zu sein. Ich verabschiedete mich energisch. Da schrieb sie mir ihren Namen und ihre Telefonnummer auf – falls ich mich einsam fühlen sollte. Auch das Krankenhaus und die Krankenhausnummer. Ich war sprachlos. Stand dann in den merkwürdigen und eigentlich unheimlichen alten Strassen von New Orleans. Das alte Monteleone nahm mich nicht auf. Aber das grosse und teure St. Charles. Allerdings nur bis Dienstag, und ich soll bis Mittwoch hier bliben. Jedenfalls zog ich aus dem Käferhaus aus. Der Mann blieb freundlich. Im St. Charles sitze ich nun wieder in künstlicher kühler Luft.

Gang durch die Stadt. Neapel, Palermo, Barcelona sind viel, viel schöner und interessanter. Diese Stadt ist nur deshalb faszinierend, weil sie in Amerika am Golf von Mexiko liegt und glühend heiss und unheimlich und voller Spannungen ist. Völlige Rassentrennung. Lokale für Weisse, Lokale für Schwarze. Verkehrsmittel für Weisse, Verkehrsmittel für Schwarze. Schlimmster Teil der Bevölkerung die armen Weissen. Unangenehme brutale Gesichter. So der Kellner im Drugstore. Im freundlichen New York hätte diesen Posten ein Neger. Hier darf der Neger ihn nicht haben. Der arme, nichtskönnende Weisse kämpft um sein Brot. Graue Strassen. Dann eine Negerstrasse. Auch grau. Auch die Neger verbittert und böse. Kein Kind erwidert ein freundliches Lächeln. Ich glaube, diese Strassen sind bei Nacht wirklich gefährlich. Im Hafen liegen die alten, breiten Mississippi-Raddampfer. Aber am Hafen wurde mir schlecht vor Hitze. Alles flimmerte. Ich werde mir, wenn nicht einen leichten Anzug, so doch einen Hut kaufen müssen. Man kann hier nicht ohne Strohhut gehen. Stechende Sonne. Dann wieder schwarzes Gewölk. Höllisch. Ich taumelte in eine Hafenbar. Sonntagmorgen. Trinker. Schwarze Trinker. Schwarze Bar. Ich wurde nicht bedient. That's the law, das ist das Gesetz – dies kurz angebunden, unfreundlich. Bar nebenan für Weisse. Weisse Trinker. Elendes Milieu. Ein Gin wie aus Pfeffer gebrannt. Mein Hemd war klatschnass. Man muss hier mindestens dreimal am Tag das Hemd wechseln. Leider zerbrach mein weisser Hemdwaschbügel. Ging nach dem Gin weiter. Es ging mir besser. Sah viele Strassen. Alle tief deprimierend. Schwere Gewitter am Himmel. Jetzt sitze ich im St. Charles. Es ist drei Uhr nachmittags und finster wie die Nacht. Wasserstürze, Donnerschläge. Ich sitze im künstlichen Klima. Fast zu kalt nach der entsetzlichen Schwüle draussen. Geht man dann wieder in die Schwüle hinein, empfindet man sie doppelt. Eine furchtbare Stadt. Eine anstrengende Reise. Sehr, sehr dumm von mir.

Mein liebes Marionlein, ich möchte lebend zu dir zurückkommen. Das ist mein einziger Wunsch. Am Mittwoch wird wohl der schlimmste Tag meiner Reise sein. Ich fahre da mit einem Tageszug nach Houston/Texas. In Houston soll es noch schwüler als in New Orleans sein. Und komme ich dort an, reise ich gleich mit einem Nachtzug – ohne Roomette – weiter nach Belen/New Mexiko, von wo ich mit dem Bus nach Albuquerque will. Aber da – hoffe ich – ist die Hitze dann nicht mehr schwül. Sonst schaffe ich es nicht.

Noch donnert es. Aber die stechende Sonne ist wieder vorgekommen.

Heute ist der 11. Ich nehme an, dass du diesen Brief am 16. haben wirst. Du könntest mir dann Luftpost Hotel Canterburry, 750 Sutter Street, San Francisco schreiben, wo ich am 22. Mai eintreffen soll oder St. Clair Hotel, 162 East Ohio Strett, Chicago, wo ich am 29. Mai bin.

Ach, Marion, bald ist es nur noch ein Monat. Ich werde es dir n i e vergessen, wenn du mir treu und brav geblieben bist!

Ich bin es dir!

Tausend Küsse dein Kopernikus

1 Geschrieben auf Luftpostpapier.
2 Vgl. *Amerikafahrt*. In: *Gesammelte Werke. Bd. 4*, S. 353/354: »Aber bald schwirrten Insekten um alle Lampen, summten durch die vom Ventilator geschlagene Luft, diskantierende, bösgesinnte Stechtiere, und große Käfer krochen, braunschwarz oder in allen Farben schillernd, über Fußboden, Nachttisch und Bett und glotzten mit Basiliskenblicken, nur noch auf den Schlaf des Reisenden wartend, so daß ich vom Lager wieder aufstand und in die große Halle hinunterging, wo ich den Wirt, lange nach Mitternacht noch immer wach, noch immer in seinem Schaukelstuhl, noch immer einsam und versunken beim Betrachten der Television, fand. Meine Klage verwunderte und berührte ihn nicht; er nahm eine Ungezieferspritze, folgte mir gleichmütig, sprühte eine scharfriechende Flüssigkeit über das Bett und wünschte mir eine gute Nacht. In der Morgenfrühe weckte mich das Gekicher ungewöhnlich großer Lachtauben, die plump und schwer auf den Gesimsen saßen. Die Insekten hatten sich zur Ruh versteckt.«

[168; handschriftlich; Ansichtskarte: »The St. Charles,
New Orleans, Louisiana«]

New Orleans

12. Mai 1958[1]

Liebste Marion,

ich denke heute den ganzen Tag sehr beunruhigt an dich – und
liebe dich sehr! Nur noch ein Monat!

Dein Kopernikus

1 Am selben Tag schrieb W. K. an Alfred Andersch. In diesem Brief klagt er
über sein knappes Reisebudget und die hohen Lebenskosten und führt eine
detaillierte Aufstellung seiner Ausgaben an: »Lieber Alfred Andersch, aus
Hitze, Schwüle, Gewitterstürmen, air-conditionaler Kühle, aus einem Barcelona ohne Charme, wo noch die Automatenrestaurants für white men only
sind, sende ich Ihnen herzliche Grüsse. Paris und der Bahnhof St. Lazare waren am schönsten, New York grossartig und gemütlich, und in Washington
begann der Ernst des Lebens und die grosse Schwüle. Dem Ernst konnte ich
mich entziehen, einen Dolmetscher lehnte ich ab, und so habe ich schon viel
erlebt, sehr viel gesehen, sehr viel im Gedächtnis behalten und könnte nach
Hause fahren. Doch liegt noch viel vor mir. New Mexico, der Westen, der
grosse Salzsee, Chicago, New York, nach dem ich mich sehne, und leider –
dem konnte ich mich nicht entziehen – werde ich am Ende noch einmal nach
Washington fliegen müssen, weil die freundlichen, erst zielbewussten, nun
etwas ratlosen Herren meine Eindrücke hören wollen. Vielleicht wollen sie
auch nur sehen, ob ich alles lebend überstanden habe. Von der Reisekasse des
Süddeutschen Rundfunks wird leider nicht viel übrig bleiben! Die meisten
Dinge des täglichen Bedarfs kosten in Dollar soviel wie in Mark. Man kann
einen sehr faden Cafeteria-Sandwich-Lunch für 1,50 Dollar haben, aber eine
richtige, wenn auch keineswegs üppige Mahlzeit ist kaum unter 3 Dollar zu
haben. Dann sehr hohe Trinkgelder, die für den kleinsten Dienst verlangt
werden. Auch Pannen mit den Hotels. In Washington hatte man mich im
Sheraton Park Hotel mit einem Zimmer für 30 Dollar empfangen. Ich protestierte und machte grosse Konfusion und konnte dann in eins für 20 Dollar umziehen. Und am nächsten Tag zog ich aus dem nicht uninteressanten
Sheraton ganz aus. Ins Fairfax, das 8 Dollar kostete. Hier in New Orleans
hatte man mir ein billiges Hotel besorgt. Das lag aber so ausserhalb der Stadt,
dass mich jeder Weg 2 Dollar für eine Taxe kostete. Ausserdem war es völlig
unmöglich. Ich zog dann wieder um und diesmal in [ein] teures Hotel, das
aber den Vorteil hat, mitten in der Stadt zu liegen. (In den billigeren Hotels war nichts frei). Taxis sind ein grosses Problem. In New York natürlich

226

nicht. Da kann man Bus oder Untergrund fahren. Aber schon in Washington fing das Elend der Taxen an. Die Städte sind überaus weitläufig angelegt, die Entfernungen und die miserablen öffentlichen Verkehrsmittel auf Autobesitz eingerichtet. Ich ging viel zu Fuss, – aber es erschöpft schliesslich in der Schwüle. Also Taxi. Eine Fahrt zum Pentagon kostete mich 5,50 Dollar. Keine Quittung zu haben. Unüblich.

Ich glaube, ich würde, wenn ich zurück bin, Sie gern sehen!

In den New Yorker Buchhandlungen vertraten Hans Habe und Admiral Runge die deutsche Literatur. Aber grosser Bewunderung wert ist die Bibliothek des Kongresses in Washington.

So bin ich herzlichst Ihr Wolfgang Koeppen

Und der berühmte New Orleans Jazz ist leider eine rein kommerzielle Angelegenheit, deren Reiz noch dadurch geschmälert wird, dass die Lokale, in denen dieser Jazz gespielt wird, von Negern nicht besucht werden dürfen. Die Rassentrennung ist hier streng und grotesk. Sie wäre lächerlich, wenn sie nicht scheussliche Aspekte hätte. Meine Erkundigungen nach einer Möglichkeit, Jazz unter Negern zu erleben, führten noch zu keinem Erfolg. Die Negerlokale, die ich besucht habe, hatten Musikautomaten. Im übrigen bat man mich mürrisch, zu gehen. Man berief sich – mürrich – auf das Gesetz. Die Atmosphäre ist hier verdorben. Kein schwarzes Kind erwidert ein Lächeln. New York dagegen ist freundlich. Auch zu den Negern.

|In Virginia fand ich das Verhältnis zwischen Weissen u Negern besser als in New York und Washington.|« (WKA)

[169]¹

letzter Tag in New Orleans, ich glaube,
der 13. Mai [1958] – und sehr
unglücklich.

Meine liebe, gute Marion,

andauernd denke ich an dich, und wir wollen uns nie mehr verlassen. Hoffentlich ist bei dir alles gut. Sei klug! Sei diplomatisch! Bald bin ich wieder bei dir. Wir haben doch schön zusammen gelebt.

Heute ist – Gott sei Dank – mein letzter Tag in New Orleans. Es war weniger schwül, aber dafür brennend, stechend, blendend. Ich sah mir heute morgen alte Pflanzer-Villen an. Die waren schön. Aber ich dachte, mich wirft die Hitze um. Darauf kaufte ich mir einen Hut. Nicht schön, aber billig. Völlig verrücktes Leben. Man tritt von der glühenden Strasse mit ungefähr 40 Grad schmachtend in einen Drugstore oder eine Bar, in der dann die künstliche Temperatur von 20 Grad herrscht, die einem wie ein Eiskeller vorkommt. Dort schlürft man ein Eisgetränk, zittert schliesslich vor Frost und geht dann wieder in die 40 Grad Luft, die nach dieser Entwöhnung besonders schlimm ist. Andersch hat gut reden; er meinte ja, jetzt sei es noch nicht so heiss. Und eigentlich müsste ich mir einen Waschanzug kaufen. Aber ich komme mit dem Geld nicht aus. Es ist alles ein Skandal. Morgen also verlasse ich diesen Ort. Ich bin froh, aber es steht mir wohl der schlimmste Teil meiner Reise bevor. Ich fahre erstens am Tag nach Houston, wo es noch heisser als in New Orleans ist, und dann mit einem Nachtzug gleich weiter nach New Mexiko, wo es ebenfalls glühend ist. Wenn die Züge air conditional sind, mag es ja gehen. Sonst werde ich umkommen. Zumal ich auf dieser Strecke kein Abteil für mich habe. Es sind schlechte Züge ohne roomette, und ich fürchte das schlimmste. Ausserdem kann man sich hier (wenigstens im Süden) auf die Züge nicht verlassen. Auf dem Bahnhof bekommt man mürrische und falsche Auskünfte. Das ist ein Kapitel für sich. Auch haben die Züge Verspätungen, bei den Unwettern hier kein Wunder, und ich sehe mich schon in Houston zur Nacht bleiben, da ich den Anschluss versäumen werde. Grauenvoll. Auch Albuquerque – um dahin zu kommen, muss ich von der Station Belen noch mit dem Bus fahren – wird wohl furchtbar sein. Von dort fliege ich – nach drei Tagen – nach Los Angeles. Wenn ich Los Angeles erreicht habe, werde ich aufatmen. Ich glaube, ich werde so aufatmen, dass ich dir ein Telegramm senden werde, bin in Los Angeles! Und sollte ich jemals wieder New York erreichen, werde ich niederknieen.

Also morgen früh muss ich um 6 Uhr aufstehen, um hoffentlich ohne Wirrwarr in der Stadt- und Zug-Zeit den Zug zu erreichen.

Ich bin, sehe ich eben, braungebrannt wie ein Indianer. Gestern abend hörte ich etwas von dem einst berühmten New Orleans Jazz. Keine Angst! Von Mädchen überhaupt keine Rede. Seltsame, verkrampfte Atmosphäre. Im Grunde furchtbar deprimierend.

Heute mittag ass ich in taumelnder Hitze ein halbes Dutzend Austern für 45 Cents am Hafen. Sie wurden auf einer Eisbank frisch geöffnet. Zuerst ekelte mich, da sie mir völlig unbekannt riesig waren und wie fette graue Kröten aussahen. Ich spritze Zitrone rauf und überwand den Ekel. Dann waren sie köstlich! Die erste köstliche Mahlzeit. Dann kaufte ich an einem Stand Erdbeeren. Sie sahen wunderbar aus, aber waren, wie so vieles hier, völlig geschmacklos!

Ach, mein Marionlein, du versäumst nichts, wirklich nichts, bis auf New York, das, gebe ich zu, versäumst du. Aber vielleicht kommen wir noch einmal zusammen hin. Alles andere ist nur anstrengend. Furchtbar anstrengend.

Ich bin herzlichst und in grosser Liebe
dein Kopernikus

1 Briefbogen: The St. Charles, New Orleans 12, Louisiana.

[170; Telegramm]

[Los Angeles
17. Mai 1958]

TELEGRAFIERE   ERGEHEN   BILTMORE   HOTEL   LOS ANGELES

[Los Angeles]
18. Mai 1958
Sonntag

Meine liebe, süsse Marion,
habe herzlichen Dank für dein Telegramm, das mir gut tat, und
Dank für deinen lieben, lieben Brief vom 18., der auch schon
heute hier angekommen ist.
Ich bin also in Los Angeles. Die Fahrt von New Orleans nach
Houston war schlimm. Es passierte wirklich, dass die Küh-
lungsanlage des Zuges bei etwa 40 Grad Hitze versagte. Ich erreichte aber in Houston, wenn auch halbtot, den Santa Fe Zug
nach Belen. Der war angenehm und funktionierte. Als ich dann
vom schönen Zug aus aber morgens über Texas und New Mexico den Gewitterhimmel sah und bei kurzen Aufenthalten die
Schwüle spürte, entschloss ich mich bei einem längeren Aufenthalt in Clovis, in dem Santa Fe Zug zu bleiben, und nicht nach
Albuquerque zu den Indianern zu gehen, wozu ich sowieso keine Lust hatte, denn echt ist das doch nicht mehr, sondern eine
Folklore für den Fremdenverkehr. Ich sandte aus Clovis Telegramme nach Washington, Albuquerque und Los Angeles, und
dann löste ich mir im Zug eine Fahrkarte zum Pacific. Einen
Moment bereute ich es dann, aber als ich in Belen, wo ich aussteigen hätte müssen, ein heftiges Gewitter niedergehen sah –
und ich hätte mit dem Bus nach Albuquerque fahren müssen –
freute ich mich meiner Voraussicht. Die Weiterfahrt – noch ein
ganzer Tag = 24 Stunden – war dann interessant und angenehm.
In einem kleinen Ort in Arizona – Winslow – hatten wir zwei
Stunden Aufenthalt, und ich ging in die Stadt, d. h. in die Mainstreet, denn ausser der gibt es nichts. Ein Ort von der Grösse
Feldafings mit [von]² der Mainstreet an, einstöckigen Häusern
Lichtreklamen wie am Broadway. Auf den Strassen Autos und
Gestalten wie aus High Noon.³ Irgendwie unheimlich. Ich ass
im Grand Café scheussliche »Weiner with Sauerkraut« für 1,50
Dollar = 6 Mark. Es waren die teuersten falschen Wiener meines

Lebens. Dann Fahrt durch eine grossartige fremde Landschaft. Wüste und rote Felsen.

Los Angeles ist ganz anders als der Süden, ganz anders, als du es dir vorstellst, und auch anders, als ich es mir dachte. Es ist angenehm. Ein ewig blauer Himmel. Heiss, aber zu ertragen, da keine Schwüle. Es gibt hier drei Gewitter im Jahr, und die im Februar. Sonst – wolkenloser, blauer Himmel. Ideal für mich. Dies würde auch dir wieder sehr gefallen. Grosse Freiheit aller Rassen, zu denen hier noch Japaner, Chinesen und Mexikaner kommen. Nicht die böse Verkrampftheit von New Orleans. Hollywood und der Film spielen keine grössere Rolle als in München Geiselgasteig.[4] Ein einziger Nachteil der Stadt ist, dass man hier ohne Automobil wirklich aufgeschmissen ist. Man kann niemand besuchen, es sei denn, er holt einen ab. Eine Taxifahrt z. B. nach Hollywood kostet 20 Dollar – 90 Mark. Ich war heute, Sonntag, mit dem Bus am Meer. Fahrtdauer 1 1/2 Stunden. Aber – das lohnte sich! Ein grosser, schöner weiter Strand in Santa Monica und kommerziell überhaupt nicht ausgenützt. Du kannst hingehen, wo du willst, brauchst keinen Cent Eintritt zu zahlen, und kannst dich überall ausziehen. Blickst du vom Strand zurück zur hohen palmenbewachsenen Küste, glaubst du an tropischen Gestaden zu sein. Meer grellblau. Himmel dunstigblau. Weisser glitzernder Sand. Ferne Palmen. Hohe Wellenbrecher. Irgendwie ein Paradies. Kein Fremdenverkehr. Jedenfalls jetzt noch, – die Amerikaner finden es noch zu kalt, in dem warmen Meer zu baden. Billige Hotels. Gemütlich. Keine Aasviecher am Strand. Aber nette Mädchen in ungeheurer |Zahl|. Doch auch ganz alte Leute. Alle selbstverständlich und sehr nett. Keine Bekanntschaften gemacht! Nur mit einem Hund gesprochen. Bin aber schon wieder rot wie ein Indianer. 1 1/2 Stunden Busfahrt zurück. Jetzt erschöpft. So empfing ich deinen Brief.

Mein Liebes, Gutes, wieder bewundere ich den grossen Chick der Konfektion in den Geschäften und denke dann traurig an dich. Ich sah ein süsses Taillenkostüm für 16 Dollar. Und ganz reizende Hemdkleider für 10 – 12. Aber ich wage dir nichts zu kaufen, denn dies sind Sachen, die sitzen müssen, die gut sitzen müssen und die man nicht ändern kann. Ja sogar ein echtes der von dir begehrten Baby Doll Kleider habe ich gesehen. Auch nicht teuer. Was kann ich dir also mitbringen – rötliche Strümpfe? Es dauert ja nun nicht mehr lange, und alles wird gut sein, da du so tapfer warst. Ich schlage dir vor, schreibe mir einen langen Brief zu Stallmeister, den ich voraussichtlich am 30. Mai besuchen werde: Koeppen, c/o Lawrence Stallmeister, 1011 Harvey Street, *BELOIT, Wis*. Oder schreibe, wenn du es jetzt nicht schaffst, nach Washington, wo ich um den 10. Juni herum sein werde. Schreibe mir, was du über das Mitbringen denkst, und schreibe mir, was wir machen wollen, wenn ich wieder da bin. Ich dachte an Frankreich, aber die politischen Ereignisse scheinen eine Reise nach Frankreich eventuell nicht zu erlauben.[5] Also die Gegend von Genua in Italien – oder Jugoslawien – doch bin ich, offengestanden, nicht sehr für Hitze. Ich würde gern nach Kopenhagen und Oslo fahren. Aber auch nicht unbedingt. Sizilien kommt nicht vor dem Herbst in Frage. Bei Genua meine ich ein kleines Bad, in dem man bleibt. Wagen? Bahn? Das ist alles schwer zu sagen.

Ich liebe dich sehr – sehr – sehr

und bin mit tausend Küssen
dein Kopernikus

Noch ein Nachwort zu den Mädchen am Strand: sie hatten mit Film nicht das mindeste zu tun, sondern waren berufstätige Mädchen aus Los Angeles. Es war ja Sonntag. Im übrigen waren sie allein oder zu zweit oder zu mehreren, aber immer Mädchen unter sich. Die junge Männer gehen allein aus, die jungen Mädchen gehen allein aus. Nach der Geschlechterfreiheit der Schulkinder fällt mir seit Washington dieses Zölibat der jungen Leute auf. In der Stadt oder am Strand kein Versuch der Männer, die Mädchen anzusprechen. In den Bars, in den Lokalen bei Musik sitzen die jungen Männer allein. Es gibt auch – soweit ich es sehe – keine Prostitution. Jedenfalls kein öffentliche, und von einer anderen weiss ich nichts.

Morgen will ich es mir antun, nach Disneyland zu fahren. Die Reise wird den ganzen Tag beanspruchen. Aber da ich es mir – für meinen Bericht – komisch denke, will ich hinfahren.

Jetzt weht ein kühler Wind vom Meer her. Ein herrliches Klima! Im Hotel – und überall – gibt es zum Frühstück *frischen* Grapefruitsaft, der ganz anders als der aus der Büchse schmeckt. Sonst stehe ich mit dem Essen noch immer auf Kriegsfuss.

|Wenn es bei dir 10 Uhr morgens ist,
ist es bei mir 1 Uhr nachts.
Aber dies, diese Küste ist ja nun
der Wendepunkt!|

1 Briefbogen: The Biltmore Hotel, Los Angeles 13, California.
2 Im Brief: in.
3 Amerikanischer Western von 1952 mit Gary Cooper und Grace Kelly in den Hauptrollen; deutscher Titel: *Zwölf Uhr Mittags*.
4 Sitz der Bavaria Filmstudios in Grünwald bei München.
5 W. K. spielt hier auf die sich verschärfende Algerienkrise und die daraus resultierende Staatskrise der Vierten Französischen Republik im Oktober 1958 an. Am 13. Mai hatte sich die Union pour la Nouvelle République gegründet, die eine Rückkehr Charles de Gaulles in die Regierung unterstützte. Am 1. Juni wurde de Gaulle schließlich zum Ministerpräsidenten nominiert und mit den von ihm geforderten Notstandsbefugnissen ausgestattet. Er ließ eine neue Verfassung beschließen, die die Machtbefugnisse des Präsidenten ausweitete, gewann im November die Parlamentswahlen und wurde im Dezember 1958 zum ersten Präsidenten der Fünften Republik gewählt.

[Los Angeles]
18. Mai [1958]
Sonntag

Liebe, gute Marion,

eben gab ich einen Brief an dich auf und war vor allem durch
deinen lieben Brief ganz guter Laune und zuversichtlich, wenn
auch etwas erschöpft von meinem Ausflug ans Meer. Leider aber
habe ich mir dann die neueste Zeitung gekauft, und die ist leider
voll von beunruhigenden Nachrichten.

Paris – DeGaulle, aber was hier vor allem gross aufgemacht
wird, ist die Krise im Libanon², in der nach den hiesigen, vielleicht übertriebenen Nachrichten allerlei Gefahren schlum-
mern. Selbstverständlich würde ich bei wirklich ernster Lage
unter allen Umständen versuchen, so schnell wie möglich zu
dir zu kommen. Aber für so ernst halte ich die Lage – bis auf
die französische, die aber keinen Krieg entzündet – nun wieder nicht. Doch werde ich versuchen, morgen einige Leute zu
sprechen. In der Schweiz soll man schon wieder Lebensmittel
hamstern. Aber das tut man da ja öfter.

Was sagt man bei uns? Was sagt die Süddeutsche? Sollte irgendetwas Plötzliches, Überraschendes geschehen, was ich aber, wie
gesagt, nicht glaube, (ich halte es für eine Hysterie, verbunden
mit nicht 100% ernstgemeinten Drohungen) – nein, das kann
nicht sein – und so will ich auch gar nichts raten.

Ich weiss, dass wir uns bald wiedersehen werden! Streiche nur
alles schön an.

Aber ich dachte, heute nacht gut zu schlafen, und nun ist das
wieder nichts.

Allerherzlichst dein Kopernikus

Die Morgenzeitungen klingen wieder beruhigender. Mein Liebes – es ist der 19.! – noch ein Monat also – er wird vergehen –
die Hälfte ist geschafft –. Mein Programm noch einmal: San
Francisco, Salt Lake City, Chicago, Boston, Washington, New

York. Davon wird Boston und Washington anstrengend sein. Hier wieder schönstes, strahlendstes Wetter, wie in München ein seltener Hochsommertag, aber ohne Schwüle. Ich werde also zu Disney fahren. Sicher sehr komisch. Bei der Franzen-Tochter[3] habe ich mich noch nicht gemeldet. Ich weiss jetzt, dass der Gatte tatsächlich der reichste Mann von Los Angeles ist, und das will etwas heissen. Aber ich weiss auch, dass er und sie eine Gesellschaft goutieren, die mir gar nicht liegt und die ich nicht einmal für sehenswert halte.

Schreibe mir nach Washington oder zu Stallmeister.

Noch einmal herzlichst dein K

1 Briefbogen: The Biltmore Hotel, Los Angeles 13, California.
2 Die Libanonkrise 1958 war der Höhepunkt der seit 1956 schwelenden Spannungen zwischen dem prowestlich gestimmten libanesischen Staatspräsidenten Camille Chamoun und dem ägyptischen Präsidenten Gamal Abdel Nasser. Chamoun hatte sich bereits während der Suezkrise 1956 geweigert, die diplomatischen Beziehungen zum Westen abzubrechen und bat schließlich die USA um Unterstützung gegen eine im Libanon begonnene muslimische Rebellion, die sich gegen Chamouns westlich-christliche Haltung richtete. Am 15. Juli 1958 reagierte der amerikanische Präsident Eisenhower, indem er den Internationalen Flughafen in Beirut sowie den Hafen von Beirut besetzen ließ. Die Anwesenheit der USA dämpfte den Widerstand und führte zu einer vorübergehenden Entspannung der Lage.
3 Eva Franzen-Kollsman, Tochter von Erich und Grace Franzen.

[173][1]

[Los Angeles]
20. Mai 1958

Meine liebe, gute Marion,
da ich heute morgen sozusagen frei hatte – um 1 kommt jemand mit einem Wagen, um mich zum Besuch des Hollywooder Friedhofs: Evelyn Waugh »Der Tod in Hollywood«[2] abzu-

holen – ging ich durch die Geschäftsstrassen und Warenhäuser und sah wirkliche Paradiese der Damen. Hier gibt es die Sachen, die du haben möchtest und die dir herrlich stehen würden und zu – für amerikanische Verhältnisse – durchaus erschwinglichen Preisen. Mich macht der Anblick eher unglücklich. Denn ich würde dir so |gern| etwas kaufen, dir eine Freude machen, aber ich wage es nicht. Einmal, weil mich die Fülle, die riesige Auswahl verwirrt, und dann vor allem die Masse! Da ein Kleid umgerechnet ja doch 40 – 60, ein Kostüm 60 – 100 Mark kosten würde, wäre es ja zu ärgerlich, wenn es dann nicht passen täte. Zumal ich die Sachen hier für ziemlich *genau* gearbeitet halte. Auch diese Mantelkleider gibt es, die so halb Kleid, halb Mantel mit halbem Arm sind. Schreibe mir bitte, was du darüber denkst, aber ich fürchte, man muss es lassen und vielleicht irgendwo anders sehen, was es gibt. Sende mir aber vielleicht noch mal deine Grössen in Zentimetern, im Ganzen, für den Rock, in der Taille, Brust, Schulter – aber hier rechnet man nicht nach Zentimetern, ich müsste es umrechnen. Meine Liebe, morgen fahre ich wohl hier ab. Und hier waren alle Sachen besonders chick und pariserisch und billig.

Herzlichst dein Kopernikus

1 Briefbogen: The Biltmore Hotel, Los Angeles 13, California.
2 Vgl. *Amerikafahrt.* In: *Gesammelte Werke. Bd. 4*, S. 392: »Nach der Stadt der Schatten lockte es mich, auch das Reich der Toten zu besuchen, die berühmte Gräberstätte, die Evelyn Waugh in seinem Roman ›Tod in Hollywood‹ so herrlich und, wie man doch annahm, mit viel ironischer und grotesker Phantasie geschildert hat. Aber nachdem ich nun den Friedhof von Hollywood, die grünen Hügel von Forest Lawn gesehen habe, nachdem ich die wohlgeschwungenen Autowege Cathedral Drive und Westminster Road, vorbei an dem Berg des Gedächtnisses, dem Hügel der Meditation, dem Gras der Inspiration, dem Bach der Treue, dem Teich der Gnade, den Blumen der ewigen Liebe, vorbei an den Rabatten Hafen des Friedens und Sonnenschlaf, den Rondellen Vesperland, Traumland, Babyland, Lulabyland und durch die Büsche des Wispernden Hains gefahren bin, muß ich, erschöpft und überwältigt, bekennen, daß Evelyn Waugh nichts erfunden, nichts hinzugefügt

hat – es ist unmöglich, über Forest Lawn keine Satire zu schreiben. Dem ersten Blick jedoch schenkt selbst Forest Lawn die mild ergreifende, beruhigende, ausgeglichene Schönheit der amerikanischen Friedhöfe: an grünen Hängen unter breitkronigen Bäumen ohne Grabhügel, ohne Gitter, ohne Pfade, stehen würdig einfache weiße Gedenksteine im gepflegten Gras.«

Im WKA finden sich insgesamt sieben Werke von Evelyn Waugh, darunter auch der genannte Titel.

[174]¹

[Los Angeles
undatiert]

Liebe Marion, noch in aller Eile. Ich habe einen Versuch gemacht, etwas für dich zu kaufen, und ich hatte die Absicht, es direkt vom Geschäft nach München schicken zu lassen, aber ich bin gänzlich gescheitert. Erstens war das Chemise-Kleid – dunkelblau, goldene Knöpfe, weisser moderner Kragen, rote Schleife – aus dem Fenster verschwunden, und im Laden zeigten sie mir dann lauter andere, bis ich verstimmt ging. Dann sah ich für 1,99 Dollar einen reizenden Jamaica Set, wie sie hier sagen, einen Strand- und Badeort-Anzug, sehr nett, aber nur noch in Grösse 10, während die Verkäuferin meinte, du müsstest (nach der Beschreibung die ich gab) Grösse 16 haben. Nun war ich verbittert und ging in einen teuren, sehr chicken Laden, der ein wirklich zauberhaftes Kleid für 16 Dollar im Fenster hatte. Dort aber machte man mich fertig. Sie hätten es schon in deutscher Sprache geschafft, nun aber erst in Amerikanisch! Es wurde einfach grotesk. Sie waren an sich bereit, das Kleid nach Deutschland zu schicken, aber was sie alles wissen wollten, war umwerfend, und eigentlich war es ja nett von ihnen, mich darauf aufmerksam zu machen, was mit Rücken, Brust und Schulter passieren würde, wenn das Kleid nun doch zu lang oder zu kurz sei. Schliesslich verliess ich völlig verwirrt und gebrochen und ohne zu kaufen, den Laden. Also ich glaube, ich fürchte, das wird nichts, das geht |nicht|, das gäbe nur Ärger. Deine Grösse hier scheint 16 zu sein, das entspräche der *französischen* Grösse

44, aber ob die wieder mit der deutschen identisch ist, weiss hier niemand und ich auch nicht. Du müsstest also, deine *amerikanische* Kleidergrösse ermitteln!

allerherzlichst dein Kopernikus,
der dich gern geschmückt hätte.

1 Briefbogen: The Biltmore Hotel, Los Angeles 13, California.

[175]¹

[San Francisco]
23. Mai 1958

Mein liebes, liebes, liebes Marionlein,
halte aus, siehe keine Gespenster, nicht im Garten und nicht in den Schränken, ich habe doch nur dich und möchte nicht mehr leben, wenn ich dich nicht habe!
Gestern abend erhielt ich deinen lieben Brief, den du so brav direkt an das Hotel geschickt hast, und dann heute morgen im Büro des Beauftragten deinen so traurigen, über Washington geschickten. Mein Liebes! Ich tue es bestimmt nicht wieder. Ich reise nicht mehr so lange ohne dich weg. Nie wieder. Auch nicht jetzt in die Tschechoslowakei, es sei denn, du könntest mitfahren. Ach, liebe Marion, mit grosser Unruhe denke ich nun an das schreckliche Pfingsten. Es ist mir heute eingefallen, dass es diesen Sonntag ist, und du also besonders deprimiert sein wirst. Ich überlege, ob ich dir noch ein Telegramm sende, aber vielleicht regt es auch nur auf. Heute ist der 23. In einem Monat werden wir, so Gott will, bei Schwarzwälder meinen Geburtstag feiern. Und uns dann nie wieder trennen. Habe keine Angst. Keine Angst um uns beide!
Ich bin nun in San Francisco. Eine wahrscheinlich sehr schöne Stadt. Ich habe noch nicht viel gesehen. Gestern abend, als ich aus der wolkenlosen Heiterkeit Los Angeles hier ankam, ging

238

ein Gewitter mit einem Wolkenbruch nieder. Dann war ich bei Dunkelheit im Chinesenviertel. Das ist nun wirklich strassauf, strassab China, wie man es sich vorstellt. Ich ass zum ersten Mal in Amerika gut – bei einem dicken, dicken Chinesen, der nicht einmal Englisch sprach. Sehr märchenhaft und fremd. Dann verirrte ich mich. Was aber nicht unheimlich, sondern nur komisch war. Alle Chinesen lachten, als ich sie fragte, wie man aus ihrer Stadt wieder hinausfinde. Heute morgen musste ich dann blöderweise zur Universität von California hinausfahren. Endlos. Dort hörte ich in einem griechischen Theater Billy Graham, den Wunderprediger. Nicht uninteressant. Besonders die Reaktion der 18000 Studenten.[2] Rückfahrt über die lange Brücke, die in kühnem Bogen die Bucht von San Francisco überspannt.

Jetzt hier im Hotel. Es ist nett, liegt aber leider nicht ganz zentral. Sehr, sehr besorgt. Marionlein, halte durch! Ich habe nur dich lieb und werde es dir zeigen! Streich die Wohnung an, streich sie um, zersäge die Möbel, schere die Hunde! Und denk an hübsche Kleider. Und komme ganz ohne verweinte Augen zum Flugplatz. Und kümmere dich sonst um niemand. Vielleicht ist es aber auch am besten, wir fahren gleich. Ich hatte die Absicht, meinen Flugschein bei der KLM oder der Air France umzutauschen, aber ich glaube, ich lasse es, um jede Konfusion zu vermeiden. Über Abflug und Ankunft schreibe ich dir noch. Vielleicht, wenn du mir Masse[3] geschickt hast, probiere ich noch einmal, in New York für dich eines der hübschen Kleider zu finden.

Am nächsten Sonntag, 1. Juni, werde ich bei Stallmeister sein. Dann noch Boston und Washington, die ich mir schlimm denke. In Boston eine ungeklärte Hotelsituation.[4] Ich soll wo wohnen, wo ich nicht wohnen will. Am liebsten wäre ich von Los Angeles zurückgeflogen.

Brav, dass du bei Bannaski warst! Hoffentlich ist der Finger wirklich gut. Gib acht! Man darf gerade mit Wunden oder Entzündungen nicht leichtsinnig sein. Das Gesicht wird sich beru-

higen. Kaufe Grandel und Hefe. Wenn du mit dem Geld nicht auskommst, bitte Knaus, dir etwas zu senden.
Er schickte mir die Besprechung von Jens aus der Zeit.[5] Habe sie noch nicht gelesen.

Gutes, Liebes, tausend Küsse – und auch scharf auf dich
dein Kopernikus

|immer dein Kopernikus,
und ich freue mich
schon auf *unsere* Reise
und auf
Weihnachten.|

1 Briefbogen: Hotel Canterbury, Sutter near Taylor, San Francisco.
2 Vgl. *Amerikafahrt.* In: *Gesammelte Werke. Bd. 4,* S. 403 f.: »Es trat aber dann Billy Graham auf, der erfolgreiche Wanderprediger, der öffentliche Tugendbold, der Evangelist, wie er sich nennt; ihn zu sehen, war man gekommen, ihn zu hören, saß man in griechischer Runde, doch ich weiß nicht, was Apoll zu ihm gesagt hätte, mir schien Graham die Predigt, die Tugend und das Evangelium wie einen nicht ganz erstklassigen Kühlschrank anzupreisen.
Der Prediger trug einen blauen Anzug, und er sah in ihm doppelgestaltig aus, manchmal wie der Vorsitzende des Christlichen Vereins Junger Männer, dann aber auch wie ein sehr tüchtiger Geschäftsmann, ein Marktforscher, ein Propagandamensch; das ging an, aber im Lauf seiner Ansprache, seiner Heilsverkündung bekam er die hektische Geste, die hysterische, sich überschlagende Stimme des politischen Agitators, des bösen Trommlers, und eine Weile fragte ich mich erschrocken, ob ich vielleicht dem künftigen amerikanischen Hitler lauschte. Seine Gedanken waren banal, wie es sich gehört, seine Absichten und sein Ziel blieben unklar, wie es sein muß, und er hatte Zulauf, was gefährlich ist.
Hob man ihn auf den Schild? Nahm man ihn als Führer an? In Berkeley nicht. Die Studenten der Universität von San Francisco schienen ihm keine Gefolgschaft zu schwören; nach anfänglicher und schnell befriedigter Neugier unterhielten sie sich, lachten respektlos, verabredeten sich mit den Mädchen und aßen in Sandwiches gepackte Frankfurter Würstchen, die auf einmal, wie durch Zauberspruch oder zur Sabotage, in allen Händen waren und das Beifallschlagen für den Führer verhinderten.«
3 Im Brief: Maasse.

4 Vgl. Brief 161, Anm. 4.
5 Walter Jens: *Mein Buch des Monats. Koeppens Reise-Protokolle.* In: *Die Zeit* vom 8. Mai 1958.

[176; Telegramm]

[San Francisco
24. Mai 1958]

NUR NOCH 25 TAGE = WOLFGANG KOEPPEN

[177][1]

[San Francisco]
24. Mai 1958

Mein armes, liebes Marionlein,

ich habe eben eine sehr schöne Autofahrt an der herrlichen Küste des Pazifischen Ozeans hinter mir, aber ich musste die ganze Zeit an dich denken, und leider bin ich wegen Pfingsten sehr, sehr besorgt. Obwohl doch Pfingsten ganz belanglos ist. Für uns beide. Am liebsten wäre ich über den Nordpol von hier zurückgeflogen. Ich habe es ernst überlegt, aber es macht zuviel, fast unüberwindbare Konfusionen, ganz abgesehen von den Verstimmungen in Washington und in Stuttgart. Ich sandte dir gestern noch ein Telegramm – nur noch 25 Tage. Wenn du diesen Brief erhälst, sind es wahrscheinlich nur noch 19 Tage. Die werden ja auch vergehen! Keine Gespenster! Und dann machen wir, was du willst, fahren weg oder auch nicht. Bitte, geh doch, wenn es dir in der Ungererstrasse zu unerträglich wird, noch die letzten Tage zu Bannaski oder nimm dir ein Zimmer in einer Pension, etwa Ohmstrasse oder bei der Biederstein-Gräfin[2], wo es ja sehr nett ist. Liebe Marion, verzage nicht noch zum Schluss. Jetzt siehst du mich doch schon in der Luft.

Vielleicht gehst du einmal zum Jugoslavischen Reisebüro und lässt dir Prospekte von den Schiffen geben, die von Venedig abfahren. Und dann hole bitte aus dem Italienischen Reisebüro in der Maxburg Prospekte von der Riviera um Genua herum, sowohl zwischen Genua und [La] Spezia, wie auch zwischen Genua und der französischen Grenze. Am liebsten würde ich an die französische Küste reisen, aber ich fürchte, dass die politische Unruhe in Frankreich das verhindert. Ich kann es aber von hier nicht übersehen. Die Amerikaner warten ab und reisen nicht nach Frankreich. Was natürlich für uns seine Vorteile hätte.

Vieles ist sehr, sehr anstrengend. Ich glaube, ich bin magerer geworden. San Francisco ist schön, sogar |sehr| schön. Aber es ist auch wieder eine Stadt, in der man ohne Automobil einfach hilflos ist. Hinzu kommt noch, dass alles auf hohen Bergen liegt, man also andauernd bergauf oder bergab laufen muss, was einen sehr mitnimmt. Erst jetzt durch die Autofahrt rund um die Stadt bekam ich einen Überblick und eine Vorstellung.

Aber es macht mir gar keinen Spass, dir von der Reise zu erzählen. Meine Gedanken sind bei dir. Bleibe tapfer! Bleibe es auch zum Schluss. Wie ich sagte, *zieh aus dem Haus aus, wenn es nicht anders geht.*

Du sollst doch wunderschön aussehen, wenn ich komme!

Ich warte sehr gespannt auf deine Nachricht zu Stallmeister oder auf den nächsten Brief über Washington.

Überstehe Pfingsten gut! Ich bitte darum! Lass dich nicht unterkriegen. Ich habe dich lieb!

dein Kopernikus

1 Briefbogen: Hotel Canterbury, Sutter near Taylor, San Francisco.
2 Pension Biederstein in München (vgl. Brief 11, Anm. 2).

[178; Ansichtskarte: »Famous Golden Gate«]

[San Francisco
26. Mai 1958]

Liebe Marion, morgen, Pfingstmontag verlasse ich S. Francisco und fahre nach Salt Lake City, später nach Chicago. Du wirst

vielleicht ein paar Tage nichts von mir hören. Hier war ich sehr beunruhigt und guckte immer ins Postfach. Bin bei dir! Wenn du diese Karte erhälst, sind es wohl nur noch 19 Tage.
dein Kopernikus
|Herzlichst|

[179; handschriftlich; Ansichtskarte: »›This is the Place‹ Monument, Emigration Canyon«]

[Salt Lake City]
27. Mai 1958

Liebe Marion,
dies ist eine rechte, echte Strindberg-Stadt.
Lähmend!
Dein Kopernikus
27.5.58

[180; handschriftlich][1]

[Salt Lake City
27. Mai 1958]

Meine liebe Marion, dies ist der schrecklichste und unheimlichste Ort, den ich je besucht habe. Ich hasse ihn, und er hasst mich. Mir passieren dauernd Kafka-Erlebnisse. Alle 5 Minuten frage ich, ob auch wirklich morgen der Zug nach Chicago geht. *Mir* scheint das ganz unsicher! Es herrschen ungefähr 45 Grad Hitze. Aber Bewohner sagen, es sei Winter. Die Bank, auf der ich einen Scheck einlöste, heisst »Die Bank Zions«. Strindberg wäre hier nie lebend rausgekommen. Ich hoffe es noch.
Aber nun hat mich seltsamerweise ein General[2] angerufen. Ich war nicht da. Ich weiss nicht, was er will. Vielleicht will er mich nur zum Salzsee fahren. Ich fürchte mich, ihn anzurufen. Denke

nicht, dass ich besoffen bin. Hier gibt es keinen Tropfen Alkohol! Auch nicht in Flaschen. Was es hier noch gibt, ist ein Hôtel MARION. Aber das ist noch viel unheimlicher als das Hôtel »Temple Square«, das schon sehr unheimlich ist. Das würde ich nicht mehr ertragen. »Der Tod in Salt Lake City«. Garmisch, meinst du, sei bedrückend? Meine liebe Marion, Garmisch ist Paris gegen Salt Lake City.

Jetzt werde ich den General anrufen und ihn verwundern. – Bis morgen früh um 6^{00} muss ich hierbleiben.

Dein Kopernikus

1 Briefbogen: Hotel Temple Square, 75 West South Temple, Salt Lake City, Utah.
2 Brigadier General H. L. Ostler, der im Programm des »Foreign Leader Exchange Program of the International Educational Exchange Service« genannte Führer durch Salt Lake City (vgl. Brief 161, Anm. 4).

[181; handschriftlich]^{1}

[Salt Lake City]
27. Mai 1958

Ach, liebe Marion, es war bestimmt falsch, mich so lange von dir zu entfernen. Nun liege ich hier in einem Backofen und kann erst morgen früh weiterfahren – nach Chicago, wo ich am Donnerstag (29. Mai) eintreffe. Ich habe gar keine Lust mehr. Die Hitze, die Sorge um dich –. Grosse Depression. Der General wollte mir die Stadt und Umgebung zeigen. Am Telefon war er eigentlich sehr nett, aber ich musste ihn enttäuschen.

Ich hoffe sehr in Chicago oder bei Stallmeister eine Nachricht von dir vorzufinden. Allerdings denke ich mir den Ausflug zu Stallmeister auch deprimierend. Ich habe schon von diesem Ort genug. Hoffentlich noch ein paar gute Tage – endlich – in New York. Und dann auf Wiedersehen! Auch endlich.

Schreib mir deine *amerikanische* Kleidergrösse. Vielleicht kannst du sie bei C und A feststellen.

Ein Alptraum, dass ich morgen früh um 5⁰⁰ kein Taxi zum Zug bekomme!

10000 Küsse

Dein Kopernikus

1 Briefbogen: Hotel Temple Square, 75 West South Temple, Salt Lake City, Utah.

[182]¹

[Chicago]

30. Mai 1958

Meine liebe gute Marion,

ich bin in Chicago, über das ich vorläufig nichts weiter sagen kann, als dass es in der Kulisse New York ähnelt, aber nichts von der Weltoffenheit, dem Charme und der Gemütlichkeit New Yorks hat. Chicago ist eine ausgesprochen ungemütliche Stadt. Mein Hotelbild täuscht. Es ist kein Wolkenkratzerhimmel, sondern ein Erwerbsunternehmen masslos verbitterter und gereizter Leute. Im übrigen bin ich mehr tot als lebendig hier angekommen. In Salt Lake City entkam ich doch nicht dem General. Er rief noch einmal an, und nun wäre es ein Affront gewesen, ihm wieder nein zu sagen. Na ja. Er fuhr mich in seinem schönen Auto herum und war begeistert von seiner Stadt.² Dann noch einmal 32 Stunden Bahnfahrt durch Wüsten und Gebirge bei unsagbarer Hitze, gegen die die Luftkühlungsanlage einfach machtlos war. Ich lag in meiner Roomette wie ein Fisch am Strand. Endlich Chicago. Auch hier glühende Hitze. Und auch hier wieder eifrige Menschen³, besorgt, mir ein »Programm« zu bieten. Ausserdem ist hier heute, Freitag ein grosser nationaler Feiertag⁴, der ziemlich alles umwirft, was ich mir vorgenommen habe. Und ich bin wirklich schon zu erschöpft, lange Wege zu gehen. Auch meine Lust, zu Stallmeister zu fahren, ist sehr gering. Die Hitze! Dann wieder vier Stunden Bahnfahrt. Dann der wahrscheinlich lähmende Ort. Und dann wahrscheinlich Stallmeisters Jammern, der nach seinem letzten Brief hierher, alles andere als begeistert zu sein scheint. Er entschuldigt sich, dass er mich nicht mit dem Wagen abholen könne und ergeht sich dann in ein langes Geschimpfe über die Unsicherheit auf amerikanischen Strassen an Feiertagen. Ich würde mich am liebsten 2 Tage ins Bett legen. Ich hatte mir im Zug eine Möglichkeit ausgedacht, Boston zu entgehen. Aber ich fand hier dann einen Brief aus Washington vor, der mir freudestrahlend mitteilt, dass es gelungen sei, mir in Boston ein reiches Universitätsprogramm zusammenzustellen. Ich werde also nach Boston fliegen, dann nach Washington fliegen und hoffentlich am Ende noch ein paar Tage für New York erübrigen, wo ich wirklich noch was sehen will – Theater, die Vereinten Nationen, die Stadt und auch einige Menschen.

Im Zug waren meine Gedanken immer bei dir, und ich hoffe sehr, dass es doch bei dir gut gegangen ist, dass du durchgehalten hast und wir wieder und lange schön und gemütlich zusammen leben können. Ich freue mich auf unser Wiedersehen, ich sehe dich schon im Geist und kann es gar nicht erwarten. Bald hast du es nun ja überstanden, und du wirst sehen, dass die Zeit so schnell vergeht, dass dir am Ende die Farbe auf Möbel und Wänden nicht trocken werden wird!

Zu meiner Rückkehr noch dies: Irgendwie bin ich noch immer geneigt, den Lufthansafahrschein gegen einen der KLM oder der Air France umzutauschen. Mit der KLM hätte ich eine sehr gute Anschlussverbindung von Amsterdam nach München. Für die Air France spräche, dass die Maschinen nach Paris momentan nicht so besetzt sind. Allerdings hätte ich von Paris erst am nächsten Tag die Weiterflugmöglichkeit nach München. Die Ankunft ist nie genau zu sagen. Manchmal fliegen die Maschinen schon mit grosser Verspätung (wegen Reparaturen) von New York ab, und oft fliegen sie dann Umwege oder machen unvorhergesehene Zwischenlandungen. Es wäre also immer, ob nun Lufthansa, KLM oder Air France, fraglich, ob ich den Anschluss nach München bekäme. Am besten ist es wohl, wenn du am An-

kunftstag – voraussichtlich, wahrscheinlich der 20. – von 9 Uhr
vormittags bis ein Uhr mittags auf ein Telegramm oder einen
Anruf (etwa aus Frankfurt) warten würdest. – Ich habe auch
daran gedacht, ob du nach Frankfurt kommen solltest, aber es
ist wohl mit Hunden und allem zu kompliziert – – – ? Ich würde
vorschlagen, im Frankfurter Hof (Tau-Hotel) zu wohnen.
Aber wohl Unsinn.

Ach, mein liebes gutes Marionlein, tausend Küsse

dein Kopernikus
|der dich immer lieb hatte und lieb haben wird.|

Kleider hier entweder teuer oder sehr billige Massenware. Wie
ich finde, nicht so charmant wie in Los Angeles, aber auch noch
sehr nett. Schade mit Los Angeles!

Aber vielleicht gibt es jetzt in München die schönen Chemise-
Kleider auch? Vorne durchgeknöpft bis unten, kurz bis zum Knie
und den bauschigen Rücken oder überhaupt den Sack-Schnitt.
Meist Matrosenkragen und grosse Schleife. Dies hier von 6 – 12
Dollar, also 24 – 48 Mark.[5]

1 Briefbogen: The St. Clair, Ohio Street East of Michigan Avenue, Chicago 11,
   Illinois.
2 Vgl. *Amerikafahrt.* In: *Gesammelte Werke. Bd. 4,* S. 419 f.: »Am Abend rief
   mich ein General an. Der General hatte von meinem Verweilen in Salt Lake
   City gehört, und er war ein amerikanischer, ein sehr liebenswürdiger General, der mir die Stadt zeigen wollte.
   Wir fuhren zum Denkmal, zur historischen Stelle ›This is the Place‹, wo auf
   einem Sockel Brigham Young im altväterlichen Gottesrock mit seinem Ge-
   fährten vor einem im Abendlicht rötlichen und noch immer kahlen Berg
   stand. [...]
   Wir fuhren langsam durch die Wohnviertel, fuhren in dem schönen, großen
   Automobil des Generals und sahen einen amerikanischen Frieden, ein amerikanisches Glück, ein amerikanisches verwirklichtes Ideal, einstöckige, nette
   Häuser auf grünen Hügeln oder ebenem Rasen, schattenspendende Bäume,

keinerlei Umzäunungen, eine große Nachbarschaft, eine einzige Normal-familie, nette, hübsche Kinder, die einander glichen, Hunde und Katzen von derselben Gepflegtheit, das Gras, das überall geschoren, das Auto, das überall abgespritzt wurde, der Baustil, die Grundrisse, die Einrichtungen, die Musik, die gespielt wurde, das Essen, das reichlich auf den Tisch kam, der bequeme Schaukelstuhl für den Grand Dad, sie ähnelten einander wie zwei Schuhe eines Paars, und ich dachte, wehe dem Menschen, der sich in diese wohl-situierte, freundliche und zweifellos immer hilfsbereite Nachbarschaft nicht einfügen mag und seinen Rasen verwildern läßt.«

3 Mrs. Clifton Atley, die im Programm des »Foreign Leader Exchange Program of the International Educational Exchange Service« genannte Kontaktperson in Chicago (vgl. Brief 161, Anm. 4).

4 Der einzige Feiertag, der in den Vereinigten Staaten im Mai begangen wird, ist der Memorial Day zu Ehren der Gefallenen. Allerdings wird dieser Tag immer am dritten Montag im Mai gefeiert.

5 Beigefügt ein Zeitungsausschnitt mit einem Mantelkleid aus Chemise.

[183][1]

Chicago
2. Juni 1958

Meine liebe, gute Marion,
ich hatte mit Stallmeisters telephoniert und gehört, dass 2 Brie-fe von dir da seien, und ich bin dann dieser Briefe wegen, auf die ich mich so freute, sonst aber sehr widerwillig mit der Bahn nach Beloit gefahren und war am Sonntag also da, aber von dei-nen Briefen konnte ich leider nur den einen, ganz kurzen, sehr lieben vom Sonntag abend lesen, während es mir bei grösster Bemühung unmöglich war, den längeren vom 24.5. zu entzif-fern. Du hast mit einer fremden, dicken Krähenfüssenschrift beiderseitig auf das |dünne| Luftpostpapier geschrieben, und es sieht wie die Botschaft eines irren Raben aus. Ich werde dir den Brief als Beweis mitbringen. Ich entnahm ihm allenfalls mit Mühe, dass du allein im Haus warst und das Trinkulo noch im-mer viel Erfolg hat. Aber mehr ging nicht – – –
Von Stallmeisters muss ich dir erzählen. Sie lassen dich und alle grüssen, – und es ist – dies sage ich – sehr, sehr traurig. Und

ich weiss nun, dass du, hätten wir deine Fahrt nach Amerika erreicht und dich 4 Wochen in Beloit gelassen, noch viel, viel unglücklicher gewesen wärst, als in der Ungererstrasse.

Das darüber für heute.

Am Bahnhof der Züge nach Beloit stand schon wieder in ärmlicher Gegend ein feuerrotes, unheimliches Hotel Marion. Ich erschrak sehr und hatte die quälende Vorstellung, du seiest verstorben und erscheinest mir jetzt überall vorwurfsvoll als unheimliches Hotel. Vor diesem Hotel in Chicago lagen alte, arme Säufer auf der Strasse und bettelten mich an.

Mit meinem Wunsch, dir ein Kleid zu kaufen, wird es immer dümmer. Rosie behauptete nun, du habest Grösse 12. Was mir wieder nicht zu stimmen scheint. Ich glaube, ich muss dich auf Europa vertrösten.

Etwa am, ab 13. Juni hoffe ich in New York zu sein.
Wellington Hotel
55th Street at 7th Avenue
New York City

leider weiss ich die genaue Strassennummer nicht, aber ein Brief käme auch so an. Oder über Mr. Mettger in Washington, wo ich wohl am 10. Juni sein werde.

Auch in Chicago war es stickend schwül. Dann am Sonnabend abend ein Gewitter mit Tornado, das eine solche Abkühlung brachte, dass man fror.

Herzlichst und lieb bin ich dein Kopernikus

1 Geschrieben auf Luftpostpapier.

Chicago
4. Juni 1958

Meine liebe, gute Marion,
mir ist schlecht. Was tue ich nicht für Andersch? Ich war eben,
und weil es so unerwünscht ist, in den Stockyards, den Chica-
goer Schlachthöfen und Fleischpackereien. Ein ungeheures Gelände des Todes. Ich bin noch ganz benommen, und hinzu kam
noch die heute wieder einsetzende Schwüle.

Und überhaupt bin ich traurig. Amerika stimmt mich im Grunde sehr traurig. Und Chicago ist von allen amerikanischen Städten, die ich sah, die des härtesten Lebens. So war ich etwas verwundert über die Unhöflichkeit der Leute im Hotel. Aber das ist
nicht das Hotel, das ist Chicago.

Ich habe einen ganz rauhen Hals. Die Luft in der Schlachthaus-
gegend war voll von kleinen Federn. Wie Schnee rieselten sie
nieder. Eigentlich hätte ich einen trinken müssen. Aber ich
wollte nicht.

Ich fliege morgen früh unlustig nach Boston. Im Büro der Luft-
linie, wo ich meinen Flugschein bestätigen liess, war ein Versi-
cherungsautomat. Ich habe da 2 Versicherungen über je 6.250
Dollar abgeschlossen, dann noch im Hilton-Hotel, wo auch ein
Automat war, eine andere über 12.500 Dollar – im ganzen also
über 18 tausend 7 hundertfünfzig Dollar. Ich sende dir die Ver-
sicherungsscheine.² Wenn etwas passieren sollte, musst du dich
über einen Anwalt³ an die Versicherungsgesellschaften wenden.
Die Scheine aber erst nach Briefwechsel und durch den Anwalt
einreichen. Adressen der Gesellschaften stehen oben auf den
Scheinen. Ausserdem bin ich durch das Governmental Affairs
Institut in Washington versichert. Die Briefadresse!

Meine liebe, gute Marion, ich träume von meiner Rückreise und unserem Wiedersehen. Heute dachte ich, ob wir uns nicht in Paris treffen sollten. Ich würde etwas nach 11 dort eintreffen und du könntest mit dem Flugzeug aus München um 12 dort sein. Oder, wenn dir das Risiko, mich durch Verspätung meines Flugzeuges zu verfehlen, zu gross wäre, könntest du ja am nächsten Tag kommen, nachdem ich dich aus Paris angerufen hätte, und wir könnten dann in Paris dein Kleid kaufen. Deine Flugkosten 250 Mark. Und wir könnten 4 oder 5 Tage in Paris für uns haben. Aber dann denke ich wieder, dass vielleicht dies nur neue Komplikationen schaffen könnte, und dass ich wohl besser über Frankfurt komme. Denk drüber nach. Du könntest nur einen kleinen Koffer mitnehmen und würdest um 10.20 mit der Air France aus München direkt nach Paris fliegen.

Sehr lieb hat dich und verlässt dich nicht
dein Kopernikus

x Kreile![3]

– Mir sind die grossen deutschen Luftpostcouverts ausgegangen, und in diesem Hotel haben sie auch keine. So sende ich die Versicherungsscheine extra.

Die vielen, an dich adressierten Drucksachen enthalten nur Arbeitsunterlagen für mich![4]

1 Geschrieben auf Luftpostpapier.
2 Zwei im WKA erhaltene Versicherungsscheine sind von *The Fidelity and Casualty Company of New York* ausgestellt, der dritte Schein ist von der *Continental Casualty Company, Chicago*.
3 An dieser Stelle fügte W. K. handschriftlich ein Kreuz ein und verweist damit auf den maschinenschriftlichen Zusatz am unteren Rand des Briefes (»Kreile!«).
4 Der Satz steht am unteren Rand des Briefes auf dem Kopf.

[Boston]

6. Juni 1958

Meine liebe Marion,

nach einem Flug, der begann, als die Ausläufer eines Tornados Chicago erreichten, dann aber sehr schnell in grosse Höhe und schönes Wetter führte und eigentlich angenehm war, erreichte ich Boston, wo sich zunächst einige Grotesken ereigneten, teils mit dem Hotel, teils mit der Harvard-University in Cambridge. Nach Missverständnissen und Auseinandersetzungen am Rande von Verstimmungen gefällt es mir in Boston recht gut. Die Stadt ist sehr englisch. Ich bekam sogar zum ersten mal auf dieser Reise einen guten Tee. Das Wetter ist angenehm. Sonne, aber kühler Seewind. Das einzige, was mir hier noch bevorsteht, ist ein Dinner bei Grace Eltern² am Samstag Abend. Mrs. Cheney lud mich am Telephon ein, bei ihnen zu wohnen, was ich aber – trotz meines diesmal schlechten Hotels – höflich ablehnte. In diesem Hotel wohnen lauter Ulis und geistern durch die eines Gruselfilms würdigen Gänge.

In Washington, spätestens in New York, hoffe ich von dir noch einmal Post vorzufinden. Inzwischen ist ja Heuss hier angekommen, wird aber – in den Zeitungen – nicht sehr beachtet. Er fliegt zwischen 19. und 23. zurück, aber ja mit einer Sondermaschine.³

Paris lassen wir wohl. Es wird zu grosser Wirrwarr. Auch ist meine Angst zu gross, dich, durch Verspätung meines Flugzeuges, zu verfehlen. Du müsstest – wenn – doch wohl erst meinen Anruf aus Paris abwarten. Aber ich werde wohl doch direkt nach Frankfurt fliegen.

Heute nacht träumte ich wieder einen sehr, sehr düsteren Trinkertraum von dir. Du sassest in einer finsteren Kneipe und hattest ein ganz zerfressenes Gesicht. Im Hintergrund war irgendwo Kluger.⁴ Hoffentlich war es nur ein Traum und nicht ein Abbild der Wirklichkeit.

Im Flugzeug reiste in einer extra angefertigten Hunde-Koffer-

Hütte ein reizender, wohlhabender Hund. Leider habe ich in Chicago wieder das Pech gehabt, einen sehr armen Hund zu treffen. Und auch der war reizend.

Auf bald, mein Marionlein, auf gutes Wiedersehen!

In Washington wird es wahrscheinlich grosse Verstimmungen geben. Auch ich bin etwas gereizt, weil all die Verabredungen, die die Leute für einen treffen, purer Unsinn und reine Zeitvergeudung sind.

herzlichst dein Kopernikus

|Die Flug-Versicherungen kannst du wegwerfen. Die aus Chicago.|

1 Briefbogen: The Hotel Lenox Boston, Boylston Street at Exeter – near Copley Square.
2 Grace Franzens Eltern Mr. und Mrs. C. W. Cheney (vgl. Brief 155, Anm. 2).
3 Bundespräsident Theodor Heuss absolvierte im Juni 1958 einen Staatsbesuch in Kanada und den USA.
4 Herbert Kluger, Verleger. W. K. gab im Kluger Verlag 1947 Émile Zolas *Germinal* heraus, 1948 die von ihm bearbeiteten autobiographischen Aufzeichnungen des Münchner Briefmarkenhändlers Jakob Littner *Aufzeichnungen aus einem Erdloch* (vgl. dazu: *Über Marion Koeppen*, S. 397, Fußnote 21 in diesem Band).

[186][1]

[Boston]
8. Juni 1958

Meine liebe, süsse Marion,
zu meiner sehr grossen Freude erhielt ich hier gestern über Washington deinen lieben, schönen Brief vom 3. 6. Ich war gerührt und wollte dir gleich antworten, aber ich musste mich umziehen, um zum Dinner zu Grace Eltern zu gehen. Es war ein Erlebnis, – wenn auch für mich wahnsinnig anstrengend, denn

man sprach n u r englisch und tat so, als ob ich es könne. Und es waren viele Leute da, so dass ich mich nicht einmal an eine Stimme gewöhnen konnte.

Boston gefällt mir gut. Wahrscheinlich weil es – und besonders nach Chicago – so europäisch wirkt. Auch hat sich das Essen hier wesentlich gebessert.

Ja, meine gute Marion, auch ich hoffe sehr, dass alles gut geht. Mit dem Wetter in München hast du natürlich recht. Aber schliesslich ist ja die Hauptsache, dass ich wieder bei dir bin. Frankfurt ist hässlich. Du könntest höchstens zu deinem Freund Czimmeck in den Zoo gehen. Und Paris? Ich hätte doch die Sorge, dass mein Flugzeug sich verspäten und |ich| dich verfehlen könnte. Also würdest du meinen Anruf abwarten müssen, und das gibt wohl doch alles zu grossen Wirrwarr.

Also hatte die Los Angeles Kleiderverkäuferin doch recht mit Grösse 16, und Rosie mit Grösse 12 misst wohl die Kleider nach ihrer eigenen Statur. Doch muss ich sagen, dass ich auch 14 für möglich hielte. Es ist alles unsicher. Die chicken Mädchen hier tragen die Kleider sehr kurz, aber die doch in der Überzahl sich befindenen doven Mädchen tragen sie wieder sehr, sehr lang, und wahrscheinlich richten sich die allgemeinen Konfektions-grössen nach ihnen. Nun kommt aber noch hinzu, dass die Kleider für die chicken wieder in Taille und Schulter ausseror-dentlich knapp, eng, auf Sitz gearbeitet sind. Am ehesten geht wohl noch ein rückenweites Chemise, dessen Raffinement aber hier grade wieder eine eng anliegende Stelle über dem Hintern ist, die natürlich ganz genau, nicht zu hoch und nicht zu tief sitzen muss. Übrigens geht dein eines altes blaues Sommerkleid dahin.

Leider habe ich Geldsorgen. Ich habe mich doch verrechnet. In Chicago betrug meine Hotelrechnung über 50 Dollar und an-deres kommt hinzu. Ich möchte mir aber von Knaus kein Geld schicken lassen, da ich fürchte, dass mich in München allerlei Rechnungen (Finanzamt!) erwarten werden.

Wegen meines Fluges und der Ankunft schreibe ich dir noch aus New York. Es sind nicht mehr viele Tage!

Und dann wollen wir sehr lieb zueinander sein!

In Gedanken umarmt und küsst dich
dein Kopernikus

In Washington, glaube ich, wird es am Dienstag Verstimmungen geben.

1 Briefbogen: The Hotel Lenox Boston, Boylston Street at Exeter – near Copley Square.

[187]¹

[Washington]
10. Juni 1958

Meine liebe Marion,
armer Bruno E. Werner kann ich nur sagen, ich möchte hier nicht Kulturattachee, ja nicht einmal Botschafter sein. Ein Backofen mit den Dämpfen einer Wäscherei. Im Zimmer der Fresh Air Apparat, aber ein einziger Gang über die Strasse, und das Hemd klebt dir am Leib, und der Schweiss rinnt in deine Strümpfe.
Hatte zwei lange, schwierige, aber im ganzen freundliche Unterhaltungen. Die eine in deutscher, die andere in englischer Sprache.
Danach ungeheure Gewitterwolken. Aber noch keine Entladung. Ein Taxi eines sehr freundlichen Negers brachte mich in mein Hotel, wo ich, mit kühler Luft berieselt, dies schreibe.
Von jetzt und hier gesehen noch 9, wenn du diesen Brief liest

wahrscheinlich nur noch 6 Tage. Ach, liebe Marion, wie ich mich auf *dich freue*!

dein Kopernikus

bitte, rufe für alle Fälle, wegen Gewitter und so, Dallmayr an und bestelle 6 Boxbeutel, aber nur Abfüllung aus *Juliusspital* oder *Bürgerspital* oder *Hofkeller*![2] Rechnung wird nach meiner Ankunft bezahlt. Vielleicht bestellst du auch ein paar Delikatessen in Büchsen, weil wir keinen Eisschrank haben, wenn du nicht meinst, dass wir uns besser erst in einem Hotel treffen. Aber dann die Hunde? Auf jeden Fall hab was im Haus. Gegen Rechnung.

1 Briefbogen: Hotel Presidential, 900 Nineteenth Street, N.W., Washington 6, D.C.
2 Korrekt: »Bocksbeutel«. Die von W.K. gewünschten Abfüllungen stammen aus Würzburger Weingütern.

[188; handschriftlich; Ansichtskarte: »Hotel Wellington«]

[New York
12. Juni 1958]

Liebe Marion,
meine letzte Station.
Herzlichst Kopernikus

[189][1]

[New York]
13. Juni 1958

Liebe kleine grosse Marion,
es ist also abgemacht, ich habe heute meinen Flugschein, wie man hier sagt, konfirmieren lassen, und ich fliege mit der Luft-

hansa am Donnerstag, den 19. Juni um 4 Uhr nachmittags von New York ab und hoffe am Freitag, den 20. um 10.40 in Frankfurt zu sein. Dort nehme ich um 13.30 die Maschine nach München, die um 14.45 auf dem Flughafen landen soll.

Ich werde versuchen, noch eine Extraversicherung für diesen Flug abzuschliessen, und ich sende dir die Police, die du bis zu meiner Rückkehr oder bis zur Auszahlung aufheben musst. Bei der Lufthansa bin ich auf jeden Fall versichert und, wie ich glaube, auch noch beim State Departement in Washington.

Die Ozean-Maschine wird bis zum letzten Platz besetzt sein. Als ich auf dem Büro war, wurden da Leute schon auf Wartelisten gesetzt und vertröstet.

Nun kann es sein – Maschinenschaden, schlechtes Wetter – dass ich nicht pünktlich in Frankfurt ankomme. Ich möchte dir deshalb raten, am Freitag bis 1.00 Uhr auf einen Anruf zu warten, evtl. die Lufthansa in München zu fragen, ob die New York Maschine Flug Nr. 411 in Frankfurt gelandet ist. Sollte ich dann in dem Flugzeug aus Frankfurt, Ankunft München 14.45 nicht sein, fahre bitte gleich wieder nach Hause und warte dort auf Anruf oder Telegramm.[2]

Mein liebes Marionlein, ich freue mich sehr, sehr, sehr!

Leider hast du mit den Kleidern wirklich Pech. Hier ist jetzt nämlich – wer konnte das ahnen? – Ausverkauf. Und die schönen, chicken Sachen sind aus den Fenstern verschwunden. Dafür sieht man für 5 – 10 Dollar Kleider von vorgestern oder extra für den Ausverkauf gemachte Fähnchen, die mitzubringen Unsinn wäre. Ich bin sehr unglücklich darüber und ging schon stundenlang suchen. Natürlich gibt es hier in meiner Gegend teure, snobistische, am Ausverkauf nicht beteiligte Läden. Aber erstens fangen dort die Preise bei 60 oder 80 Dollar an, und dann haben auch sie jetzt fast nur reine Sommerkleider und nicht die hübschen Baby-Dolls oder Kostüme, die ich hier im Mai sah. Und die Sommerkleider sind eigentlich wie überall. Sehr bunt und mit Gürtel. Einige teure Importe aus – Italien. Hoffe darum – leider – auf nichts.

Merkwürdigerweise gefällt mir New York diesmal nicht so sehr wie das erste Mal. Vielleicht liegt es an der Hitze. Diese amerikanische ewig schwüle Hitze mordet mich langsam. Dreimal am Tag gehe ich in die kalte Badewanne. Aber sobald ich ein Hemd anziehe, ist es durchschwitzt. Man kann gar nicht soviel trinken, wie man ausdünstet. Die New Yorker stürzen an jeder Strassenecke Unmengen von eiskalten Säften in sich hinein. Ich tue es auch schon. Aber es hilft nicht.

Mein gutes Kind, es kam eben dein klar geschriebener Brief, und ich bin sehr froh und glücklich, dass du mich noch lieb hast und dass du brav warst. Ich war es auch!

Eine Fülle von Verabredungen. Montag der deutsche General-Konsul. Er rief mich an. Dienstag Joan Daves. Sonnabend abend gehe ich auf das Nacht-Polizei-Gericht.[3] Der oberste Magistratsrichter, den ich heute sprach, gab mir einen Journalistenpass. Gestern war ich |bei| den Vereinten Nationen. Dann 4 Theater. Und am Sonntag Coney Island. Und die Hitze! Die Schwüle!

Im Zug von Washington nach New York wieder ein Gewitter wie ein Weltuntergang. Leider kommen diese Gewitter hier immer am Nachmittag an, also zur Zeit meines Abfluges.

Viele, viele Küsse
dein Kopernikus

1 Briefbogen: Hotel Wellington, Seventh Avenue at Fifty-Fifth Street, New York 19. N. Y.
2 W. K. kennzeichnete den letzten Teil des Satzes mit einem Strich am linken Textrand.
3 Vgl. *Amerikafahrt*. In: *Gesammelte Werke. Bd 4*, S. 460/461: »Der nahe Wallstreet-Distrikt war wie ausgestorben; nur im Haus des Police Night Court, dem Polizeigericht, brannte Licht, und wer hierher in der Nacht kam, hierher gebracht wurde, war in ein Drama, seltener in eine Posse verwickelt. Die Polizisten und Detektive führten ihre Fänge gleich in Gruppen dem Richter vor. Alles ging rasend schnell. Verurteilung oder Freispruch geschahen in Minuten. Zwischen den Detektiven und den Aufgegriffenen herrschte auffällige Kameradschaft, und oft sah der Fänger seiner Beute ähnlich. Viele Neger spielten die Delinquenten, tauchten aus der Nacht auf in das grelle Licht des Gerichtes und ließen Anklage und Strafe über sich ergehen wie einen Regenguß, dem man nicht entkommen kann. Nie wurde von ihnen gegen ein Urteil Einspruch erhoben. Auf einer langen Bank saßen verachtete Advokaten unbeschäftigt, wie zu mietende Dienstmänner, und lösten die Kreuzworträtsel ihrer Zeitungen. Der Richter wirkte gehetzt und überanstrengt. Er verkündete seinen Spruch jedesmal mit einem Hammerschlag. Der Richter war nicht bösartig, aber manchmal übermannte ihn die Ungeduld.«

[190]¹

[New York]
16. Juni 1958

Mein liebstes, bestes Marionlein,
ich bin sehr, sehr erschöpft. Zuviel rumgerannt. Zuviel gereist. Zuviel gesehen.
Ich sende dir jetzt den Versicherungsschein für den Europa-Flug.² Das dumme Mädchen hat den 16. statt den 19. reingeschrieben und sagt, das mache nichts. Hoffentlich. Die Versicherung kostet 4 Dollar und lautet über 50000 |Fünfzigtausend|³ Dollar. Noch einmal: Schein nicht einsenden, nicht aus der Hand geben, alle Korrespondenz gleich durch Anwalt führen. Weitere Versicherungen: Obligate der Lufthansa und durch Mr. Mettger, Washington.
Und noch zum Kleid: ich bin stundenlang durch die Stadt gewandert. Die Saison ist ungünstig. Die Sommerkleider sind

süss, wenn sie auf der Figur oder auf dem Mädchen wie eine zweite Haut sitzen. Hält man sie im Laden lose in der Hand, sind es Fähnchen.[4] Sitzt so ein Kleid nicht, kann man es wegwerfen. Preise zwischen 10 und 175 Dollar. Risiko zu gross. Wir müssen in Europa etwas Hübsches finden.

Ich habe dich lieb, habe dich immer lieb gehabt, werde dich immer lieb haben – und blieb dir treu
dein Kopernikus

1 Briefbogen: Hotel Wellington, Seventh Avenue at Fifty-Fith Street, New York 19. N.Y.
2 Im WKA nicht erhalten.
3 Handschriftliche Einfügung am unteren Rand des Briefes.
4 Vgl. *Amerikafahrt*. In: *Gesammelte Werke. Bd 4*, S. 455-456: »Auch ich wollte ein Kleid nach Europa mitbringen, eines dieser geschickten, Paris nachahmenden, aber unnachahmlichen Schneiderwerke von New York, ich ging in die Warenhäuser, wagte mich in Damenreiche und begegnete Königinnen. Hier lag man der Kundin noch zu Füßen. Flure für jedes Alter, Stockwerke für jede Größe, Etagen für jede Farbe, der letzte Einfall von der Seine, in der Avenue Montaigne kaum entworfen, war hier schon in hundert Variationen ein billiges Glück. Jedes Stück hing, den begehrlichen Händen erreichbar, in den frei zugänglichen Regalen. Kein Verkäufer belästigte oder hemmte die Gier. Die Damen griffen nach den Träumen, zogen sie an, spiegelten sich in Kristall, verwarfen die erste, die zweite, die dritte Wahl, neue Modelle wurden aus den Fächern gerissen, wurden übergezogen, man trat kaum hinter Vorhänge, man war ungeniert, man warf, was einem nicht gefiel, auf einen Tisch, auf den Boden, Aufräumerinnen kamen freundlich und hängten lächelnd die verschmähte Mode zurück auf die Bügel, und mich beachtete niemand, fragte niemand nach Begehr und Wunsch, man hielt mich wahrscheinlich für einen Rayon-Inspektor, für einen Eunuchen im Dienste der Damen.
Der normale amerikanische Mann wagte sich nicht in dieses Serail. Man hatte aber auch an ihn gedacht, der seiner Frau, seiner Freundin etwas mitbringen wollte aus dem Garten Eden der Konfektion, und so gab es in jedem besseren Haus eine Abteilung für Damensachen einkaufende Männer. Ich versuchte, mich verständlich zu machen. Ich beschrieb meinen Wunsch. Die Direktrice lächelte mütterlich. Sie fragte nach der Größe. Ich wußte die amerikanischen Maße nicht. Die Direktrice führte mich zu den Mannequins. Es waren sehr schöne Mädchen, sie sahen wie gestriegelte Pferde aus, auch sie lächelten, doch sie lächelten nicht mütterlich. Ich wählte unter den Mädchen

die Figur, für die das Kleid, das ich kaufen wollte, bestimmt war. Dann wähl-te ich das Kleid. Das Mannequin zog das Kleid über und führte es vor. Der Gang des Mannequins erinnerte wieder an die Schritte eines schönen dres-sierten Pferdes in einer Manege. Man wußte nicht, ob man das Kleid oder das Pferd kaufen sollte. Ich dachte an den Fürsten Pückler, den Parkliebhaber und Schreiber schöner Briefe, der seiner Frau aus Abessinien eine hübsche Sklavin mitgebracht hatte.

Das Mannequin war keine Sklavin, es war eine New Yorkerin, es dachte, mir mißfalle das Kleid, es streifte es unwillig ab, verwandelte sich, führte ein an-deres vor, und diesmal mit dem Lächeln einer Prinzessin.«

1959

[191; handschriftlich][1]

[Frankfurt am Main]
4. August 1959

Meine liebe Marion,
immer denke ich an dich und in grosser Liebe, und manchmal zerreist es mich fast vor Sorge, und ich frage mich, warum ich gefahren bin. Möchte eigentlich umkehren.
Frankfurt schwül! War eben lange beim Fernsehen.[2] Sinnlose Debatten. Werden fortgesetzt. Du hättest dich sehr geärgert, denn das Hôtel wimmelt von Leibwächtern und Sekretären von König Saud.[3] Auch im Fernsehen huschten sie rum und rochen aus ihren weissen Burnussen überraschend parfümiert.
Verabredungen mit Unseld (Suhrkamp)[4] und Korn.[5] Frisé verstimmt.[6]

Ach, bleib doch bitte brav! Dann freuen wir uns am Samstag sehr und können wieder Auto fahren.
Ich lieb nur dich!
Dein Kopernikus

1 Briefbogen: Hotel Frankfurter Hof, Kaiserplatz, Frankfurt am Main.
2 W. K. traf in Frankfurt Helmut Krapp vom Hessischen Rundfunk, Abteilung Fernsehen/Spiel und Unterhaltung, um mit ihm über ein Fernsehstück zu sprechen. In einem Brief an W. K. vom 26. Juni 1968 erinnerte sich der Spielleiter des Hessischen Rundfunks Rolf Hädrich an diese Begegnung: »Ich erinnere mich an unser Gespräch mit Herrn Dr. Krapp hier in Frankfurt im Schwyzer Hüsli, als wir Sie beide überreden wollten, doch einmal etwas direkt fürs Fernsehen zu schreiben. Wir waren dann auf der Spur von Frischs CHINESISCHER MAUER soweit gekommen, dass Sie sagten, vielleicht würde sich in dieser Richtung für Sie eine Möglichkeit zum Schreiben ergeben.« (WKA) Dieses Projekt wurde von W. K. nie realisiert.
3 König Saud hielt sich zu einer vierwöchigen Kur in Bad Nauheim auf.

4 Im Jahr 1959 zeichneten sich gravierende Änderungen im Goverts Verlag ab.
Am 1. Juli übernahm Hildegard Grosche von Franz Schonauer die Geschäfts-
leitung des Goverts Verlags. In einem Treffen mit Henry Goverts Anfang August in München teilte W.K. Goverts seine Bedenken über diesen Wechsel
mit. Goverts verfaßte nach diesem Treffen einen Brief an W.K., in dem er
dessen Sorgen zu zerstreuen versuchte: »Mein lieber Herr Koeppen, heute
an meinem letzten Münchner Tage habe ich immer wieder darüber nachgedacht, was der wahre Grund Ihres Fortstrebens ist. Sind Sie durch Gerüchte,
durch Abwerbungen, die früher nicht üblich waren, beeinflußt?
Gewiß, ich habe den Geschäftsführer häufig gewechselt. Aber die Linie, das
Gewicht des Verlages – wie schon in Hamburg – ist das gleiche geblieben. Ich
bin nach wie vor Geschäftsführender Gesellschafter, bestimme die Produktion. Ich habe lediglich statt eines Literaten, der in meiner Aktivität den Verlag ausbauen wollte, einen Verlagskaufmann gewählt, der Verlagskaufmann,
der schon zur Wahl stand, als ich mich für Schonauer entschied.
Gewiß, ich bin 67 Jahre alt. Doch der Verlag bleibt nach meinem Tode bestehen. Ich sagte schon, ich werde Sie mit meinem Neffen [Dietrich Schäfer]
bekannt machen. Ich glaube auch die finanzielle Rückendeckung ist stärker
als bei vielen anderen deutschen Verlagen.
Wir sind ein mittelgroßer Verlag, der aus diesem Grunde seine Autoren weit
individueller und auch intimer betreuen kann als ein Großverlag, zu dem
Piper hinstrebt. Einsiedel war übrigens gestern mit mir der Auffassung, was
wird mit Piper, wenn ihm dieses Experiment nicht gelingt. […]«. (Goverts
an W.K. vom 1. August 1959, Hotel Vier Jahreszeiten, München, WKA.)
Neben dem Piper Verlag nahmen noch andere Verlage Kontakt zu W.K.
auf, u. a. auch der Verleger des Suhrkamp Verlages, Siegfried Unseld. Am 6.
August 1959 schrieb Unseld an W.K.: »Verehrter, lieber Herr Koeppen, darf
ich Ihnen für das gestrige gute und überaus harmonische Gespräch herzlich danken. Ich kann nur hoffen, Sie haben den Eindruck gewonnen, daß
wir nicht nur mit Freuden bereit sind, Sie als Autor in unser Verlagsschiff
aufzunehmen, sondern daß wir auch aus der Verbundenheit mit Ihren bisherigen Büchern leidenschaftlich für Ihre Arbeit eintreten werden. Wenn Sie
sich für den Suhrkamp Verlag entscheiden, so sollen Sie in ihm eine geistige
Heimat haben, in der Ihre den Publikum genehmen wie die ihm schwerer zugänglichen Arbeiten gut und lebendig aufgehoben sind. […] Lassen Sie mich
nochmals bestätigen, daß wir gern bereit sind, Ihnen für die sechs Monate, in
denen Sie am Roman arbeiten, eine monatliche Zahlung von je DM 1.000 zu
leisten; diese Zahlungen können ausgedehnt werden. Ebenso sind wir natürlich bereit, den Vorschuß von DM 2.000, den Sie bei Goverts bereits bezogen
haben, abzulösen. Damit sei Ihnen auch materiell unser Wunsch bekundet.«
(»Ich bitte um ein Wort«, S. 13 f.)
5 Karl Korn, zu diesem Zeitpunkt Mitarbeiter der *Frankfurter Allgemeinen*

Zeitung, bat W. K. um ein Treffen am 6. August. Diesen Termin nahm W. K. allerdings nicht wahr.

6 Adolf Frisé, Leiter des Abendstudios im Hessischen Rundfunk von 1956 bis 1962, hatte schon im März 1959 mit W. K. eine Sendung über Los Angeles und Chicago vereinbart und rechnete mit den Manuskripten bis Mitte April. W. K. blieb diese Manuskripte allerdings schuldig, was die hier erwähnte Verstimmung Frisés nach sich zog. Erst am 2. November 1959 ging W. K. in einem Brief an Frisé erneut auf die versprochenen Manuskripte ein: »Auch ich wollte Ihnen in diesen Tagen einen Brief schreiben, um Sie zu fragen, ob sie die seinerzeit zwischen uns verabredeten Manuskripte ›Los Angeles‹ und ›Chicago‹ noch haben wollen. Jetzt aber möchte ich Sie bitten: lassen Sie mir noch acht Tage Zeit. Meine Verlagsprobleme drängen zu einer Entscheidung und sind doch recht aufregend und kompliziert. Die Wahl des neuen und die Art der Loslösung vom alten Verlag wird leider auch meine Arbeitspläne beeinflussen. [...].« (WKA) Für 1959 und 1960 lassen sich keine Sendungen über Amerika von W. K. im Hessischen Rundfunk nachweisen.

[192; handschriftlich][1]

[Frankfurt]
5. August 1959

Liebe Marion,

müde und gänzlich ohne Abenteuer sank ich gestern abend nach all dem Reden ins Bett.

Ich dachte an dich – freundlich und besorgt. Ich hätte dich gern bei mir gehabt.

Ich werde mich beeilen wie ich nur kann. Vielleicht fliege ich doch von Zürich.[2] Erwarte ein Telegramm. Heute abend geht es nach Locarno[3], wo ich wohl schon in aller Frühe sein werde. Mögen alle Engel dich beschützen!

Dein Kopernikus

Sei vergnügt, denk an mich und iss gut.

1 Briefbogen: Hotel Frankfurter Hof, Kaiserplatz, Frankfurt am Main.
2 In einen Brief an Goverts vom 17. August 1959 erwähnte W. K., daß er sich
   kürzlich in Zürich aufgehalten, dort in der Kronenhalle ein Steak gegessen
   und sich an das gemeinsame Treffen mit Hirschfeld im Jahr 1954 erinnert
   habe (vgl. Brief 67, Anm. 1). Die Erinnerung an diesen Abend in der Kronenhalle war auch noch 1971 in W. K.s Gedächtnis präsent. Am 26. Juli dieses
   Jahres schrieb er Goverts in einem Geburtstagsbrief: »[…] Zürich? Ich mag
   die Stadt. Und denke noch immer an den guten Abend mit Ihnen in der Kronenhalle. Sie richteten mich auf nach bösen Filmgesprächen, nach schrecklichen Begegnungen, zu Geld zu kommen. Damals lebte Hirschfeld noch. Er
   war ein Freund, und Zürich war auch immer Hirschfeld, Ihr Freund. Diese
   Wahlverwandtschaften über das Dritte Reich hinweg! Sie waren geglüht, sie
   waren ein fester Boden.
   In der Kronenhalle sassen wir unter den schönen, den berühmten, den teuren Bildern des Wirtes. Wir tranken Wein, einen Margaux, wir assen gut, was
   so selten geworden ist und mit den Filmleuten, die mich den Tag über nicht
   verstanden hatten, nicht möglich gewesen wäre: Behagen kam, das Gespräch,
   eine andere, eine geistige Welt, wir waren in ihr verbunden. Ich erzählte Ihnen von meinem Eulenspiegel-Roman. Sie gingen darauf ein, fanden es gut;
   wir zauberten das alte Mölln in die Kronenhalle. Warum ließ ich den Plan?
   Er war wirklich gut. So blieb von ihm nur die Erinnerung an diesen Abend,
   an Zürich, an Sie. […].« (WKA)
3 W. K. reiste Anfang August 1959 für ein Arbeitsgespräch zu Andersch nach
   Locarno. Am 8. August sendete Andersch W. K. ein Protokoll der Unterredung: »Lieber Herr Koeppen, erlauben Sie mir, den Inhalt unseres Arbeits-
   gespräches vom 6.8.59 in Locarno wie folgt zu bestätigen: 1.) Als nächste
   grössere Arbeit für den SDR haben wir, in der Folge Ihrer Arbeit über die
   französische Provinz, einen Bericht über Paris vereinbart. Sie werden sich
   zu diesem Zweck im Mai oder Juni 1960 für ca. 4 Wochen nach Paris begeben und Ihre Arbeit so einrichten, dass das Manuskript im September 1960
   gesendet werden kann. 2.) Für den Herbst 1960 haben wir vorgesehen, dem
   SDR die Realisierung Ihres schon lange anhängigen Plans einer Reise und
   eines Berichtes über Ägypten vorzuschlagen. Sollte dem SDR die Verwirkli-
   chung dieses Projekts nicht möglich sein, so müsste zwischen uns über einen
   Ersatz dieses Vorhabens durch ein anderes gesprochen werden. 3.) Ich werde
   mich dafür verwenden, dass der SDR im Jahre 1960 wenigstens zwei Ihrer
   früheren Arbeiten zur Wiederholung heranzieht, sei es im Radio-Essay-
   Programm oder in einer anderen Programm-Sparte. 4.) Unter dem Aspekt
   dieser konkreten Arbeitsvorhaben, – denen die hocherfreuliche Tatsache zu-
   grundeliegt, dass Sie sich entschlossen haben, noch für einen längeren Zeitraum ständiger Mitarbeiter des stuttgarter Radio-Essay zu bleiben –, teile ich
   dem SDR Ihren Wunsch mit, die gegenwärtig gültige vertragliche Vereinba-

rung (Sende-Priorität beim SDR, Honorargarantie in Höhe von DM 6000,-, auszahlbar in monatlichen Raten von DM 500,- etc.) auch für das Jahr 1960 in Kraft zu halten.

Diese Vereinbarung bedarf der Bestätigung durch den SDR. Insbesondere gehört die Entscheidung und Abklärung aller Honorar- und Spesenfragen in den Arbeitsbereich von Herrn Heissenbüttel als des verantwortlichen Leiters der Redaktion Radio-Essay des SDR. [...].« (WKA) Die Reise nach Ägypten kam nicht zustande (vgl. *Nach Rußland und anderswohin. Werke 8*, S. 402-410). Nach Frankreich reiste W.K. zusammen mit M.K. ca. vom 4. Mai bis 30. Juni 1960, eine erste Reise nach Frankreich hatte das Paar bereits im Mai/Juni 1959 unternommen. Auf der Grundlage dieser Reisen entstanden die Radio-Essays: *Reise in die französische Provinz*. Ein Bericht von Wolfgang Koeppen. 1. Teil: *Das süße Frankreich* 20. Oktober 1959, 20.30 – 22.00 Uhr. 2. Teil: *Das beunruhigte Frankreich* 27. Oktober 1959, 20.30 – 22.00 Uhr. *Nordfranzösische Reisebilder* 29. November 1960, 20.45 – 21.45 Uhr, alle im Süddeutschen Rundfunk. Auch diese Essays wurden im Goverts Verlag unter dem Titel *Reisen nach Frankreich* publiziert (Erstausgabe: Stuttgart 1961); vgl. *Reisen nach Frankreich*. In: *Gesammelte Werke. Band 4*, S. 467-659.

[193; handschriftlich; Ansichtskarte: »Locarno«]

[Locarno

6. August 1959]

Donnerstag

L.M., sei froh, dass du nicht hier bist! Es ist der scheusslichste Ort! Ich bin schon 4 Stunden hier und habe noch kein Zimmer.

Dein armer Kopernikus

1961

[194; handschriftlich; Postkarte]

[München]
Flughafen
28. August [1961]

Liebe gute Marion,
gib dein Gepäck auf dem Flughafen gleich einem Träger. Der erledigt dann alles für 1 Mark.
Ich schloss noch eine Versicherung ab und sandte dir den Schein!
Auf frohes Wiedersehen!
Dein Kopernikus

Flugzeug scheint doch voll von Reisegesellschaften zu sein!

[195; handschriftlich]

Athen[1]
Hôtel King George
28. August 1961

Liebste Marion, angekommen. Flug gut, aber langweilig. Flughafen Athen scheusslich. Leider unübersichtlich. Du musst dich ganz rechts halten. Eine schäbige Baustelle. Unhöfliche Beamte. Abfertigung dauerte lange. Gepäck noch länger. Geduld! – Ein völlig kahles Land. Hässlich! Selbst der Blick auf die Akropolis. Hässlich, kahl auch die Strände. Die grössten Beutelschneider. Taxi zum Hotel 14 DM. Mein Zimmer, winzig, schmutzig, mit ganz schwacher Kühlung 30 DM oder mehr. Platz vorm Hôtel hässlich, kahl, heiss. Sprachen: sie können englisch, verstehen es aber nicht, wenn sie Geld herausgeben sollen. Alles dreimal teurer als in Paris. Möchte dir schreiben, komm nicht, aber du könntest es missverstehen. Also komm – du fehlst mir!

Sorge um deinen Flug. Setze dich im Flugzeug *links*. Rechts brennende Sonne. Man sieht nichts. Ich sass rechts.

Athen von oben wie in der Wüste. Ich telegrafiere, wenn ich umgezogen. Im Flugzeug Fragebogen für Landung. Wo wohnen? Schreibe ein Hotel hinein. King George oder das neue, das ich telegrafieren werde.

Herzlichst, 1000 Küsse

Dein Kopernikus

Hemd klebt am Leib, trotz (versagender) Air Condition.

---

1 Die Reise nach Athen, im August und September 1962, war die letzte im Auftrag des Süddeutschen Rundfunks. Der auf Grundlage dieser Reise entstandene Essay *Die Erben von Salamis oder Die ernsten Griechen* wurde am 13. Februar 1962, von 20.45 – 22.00 Uhr erstmals im Süddeutschen Rundfunk gesendet (vgl. *Die Erben von Salamis oder Die ernsten Griechen*. In: *Gesammelte Werke. Bd. 5*, S. 132-154). W. und M. K. reisten vermutlich Ende September von Athen aus weiter nach Venedig.

1962

[196]

Frankfurt
10. Juli 1962

Meine liebe und gute, meine einzige Marion,
dies sind die ersten Zeilen, die ich in des Verlegers Haus[1] und
Arbeitszimmer tippe. Alles ist sehr schön und sehr, sehr gast-
freundlich, Herrn Boehlichs Hund[2] liegt zu meinen Füssen,
aber ich bin nicht froh und fühle mich nicht wohl in meiner
Haut und meiner Lage.
Im Grunde bereue ich schon, dich und München verlassen zu
haben. Vielleicht werde ich eher, als wir dachten, zurückkehren. Allerdings trägt wohl zu meinem Unbehagen die furchtbare
Schwüle bei, die heute hier herrscht. Man meint, nicht atmen zu
können. Dogge, der Hund, hächelt wie der Trinkulo. Im ganzen
Haus steht die Hitze. Auch liegt das Haus leider von der Stadt,
dem Zentrum, entfernter, als ich hoffte, und bis zur nächsten
Strassenbahnstation sind es gute zehn Minuten zu gehen. So
vermisse ich auch den Shylock[3], mit dem ich aber nie hergekom-
men wäre, den zwischen Würzburg und Frankfurt toben seit
gestern nacht die Gewitter. Die Stadt ist hässlich, unangenehm
und teuer. Schon die Besorgung von Papier war ärgerlich. Mein
Mittagessen schlecht. Zurück ein teures Taxi. Nun »Warten auf
Godot« oder worauf? Müdigkeit und Furcht. Wäre Frau Lauer[4]
nicht bei dir, riefe ich dich an. Der Gedanke an dich, muss mein
Trost sein. Wird er es bleiben? Ich freue mich schon sehr auf unser Wiedersehen und unsere Abendfahrt! Nicht Schenkendorf,
Frankfurt Ring![5]
Heute abend Boehlich.
Ich umarme, ich küsse dich. Bleibe gesund!
dein Kopernikus

1 W.K. wohnte vom 10. bis 24. Juli im Haus seines Verlegers Siegfried Unseld in der Frankfurter Klettenbergstraße, um an Teilen seines autobiographischen Romans zu arbeiten. Unseld selbst hielt sich in dieser Zeit in der Bretagne auf. Bereits im Februar 1962 hatten sich Unseld und W.K. in Frankfurt getroffen und den Aufbau des Romanprojekts besprochen: »Seine [W.K.s] Arbeit ist jetzt in vier Bänden angelegt. Es bleibt beim Obertitel ›Die Scherzhaften‹; Titel von Teil I ›Bismarck oder All unsere Träume‹.« (Notiz von Siegfried Unseld in: »Ich bitte um ein Wort ...«, S. 74). W.K.s Ansprechpartner in Frankfurt war in dieser Zeit Walter Boehlich, von 1956 bis 1968 Lektor im Suhrkamp Verlag. Die Arbeit an dem autobiographischen Roman, der lange Zeit den Arbeitstitel *In Staub mit allen Feinden Brandburgs* trug, ging bis in das Jahr 1976 hinein. Im WKA umfaßt dieses Projekt fünfzehn Manuskriptmappen. Das 1976 veröffentlichte Romanfragment *Jugend* ist nur ein Teil aus *In Staub mit allen Feinden Brandburgs*. Die Materialsammlung zu *Jugend* umfaßt 35 Manuskriptmappen.

2 W.K. verewigte diesen Hund in dem Gedicht *Epitaph für Boehlichs Hund*: »standfest die Höhle / hier war noch der Hund / ein wahrer Menschenkenner / misanthropisch / na ist klar / vor Boehlichs Bett / nun träumt sein Herr / verwaist / die Sage seines Freundes / der viel gereist / vom Krebs der Grenzen krank / doch Bahnvorsteher sind / vermummte Franziskaner / korrigierten für Boehlichs Hund / das Kursbuch / bremsten für Boehlichs Hund / Transeuropazüge in Oede / wo Boehlichs Hund allein saß / wartete / weiter weiter reiste / verstoßen könnt ja sein / verloren allemal / des Hundes Freiheit Hörigkeit / im Sternenbild Kaliningrad / kusch Messe Platz / wie spricht der Hund / von Kant / und der Vernunft / der reinen / der an sich / mitten ins Herz befohlen / Verleger / Redakteure / auch Autoren / scharf stieg das Gewerbe / in seine Hundenase / unterm wachen Auge der Kritik / biß er zurück / der Lebensgefährte kocht / Rote Grütze / Verrat die letzte Zutat / Erinnerung an Dänemark / dieses flache Flimmern / das ans Herz greift / Kierkegaard / und die Jungfrau Olsen / gebrochenes Himbeerkleid / Johannesgestrüpp / unterm Glassturz / zum hundertsten Verlobungstag / schon Herbst / Herman Bang auf Lesetour / in den Tod / Abziehbilder kalter Kontinente / immer hungrige Kellner / servieren / Innereien à la Labrador / der Lektor aber / ißt Schweinshaxe mit Kraut / hebt ein Bayrisch Bier / dem Hofbräuhaus vis-à-vis / unglaublich / ich quälte ihn / zum Wein / bei Lombardi / Schellingstraße / wo schon Hitler / Gemüse gegessen / verdorbene Giovinezza / ach Boehlich / Sie wollten sich von Flaubert / trennen / waren Sie so traurig / in Frankfurt am Main / zu niedergedrückt / von den Fahrten / zu den Hochstaplern im Lande / mit Ihrem Dekawe / über die bekannte Autobahn / schnittig rot oder blau / ich weiß nicht mehr vergessen / jetzt zu Pferd / wie ich hörte / die ungeschriebenen Werke / zu fördern / die stark und rein bleiben / in der Onanie der weißen Blätter / bewahrt vor jeglicher

Empfängnis / bis einer sagt / ich kann nicht mehr / und die Müllmänner kommen / Aufbereitungsgut / in die Nachsorge der Bibliotheken zu tragen / trockener Hades / guter Höllenhund / la vie et la mort de mon coeur / Sankt Baudelaire / reicht / gebeugt und zitterig / die welken Blumen des Bösen«. (Unveröffentlichtes Manuskript im WKA)

3 So nannte W. K. sein Auto, einen DKW / Auto Union 1000 S Coupé.

4 Vermutlich war Marianne Lauer als Haushaltshilfe bei Koeppens tätig. Auf einer handschriftlichen Karte vom 12. März 1963 schreibt sie: »Liebe Frau Koeppen. Ich hatte vergessen, zu sagen, daß ich diesmal am Dienstag zu Ihnen komme, da meine Brigitte am Montag Geburtstag hat und ich mir daher frei nehmen möchte. [...].« (WKA)

5 Straßen in München.

[197]

[Frankfurt
11. Juli 1962]
Mittwoch

Liebste Marion,

du schienst mir traurig am Telephon, eben, sei doch bitte nicht traurig, denn dann bin ich es ja auch, und wo ich es sowieso schon bin – Sei doch vergnügt!

Geh ins Kino, leg dich in die Sonne, iss einen Eskimo[1], wandere mit dem Bimbus um den See, lies gute oder schlechte Bücher, kauf dir einen englischen Schallplattenkurs, denke, wie schnell die Zeit vergeht, – und das mit dem scharfen, klaren Verstand!

Nein, ich schlief nicht gut. Aber vielleicht war Boehlich dran schuld. Morgens kam dann früh schon viel Licht ins Zimmer.

Und nun der Schreibtisch. Und das viele Papier. Und die weissen leeren vorwurfsvollen Seiten. Dann rast die Zeit.

Wieder umarmt und küsst dich

dein Kopernikus

1 Speiseeis-Firma.

[198; handschriftlich; Ansichtskarte: »Frankfurt, Mainpartie«]
                                        Frankfurt
                                        [12. Juni 1962]
                                        Donnerstag
Liebe Marjon, heute nur dieser Gruss für den Morgen unter
dem japanischen Licht von
Deinem Kopernikus der an dich denkt.

[199; handschriftlich]

                                        [München]
                                        12. [Juli] 1962
                                        Donnerstag
Mein lieber Kopernikus!
In dem Mond wohnt ein Geist versteckt als ich heute vom ein-
kaufen heimkam, sah ich deutlich, wie er als Rauch ganz schnell
wieder in die Lampe verschwand. Hoffentlich ist es ein freundlicher Geist. Ich glaube er hat in Deinem Stuhl gesessen und gelesen. Ich denke viel und lieb an dich und freue mich sehr über
jeden Brief. Gib gut auf Dich acht. Es wird schön werden und
ich freue mich sehr auf unser Wiedersehn. Trinkulo, Bimbus
und ich haben einen kleinen Spaziergang gemacht und Mittags
haben wir was gekocht. Das Wetter ist schwül und es weht ein
kühler Wind. Nun eile ich noch zum Briefkasten. Sei vorsichtig,
gib auf dich Acht. Besorgt – viele Küsse – und alles alles Gute
wünscht Dir Deine Marion

[200]

[13. Juli 1962]
Freitag, schon Freitag

Meine liebe, gute Marion,
bitte rege dich über nichts auf, auch nicht über Go, und lass dich
nicht aus dem Schneckenhaus locken!

Ich bin besorgt, aber, Gott sei Dank, nicht unseretwegen, nur
über mich. Vor mir sehe ich Brecht: er guckt mich vorwurfsvoll
an. Rechts von mir sehe ich Frisch: auch er blickt vorwurfsvoll.
Ich bin also besorgt über meine Arbeit, über die Situation, über
den Preis[1], über die Reisen, über die Konfusionen, über die Zukunft.

Das |Haus| von Unseld ist wirklich sehr angenehm, oft bin ich
nun gerührt über Unseld, und man könnte hier wohl auch einen
Roman schreiben, aber in längerer Zeit, nicht mit Gewalt, wenn
man es auch versucht.

Es gibt auch äussere Schwierigkeiten. Das Essen. In der ganzen Gegend findet sich kein Lokal, und ich muss zu schlechten
Mahlzeiten in die Stadt fahren. Das ist weit, umständlich und
mittags schon sehr untunlich. Das Mädchen ist für mich nicht
die Perle, für die sie Unseld hält. Etwas wie die Bäckermädchen
von Kubi[t]scheck[2]: stur. Das könnte mir gleichgültig sein, aber
ihr Eigensinn ist ärgerlich. Sie weigert sich beharrlich, Geld für
Einkäufe anzunehmen oder mit mir über Einkäufe abzurechnen.
Angeblich und missverstanden auf Weisung von Frau Unseld.[3]
Sie sagt: Sie dürfen an den Eisschrank gehen, Sie dürfen mir sagen, was Sie haben wollen, Sie dürfen hier alles. Was leider zur
Folge hat, dass ich ihr nicht sagen kann: gehen Sie bitte und holen Sie mir ein Steak. So trinke ich hier morgens nur Tee (konnte nicht einmal durchsetzen, dass sie Teefix und Büchsenmilch
kauft) und bin, falls ich durcharbeite, gegen Abend hungrig.

Doch wenn es mir noch gelänge, etwas zustande zu bringen
– – –
Es wäre so wichtig!

Du hast mir keinen Kummer gemacht, und ich bin dir dankbar. Ich denke viel – zu viel – an dich: wir passen doch gut zusammen! Wenn ich essen gehe, gucke ich auch in die Läden und überlege, was dir gefallen könnte. Doch auch hier lange Röcke, kurze Taillen. Mir gefällt ein rotes Jersey-Kostüm, aber Jersey täuscht ja, und du magst ihn nicht.

Bei Boehlich gab es gestern abend ein köstliches Gemisch aus Erd- und Himbeeren. Er hatte sich grosse Mühe gegeben. Keine Freundin weit und breit. Ich meine natürlich, bei ihm!

Bleibe lieb! Trinkulo tut mir leid. Vielleicht hat er wieder was im Garten gefressen. Ich würde ihn nicht mit Medizinen quälen. Nur etwas Kohle.

Ich verspreche dir eine schöne Fahrt mit dem Shylock (der mir doch hier wegen der grossen Entfernung zur Stadt fehlt).

Einen friedlichen Samstag, einen guten Schlaf, einen schönen Sonntag! Ich wünsche so sehr, dass es dir gut gehe!

Du brauchst dir keine Sorgen zu machen!

Je t'embrasse![4]
dein Kopernikus

1 W. K. meint den Georg-Büchner-Preis der Deutschen Akademie für Sprache und Dichtung Darmstadt. Schon im Mai 1962 war inoffiziell bekannt geworden, daß W. K. der Preisträger dieses Jahres werden würde. W. K. war von »panischer Furcht besessen«, wie er Unseld am 13. Mai 1962 schrieb, den Preis zu erhalten (vgl. »Ich bitte um ein Wort …«, S. 74). Die Verleihung fand im Oktober in Darmstadt statt.

2 Das Café Kubitscheck am Waldfriedhof in München war sowohl Konditorei als auch Backstube.

3 Hilde Unseld, die erste Ehefrau Siegfried Unselds.

4 »Ich umarme Dich«.

[201]

Frankfurt
[14. Juli 1962]
Samstag

Meine liebe brave Marion,

nachdem ich mit dir gesprochen hatte, ging ich im Schreibraum hin und her, ging in mein Schlafzimmer, ging hinundher, ging wieder in den Schreibraum, korrigierte was am Morgen geschrieben war, grauste mich, legte es weg, versuchte nachzudenken, dachte nicht, dachte dann, zum Mittagessen ist es zu spät, zum Abendessen ist es zu früh, sah den Himmel an, grau, sah auf die Strasse, dachte, dies ist wie Bogenhausen, dachte, es gibt kein Café in der Stadt, oder nur eins wie das Café Luitpold[1], nachmittags mit Musik, der Tee in Kännchen serviert, zwei Mark fünfzig, Tee oder Kaffee in Tassen nur bis drei Uhr, es ist das Café von Herrn Korn und Herrn Frisé, ich habe sie nicht gesehen, diesmal noch nicht, aber ich weiss, sie sind verzweifelt. Ich bin es auch, aber ich will es nicht sein. Ich las das »Buchhändler Börsenblatt«, die »Süddeutsche Zeitung«, die Ausgabe Samstag / Sonntag kommt hierher, auf dem Boden liegt ein Teppich, der unseren falschen Orientalen aus Hamburg gleicht. Ich müsste weiterschreiben, ich müsste weiterschreiben. Etwas sträubt sich in mir. Das Unheil ist schon fortgeschritten.

Noch einmal Dank für deinen Brief. Es ist ein netter, es ist ein lieber Brief. Es ist aber gar kein Wunder, dass das Gespenst mit dem Rauch zum Schornstein hinausfuhr, zum Mond heimkehrte, wo es zuhause ist.

Du solltest nicht mit beiden Hunden spazieren gehen, mit einem ja, mit beiden, das ruiniert einen!
Wenn ich könnte, stellte ich mich tot, oder ich reiste mit dir wohin, wo wir beide uns tot stellen könnten bis Weihnachten.
Dies ist nur ein Morgengruss, für Montag, und du sollst vergnügt sein.

dein Kopernikus

1 Traditionsreiches Café an der Brienner Straße in München. Eröffnet 1888, in den letzten Monaten des Zweiten Weltkrieges ausgebrannt und 1948 wiedereröffnet.

[201]

Frankfurt
[16. Juli 1962]
Montag
Guten Morgen, liebe Marion, hoffentlich guten Morgen!
Nun ist es schon eine Woche, und du warst so brav, dass ich gar nicht sagen kann, wie sehr ich mich freue (und hoffentlich berufe ichs nicht).

Wer ein Buch schreibt, ist ein Galeerensträfling. Morgens auf die Bank, und oft ist kein Land zu sehen. Wie sinnlos einem manchmal Papier vorkommt, weisses Papier oder beschriebenes Papier; bedrucktes auch.

Am Sonntag mittag suchte ich Boehlich heim. Er hatte dänische rote Grütze gekocht, wirklich sehr gut, wollte mich mit ihr trösten, sein Hund war schlechter Laune, nachts schläft er vor Boehlichs Bett, im Arbeitszimmer findet man Spielzeug für den Hund, Boehlich ist dann beschämt, wird rot und sagt: das Biest. Ich aber hetzte ihn, Boehlich, in sein Auto, ohne mich, und er musste durch die Stadt fahren, um vielleicht doch noch, am Sonntag, eine Schreibkraft für mich aufzutreiben. Wirklich kam er gegen 5 Uhr mit einer Buchhändlerin an. Leider setzte grad ein Gewitter ein. Die Buchhändlerin schrieb ganz gut, muss aber zu bestimmten Zeiten verschwinden, um ihr Kind zu stillen. Will es zukünftig per Rad tun, das Verschwinden. Boehlich aber setzt weiterhin, für mich, auf Unselds Sekretärin[1], die irgendwann von ihrem Urlaub zurückkommen soll. Boehlich sagt: eine strenge Dame. Ich glaube ihm.

Wenn ich nicht schreibe, denke ich an dich. Heute fiel mir ein, dass ich hier beim Rasieren noch gar nicht vom Heiraten gesprochen hatte. Daraufhin tat ichs wieder.

Gut, du kannst mich abholen, wenn es dich freuen sollte, aber du könntest auch nach Würzburg oder Nürnberg oder Stuttgart kommen und mich dort treffen. Überlege es dir! Ich werde mich überall freuen. Die Situation wird wohl – leider – so sein: ich werde nicht fertig sein und in die Hohenzollernstrasse[2] müssen. Sisyphus. Hier könntest du, nach deiner Wahl, noch zwei Tage bei Unseld bleiben oder im Hotel. Allerdings, Frankfurt bietet nicht viel, ausser dem Zoo vielleicht, und dann gäbe es noch in Kronberg (Taunus) das Tiergehege des Herrn von Opel[3], aber um dahin zu kommen, brauchte man ein Auto. Sicher geht ein Bus; aber ich kenne ihn nicht. Und ich werde noch schreiben müssen.
Später in München: wir werden wohl mal mit dem Shylock nach Stuttgart fahren. Zu Heissenbüttel [!]. Reise: *vielleicht* im September. Grosse Kostenfrage. Noch grössere Zeitfrage. Wir werden es bedenken müssen.

Noch eine vielleicht erwägenswerte Möglichkeit: du kommst nicht hierher, ich arbeite bis zur letzten Minute, reise am 28. zu dir, und wir fahren dann am Montag / Dienstag zwei Tage mit dem Shylock rum und übernachten wo in Bayern oder Österreich. Allerdings: das Wetter! Eine gewisse Unsicherheit!

Ich machs, wie du willst.

Vielleicht schreibst du es mir.
Um 1 Uhr, ab 1 Uhr die Buchhändlerin. Morgen vormittag um
9, ab 9 die Germanistin, nachmittags dann wieder die Buchhändlerin. Und im Hintergrund die Sekretärin. Alles Boehlich-
sche Erscheinungen.

Halt weiterhin deine Ohren steif, die ich dir nie abschneiden
wollte, und du kannst dich auf mich immer verlassen.

Herzlichst und liebevoll dein
Kopernikus

1 Elisabeth Conradi, Sekretärin von Siegfried Unseld von 1960 bis 1967.
2 W. K.s Arbeitswohnung in München.
3 1956 gründete Georg von Opel das noch heute bestehende Georg von Opel-
Freigehege für Tierforschung.

[202]

Frankfurt
[17. Juli 1962]
Dienstag

Liebe Marion,
nur ein Brief damit du einen Brief hast, nur ein Wort damit
ein Wort ist, nur ein Gruss damit dich einer grüsst,
ich bin recht durchgeschüttelt, recht unleidlich, recht
die Wände hoch gehend, ich möchte vor die Tür stürzen und
nach dem Wetter sehen und dann zu Bett gehen,
Sonne sticht, Wolken schatten, Finsternisse hängen,
Feuer braut,
hier reichen die Damen einander die Klinke,
verlagseigene und verlagsfremde Damen,
hängen an meinem Mund der schweigen möchte.

Diktat an die Germanistin, Diktat zur Buchhändlerin,
Diktat für die Sekretärin,
Boehlich als Zutreiber,
es verwirrt sich mir,
und ich erkenne immer mehr,
dass dies alles nutzlos ist
und so nicht geht,
Seite auf Seite,
gewiss,
aber das ist ein Schnitt aus der Zeit,
ein Stück Zeit,
aber nicht die geschaffene die gültige Zeit.
Verworrene Lage!
Wir werden uns umarmen wenn wir uns wiedersehen!
Kopernikus

[203; handschriftlich; Ansichtskarte: »Frankfurt –
Am Hauptbahnhof«]

Frankfurt
[19. Juli 1962]
Donnerstag abend

Meine liebe Marion,
ein herzlichen, einen schönen Kartengruss von deinem alten
und unveränderten
Kopernikus
z. Zt. Pachulke
(aber nicht zu dir)

Frankfurt
[19. Juli 1962]
Donnerstag

Meine liebe gute Marion,

auch du ahnst nicht, wie sehr ich mich freue, wenn ich deine Stimme klar und glockenrein am Telephon höre; und wenn ich sage, wir müssen Schluss machen mit dem Gespräch, dann denke ich wirklich nur an die unseldsche Rechnung und, selbst wenn ich hungrig bin, nicht einmal an mein Essen. Ich ass dann, gestern, übrigens mittelmässig wieder bei Heylandt[1], trank zwei Schoppen, machte noch einen Weg die Kaiserstrasse hinunter, nichts von Nitribitts[2] oder wie sie heissen, und nahm mir dann am Bahnhof ein Taxi zurück. So ist es meist. Ich schlafe gut oder schlecht und träume leider nicht |von| dir, sondern von Unseld. Einmal allerdings auch von dir.

Ich bin neugierig, wie du dich entscheiden wirst. Ich meine, es lohne sich nicht. Aber denke ja nicht, dass ich nicht möchte, dass du hierher kommst! Wenn, würde ich sagen, dass wir doch hier wohnen. Es wäre am einfachsten. Von Donnerstag mittag bis Samstag früh (FD[3]) oder abend (Schlafwagen). Die Frage der Klugheit und der Oekonomie ist eine andere.

Die Zukunft wird so sein: ich werde den ganzen August noch in München schreiben, hauptsächlich, wenn es gehen sollte, zuhause und nur bei Wettern oder Lärm oder Misstimmung in der Hohenzollernstrasse. Insofern wäre es vielleicht gut, wenn wir noch ein paar Tage in München für uns hätten, und ich käme (allein) schon Freitag früh dort an. Aber wirklich, wie du willst! Ich verstehe sehr gut, dass du ein paar Tage wegsein möchtest!

Es klingelt unten, und die erste Dame wird bald in die Tür treten.

Leb wohl, mein Kind, leb wohl.

Und herzliche Grüsse, Küsse und was du willst

dein Kopernikus

Frisé sagte, er fände dich so reizvoll, und er habe immer das
Gefühl, du seist mein Kind, das mir Sorgen mache.

1 Lokal in Frankfurt am Main.
2 Rosemarie Nitribitt, eine Frankfurter Nobelprostituierte, wurde 1957 ermordet. Die Tat erregte in der damaligen Bundesrepublik großes öffentliches Interesse und wurde bis heute nicht aufgeklärt.
3 Abkürzung für Fahrladedienst. W.K. meint hier vermutlich eine weniger komfortable Verbindung mit einem Zug, der nicht nur Personen, sondern auch Expreßgut transportierte.

[205; handschriftlich]

[München]
20. Juli [1962]

Lieber Kopernikus!
6 Uhr Freitag abend, nun habe ich doch noch die Jalousie repariert und sitze wieder erschöpft unterm Mond. Lieber Perni nur noch 6 Tage und so hast Du vielleicht recht und wir treffen uns am besten wieder hier. Ich freue mich schon sehr auf die Tage, nur wir beide ganz allein. Vielleicht hole ich Dich doch vom Bahnhof ab. Würde es Dich freuen?
Ich habe Dich lieb und umarme Dich

immer Deine Marion

1966[1]

[206]

[München
29. März 1966]

Liebe Marion,

da ich den Tag voraussehe, an dem du mir in der Leopoldstrasse
die bittersten Vorwürfe machen wirst, dass wir aus der Löwith-
strasse ausgezogen und in die Leopoldstrasse[2] eingezogen sind,
da du schreien wirst, es in der Leopoldstrasse nicht auszuhal-
ten, da dich die Abende, die Nächte, der Morgen, die Leute, das
Strassenbild quälen werden, da du mir an allem die Schuld geben willst, da du mir Worte unterschieben und Behauptungen
umdrehen wirst, möchte ich hiermit, und von dir mit Unterschrift bestätigt, festhalten, dass ich, nachdem ich schon früher
gewarnt hatte und mehrmals bereit war, auf die Wohnung und
den Umzug zu verzichten, nach meiner jetzigen Kenntnis aller
Umstände und Ahnung der zu erwartenden Übel, den Einzug
in die Leopoldstrasse für eine Fehlentscheidung, für die Förderung eines Unglücks halte, aus welcher Lage nichts als Kummer
und Verzweiflung und entsetzlicher Hader entstehen werden.

München, den 29. März 1966

|Wolfgang Koeppen|
(Wolfgang Koeppen)

Gelesen, zur Kenntnis genommen und bestätigt
München, den 29. März 1966[3]

(Marion Koeppen)

1 Das Jahr 1966 war eines von vielen Krisenjahren im Leben der Koeppens. Die ohnehin angespannte finanzielle Situation spitzte sich weiter zu, da lange geplante Projekte, wie etwa Reisen nach Japan und Ägypten für den SDR, sowie Film- und Rundfunkbeiträge (z. B. ein Film über München) nicht zustande kamen. Außerdem fragte Siegfried Unseld immer häufiger nach dem Manuskript des lange angekündigten neuen Romans. W. K. litt zudem an einer Depression, die nicht zuletzt durch seinen bevorstehenden sechzigsten Geburtstag verstärkt wurde. Ein Brief an seinen Vertrauten Walter Boehlich offenbart die schwere persönliche Krise: »Lieber Herr Boehlich, Ihr ›unbesorgt öffnen‹ zeigte Sie als vorausschauenden Psychologen, der Briefschreiber erwies sich als Freund und Therapeut; ich danke Ihnen.

Ja, es geht leider so schlimm, dass ich Briefe nicht öffne, nicht lese, dass ich nicht antworten mag. Ich nehme Ihren Zuspruch zum willkommenen Anlass, mich an Unseld zu wenden. Er hat mir zu diesem entsetzlichen Geburtstag ein Telegramm und eine Kiste Sekt geschickt. Ich habe ihm nicht gedankt. Nicht, weil ich mich nicht über seine Freundlichkeit gefreut hätte, sondern weil ich dieses makabre Ereignis mit seinen Grotesken verdrängen musste. Ich konnte mich nicht mehr damit beschäftigen, nicht einmal danksagenderweise. Ich bitte Sie nun, Unseld meinen Dank und meine Entschuldigung, wenn es eine geben sollte und er sie annehmen möchte, auszurichten! Ausserdem hatte ich dem Verleger nichts zu sagen. Ich hätte ihm was zu sagen gehabt oder hatte ihm was sagen wollen, als ich Walsers Roman [*Das Einhorn*] bekam. Ich sagte es aber nicht. Es wäre auch zwecklos gewesen.

Ich gebe Geld, das ich nicht habe, für drei Wohnungen aus, um zwischen ihnen zu fliehen. In keiner dieser Wohnungen bin ich was ich sein müsste: allein. Ich meine, allein am Tag und in der Nacht und am Morgen und am Abend und ruhig in meinen Gedanken. Auf diesen, von einer Parze beschatteten Wegen von Wohnung eins zu Wohnung zwei und drei ist mir ein Roman eingefallen, zum Glück oder Unglück, ein richtiger Roman, den ich bald schreiben werde. So glaube ich. Mit leichter Hand. Ich bleibe aber beharrlich bei dem anderen Roman, der keiner ist und niemals einer wird, den ich im Spiegel frivol und zutreffend ›Fragment‹ nannte, [Artikel vom 18. April 1966: *Ich nenne ihn noch ›Ein Fragment‹, nachdem er seinem ersten Titel ›Bismarck oder all unsere Tränen‹, davongelaufen ist*; vgl. auch »*Ich bitte um ein Wort …*«, S. 139] vielleicht ›Fragment – ein Roman‹, ein Manuskript, das, setze ich mich zu ihm, keine gute Seite hat, das, lese ich in ihm, manche gute Seite hat, das, dessen bin ich sicher, niemand wird lesen wollen, das ich noch immer nicht aus der Hand geben kann. Es fehlt nicht viel. Es ist nicht Koketterie und Verbohrtheit, die mich so wahnsinnig sein lassen, es ist ein Mangel. Ich hoffte, dass nach dem Juni meine Ängste sich beruhigen würden. Nach dieser Depression könnten sie es auch im Wesentlichsten: ich habe Pläne, ein wenig Selbstgefühl, mir fällt was ein, es wäre Hoffnung da. Doch nun verstärkt sich in verhängnisvoller Verstrickung der Angriff der niederen Furien, die einer echten Katastrophe zutreibende allgemeine Situation, meine, geboren aus Ohnmacht, Unglauben, Zweifel, Scham, Verzweiflung, Erkenntnis, Schwäche, Leichtsinn, Schwersinn, Schuld, Naivität, zeitweilig Verstand. Auch auf dem untergehenden Schiff ist man am besten allein. Vielleicht treibt man auf einer Planke zum Ufer. Wenn man sich aber um den rettenden Strohhalm schlägt? Zwei Mann ziehen sich an einem nicht vorhandenen Rettungsring in die Tiefe. Jeder des anderen Mörder. Die grosse leere Wohnung, in die ich zur Arbeit gehe nach einem Morgentee voller Pein, wird zur Zelle des Homunkulus der Exmission aus allen Wohnungen. Was mich in anderer Lage nicht aufregen würde. Jetzt aber doch, eben in diesen Verhältnissen.

Ich schreibe Quatsch. Verzeihen Sie mir! Ihre Frage nach dem achtundvierziger Koeppen zerschellt an meiner Unbildung. Es gab einen Pandektisten, der lebte um diese Zeit, aber ich glaube nicht, dass er sich engagierte, leider, er war ein durchaus ordentlicher Professor hier und dort.

Empfehlen Sie mich, bitte, Siegfried Unseld. Ich werde noch vor dem Herbst, so hoffe ich, bei ihm erscheinen, zu ihm kommen: Pater, peccavi.« (W. K. an Walter Boehlich vom 4. August 1966, WKA.) Am 8. November 1966 besuchte W. K. Unseld in Frankfurt und erhielt ein Darlehen von 10 000 DM.

Auffällig ist, daß M. K. und die gravierenden Eheprobleme in diesem Brief nur indirekt zur Sprache kommen.

2 Die seit ca. Anfang des Jahres 1966 gemietete Wohnung in der Leopoldstraße sollte W. K. zunächst nur als Arbeitswohnung dienen: »Ich werde zunächst nur mit einem Tisch und einem Stuhl und meiner Schreibmaschine in die Leopoldstraße ziehen, um dort mein Buch fertigzuschreiben. An die Herrichtung der Wohnung – ein allgemeiner Anstrich ist unbedingt erforderlich – werden wir erst im Juni gehen. [...]« (W. K. an den Vermieter der Wohnung Hans Böhner vom 31. März 1966, WKA.) W. K. entschloß sich zu diesem Schritt, weil er sich durch das konfliktreiche Zusammenleben mit seiner Frau in der Löwitherstraße außerstande sah, seinen angekündigten Roman fertigzustellen: »In Verzweiflung und Panik habe ich, obwohl praktisch geldlos, eine irrsinnig teure Wohnung gemietet, in der ich im April und Mai mein Buch fertig schreiben will. Es steht alles auf Messers Schneide; der Gedanke an die wahnsinnige Miete könnte mich auch lähmen. [...].« (W. K. an Hans Werner Richter vom 16. März 1966, WKA. Vgl. auch: »*Ich bitte um ein Wort ...*«, S. 140 f.) Kurzzeitig dachten Koeppens daran, die Wohnung in der Löwitherstraße aufzugeben und ganz in die Leopoldstraße überzusiedeln. Dieser Plan scheiterte letztlich an M. K.s Widerstand. Am 30. Mai 1966 teilte W. K. dem Vermieter der Wohnung in der Leopoldstraße mit: »Ihr [M. K.s] Einspruch war nicht zu widerlegen, da auch ich in den Probenächten keinen Schlaf fand; obwohl ich persönlich auf eine Gewöhnung hoffen möchte.« (W. K. an Hans Böhner, WKA.) Man einigte sich auf einen Auszug

im September. W. K. antwortete bis Ende 1966 auf verschiedene Wohnungs-
inserate u. a. am Feilitzschplatz, in der Isabelleastr. 24 und der Elisabethstr.
9. Schließlich zog das Ehepaar Koeppen in die Widenmayerstraße 45. Das
Mietverhältnis begann am 1. Januar 1967.

3 W. K. versuchte die ständigen Ehestreitigkeiten offensichtlich durch schriftliche Vereinbarungen zu vermeiden, wie der einzige erhaltene Brief des Jahres
1966 zeigt.

1970

[207; handschriftlich][1]

> [Burgdorf[2]
> 12. Januar 1970]
> Montag abend

Liebe Marion,
eine Stunde vor meinem ersten Auftreten. Ein kleiner verschnei-
ter Ort, ein kaltes Hôtel. Alles anstrengend und peinigend. In
Gedanken immer bei dir und in unvergänglicher Liebe
Dein Kopernikus

1 Tablette[3]

1 Briefbogen: Hotel + Restaurant Stadthaus, 3400 Burgdorf.
2 W. K. las auf Einladung der Casino-Gesellschaft aus seinen Werken.
3 Ab den siebziger Jahren hatte W. K. begonnen, den Tablettenkonsum seiner
  Frau nicht nur zu Hause zu überwachen, sondern die Dosierung auch während seiner Reisen zu kontrollieren. Per Post schickte er ihr die benötigten
  Medikamente, um zu verhindern, daß M. K. zu viele einnahm.

[208; handschriftlich][1]

> [Burgdorf
> 13. Januar 1970]
> Dienstag früh

Liebe Marion, nein, es geht mir nicht gut. Der Abend war sehr,
sehr anstrengend, ich las 1 1/2 Stunden mit trockenem Mund
und sehr nervös. Ich schlief schlecht, fast gar nicht, dachte immer, du klopfst an die Tür. Hörte es. Ich träumte mit Grauen
von deiner schlechten Nacht. Das Zimmer ist kalt. Halsweh.
Der Morgen voll Nebel. In einer Stunde geht es weiter nach

Biel.[2] Und dann am Abend wieder derselbe Zirkus. Was soll das! Ich wäre lieber bei dir. Die Veranstalter sind alles Oberlehrer.[3] Ich war nachher mit einem Dutzend Lehrer zusammen. –

Am Mittag schon in Biel, im Gästehaus der Stadt untergebracht, meilenweit weg, auf dem Land, im Gebirge, im Schnee, verloren.

Dein Kopernikus

2 Tabletten

---

1 Briefbogen: Hotel + Restaurant Stadthaus 3400 Burgdorf.

2 Lesung auf Einladung der Literarischen Gesellschaft Biel. (Vgl. auch: *Lesung Wolfgang Koeppen, München* von Heinz F. Schafroth. In: *Tagwacht* vom 20. Januar 1970.)

3 W. K. berichtete seinem Schriftstellerkollegen Horst Krüger, der zuvor über seine eigenen Erfahrungen mit dem Schweizer Publikum in der *Zeit* geschrieben hatte, in einem Brief vom 20. Februar 1970 ausführlich von dieser Schweizer Lesereise: »Lieber Herr Krüger! Ich möchte Ihnen doch sagen, wieviel Vergnügen ich an Ihrem Beitrag über die Lesereise in der vorletzten Nummer der ›Zeit‹ hatte. Ich war vor kurzem zum ersten Mal auf solcher Fahrt, in der Schweiz, wo es wahrscheinlich ein wenig vornehmer zuging als im Rheinland, aber sonst wie wahr, wie allgemein gültig was Sie schreiben, als ob wir zusammen gesungen hätten. Auch ich fiel, allerdings in schönen Hotelzimmern guter alter Häuser (mit einer Ausnahme), in tiefe Depressionen und hatte Angst vor dem nächsten Mal, vor der kleinen kalten Reise zum anderen Ort, vor der Wiederholung, dem geordneten Ablauf, der Begrüssung durch die Oberlehrer, dem Hinweis auf die Sehenswürdigkeiten, die bescheiden lobende Erwähnung der wenigen Zuhörer, mit dem kleinen Stolz auf die örtliche Apo, die dann auch langhaarig kommt und nett ist und so wenig mit einem anfangen kann wie die Alten.
Ich fühlte mich verloren, angestrengt, gereizt, war von der Sinnlosigkeit meines Tuns überzeugt, betrat unsicher das Podium, hätte gern gesagt, Sie gehen besser nach Hause, Sie werden sich langweilen, Sie könnten den Abend angenehmer verbringen, in Ihrem Bett zum Beispiel, ich dachte, jetzt schlafen sie ein, merkte an einer Stelle, daß sie gerne etwas Heiteres gehört hätten und zeigte mich dann betont als Exhibitionist der Traurigkeit. Höflicher Beifall von den Studienräten, den Langhaarigen und einigen alten Damen. Danach,

genau wie bei Ihnen, der Umtrunk aufgrund eines als Zustimmung genommenen Gemurmels. Und dann das in Leder gebundene Gedenkbuch! Ihr Rat kam für mich zu spät: ich hatte keine Spruchsammlung mit auf die Reise genommen. Ich saß verlegen vor dem Büttenpapier und äusserte schliesslich eine Art Zen-Weisheit, schrieb ›War ich in Burgdorf?‹. Das wirklich Erstaunliche die Eintragungen der Kollegen. Sie und ich, wir müssen andere, böse Menschen sein.

Alle waren sie so dankbar, so entzückt, als hätten sie in Biel oder in Winterthur den Gipfel ihrer Laufbahn erreicht. Ich fange an, Sie abzuschreiben. Auch ich hatte das Bedürfnis, mir Gutes zu tun. Zwar kaufte ich keine Hemden, ich aß. Ich aß gut, in dem neuen Ort angekommen, meine freie Stunde geniessend, aß ich gut zu Mittag, begeisterte mich für die Schweizer Küche, fand meist einen ausgezeichneten Bordeaux, gab viel Geld aus, setzte eigentlich zu, ich mußte das haben. Dann die Stadt. Immerhin alte Städte. Meine Witterung für den Untergrund bewährte sich. In Aarau entdeckte ich einen Friseursalon: ein sehr junges Mädchen, ganz kurzes Kittelkleid, Schenkel bloß, ein junger Mann in prallsitzendster Hose wuschen jungen Herren die vollen Bärte, schaumige weisse Ballons erhoben sich vom Kinn der Behandelten, die wohlig im Sessel zurückgelehnt durch das unverhangene Schaufenster mich anblickten, dem Mädchen oder dem Jungen Bein oder Hintern streichelten, eine sybaritische Szene. In Solothurn eine düstere Diskothek am Nachmittag, Schülerinnen, Schüler und sonderbarerweise Türken mit dem erfahrenen Blick alter Haremswächter. Leider Verzweiflung. Ich habe eben eine Lesereise durch Westdeutschland abgesagt. Dreihundert Mark am Abend. Sechszehnmal. Ich bin dem nicht gewachsen. Ich bin ruiniert. Das Buch muß nun in 4 Wochen geschrieben sein. Sonst verstösst mich Unseld von seinem Angesicht. Trauriger Fluß Isar vor meinem Fenster. Ich grüsse Sie sehr herzlich!« (WKA)

[209; handschriftlich][1]

[Solothurn[2]]
14. Januar 1970
Mittwoch

Wie mag es dir gehen? Lebst du noch, bist du wieder meine gute Marion, oder muss ich schreiben: sehr geehrter Mister Hyde?[3] Biel, gestern, war komisch. Jetzt durch Nebel nach Solothurn. Anscheinend eine hübsche Stadt. Ich wohne in einem alten Hôtel gegenüber der Kathedrale. Eigentlich erschöpft und über-

reizt. Sehr, sehr anstrengend. Und nachts schlaflos, oder ich
träume von dir. Hoffentlich gutes Wiedersehen!
Dein Kopernikus

2 x Tabletten

Sehe schwarz für Flug nach Berlin.[4] Zu starker Nebel. Vielleicht
komm ich garnicht rechtzeitig hin.

1 Briefbogen: Hotel Krone, 4500 Solothurn.
2 Lesung auf Einladung der Töpfergesellschaft Solothurn.
3 Anspielung auf Robert Louis Stevensons Erzählung *Der seltsame Fall des Dr.*
Jekyll und Mr. Hyde (1886). Darin gelingt es dem angesehenen Arzt Dr. Harry
Jekyll mit Hilfe eines Elixiers, der dunklen Seite seines Charakters eine eigen-
ständige Existenz zu geben. Die abgespaltene Persönlichkeit trägt den Namen
Mr. Hyde: »Hyde war bleich und zwergenhaft. Er machte den Eindruck eines
Verwachsenen, ohne daß man eine Mißbildung hätte bemerken können. Er
trug ein unangenehmes Lächeln zur Schau. Dem Anwalt gegenüber war er
mit einer mörderischen Mischung von Furcht und Unverschämtheit aufge-
treten. Er sprach mit einer rauhen, flüsternden, wie gebrochen wirkenden
Stimme – alles das waren Punkte, die gegen ihn aussagten, aber alle zusammen konnten den bis dahin nie gekannten Abscheu, den Ekel und die Furcht
nicht erklären, mit denen Utterson ihn betrachtet hatte. Es muß noch etwas
anderes sein, überlegte sich der verwirrte Anwalt. Es ist noch etwas mehr.
Wenn ich nur einen Ausdruck dafür fände. Gott helfe mir, der Mann hat
kaum etwas Menschliches an sich. Soll man sagen: etwas von einem Troglo-
dyten? Oder kann es die alte Geschichte des Doktor Fell sein? Oder ist es nur
die Ausstrahlung einer gemeinen Seele, die so hindurchschimmert und ihre
irdische Hülle verwandelt? Das, nehme ich an, wird es sein. Oh, mein armer
alter Harry Jekyll, wenn ich jemals Satans Zeichen auf einem Antlitz gelesen
habe, dann auf dem deines neuen Freundes.« (Robert Louis Stevenson: *Er-*
zählungen. München: Winkler 1960, S. 685 f.)
4 W. K. flog doch nach Berlin. In einem Brief vom 29. Januar 1970 betonte
Hans Dieter Zimmermann, Sekretär der Abteilung Literatur des Literarischen Colloquiums Berlin, daß er sich sehr über W. K.s Besuch in Berlin (um
den 19. Januar) gefreut habe und schlägt ihm vor, einige Zeit im Haus des
Literarischen Colloquiums zu verbringen. W. K. nahm dieses Angebot nicht
an.

[210; handschriftlich][1]

[Aarau[2]]

15. Januar [1970]

Donnerstag

Liebe Marion, nun also in Aarau. Anstrengender langweiliger Abend gestern in Solothurn. Schade, schönes altes Hôtel. Hier weniger schön: modern.

Träumte wieder von Dir. Koeppel[3] raubte dich in einem Boot und kippte mich ins Wasser.

Sag doch was! Morgen erwarte ich Deine Nachricht in Winterthur.[4] Du wirst dann wohl aus der Schweiz nichts mehr hören. Und hoffentlich auf Wiedersehen in Berlin oder in München.

Wie immer, ganz der alte,
dein Kopernikus

1 Tablette

1 Briefbogen: Hotel Anker Garni, Aarau.
2 Lesung auf Einladung der Literarischen Gesellschaft Aarau.
3 Dr. Rolf Koeppel, W. K.s Hausarzt.
4 W. K. las in Winterthur auf Einladung der Literarischen Vereinigung. (Vgl. auch *Begegnung mit Wolfgang Koeppen* von F. Bäschlin. In: *Der Landbote* vom 19. Januar 1970.)

[211; handschriftlich][1]

[Nürnberg[2]]

9. Dezember 1970

Ach, liebe Marion, ich kann nur sagen, dass ich dich lieb habe; was könnte ich sonst sagen? Es war ein anstrengender Tag. Der teure Zug blieb auf der Strecke stehen, die Oberleitung war gerissen. Ich traf Bruno Hübner. Er fuhr nach Bochum. Wir waren traurig. In Nürnberg war der Herr am Bahnhof. Er hatte eine halbe Stunde gewartet. Wir waren ernst. Er brachte mich in dies

Hôtel. Das ist der Rekord an Gofim Naches![3] Du wärst geplatzt! Wir fuhren durch die Stadt. Auf die Burg, auf den Friedhof, auf den Weihnachtsmarkt. Lauter Zwetschgenmännlein.[4] Ab 6 war ich allein. Ass Nürnberger Bratwürstchen und Bratwürstchen und Bratwürstchen. Sonst kann man hier nichts essen. Schon um 9 im Hôtel. Bade jetzt. Denke an dich. Sag aber nichts. Morgen grosses Programm mit Chauffeur. Ab 9 Uhr.

Dies alles ist absurd.

Hätt ich nur Nürnberger Lebkuchen. Einsames absurdes Bett.

Ich bin immer bei Dir!

Dein Kopernikus

1 Briefbogen: Carlton Hotel Nürnberg, Eilgutstraße 13 /15, 85 Nürnberg 2.

2 Im Rahmen der Feierlichkeiten zum Dürer-Jahr 1970 veranstaltete der Bayerische Rundfunk unter der Leitung von Wolfgang Buhl (Studio Nürnberg) eine Lesereihe mit sechs Autoren zum Thema Nürnberg. Neben W. K. beteiligten sich auch Hans Magnus Enzensberger, Siegfried Lenz, Horst Krüger, Robert Neumann und Wolfgang Hildesheimer. W. K. verfaßte für diese Reihe den Text *Proportionen der Melancholie* (Erstsendung: 24. Januar 1971, Bayerischer Rundfunk, Studio Nürnberg; vgl. *Proportionen der Melancholie*. In: *Gesammelte Werke. Bd. 5*, S. 166-181) und reiste für die Aufnahme dieser Sendung nach Nürnberg. (Vgl. auch: *Wolfgang Koeppen sammelt in Nürnberg Eindrücke für sein Dürer-Jahr-Referat. Erinnerungen an eine Burg.* ›*Proportionen der Melancholie*‹ *heißt das Thema für die BR-Reihe* ›*Sechs mal Nürnberg*‹ – *Besuch im Nationalmuseum* von Hendrik Bebber. In: *Fränkische Landeszeitung* (Ansbach) vom 12. Dezember 1970.)

3 W. K. meint vermutlich »Gojim Naches«; jiddischer Ausdruck für eine nicht nachvollziehbare, unsinnig erscheinende Begeisterung.

4 Eine handgefertigte Figur, die traditionell auf dem Nürnberger Christkindlmarkt verkauft wird. Auf einem Drahtgestell werden Dörrpflaumen so aufgesteckt, daß sie die Form eines Männchens ergeben.

[212; handschriftlich]

Nürnberg

10. Dezember 1970

Liebe Marion, meine liebe schöne, meine liebe Gute, schon gestern abend schrieb ich dir einen langen Brief, den ich dann
aber aus anderer Überlegung nicht abschickte. Heute nun war
es anstrengend, bis jetzt, im Auto und überall. In einer Stunde
zum Festzug und dann zu Herrn Buhl.[1]

Ach, ich schlief schlecht. Glaubte um 1/2 3 Uhr dich rufen zu
hören. Tief beunruhigte Phantasie! Alles in allem, wir passen ja
doch zueinander, – was sehr gefährlich ist.

Schöne Friedhöfe, das muss man Nürnberg lassen. Ich erzähl
dir alles. Du brauchst gar nicht besorgt zu sein. Eigentlich gibt
es nur Bratwürste. Das Hôtel ist unsympathisch. Dafür teuer.

Ohne meine Angst würde ich mich sehr auf Samstag mittag
freuen. Wärst du doch vergnügt. Mein kleiner Engel oder Teufel.

Mit vielen Bussis

Dein Kopernikus

---

1 Wolfgang Buhl (vgl. Brief 211, Anm. 2).

1972

[213]¹

Berlin

25. September 1972

Meine liebe Marion,

mir ist sehr weh, schlecht geschlafen, an dich gedacht, an dich im Bett, wie schön das war, an dich, was ich noch in Berlin mit dir vorhatte. Am Morgen machte ich nicht unser Frühstück. Ich konnte nicht. Mir wird der Anblick von Samstag unvergeßlich bleiben, du, wie du am Boden lagst, flehtest, hilf mir doch, und die Grenze jeder Hilfe überschritten war. Wie ein Weltuntergang. Ich fürchte, dass sich von diesem Moment an unser Leben geändert hat. Vorher war es noch gut. Manchmal sogar lustig. Jetzt wird es nur noch ernst sein.²

Ich liebe dich. Ich liebe dich sehr. Ich könnte sehr über dich weinen. Ich werde dir auch beistehen, wenn dies noch ein Nachspiel haben sollte. Nur ich halte nicht mehr viel aus. Ob ich in den Roman³ jetzt hier nochmal reinkomme, weiß ich nicht. Dann ist es der Untergang. Ich werde wohl noch 10 Tage bleiben, es versuchen, kämpfen. Dann komm ich vielleicht zurück. Aber wie! Geschlagen. Und es hatte sich alles so gut angelassen, auch mit dir, besser als gedacht. Ich war dir so dankbar.

Ich sende dir einen Postbarscheck über 50 Mark. Postscheckamt Sonnenstrasse. Verlier den Scheck nicht. Dann 2 Vesparax.⁴ Ich flehe dich an: bleibe nüchtern!

Ich liebe dich! Kopernikus

»keine anderen«.

1 Absendeadresse auf dem Briefumschlag: Literarisches Colloquium Berlin 39, Am Sandwerder 3. W. K. hielt sich zu einem Arbeitsaufenthalt ca. vom 11. bis 30. September in Berlin auf. Auf dem Umschlag notierte M. K.: »[zwei Worte unleserlich] Trommeln / Trommeln im Urwald / [drei Worte unleserlich] Scheuer / Urwald [ein Wort unleserlich]«.

2 M. K. hielt sich vermutlich vom 11. bis 23. September in Berlin auf. Wie W. K. in einem Brief an Uwe Johnson vom 19. September berichtet, verlief der Aufenthalt bis zu dem hier erwähnten Samstag (23. September) zunächst für beide relativ entspannt: »Lieber Herr Johnson, danke für Ihren Brief, für Wunsch und Tat, mir zu helfen. Ich könnte Ihnen schreiben, es geht voran, fünf, sechs Seiten am Tag, von acht bis drei, dann Erschöpfung, Frost und Unsicherheit. Was ist es also schon? Geht es voran? Besser als in München, unvergleichlich besser, regelmäßig, etwas doch, mit weniger Angst. Marion sehe ich erst am Abend. Sie hält sich, fährt vormittags in die Stadt, läuft rum, kommt zum Hermannplatz, entdeckt längs der S-Bahn Betrunkene am Weg, mit leichtem Entsetzen. Ich komme gegen vier zum Kurfürstendamm, hocke etwas in den Cafés, versuche die Jahre zu überspielen, denke nach und weiter für morgen, aber die Buchmesse ist nicht zu erreichen! Fünf, sechs Seiten, das sind oft fünfzehn, Sie wissen es, dreimal getippt. Weiterschreiben, hier, ich möchte es, Grauen vor München und endlich nicht zu entkommen.« *(»Ich bitte um ein Wort …«,* S. 241.) Was M. K.s erneute schwere Krise auslöste, ist nicht eruierbar.

3 W. K. arbeitete an dem Romanprojekt *In Staub mit allen Feinden Brandenburgs.*

4 Ein Schlafmittel. W. K. sah sich mit der zunehmenden Tablettensucht M. K. s konfrontiert und suchte offensichtlich ärztlichen Rat. Ein Bekannter gab W. K. in einem Brief vom 15. Februar 1972 Auskunft über den zu erwartenden Verlauf der Suchtkrankheit: »Das erste Unglück ist natürlich, daß es immer wieder ›freie‹ Schlafmittel gibt, die der Süchtige schachtelweise futtert. Eine Besserung, besonders bei Vesparax, ist schon erreicht, wenn Alkohol vermieden werden kann, das potenzierend wirkt! 2 Vesparax ist natürlich zu viel, die 3. am *Morgen* der absolute Wahnsinn. Nun weiß ich, daß es früher einmal ›Vesparax-mite‹ gab: da ist genau die Hälfte in jeder Tablette. Das wäre ein Ausweg, wenn einer mit dem Wort ›mite‹ nichts anfangen kann. […] Daß die 3. Tablette am Morgen den paradoxen Effekt zeigt, wundert nicht. Immer wieder reagieren Patienten paradox darauf – ja es gibt Fälle, die nehmen Vesparax geradezu als Aufputschmittel […]. Handelt es sich um echte Sucht, scheitert jede Reduzierung früher oder später, denn der Süchtige entwickelt ein geradezu abnormes Empfinden für Tricks und man muß immer wieder über die Zähigkeit, Energie, Raffinesse und den Erfindungsreichtum staunen, den ein solcher Mensch entwickelt, um zum Ziel zu gelangen. […] Das einzige wäre die Entziehung: den Menschen aus seiner Umgebung heraus-

schneiden und die Hölle der Vorwürfe und Fluchtversuche durchstehen, bis er zusammenbricht. [...] Aber eines muß ich sagen: jede noch so gelungene ›Kontrolle‹ ist Aufschub, nie Lösung. [...].« (Thomas G. [Name anonymisiert] an W. K. vom 15. Februar 1972, WKA.)

In einem Textfragment, enthalten in dem Manuskriptkonvolut *In Staub mit allen Feinden Brandenburgs*, notierte W. K. die Plätze in der Wohnung, wo er Tabletten für M. K. versteckt hatte: »Berlin Akademie / Vorher. Zwei Vesparax für Freitag. Seitentasche blauer Trenchcoat. Flurgarderobe. Zwei kleine Vesparax unter der Schreibmaschine Triumph, alter Bücherschrank, zwischen Maschine und Filz. Zurückgelassen ein Boxbeutel. Gewißheit des Unglücks.« (WKA)

[214]

Berlin

26. September 1972

Liebste Marion,

ich muss von mir sprechen. Du musst mich etwas in Frieden und zur Besinnung kommen lassen. Dein Anruf heute morgen hatte mich sehr erregt. Ich dachte, es sei etwas passiert. Ich hatte Herzbeschwerden, Schwindel und zitterte. Überdies jagte es mich von der Arbeit fort, die ich doch noch weiterzuführen suche, um die ich kämpfe, kämpfen muss, nicht zuletzt auch in deinem Interesse.

Sonst, liebe Marion, diesmal fehlst du mir sehr. Es war wirklich schön mit dir. Selbst die Arbeit ging voran. Ich mag nicht mehr frühstücken. Ich hole kein Brötchen mehr, keine Morgenzeitung, die Stadtbahn ist mir widerwärtig geworden, die Fahrt zum Zoo kommt mir endlos vor, ich kann mich mittags nicht auf deine Rückkehr freuen und abends nicht auf unser Treffen vor Kempinski. Mir schmeckt das Abendessen nicht und nicht der Rotwein. Kein Geniesser mehr! Was sagst du nun? Ich friere, spreche mit keinem Menschen, gehe traurig und allein ins Bett. Träume dann schrecklich und habe schlimme Vorstellungen von dir.

Ich weiss, es ist schwer, auch und vor allem für dich. Was nützt es zu sagen, du hast es dir eingebrockt. Ich liebe dich, wie ich dich immer geliebt habe, und du machst mich krank vor Mitgefühl und Schmerz. Vielleicht wird noch alles gut, – wenn du nichts trinkst. Jetzt zu trinken, wäre wohl das Ende. Ich will das Ende nicht.

Ich will versuchen, dir beizustehen und sobald wie möglich zu kommen. Aber es wäre in jeder Hinsicht nicht gut, jetzt die Arbeit hier abzubrechen. Ich muss noch etwas bleiben. Das mußt du einsehen. Grade jetzt. Dennoch, es wird nicht mehr allzulange dauern. Bedränge mich nicht. Ich tue, was ich kann. Und dass du noch einmal hierher kommst?[1] Ich weiss es nicht, und was würde dann wieder sein? Und die hohen Kosten. Wo soll ich nur das Geld hernehmen? Der Flug 200 Mark. Und hier kostet es doch etwas. Ich habe Frau Ludwig[2] gefragt. Sie war reizend. Höllerer[3] leider noch nicht hier. Bleibt evtl. noch wochenlang, schreibt sein Buch im Tessin. Ich will aber nicht, dass du dich in München langsam umbringst. Und ich will nicht eine berliner Ankunft, wie deine letzte. Die ertrug ich nur noch mit Uwe Johnson.[4] Eine neue würde mich töten oder wahnsinnig machen.

Ich sende dir einen Scheck für die Licht-Rechnung. Die Summe der Rechnung – der Betrag – muss noch ausgefüllt werden. Schreibe du die Zahlen hinein, oder lass es den Kassierer machen. Sollte das Licht schon gesperrt sein, geh mit der Rechnung und dem Scheck zur Stadthauptkasse, sage, dass ich in Berlin bin und geb dort den Scheck, nachdem du ihn ausgefüllt hast, ab.

Vielleicht, vielleicht wirds noch gut. Mache dir keine übertriebenen Sorgen. Solange wir zusammenstehen, geht es.

Ich bitte dich, dass wir uns mit dem Telefonieren auf die Abendstunden zwischen 6 + 8 einrichten. Ich darf am Tag nicht aus den Gedanken zur Arbeit gerissen werden. Und rufe nie nachts hier an! Da würde mich eine masslose Wut packen, und ich würde Anweisungen geben, mich nicht zu rufen, sondern sofort einzuhängen. Aber dazu wird es nicht kommen. Du bist lieb und wirst es einsehen.

Es liegt alles bei dir! Ich liebe dich.

Viele Küsse – Kopernikus

Beilage: Scheck Stadtwerke. 2 Vesparax.

1 Vermutlich reiste M. K. kein weiteres Mal nach Berlin.
2 Ursula Ludwig, vermutlich eine Mitarbeiterin des Literarischen Colloquiums Berlin.
3 Walter Höllerer, Gründer des Literarischen Colloquiums Berlin (am 10. Mai 1963). Einen Schwerpunkt der Arbeit des Colloquiums bildete der Autorenfilm. Von 1969 bis 1971 entstanden zahlreiche »Literarische Profile« etwa von Prag und Berlin (vgl. *Literarische Gesellschaften in Deutschland. Ein Handbuch*. Hg. von der Arbeitsgemeinschaft Literarischer Gesellschaften e. V. Bearbeitet von Christiane Kussin. Berlin: Aufbau 1995, S. 208). Im Januar 1972 plante W. K., an zwei Autorenfilmprojekten mitzuwirken. Eines davon sollte im Rahmen des Literarischen Colloquiums entstehen. Höllerer hatte W. K. zunächst ganz allgemein ein »Fiction – Non Fiction Thema« vorgeschlagen. Zur selben Zeit unterbreitete Christhart Burgmann, Redakteur beim WDR, W. K. den Vorschlag eines filmischen Selbstportraits. W. K. begann zunächst mit den Entwürfen für die Berliner Produktion (vgl. das Manuskriptkonvolut *Das Portrait oder Das Fest*, WKA), sagte Höllerer aber am 18. Januar 1972 ab: »Lieber Walter Höllerer, ich hatte den Kopf verloren, grosse Angst, ergriff eine Gelegenheit, nach Köln zu reisen, sprach mit Burgmann über den Literaten-Portrait-Film, fand dies möglich, realisierbar, wenn auch nicht gleich, vielleicht im Juli, unterrichtete Burgmann von meinem Interesse an Ihrem Plan, fiction-nonfiction, meinem grösseren Interesse, Burgmann sagte, beides, aber ich sprach von meiner Verzagtheit, solange mein Buch nicht fertig ist. Das ist das Problem. Die Fahrt nach Köln war eine Flucht nach vorn. Ich hielt es bis Berlin nicht aus, nein, ich hielt nicht durch. Ich mußte mir Mittel verschaffen oder wenigstens eine Aussicht. Köln fühlte ich mich gewachsen. Ich werde erzählen. Fiction-nonfiction, diesen Film (Film!) will ich machen, an ihm liegt mir wirklich, aber mir fehlt im Augenblick der Mut zum Darsteller meiner selbst. Ist der Roman fertig, ja. Ist Unseld befriedigt, ja. Hört die Frage nach dem Buch auf, ja. Und wenn es in Köln gute Arbeit gäbe, in

dieser kleinen Sache, ich vor der Kamera nicht verschwinde, dann werde ich in Berlin agieren können, oder in München, oder es bliebe, klüger im Sommer, nach guter oder schlechter Erfahrung, die Erfindung eines Spiels und die mise en scène ohne mich als Schauspieler. Hier schwankt aber noch der Boden. Was hätte ich jetzt in Berlin sagen können? Der objektive Vorwand nicht zu Ende erfunden und durchdacht, für die subjektive Fassung im Augenblick Zweifel an der Kraft sie verständlich zu machen. Was ich brauche, ist Mut, jeden Mut. Ich will den Höllerer-Film machen. Das reizt mich. Ein alter Plan, ein lockender Versuch, eine neue Erfahrung. Ich sagte es Ihnen, das bleibt. Nur bitte ich um Aufschub. […].« (WKA) Der »Höllerer-Film« wurde nie realisiert. Stattdessen entstand 1979 unter der Regie von Ferry Radax die WDR Produktion *Ich bin gern in Venedig warum.*

4 Vermutlich unmittelbar vor M.K.s Ankunft am 11. September in Berlin traf W.K. mit Uwe Johnson zusammen. Johnson verbrachte einige Stunden mit W.K. und übergab ihm einen Geldbetrag von Siegfried Unseld. Am 11. September berichtete Johnson Unseld von diesem Treffen: »Lieber Siegfried, nachdem du dich losrissest vom tempelhofer Feld, begab ich mich auf den Weg nach Wannsee, Herrn Koeppen jene tausend Mark zu übergeben. Er erkundigte sich, ohne viel Hoffnung, ob diese Zahlung am Ende als Angebot einer Versöhnung von deiner Seite zu nehmen sei, und als ich das zu verneinen hatte, mochte er es nicht gern behalten und verstand sich dazu bloss angesichts seiner scheusslichen Umstände. Allerdings erlaubte ich mir die Bemerkung, womöglich werde ein abgeschlossenes und bald abgeliefertes Skript die Verhältnisse zwischen euch ein wenig in Ordnung bringen. Er verstand diese Auskunft als ungefähr und auf meine eigene Faust gemacht; zu ein wenig Hoffnung schien sie zu reichen. Er kam mit nach Friedenau, zu keinem anderen Zweck, als etwa dreihundert Blatt Spezialpapier entgegenzunehmen, das ihn das Hantieren mit Kohlepapier ersparen wird.« (*Uwe Johnson – Siegfried Unseld. Der Briefwechsel.* Hg. von Eberhard Fahlke und Raimund Fellinger. Frankfurt am Main: Suhrkamp 1999, S. 756 f.)

[215; handschriftlich]

[undatiert]

Für *Essen*
Ich hoffe, dass es morgen früh da ist.

Bahnhof Zoo,
Donnerstag
K

Berlin
29. September [1972]
Freitag

Ja, liebe Marion, Sonntag werde ich bei dir sein.[1] Am Nachmittag. Bitte enttäusche mich nicht. Bitte, lass es vorbeisein. Sei dann wieder die Marion, die ich liebe. Treib mich nicht gleich wieder voller Schrecken in ein Hotel. Ich möchte dann mit dir zusammenbleiben, mit dir essen gehen, dir erzählen.

Heute fahre ich wahrscheinlich in den Ostsektor.

Neben mir auf der Lehne des Schreibtischsessels sitzt Bartolomäus und schnurrt. Er weicht [mir] nicht mehr von meiner Seite, ist Tag und Nacht da, betrachtet mich (leider) als seinen Herrn und Freund. So wird er wieder einen Herrn verlieren. Am Sonntag. Er tut mir leid. Vielleicht müßte ich ihn mitnehmen. Aber bei uns ist alles so unsicher.

Noch einmal Vesparax. Ich freu mich auf dich.

Herzliche Küsse.
dein Kopernikus

|Hab nur noch
1 Vesparax.
Und 1 Nembutal|

1 Margret Boveri hatte W. K. während seines Aufenthalts in Berlin ihre Wohnung zur Verfügung gestellt. W. K. reiste am 1. Oktober zurück nach München und blieb nicht wie geplant bis zum 6. Oktober in Berlin. In einem Brief vom 1. Oktober entschuldigt er sich bei Christhart Burgmann, daß er »nun doch gezwungen ist, Berlin zu verlassen« und »den 6. nicht abwarten kann«. (WKA) Gegenüber Margret Boveri erwähnt er in einem Brief vom 28. September den eigentlichen Grund für seine frühzeitige Abreise: »Sehr verehrte Frau Boveri, ich muß mich bei Ihnen sehr entschuldigen und Sie um Verzei-

hung bitten. […] Ich konnte nicht anders handeln. Schwierigkeiten mit meiner Frau, die nicht allein bleiben wollte, komplizierten meinen Aufenthalt in Berlin allzusehr. […].« (WKA)

Szene einer Ehe mit Hund

Marion Ulrich mit den Großeltern Schneider-Dörffel

Villa Felseneck in Garmisch-Partenkirchen

Sie schreit, sie will das alles wiederhaben, die Großmutter, die Mutter, die Häuser, die Gärten, die Kindheit.

Wolfgang Koeppen: Marion Koeppen geb. 1930

Olga Köppen und Theodor Wille in Reinfeld

Villa Daheim in Reinfeld

Ich hätte anzubieten ein 6 Zimmerhaus mit Nebengelassen und Garten und extra ein an der Strasse gelegenes Hausgrundstück.
Wolfgang Koeppen an Marion Koeppen, 5. Oktober 1946

Marion Koeppens Elternhaus in der Ungererstraße 43 in München

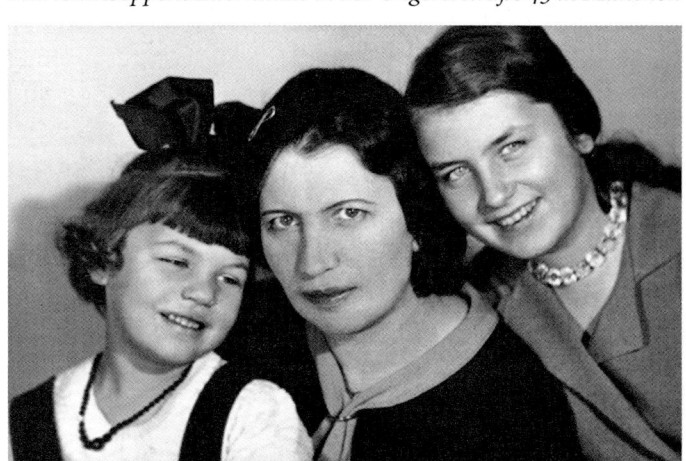

Marion Ulrich (links) mit ihrer Mutter und der Schwester Lisa

Wolfgang Ulrich und seine zweite Frau Elisabeth

Clubhaus Feldafing

In dem Clubhaus bin ich gut aufgehoben. Weniger durch ein Wohlleben, als dadurch dass auch dieses Haus ein Romanheim ist, wie ich schon ähnliche erlebt habe. Jeder Bewohner des Hauses ist auf seine besondere Weise wahnsinnig ...

Wolfgang Koeppen an Olga Köppen, 6. Januar 1944

Marion mit den Hunden Bimbus und Trinkulo

für Marion / für Trinculo / für Bimbus / für alle Seemänner / Scheuermänner / Ubootmänner / Und Lotsen! / W. K.

Marion Ulrich und Wolfgang Koeppen (um 1944)

Konnte ich ahnen, dass dieser lächerliche Schirm deiner Mutter ein Requisit der Hölle in meinen Händen war? Der Teufel hole die Königsmarkestrasse!
Wolfgang Koeppen an Marion Koeppen, ca. 1943/1944

Marion Koeppen vor einem Schaufenster mit Modepuppen

Gehst du noch so gerne spazieren, blickst in die Schaufenster.
Marion Koeppen an Wolfgang Koeppen, 19. Mai 1953

[handschriftlicher Brief, nicht transkribiert]

Es grüßen Bimbus, Trinkulo, es grüßt ein Schmierfink.
Es umarmt dich erst eine Mieze, die grade vorbei geht, jetzt
erst ich.

Marion Koeppen an Wolfgang Koeppen, 19. Mai 1953

Mittwoch

Mein Gutes,Liebes,

herzlichen Dank für den Brief!Sehr schöner Brief!Sehr existenz-
ialistischer Brief!Aber mein Schätzchen,ich fürchte,du stellst
schlimme Dinge an,und wenn ich komme,wird man mich wohl gleich
ohnmächtig in den Garten tragen müssen.Wie kommst du auf einen
Bauernhof? Dabei ist dein Brief aus München! Was heisst das,
du seist ein Naturbursche geworden? Wer hat dir das eingeredet?
Mein Gutes,mein Liebes,ja,wirklich,wie kommst du auf den Bauernhof? Aber du solltest unbedingt Schriftsteller werden;du hast viel
Talent für diesen schönen Beruf.

Gestern abend Gewitter.Ich hielt mit Seewald eine Besprechung ab,
die sich bis Mitternacht hinzog,und dann kam,aus Hannover mit dem
Auto angekommen,Go an.Er strahlte und sah frisch und rosig aus.
Ich glaube,er möchte mich mit nach Vaduz nehmen.Aber ich weiss
nicht recht,ob ich mich darauf einlasse.Dann wäre ich noch weiter
von dir weg und ganz gefangen.

Nach unseren gestrigen Telefonaten geht es mir besser.
Aber nochmal:wie kommst du auf den Bauernhof? Hast du ein
Auto?

Und dann schreibst du,dü könntest mir garnicht alles schreiben!
Wahrscheinlich haben sich die kessen Väter wie Ratten vermehrt.

Dein Brief - ich las ihn eben noch einmal - ist wirklich sehr
schön!

Viele Küsse und die mit starken sinnlichen Empfindungen.

dein

= ich

Koeppen

Wolfgang Koeppen an Marion Koeppen, 20. Mai 1953

Marion Koeppen

Marion

† 15. April 1984

Wolfgang Koeppen

Todesanzeige in der Süddeutschen Zeitung v. 17. 4. 1984

1974

[217; handschriftlich]

[Frankfurt[1]
13. Oktober 1974]
Sonntag morgen

Meine liebe arme Marion,
ich will für die Tabletten einen Sonntagsbriefkasten finden, damit du sie am Montag hast. Ich fahre jetzt in den Verlag[2], wo ich
den Tag über ganz allein sein werde. Bleib brav; du scheinst es
zu sein. Ich freu mich schon auf dich!
Herzlich dein Kopernikus

1 W. K. hielt sich anläßlich der Buchmesse in Frankfurt auf. Am 10. Oktober las
  er beim Kritikerempfang im Haus seines Verlegers in der Klettenbergstraße
  aus *In Staub mit allen Feinden Brandenburgs* (vgl. »*Ich bitte um ein Wort …*«,
  S. 263/264).
2 Suhrkamp Verlag in der Frankfurter Lindenstraße.

[218]

[Frankfurt
13. Oktober 1974]
Sonntag

Liebe Marion, ich habe in der Hauptpost den Brief mit den Pillen eingeworfen; hoffentlich wirst du ihn am Montag bekommen.

Ich sitze jetzt allein in dem Verlag und habe noch immer den
Kesten[1] nicht geschrieben. Das ist bedrückend. Vielleicht wird
es mir in Darmstadt in dem, wie man sagt, guten Hotel[2] besser
gehen. Ich fahre morgen früh. Ich lese dort am Abend, übrigens

nicht mit Frisch, sondern mit Hildesheimer.[3] Frisch ist in Zürich.

Ein Abenteuer. Als ich hier ins Haus wollte, sass hinter der gläsernen Haustür ein grosser Wachhund. Er bellte und sträubte die Haare. Ich versuchte ihm durch die Tür gut zuzureden. Schließlich traute ich mich hinein. Da liess er sich streicheln, ging mit mir, fuhr mit dem Fahrstuhl mit nach oben und sitzt jetzt neben mir und schaut mir zu.

Ich werde diesem Brief wieder 4 Tabletten beilegen, je 2 für 2 Tage, Dienstag und Mittwoch. Sollten auch die schon eingeworfenen Tabletten erst am Dienstag kommen, hättest du 6. Bitte schluck sie nicht auf einmal! Vor Donnerstag kommt kein Nachschub.

Oft denke ich, schade, dass du nicht hier bist.

Wir wollen es uns in München schön machen. Frau Kesten[4] freut sich schon sehr auf die Ehrung ihres Mannes.

Viele Küsse! dein Kopernikus
|Telefon geht *nicht*|

1 Hermann Kesten erhielt 1974 den Georg-Büchner-Preis der Deutschen Akademie für Sprache und Dichtung Darmstadt. Die Laudatio hielt W.K. Aus diesem Anlaß reiste er von Frankfurt aus weiter nach Darmstadt (vgl. *Im Kampf für ein bürgerliches Vorurteil.* Rede aus Anlaß der Georg-Büchner-Preisverleihung an Hermann Kesten. Zuerst in: *Jahrbuch 1974 der Deutschen Akademie für Sprache und Dichtung.* Heidelberg, Darmstadt: Lambert Schneider 1975; auch in: *Gesammelte Werk, Bd. 6,* S. 399-404).
2 W.K. wohnte während seines Aufenthalts in Darmstadt im Parkhaus-Hotel.
3 Am 14. Oktober las W.K. auf Einladung der Deutschen Buchgemeinschaft den Text *Angst. Ausschnitt aus einem unveröffentlichten Roman.* (Vgl. auch: *Verliebt in Schwarz, Grau, Violett. Darmstädter Lesung: Koeppen, Hildesheimer, Marzik* von Bernhard Rzekah. In: *Darmstädter Echo* vom 16. Oktober 1974.)
4 Toni Kesten, die Ehefrau von Hermann Kesten.

[219]

Darmstadt

15. Oktober 1974

liebe marion, ich schreibe auf einer elektrischen maschine, mit
der ich nicht bescheid weiss. sie gehört dem hotel. ich hatte eine
schreibdame hier, um das manuskript meiner rede[1] zu beenden.

ich war gestern etwas verstimmt, nein traurig, weil du mir am
telefon nicht gut beisammen zu sein schienst und mir |von| so
unwichtigen dingen, wie herrn dandls meinung über die heizung sprachst.

es war dann auch ein unglücklicher und grotesker abend. ich las
schlecht vor einem bürgerlichen publikum. unseld, der mit frau
extra rübergekommen war, ärgerte sich so sehr, – nicht über
mich – , dass er abreiste, nicht am fest, dem kalten büffet teil
nahm. da sassen dann verloren hildesheimer und ich.

heute will ich mich ausruhen, baden, schönheitspflege treiben.
sonst könnte man hier auch nichts tun. morgen fahr ich |nach|
frankfurt zur faz. dann kommen die saarbrücker fernsehleute
für tau[2], dann beginnt die tagung, dann die furchtbare rede.

ich liebe dich, doch mach es mir nicht schwer, dich zu lieben.
überrasche mich! empfange mich lieb. und nur ohne bier bist
du lieb.

ende november werden wir nach berlin fahren. wenn alles |gut|
geht und wir noch leben.

oft hätte ich dich gern hiergehabt.

ich umarme dich, ich küsse dich Kopernikus

noch einmal gift[3] für 2 tage.

303

1   Vgl. Brief 218, Anm. 1.
2   Der Schriftsteller Max Tau hatte W. K. gebeten, in einem vom Saarländischen
    Rundfunk produzierten Film über sein Leben und Werk (Regie: Rudolf Lais)
    ein Interview zu geben. Am 23. September 1974 schreibt Tau an W. K.: »Mein
    lieber guter Freund! Um Dir Dein schlechtes Gewissen zu erleichtern, kann
    ich Dir sagen, dass die Fernseh-Leute am 18. Oktober früh nach Darmstadt
    kommen und in dem Hotel, in dem wir alle wohnen, PARKHAUS-HOTEL,
    eine Aufnahme mit Dir machen werden. Es wird nicht länger als eine halbe
    Stunde dauern. Du kannst Dir denken, wie glücklich ich darüber bin. [...]
    Aber glücklich bin ich, Dich jetzt einmal wieder zu erleben und ich danke Dir
    von Herzen, dass Du das Interview geben willst, weil es für mein Leben wirk-
    lich wichtig ist, Dich, meinen getreuen Freund, auch dabei zu sehen. [...].«
    (WKA)
3   Gemeint sind M. K.s Tabletten.

[220; handschriftlich]

[Darmstadt
15. Oktober 1974]
Dienstag abend

Liebe Marion, voller Wut. Ich rufe dich nicht für teures Geld
an, um mit dir läppische Gespräche zu führen. Es hat gestern
niemand eingehängt, sondern das Gespräch hat 5 Mark gekostet und war dann aus. Bekämpfe deine Wahnideen, bei mir ist
alles *normal*. Heute hatte ich erwartet, du würdest mich zuerst
fragen, wie denn die Lesung verlaufen sei. Das wär wohl selbstverständlich gewesen. Nicht deine Fragen, wer hat eingehängt.
Ferngespräche sind teuer. Ich rufe aus Liebe an, nicht um mich
zu streiten. Solltest du einen Hund anschaffen, werde ich ihn
nicht annehmen. Ein Hund sucht man gemeinsam und sorgfältig aus, wenn er zur Hausgemeinschaft gehören soll.[1]
Auch du musst geben, wenn du empfangen willst. Wenn du
mich weiter am Telefon dumm anredest, werde ich eben seltener anrufen. Ich kann es auch ganz sein lassen.
Nur leider liebe ich dich.
K.

1 Nach den beiden Schnauzern Bimbus und Trinkulo schaffte sich das Ehepaar
   Koeppen einen schwarzen Labrador namens Pula an.

[221; handschriftlich]

> [Darmstadt
> 17. Oktober 1974]
> Donnerstag

Liebe Marion,
wie soll das weitergehen? Ich liebe dich, aber was hilft das? Du
willst dich zerstören, und ich kann nichts dagegen tun.
Ich denke nach den Telefongesprächen mit Grauen daran, zu-
rückzukehren. Ich weiss, was mir da mit dir wieder bevorstehen
wird. Ich will nicht mehr. Also tief traurig.
Dein K.

1975

Berlin[1]

15. Februar 1975

liebe marion, merkwürdig leere tage in berlin; vielleicht weil
ich diesmal mit dir hier sein wollte und ausser dem zusammensein mit dir gar kein programm hatte. alles wäre nach deinen
wünschen gewesen, keine anrufe, keine besuche, keine verabredungen. ich habe auch jetzt keine lust, jemand zu sehen. selbst
der abend mit richter wird wohl, da er krank ist, leicht abzusagen sein. warum du nicht mitfliegen wolltest, ist mir rätselhaft.
wäre ich eifersüchtig, müsste ich an einen liebhaber in münchen
glauben. aber das theater wäre ja nicht nötig gewesen. so bleibt
nur, dass der liebhaber pottrum, bock, doornkaat, stonsdorfer
heisst, die bräute des mister hyde. sonst hättest du ja mit deinem
verhalten grade das erreicht, was du fürchtest. ich bin jetzt viel
länger in berlin, als nötig gewesen wäre und habe sozusagen urlaub, denn die eigentliche arbeit liegt in münchen. gestern war
es kalt, es schneite, heute ist es nur kalt, ich friere im falschen
mantel, ich kaufte mir für 6 mark einen schirm, für 19 schuhe,
in denen ich nicht gehen kann, meine wildlederschuhe waren
durchnässt. bei mampe[2] einsamer, leicht bitterer rotwein. auch
richtige wut auf dich, vorübergehend. die verbitternde erkenntnis, dass man dich lassen muss, wie du bist. ich habe die kraft
nicht mehr, dagegen an zu kämpfen; es packt mich schliesslich
eine hoffnungslose böse gleichgültigkeit. nach der nacht zum
donnerstag hatte ich nur den einen wunsch: raus. ich war selbst
froh, dass du auf meine bedingung, am donnerstag keinen
schluck mehr zu trinken und am freitag mit mir zu fliegen, nicht
eingingst. die vorstellung, am donnerstag bei dir sitzen zu müssen, war zu grauenvoll. dennoch: ich atmete in der luft nicht auf.

ich werde dich immer lieben. aber ist das glück? der mister hyde
ist leider ein erbärmlicher bursche.

sonnabend. ich werde jetzt zum kurfürstendamm gehen. nur so.
in ein warenhaus. in das café. ich müsste dir tabletten beilegen.
aber auch das wäre ja falsch, verschlimmerte ja alles nur. Hart
sein! ich bin es nicht. das ist dein unglück. also 2 tabletten für
2 *tage*. solltest du den wunsch haben, mich zu erfreuen, bereite
dich vor, nüchtern zu werden, mich freundlich und ohne flaschen im bett, unterm bett, unterm sofa, im schrank, wo sonst,
zu empfangen. auch in münchen gibt es hotels. aber es wäre ärgerlich. es umarmt dich Kopernikus

1 Der Sender Freies Berlin lud W. K. vom 18. bis zum 20. Februar zur Aufnahme der Sendung *Open-End – Februar 1975* (vgl. Brief 224, Anm. 2) nach
Berlin ein. Neben der Erstattung der Spesen und Flugkosten erhielt W. K.
ein Honorar von 800,- DM. Zu dieser Aufnahme ist eine Notiz W. K.s vom
19. Februar erhalten: »19. Februar Berlin. Aufnahme literarisches Kolloqui-
um ›Berlin einst und jetzt‹. Gesprächsleitung Hans Werner Richter. Nach
der Aufnahme Einladung bei Richter. Kompatzki! Filmentwurf. Hotel am
Steinplatz?« (WKA) Der Regisseur Lothar Kompatzki (Sender Freies Berlin)
zeigte Interesse daran, W. K.s Erinnerungen an seine Kindheit in Ortelsburg
zu einem Film zu verarbeiten. W. K. sammelte erste Ideen zu diesem Plan:
»Idee: ich fotografiere Ortelsburg wie es heute ist, objektiv, neutral, ohne Lob
oder Tadel für polnische Verhältnisse. Ich spreche zu den Bildern einen Text,
der das alte Ortelsburg meiner Jugend, meiner Schulzeit beschreibt. […].«
(WKA) Erst 1990 entstand unter der Regie von Peter Goedel der schon 1975
in Grundzügen entworfene Ortelsburg-Film *Es war einmal in Masuren* (vgl.
dazu: Wolfgang Koeppen: *Es war einmal in Masuren*. Frankfurt am Main:
Suhrkamp 1991).

2 Im Manuskriptkonvolut *In Staub mit allen Feinden Brandenburgs* sind Notizen vom 14. April 1977 erhalten, in denen W. K. auch das Berliner Hotel
Mampe erwähnt: »Berlin. Der Tag der Kriegserklärung. Ein sehr schöner
Tag. Gegen Mittag vor Mampe. Der Schauspieler Meyrink. Sohn eines Ge-
neralstabsoffiziers, noch kaiserlich. Der Schauspieler von Beneckendorf, ein
Verwandter Hindenburgs. Sie waren alle nicht dafür und hatten sich alle irgendwie eingerichtet. Rein äußerlich ging es ihnen gut. Schöne, aber auch
nicht unbescheidene Wohnungen. Sammlungen unerwünschter Bücher und
Bilder. An diesem Tag die bange Frage: werden die Theater schließen, wird

der Film weiterarbeiten, werde ich unabkömmlich gestellt werden oder eingezogen werden. Am Abend warten auf die feindlichen Flieger. Sie kommen nicht, ein blinder Alarm. Die Verdunklung. Gesellschaft bei Ernst von Salomon. Hier auch, statt in Zehlendorf, Felsenstein. Der angetrunkene Heimweg in der Dunkelheit. Verzweiflung. Der Weg zum Film. […] Leben am Kurfürstendamm. Die drei Wohnungen. Einmal der Hunger, dann aber die teuren Restaurants von einst, die großen Hotels, Mampe, Bristol, die Muschelgerichte, der bulgarische Rotwein in Tuskulum. Nachts der Jockey [ehemaliges Lokal in Berlin].« (WKA)

[223; handschriftlich]

Berlin
[17. Februar 1975]
Montag

Liebe Marion, ich weiss nicht, was los ist. Aber ich sandte dir nach unserm Gespräch gestern abend für alle Fälle mal 20 Mark, damit du was zu essen hast.

Ich bin ja dann auch bald zurück.
Dein K.

[224]

Berlin
17. Februar 1975
akademie

liebe marion,
wenn ich nun bald, übermorgen, donnerstag um 1 zu dir komme, in die wohnung komme, treib mich nicht gleich wieder weg. sei freundlich, sei meine marion und nicht mister hyde, gieß alles in den brunnen, selber, laß nicht mich es tun.

berlin war doch noch recht nützlich. einige gespräche, aufklärungen, einfälle. im sender freies berlin der stadtschreiberfilm.[1]

308

er ist gut, manchmal sogar sehr gut. nur ich bin nicht gut. mein text ist das beste. aber ich wanke durch den film wie ein aufgedunsenes gespenst. ich hätte dir den film doch gern gezeigt. man m u s s ihn in farbe sehen. nächste woche wird |er| im hessischen rundfunk gezeigt. in berlin, hannover, hamburg war er schon zu sehen, gute presse. ob münchen ihn im III. bringen wird, sei fraglich. im herbst kommt er im wdr. erstaunlich die technische perfektion, die teure ausrüstung in den studios. den englischen film, für den man mich interessieren möchte, sah ich gleichzeitig auf drei grossen bildröhren. Ass dann in der kantine. sonderbares gefühl zu den arbeitenden zu gehören. vielleicht war die absolute isolation ein versäumnis. ich stellte mich wie die andern mit dem tablett vor der essensausgabe an. mässiger fraß, aber billig. wenn es nicht um den eigenen aufstieg geht kollegialer ton. gutes verhältnis zu jungen leuten.

die telefongespräche mit dir meist vom ubahnhof zoo, eine gewisse dramatik. vor den zellen betrunkene, süchtige, irre, schläger, schreiende, zerbrochene scheiben, hingekotztes, leere flaschen, gestörte apparate und dann deine stimme! jaa bitte!

auf wiedersehen Dein Kopernikus

|Mittwoch abend das open-end-gespräch. So eine Art talk-show. Grosses Unbehagen.|²

---

1 W. K. war bereits am 30. August 1974 offiziell in das neugeschaffene Stadtschreiberamt von Bergen-Enkheim eingeführt worden, allerdings hatte er sich dort in den Wochen und Monaten nach seiner Amtseinführung nicht aufgehalten. (Vgl. dazu auch Brief 225, Anm. 1 und Brief 228, Anm. 1.) Ins Leben gerufen hatte diese Schriftstellerförderung der Autor und ehemalige Sprecher der Gruppe 47 Franz Josef Schneider. Der Hessische Rundfunk und der Sender Freies Berlin hatten aus Anlaß dieser Neugründung einen Film über den Stadtschreiber und seine Aufgaben produziert. Der Regisseur des Films, Rainer Horbelt, hatte von W. K.s Aufenthalt in Berlin erfahren und bat ihn, etwas früher anzureisen, damit er sich »den Film – so wie er jetzt fer-

tig ist – ansehen und möglichen Unmut vergessen« könne. W. K. antwortete Horbelt daraufhin: »Lieber Rainer Horbelt, [...]. Daß der Film gut angekommen ist, freut auch mich. Ich selbst habe keine Besprechungen gelesen, weder in der ›Frankfurter Rundschau‹ noch anderswo, doch wurde ich dreimal freundlich angerufen aus Berlin, Hannover, Hamburg. Eine Dame schrieb, sie sei beeindruckt und möchte mir den Stadtschreiberhaushalt führen.

Um ein sicheres Mißverständnis sich nicht einfressen zu lassen: es ist nicht wahr, daß ich über den Film unglücklich wäre. Ich glaube, er hätte gar nicht besser gemacht werden können, und ich weiss, daß er etwas sehr Seltenes, ein gelungener Literaturfilm ist. Ich bin also durchaus mit ihm einverstanden und lobe ihn und Sie, wo ich kann. Unglücklich bin ich nur über mich, über mich in dem Film, über mich als Stadtschreiber, über mich als Festteilnehmer, als Dankredner, letztlich als Darsteller eines Stadtschreibers und Schriftstellers. Vorwurf, Kritik, Ablehnung richten sich von mir gegen mich, und das ausschließlich. Ich mag mich einfach nicht sehen. Am liebsten hätte ich mir den Kopf abgeschnitten. Aber vielleicht käme ich mir näher, wenn Bild und Wort synchron laufen, Peter Schlemihls Schatten zu seinem Herrn zurückkehrt. Ich hoffe, Ihr Werk in Berlin sehen zu können. Ich habe am 19. abends dort eine Colloquium-Aufnahme, weiss aber noch nicht, ob ich etwas vorher nach Berlin kommen oder etwas länger bleiben werde. Ich werde versuchen, Sie zu verständigen.

Mit Unseld habe ich noch nichts besprochen. Die Verbindung ist im Augenblick etwas angespannt, telefonisch spröde. Es geht um den Roman. Ich sitze bedrückt hinter der Schreibmaschine. Erst nach dem Schlußstrich kann ich mit Unseld reden. [...].« (W. K. an Rainer Horbelt vom 5. Februar 1975, WKA.)

Die Entstehung des Films beschrieb W. K. in einem Brief an Christhart Burgmann: »Ich bin wütend. Wütend, weil ich in diesen Stadtschreiberfilm des SFB [Sender Freies Berlin] hineingerutscht bin, der nicht oder nur selten mein Film ist und auch nicht ein Film über den Schriftsteller Koeppen. Der Film entstand einfach dadurch, daß ich zur Preisverleihung nach Bergen-Enkheim mußte und die Berliner dort mit einem Aufnahmeteam warteten. So begonnen, lief das Unternehmen weiter, ich stand zur Verfügung, ließ mir auch die eine oder andere Szene einfallen, sah mit Unbehagen die Muster und soll jetzt den Text schreiben und sprechen.« (W. K. an Christhart Burgmann vom 6. Dezember 1974, WKA.) In einem Brief an Franz Josef Schneider vom 9. Dezember 1974 klingt W. K.s Kritik bereits weniger scharf: »Das wird wahrscheinlich alles in Ordnung und schließlich eine schöne Werbung für Bergen-Enkheim sein. Herr Schubert [Stadtrat von Bergen-Enkheim] spielt alle an die Wand, wirkt äußerst fotogen; passen Sie auf, daß er Ihnen nicht von einer Spielfilmproduktion wegengagiert wird. Ich selbst komme mir reichlich albern vor: der gute Mensch von Bergen-Enkheim.« (WKA)

W. K. bekam vom Sender Freies Berlin 1850,- DM für den Film: »Drehbuch-
anteil (Nov. 74) = DM 1.500,- / Statements (28./29.11.74) = DM 100,- / Syn-
chr. (1.12.74) = DM 20,- / f. Privatfotos DM = 50,-«. (WKA) (Vgl. *Der Stadtschreiber von Bergen-Enkheim. Wolfgang Koeppen.* Ein Film des Hessischen
Rundfunks, Redaktion Literatur und Kunst, in Verbindung mit dem Sender
Freies Berlin. Regie: Rainer Horbelt. Erstsendung am 25. März 1975, 21.10
Uhr.)
2 *Berliner Werkstatt – Open End 1975. Ein Hearing mit Wolfgang Koeppen.* Erstsendung am 17. März 1975, Sender Freies Berlin. Geleitet wurde diese Ge-
sprächsrunde von Hans Werner Richter; neben W. K. war u. a. Hans Schwab-
Felisch zu Gast (vgl. hierzu: *Korbels Gequabbel* in: *Die Welt* vom 19. März
1975). Diese Ergänzung notierte W. K. handschriftlich am linken Rand des
Briefes.

[225]

Bergen Enkheim[1]
28. April 1975

Meine liebe gute Marion,
gestern, Sonntag, meine Ankunft in BE[2], ein bedrückender Tag.
Es gibt Leute, die behaupten, ein Sonntag in Paris, in London,
in New York sei quälend, die Seele verstörend, aber hier in BE
zeigte die Kleinstadt, der Vorort das traurige, das eintönige, das
gemütliche, mir fremde Gesicht. Ich fühlte mich sehr allein und
dazu unbehaust, denn das Haus war von Journalisten besetzt,
Scheinwerfer der Hessenschau waren aufgebaut und warteten
auf mich. Schneider[3], bei dem ich zuerst vorgefahren war, hatte
versucht, es mir schonend beizubringen. Ich war sehr gereizt.
Ich weigerte mich, die Szene einer Ankunft (mit Auto) zu spielen und gab mürrische Auskunft.

Im Haus fror ich. Seelisch und tatsächlich. Die Gasöfen bekam
ich nicht an. Zu den Möbel-Krügel-Schöpfungen hatte man nun
auch noch Bilder gehängt. Es war zuviel! Am liebsten hätte ich
mich in den Müller[4] gesetzt und wäre zurückgefahren.

Das liebe Telefongespräch mit dir hat mich sehr getröstet. Du warst reizend! Bleib doch so. Und freu dich über die Frau Professor.

Ich bat dann den Herrn von der hiesigen Zeitung zu mir. Der ist nett. Macht in Frankfurt an der Uni seinen Doktor über mich. Er gab mir sehr gute Ratschläge. Sagte mir, was ich falsch gemacht habe. Das Literarische war gar nicht so wichtig. Wichtig wäre gewesen, zum Feuerwehrball zu gehen. »Und wir begrüssen unseren Stadtschreiber«. Das wollte man haben und vermisste man.

Beim Wirt nebenan kann man allein nicht verkehren. Das Lokal war am Sonntag brechend voll mit Frankfurter reichen Leuten. Müller stand beschämt zwischen Mercedes, Jaguar, Porsche, Rolls Royce. Ich ging nach einem Schoppen. Ass nichts.

Das Haus eiskalt. Ich fror im Bett wie einst mit dir in Feldafing. Das Licht noch nicht gerichtet. Lesen kaum möglich.

Ich dachte unglücklich daran, dass ich vergessen hatte, dir zu sagen, wo die Tabletten liegen.

Montag morgen, jetzt, strahlender Sonnenschein. Ein merkwürdiger Ort. Heute voller Aktivität. Viel Italiener. In allen Läden als Verkäufer. Ein toller Supermarkt. Ich kaufte mir ein grosses Steak, briet es in Biskin. Dazu Gefriergemüse. Sehr gut und billig. Optimismus überkam mich. Dann von der Stadt Baumeister und Installateure, die alles richten wollen. Doch auch sie bekamen die Gasheizungen nicht an. Telefon nicht da. Auch kein Fernseher. Die Möbel kosteten 18000 Mark. Jetzt eben kam eine grosse Mülltonne. Aber keine Betten, keine Wäsche, keine Handtücher.

Vielleicht wird noch alles gut. Ab morgen will ich versuchen, hier am Buch zu arbeiten.[5] Gelingt das, bleibe ich. Sonst müsste ich abreisen.

Schneiders freuen sich wirklich auf dich. Vielleicht würde es dir sogar gefallen. Ich weiss es nicht. Wenn nicht die Arbeit wäre, hätten wir es vielleicht auch lustig im Haus. Ein Baum blüht. Der Hof ist schön.

Es ist alles offen.

Ich hoffe, dass du nicht untergehst. Es wäre sehr, sehr traurig. Die Tabletten sind für Mittwoch u n d Donnerstag.

Ich bin herzlich dein Kopernikus

1 Zur Jury des Stadtschreiberamtes gehörten, neben Franz Josef Schneider, auch Heinrich Böll, Marcel Reich-Ranicki, Paul Reisen, Hans Werner Richter, Alfred Schubert und Klaus Staemmler. Die Laudatio auf W. K. hielt Heinrich Böll. Der Stadtschreiber erhielt ein Preisgeld von 18 000,- DM, außerdem wurde ihm für die Dauer seiner einjährigen Amtszeit ein Haus in Bergen-Enkheim zur Verfügung gestellt. Allerdings bezog W. K. das Haus erst Ende April 1975. (Vgl. dazu: *18000 Mark und freie Wohnung. Wolfgang Koeppen erhielt den Förderpreis der Stadt Bergen-Enkheim*. In: *Frankfurter Rundschau* vom 14. August 1974; *Die Amtseinführung des neuen Stadtschreibers Wolfgang Koeppen. Ein Beispiel: Bergen-Enkheim gibt Schriftstellen ein Haus, Geld und ein Amt*. In: *Frankfurter Allgemeine Zeitung* vom 31. August 1974; *Der Stadtschreiber von Bergen: Wolfgang Koeppen*. In: *Frankfurter Rundschau Stadtausgabe* vom 2. September 1974; *Endlich kam der Stadtschreiber*. In: *Offenbach Post* vom 30. April 1975; *Ein Gästehaus für viele Dichter? Wolfgang Koeppens Abschied von Bergen-Enkheim*. In: *Frankfurter Allgemeine Zeitung* vom 16. August 1975; *Ein wenig fremd in seiner Stadt. Wolfgang Koeppen verabschiedet sich als Stadtschreiber von Bergen* von Heiko Flottau. In: *Süddeutsche Zeitung* vom 18. August 1975; *»All diese literarischen Pfeifen«. Hans-Joachim Müller über den Stadtschreiber von Bergen-Enkheim*. In: *Die Weltwoche* vom 27. August 1975; *Koeppen, Wolfgang: Ich denke gern an Bergen-Enkheim*. In: *Bergen-Enkheimer Zeitung* vom 29. Dezember 1975.)

2 W. K. kürzte Bergen-Enkheim in seinen Briefen meistens mit BE ab.

3 Franz Josef Schneider.

4 So nannte W. K. seinen VW Käfer.

5 Gemeint ist die Arbeit an dem autobiographischen Romanfragment *Jugend* (vgl. Brief 196, Anm. 1). Der Text erschien als Band 500 in der Bibliothek Suhrkamp erstmals 1976. Die Widmung in dem im WKA erhaltenen Exemplar der Erstausgabe lautet: »Was ist Wahrheit, / fragt Pilatus / Die Antwort wurde / bis heute nicht gefunden. / Meiner lieben Marion, / die alles glaubt, / von dem der lügt. / Ihrem Kopernikus / September 1976«. (WKA)

[226]

BE

30. April 1975

Liebe Marion, gestern war es hochsommerlich heiss, und heute regnet es. Ich weiss garnicht, was ich dir schreiben soll. Ich kann nur sagen, dass die Gespräche mit dir am Abend am Telefon mich furchtbar freuen und stärken. Du warst »fernmündlich« noch nie so lieb. Nun weckst du grosse Hoffnungen in mir.

Ich ging gestern abend noch einen Weg am Hang entlang. Die Mainebene, das Mainried, Frankfurt mit abertausend Lichtern liegt dann unter dir und bietet einen schönen Anblick. Dazu Blütenduft aus den gepflegten Gärten meiner Nachbarn.

Diesen Brief wirst du leider erst am Freitag bekommen. Morgen ist ja Feiertag. Ich sende dir den Postscheck. Du kannst ihn am Montag einlösen. Die Tabletten sind dann für Freitag, Samstag, Sonntag. Montag kommt wieder ein Brief und Nachschub.

Es hat geläutet. Der Elektriker ist gekommen. Er soll die Lampen höher hängen. Das Bettlicht richten.

Wir werden uns bald wiedersehen. Es wird wohl noch alles werden.

Ich bin dein Kopernikus

BE
1. Mai 1975

Liebe Marion,

ein junger Mann hat eine Lampe angebracht an dem Bett in dem du schlafen sollst. Du hättest aber in dem Bett kein Bett. Doch rührt mich der Gedanke, dass du hier schlafen könntest, sehr.

Zum Glück meine ich jetzt, ich könnte hier arbeiten. Ich war gestern den ganzen Tag im Haus. Mit Ausnahme einer Einkaufsfahrt mit Müller. In einem Reformgeschäft bat mich die Inhaberin, doch am Freitag vormittag wiederzukommen, sie mache da eine Säftewerbung, und ich könnte, safttrinkend, für die Presse fotografiert werden. Soll ich mir das entgehen lassen?

In den kleinen Hof kommen Spatzen, d. h. sie leben dort. Ich streue ihnen Semmelbrösel, die ich mit der grossartigen städtischen Brotschneidemaschine herstelle, auf ein Sandbeet. Sie nehmen es dankbar. Es blühen zwei Bäume und etwa 20 Tulpen. Sie werden leider abgeblüht sein, bis du kommst.

Ich esse gut, wahrscheinlich zu gut zu Hause. Steaks von Tartar, Steaks so. Gutes, nicht teures Fleisch. Im Supermarkt ein grade noch trinkbarer rumänischer Rotwein für 2,85. Dazu gestern gefrorener Kohlrabi. Viele Brotsorten. Ich werde doch noch Bürger von BE. Kaufte auch das gelobte Aufwischtuch und das selbsttrocknende Spülmittel aus dem Fernsehen. Vorzüglich! Ich führe einen Musterhaushalt. Jedem, der mich auf der Strasse anguckt, sage ich ein freundliches »Grüss Gott«.

Freitag, 2. Mai, 7 Uhr früh: kalt, der Tisch mit Manuskriptseiten bedeckt, ich soll das ordnen, korrigieren, weiterführen, den ganzen Tag, und morgen und übermorgen und weiter weiter, und in Frankfurt sitzen sie gierig und warten und schicken reitende Boten. Um 8 macht der Laden mit der FAZ auf. Ich hole sie mir und werfe dann diesen Brief ein, damit du ihn noch morgen bekommst. Auch wegen der Tabletten. Ich weiss. Auf jedes Abendgespräch mit dir, an dieser lauten Ecke, in der Zelle freue ich mich nun sehr. Es ist wunderbar mit dir. Ich kann es garnicht fassen. Herzlich dein Kopernikus

[228]

[Bergen-Enkheim
3. Mai 1975]

Ach, mein liebe Marion, Samstag, 3. Mai, ich sitze hier fest, zum Teil komische, groteske, absurde, böse, auch freundliche Erlebnisse. Frau Müller[1] entpuppte sich als sehr reiche Dame in einem schönen modernen Haus mit grossem, äusserst gepflegtem Garten und erwachsenem Sohn. Sie hatte auch für dich Kuchen gebacken. Dann erzählten mir Mutter und Sohn, dass sie nicht mehr nach Frankfurt zum Theater fahren möchten, weil die alle »links« seien, die Autoren, die Regisseure, die Schauspieler, der Intendant. Dann am Abend am Himmel Verdüsterung und auch in mir. Ging um 1/2 9 zu Bett. Habe keinen trinkbaren Wein mehr. Das Licht ist noch immer nicht gerichtet. Ich legte mich in »dein« Klappbett, wo ich nun eine Lampe habe. Sturm in der Nacht und Kälte. Oben ist nur ein alter Ölofen. Ich bekomme ihn aber nicht in Gang. Die Düsen sind wohl verstopft. Im Schuppen habe ich etwa 1000 Liter Heizöl.

Ich zerbreche mir den Kopf, wie ich es schaffen und machen soll. Gegen Ende der Woche, spätestens Sonntag komme ich. Keine Lust zur lange Autofahrt. Und wir beide kommen dann in den Pfingstverkehr. Was denkst du? Echte Sehnsucht nach dir. Aber Angst. Schneiders aufgeregt wegen ihrer Londonreise. Ich ahne, dass Reich-Ranicki heute oder morgen in die Werkstatt schauen wird. Es ist lieb, dass wenigstens einer sich um einen kümmert. Unseld ist nach St. Moritz gefahren. Frau Unseld woanders hin.

Ich habe einmal hier in der Schönen Aussicht gegessen. Es war so schlecht – für DM 9,80 – dass ich nie wieder was essen möchte. Nur noch in meiner Küche.

Bleib brav und treu!
Ich bin herzlich dein Kopernikus

Gift für Montag und Dienstag.

1 Christel Müller hatte in einem ›Offenen Brief‹ an den Stadtrat Alfred Schubert gefragt, warum der »sehr sympathische Wolfgang Koeppen« nicht in Bergen-Enkheim im Stadtschreiberhaus wohne und arbeite, sondern die »Stadt [Bergen-Enkheim] verschmäht und lieber in München bleibt« (vgl. *Offener Brief an Herrn Ersten Stadtrat Schubert.* In: *Bergen-Enkheimer Zeitung* vom März 1975). W. K. antwortete ihr ebenfalls in einem offenen Brief, daß es von »Anfang an allen klar [war], daß [er seine] Wohnung in München nicht aufgeben« könne. Auch geht er auf die Umstände ein, welche seinen Einzug in das Stadtschreiberhaus verhindert hatten: »Bis zum Dezember 1974 wohnte im Stadtschreiberhaus noch sein früherer Besitzer. Es wurde Januar, bis die Wohnung renoviert und eingerichtet war.« (Vgl. *Wolfgang Koeppen antwortet einer enttäuschten Bergen-Enkheimerin. Im Stadtschreiberhaus soll ein neues Kapitel beginnen.* In: *Frankfurter Rundschau* vom 25. März 1975.) Christel Müller lud W. K. nach Erscheinen dieses Briefes zu sich nach Hause ein und betonte in einem Brief an W. K., daß ihre »Frage« keinesfalls als Kritik aufzufassen gewesen wäre: »Ich verstehe jetzt die Gründe Ihres Fernbleibens. Zwar war es kein Zorn, der mich bewog nachzufragen, sondern einfach der Gedanke: Was ist los mit Herrn Koeppen.« (Christel Müller an W. K. vom 27. März 1975, WKA.)

[229]

BE
5. Mai 1975

Meine liebe gute Marion,
ich freue mich sehr, dich möglichst bald und hoffentlich wiederzusehen. Es ist ohne dich garnicht schön.

Ich habe mir, nachdem ich mit dir telefoniert hatte, auf der Strasse Blumen gekauft. Rote Tulpen. Die Verkäuferin sagte, ja, bringen Sie sie Ihrer Frau mit. Hier hatte ich dann keine Vase. Schließlich fand ich einen Topf. Aber ich mußte die Stengel abschneiden. Die Blumen stehen jetzt vor dem leeren, festen, kostspieligen Bücherregal. Dann badete ich. Jetzt sitze ich nackt vor der Schreibmaschine am Gasofen. Die Jalousien sind runtergelassen. Das Gartentor ist abgeschlossen. Ich werde dir viel zu erzählen haben. Gift für Mittwoch und Donnerstag. Ach, kämst du nur davon los! Aber die Abendgespräche mit dir machen mich richtig glücklich. Wir werden alles klug planen. Süsser rheinhessischer Wein. Ich presse in jedes Glas eine Zitrone. Ich müsste nach Frankfurt oder besser nach Aschaffenburg fahren. Aber das hält so auf. Ich lebe in echter Klausur.

Viele Küsse
dein Kopernikus

[230]

BE
schon 7. Mai [1975]

Meine liebe Marion,
dies wird wahrscheinlich der letzte Brief für diesmal aus Bergen Enkheim. Du wirst ihn Freitag früh haben, und am Samstag oder Sonntag bin ich dann bei dir. Das wird vom Wetter abhängen, von meiner Kraft, von der Kraft des Müllers, vom Verkehr. Wenn das eine zu wenig da ist, das andere zu viel wird, will ich zur Nacht in Würzburg oder in Weissenburg oder in Ingolstadt bleiben. Ich werde dann am Samstag nachmittag von irgendeinem Ort aus anrufen.

Es ist 7 Uhr morgens. Ich habe den Gasofen hoch gestellt. Ich friere und blicke in einen düsteren Tag. Ich mag dies alles nicht. Und was ich möchte, geht nicht.

Empfange mich bitte so engelhaft lieb, wie du mit mir gesprochen hast. Jeden Abend.

Gift für Freitag und Samstag.

Ich bin herzlich dein Kopernikus

[231]

BE

8. Mai [1975]

Donnerstag Himmelfahrt

Liebe Marion,

in der Nacht war Gewitter. Ich bin um sieben Uhr aufgestanden und fütterte die Vögel. Ein Fliederbaum blüht. Lila Schimmer über dem Hof. Um zehn fuhr ich zur Eröffnung des Riedfestes.[1] Das Ried ist ein Naturschutzgebiet, liegt unterhalb Bergens, umschließt einen toten Arm des Main und ist Brutplatz seltener Vögel. Das Riedfest dauert vier Tage und beginnt in einem Zelt mit einer Art Märzenbier-Anstich. Ich habe es fertig gebracht, um 10 1/4 im Zelt zu erscheinen, mich dreimal zu verneigen, »wir begrüßen unseren Stadtschreiber«, von dem Bier einen einzigen Schluck zu trinken und um 3/4 11 mich zu drücken. Ich fuhr ein Stück durch das Ried. Von unten sieht Bergen sehr hübsch aus. Um 11 war ich wieder im Haus. An der Haustür hing ein Papier: »Herrn Stadt-Schreiber: belieben Madames Spargel um 13 Uhr die Ehre anzutun. FJS.«[2] Schneider. Sehr lieb. Aber ich hatte mich gefreut, mir ein Filet zu braten. Zum Glück sind es mit dem Müller zu Schneiders drei Minuten.

Ich studiere die Landkarte, wie ich am besten und am schnellsten und am sichersten zu dir komme. Auch bin ich besorgt, dass das Wetter schlecht sein könnte.

Ich freue mich sehr auf dich!
dein Kopernikus

1 Das Riedfest dauerte vom 8. bis 11. Mai 1975.
2 Franz Josef Schneider.

[232]

Bergen-Enkheim
2. Juni 1975

Meine liebe Marion,
nach dem ersten Schrecken von gestern finde ich heute morgen das Haus ganz erträglich und als Arbeitsstätte gut. Ich habe sogar einigermassen geschlafen, nur weckte mich um vier schon die Sonne. Sie schien grade auf meinen Kopf. Um sechs stand ich dann auf. Die Vögel sind noch alle da. Der Flieder ist leider verblüht. Im Augenblick überhaupt keine Blumen im Hof. Wie auch in den Gärten hier die Blüte vorüber ist und der Ort wieder etwas grauer. Zur Einrichtung des Hauses habe ich eine Idee; ich muss aber dazu einen Schreiner auftreiben. Das Telefon wird von Herrn Schneider angemahnt werden. Wahrscheinlich wird es hier sein, wenn ich ausziehe. Ich tue viel für meinen Nachfolger.[1] Er wird es besser haben.

Unser Plan, glaube ich, war gut, und ich freue mich sehr auf die Autofahrt mit dir nach Nürnberg und hierher. Beunruhigen tun mich die verlorenen Autoschlüssel. Ich fürchte, sie werden sich nicht wieder finden. Pass gut auf den Müller auf. Das Kennzeichen ist M–JT 708. Sollte er gestohlen werden, hafte ich leider auch für alle Unfälle.

Schneider, es wurde mir gestern deutlich, ist doch ein sehr
kranker Mann. London ist ihm nicht bekommen. Er sieht elend
aus, wenn auch braun gebrannt. Es sind aber liebe Menschen.
Nur gestern wäre es nicht die rechte Ankunftszeit gewesen. Das
Zimmer bleibt dir.

Ich denke immer an dich. Hoffe, dass du so brav bleibst wie du
es warst.

Ich küsse dich Kopernikus

Mit dem Einlösen des Schecks kannst dir 8 Tage Zeit lassen.

1 Karl Krolow wurde am 16. August 1975 in das Amt des Stadtschreibers eingeführt.

[233]

BE

3. Juni 1975

Meine liebe Marion, das Gespräch gestern mit dir war so schön,
wie ich mir alle Telefonate mit dir wünsche. Aber arbeite nicht
zu viel und lass mich in meinem Arbeitszimmer noch etwas finden. Heute sass ich schon um 7 Uhr früh an der Schreibmaschine, arbeitete bis 9, ging dann zu den Zeitungen, schrieb weiter
bis 1, machte mir Brote, jetzt tippe ich für dich damit du rechtzeitig dein Gift bekommst, dann gehe ich zum Kasten, rufe die
»Frankfurter Allgemeine« an. Heute abend gibt es Nieren und
Apfelwein. Eine grosse Flasche kostet 1,50. Ich glaube, das wird
mein Getränk. Guter Wein ist hier unmöglich aufzutreiben. Es
sei denn, der dicke Wirt schänkt von seinem privaten selbstge-
zogenen aus. In der Nacht stürmte es. Es ist kalt. Der Gasofen
summt. Das Gift ist für *Donnerstag und Freitag.* Ich sende dir
einen Ausschnitt aus der FAZ: Reich-Ranicki über die Handke-

Fernseh-Schau.[1] Dann noch einen Ausschnitt über eine Frau die im Bett rauchte.[2]

Ich umarme dich. Kopernikus

1 *Trollers Fernsehfilm. Peter Handke in Paris*: »Stefan Georg Troller kennt sein deutsches Publikum und weiß, was gut ankommt. Der im Rahmen seiner Sendereihe ›Personenbeschreibung‹ produzierte 30-Minuten-Film ›Peter Handke in Paris‹ beweist dies erneut. Es ist ein rührendes, wenn nicht gar ein rührseliges Porträt.

Handke, erfahren wir, verdiene sehr viel Geld, bewohne in einem exklusiven Pariser Viertel eine besonders große und sündhaft teure Sechszimmerwohnung, besuche gerne die allervornehmsten Restaurants, wobei die Kosten überhaupt keine Rolle spielen.

Und doch ist dieser Handke, wie man sich überzeugen konnte, ein Mensch wie du und ich, nein, ein noch besserer: denn er, der seit längerer Zeit von seiner Frau getrennt lebt, wurde vor allem als liebevoller Betreuer seiner sechsjährigen und übrigens reizenden Tochter Amina gezeigt. So konnte man sehen, wie er das Frühstück für das Kind vorbereitet und es dann zur Schule begleitet, wie er näht und bügelt, kocht und abwäscht, in einem Fleischerladen einkauft, der Tochter Hebels ›Kannitverstan‹ vorliest und schließlich mit ihr am Meeresstrand herumtollt.

Zwischendurch las Handke in einem Café Zeitungen, unterhielt sich mit seinem französischen Übersetzer und telefonierte mit einem Freund, dem er sagte, er habe sich von den ›Künstlern‹ vom Deutschen Fernsehen zu diesem Film überreden lassen. Von Paris, sagte Handke, kenne er fast nichts. Dann hörte man etwas über das ›abendländische Scheiß-Ich‹, ohne freilich erfahren zu können, was denn damit eigentlich gemeint sei. Bisher, erklärte er ferner, habe er seine Subjektivität ausgebeutet, in der Zukunft werde das wohl anders werden. Hierzu Troller: Handke werde ein großes Werk schreiben oder vielleicht ganz verstummen. Weniger extreme Möglichkeiten scheint der Literaturkenner Troller auszuschließen.

Am Ende kam die kühne Frage nach dem Intimleben. Handke entzog sich ihr nicht, wollte aber offenbar so banal wie möglich antworten: Er sei einer, der Abenteuer mag. Und: ›Wenn ich ein fremdes Gesicht sehe, denke ich manchmal: Das ist ein Land, das ich kennenlernen muß.‹ Doch generell möchte er, hörten wir noch, sich nicht verbrüdern, sondern streng sein. Auf eine (dringend erforderliche) Erläuterung dieses seltsamen Programms wartete man vergeblich.

Das war, alles in allem, ein sorgfältig gemachter, gut fotografierter und vollkommen überflüssiger Film. Er hat, befürchte ich, zur Verwirrung des Publi-

322

kums beigetragen. Jedenfalls ließ sich ihm über Handkes Werk nichts und über Handkes Person nur sehr wenig entnehmen. Schade. Denn Peter Handke ist nicht nur ein höchst bemerkenswerter Schriftsteller, sondern auch – ob es ihm gefällt oder nicht – ein bezeichnendes Phänomen unseres Literaturbetriebes. (Vom zweiten Programm).« (FAZ / Juni 1975)

2 *Im Bett geraucht? Junge Frau im Feuer lebensgefährlich verletzt*: »Mit lebensgefährlichen Verletzungen konnte gestern nachmittag die 21 Jahre alte Edeltraud Dahmbow im letzten Augenblick von der Feuerwehr aus ihrem brennenden Einzimmerappartment im vierten Stock des Hauses Diesterwegstraße 9 in Sachsenhausen geborgen werden. Sie hatte vermutlich im Bett geraucht und war dabei eingeschlafen.

Als die Feuerwehr, der der Brand um 14.28 Uhr gemeldet worden war, in der Diesterwegstraße eintraf, stand die Wohnung bereits in hellen Flammen. Über eine Leiterbühne kamen die Feuerwehrmänner in das Zimmer. Etwa zwei Meter von der Tür entfernt lag Edeltraud Dahmbow bewußtlos am Boden. Sie war vermutlich nach Ausbruch des Feuers aufgewacht und hatte noch versucht nach draußen zu flüchten. Dann war sie jedoch durch die Hitze und den beißenden Qualm ohnmächtig geworden. Die Feuerwehrmänner trugen die junge Frau sofort in das Stockwerk darunter und beatmeten sie mit einem Wiederbelebungsgerät, bis der Notarztwagen eintraf. Mit Verbrennungen zweiten und dritten Grades, die etwa fünfzig Prozent der Haut zerstört hatten, wurde Edeltraud Dahmbow in die Universitätskliniken gebracht. Ihr Zustand ist kritisch.

Nachdem der Brand nach einer Viertelstunde gelöscht war, fanden Feuerwehrmänner vor der Schrankwand des Zimmers den toten Pudel der Frau. Der Schaden wird auf etwa 30 000 Mark geschätzt, da die Flammen auch die Betonkonstruktion der Wohnung in Mitleidenschaft gezogen haben.« (FAZ / Juni 1975)

[234]

BE

5. Juni 1975

Liebe Marion, schlecht geschlafen, schlechten Wein getrunken, enttäuscht von Frankfurt, niemand gesehen, ein Bad genommen, um halb sieben aufgestanden, was mir wenig nützt, da ich Zeitungen erst nach acht Uhr holen kann. Vögel mit Schwarzbrot gefüttert. Der Himmel sieht aus, als würde es schwül. Gewitterreiche Gegend. Einzige Freude die Abendgespräche mit dir. Im

Traum traf ich Wilfried in einer Versammlung von Schauspielern in einem alten Dom verfallenden Gemäuers. Wilfried war mit einer sehr hübschen Chinesin da. Die Schauspieler tuschelten, der Seyferth mit seiner Chinie. Es war bedrückend. Nachher versuchte ich, mich in Turmtreppen zu verstecken. Es war dunkel und eigentlich kein Ausweg da. Herr Schneider pflegt seinen Schierling, spricht von seinem Tod und will auf gemeine Art einen fetten Fasan fangen und schlachten, der morgens harmlos in den Garten kommt. Auch dies bedrückt.

Das Gift ist für Samstag und Sonntag.
Dann haben wir es auch wieder bald geschafft.
Wir wollen versuchen, aus unserer Autofahrt eine schöne Reise zu machen. Vier schöne Tage vom 20. zum 24. Der 19. wird wohl anstrengen. Und auch da muss ich ja noch was schreiben! Reich-Ranicki wollte mich für Sonntag zu sich einladen. Aber am Sonntag habe ich Stadtschreiberdienst, den Verkehrsverein.[1] Sie haben sich schon vergewissert, ob ich komme. So werde ich RR[2] wohl garnicht sehen.

In Liebe dein Kopernikus

1 W.K.s Notizen zufolge handelte es sich bei diesem Termin um eine Volkshauseinweihung. (WKA)
2 Marcel Reich-Ranicki.

[235]

BE
6. Juni 1975

Meine liebe Marion, wenn ich einigermassen gute Abende und Nächte habe, verdanke ich das den reizenden Telefongesprächen mit dir. Vorm Zubettgehen ein Spaziergang um die stille Stadt, durch die menschenleeren Strassen. Da ich kein Telefon habe, ruft mich auch keiner an, niemand verabredet sich mit mir. Eine Weile beobachteten dann noch die schöne Katze meines Nachbarn und ich den Himmel. Dann liess sie ihre Jalousie runter, und auch ich.

Schon in der Früh erschreckte mich der schwarze Mann. Wie in seligen Ungererstrassezeiten kam der Kaminkehrer, bestand auf seinem Recht, kroch in die zwei Schornsteine und hinterliess furchtbaren Schmutz, den ich nun wegputzen muss, will ich ihn nicht in alle Zimmer tragen.

Gang zum Metzger, zum Bäcker, zur Zeitung und zum Supermarkt. Das Kochen macht mir Spass, überhaupt das Wirtschaften in dem kleinen Haus. Ich denke dann an dich. Die Tür zum Hof lasse ich auf. Sperlinge und ein Amselpaar. Im allgemeinen ist es still. Nachmittags einige Kinder. Bis 5 arbeite ich. Dann gehe ich für eine halbe Stunde zu Schneiders. Das Café von BE. Danach zur Telefonzelle.

Bin neugierig, ob Samstag / Sonntag jemand aus Frankfurt kommen wird. Unseld? Frau Unseld? Reich-Ranicki? Ich melde mich nicht mehr. Vielleicht schicken sie Telegramme.

Das Gift ist für Montag und Dienstag!
Dann noch ein Mal.
Ich überlege mir schon ein Vergnügungsprogramm für die Reise.

In Liebe Kopernikus

[236]

BE
9. Juni 1975
Meine liebe Marion, es beginnt ein heisser schwüler Tag. Ich wollte nach Frankfurt fahren und mit Frau Unseld essen, er-

reichte sie aber nicht. So bleib ich hier und bedrückt. Alles bleibt ungewiss. Ich bin ratlos hier und dort. Angst in Bergen. Angst vor München. Hier eine erstickende Eintönigkeit. In München vielleicht zerstörende Erregungen. Das Buch, das Buch, das Buch. Ich werde versuchen, mit dir alles zu besprechen. Am Telefon bist du mein Trost. Hier gibt es viele schöne eigenartige bissige und freundliche Hunde. Es gibt auch einen Bauernhof. Am Abend spielen da richtig lustig fünf kleine saubere Schweine. Ein alter schwarzer Hund bewacht sie, kommt ans Tor und sieht mich prüfend an. Es wird wohl mein letzter Brief sein. Das Gift für Mittwoch und Donnerstag. Ich habe heute weder Lust, essen zu gehen, noch zu kochen. Der dicke Kellerwirt grüsst mich freundlich. Er bewegt sich wie ein graziöser Elefant. Vielleicht besuche ich gegen abend den alten pensionierten Pastor, den Vater von Frau Schneider.[1] Den jungen Pastor in meiner Nähe kenne ich auch. Er sprach mich auf der Strasse an und klagte über die Schwierigkeiten seines Amtes in einer nicht nach Gott fragenden Welt.

Leb wohl! Ich umarme dich Kopernikus

Nachtisch: Nachtisch, eigentlich keiner. Ein Stück Käse. Ass doch zuhause. Steak, Wachsbohnen, ich weiss, du schätzt sie nicht, italienischer Herkunft, mir schmeckten sie, kochte sie mit 2 frischen Tomaten. Wieder sehr zu loben der Supermarkt. Kein Vergleich mit unserem in München. Sollten wir beide hier im Haus wirtschaften? Ich weiss nicht. Es wird zu heiss. Vielleicht zu eng. Frau Reich-Ranicki[2] fand das Haus geräumig. Ich nicht. Vielleicht sagte sie es nur so. Sie ist |eine| sehr nette gescheite Frau. Unaufdringlich. Kann aber lachen. Weiss von des Menschen Schlechtigkeit.

---

1 Annemarie Schneider. Das Ehepaar Schneider blieb W. und M. K. auch nach der Stadtschreiberzeit verbunden. Erhalten ist z. B. ein handschriftlicher Briefentwurf M. K.s an Annemarie Schneider: »Liebe Anna Schneider, ich wollte Ihnen eine Freude machen; doch ob es mir gelungen ist? Nehmen Sie

das kleine Geschenk als einen Versuch. Das würde mich freuen; und so wünsche ich Ihnen frohe Weihnachten und dies auch Franz Josef Schneider, dem ich noch sagen möchte, mein Hund, mein Pula, ist ein eigenwilliger Hund aus der glücklichen Verbindung bayrischer Geduld, Sanftmut, Schläue, Dickköpfigkeit und Phlegma, gepaart mit sardischem Temperament, Charme und Schönheit. Er würde sich sicher sehr freuen, mit Ihnen auf Ihrer Liege in der Halle, gemütlich brüderlich Leberkäse oder Schweinshaxe zu teilen. Ein frohes Fest und ein gutes neues Jahr wünscht Ihnen Marion und hofft auf ein Wiedersehen.« (Entwurf vom 12. Dezember 1977, WKA) Annemarie Schneider betreute W. K. in seinen letzten Lebensjahren. (Vgl. auch »*Ich bitte um ein Wort ...*«, S. 513.)
2 Teofila Reich-Ranicki, die Ehefrau Marcel Reich-Ranickis.

[237; handschriftlich]

BE

11. Juni [1975]

Liebe Marion,
empfange mich bitte Freitag lieb.

Dein Kopernikus

[238]

[BE

29. Juni 1975]
            Samstag nach dem Mittagsgespräch mit dir
Liebe, mir fällt ein, dass du, wenn ich wirklich erst am Dienstag fahren kann, am Montag kein Gift haben könntest. Die Verstekke sind erschöpft. Ich beeile mich, dir noch 2 zu senden. Hoffentlich kommt dieser Brief schon am Montag an. Übers Wochenende versagt die Post gern. Dann bin ich entschuldigt.

Paradiesische Ruhe, wie man so sagt. Die Kinder vis-à-vis sind ferienverreist. Nur die hübsche Katze ist zuhaus geblieben. Ich glaube sie kennt mich jetzt, lässt sich es aber nicht anmerken. Da auch August der Wirt in Ferien ist, fehlen am Abend in mei-

ner kleinen Strasse die Automobile der reichen Leute aus Frankfurt. Eigentlich ist das alles sehr nett, und ausser den Offiziellen
will niemand was von mir. Man respektiert mich und wünscht
Guten Tag.

Einen Guten Tag wünsche auch ich dir!
Kopernikus

[239; handschriftlich][1]

[Heidelberg][2]
24. September 1975

Liebe Marion,
recht bedrückter Morgen in Heidelberg. Keine Lust.[3] Hier das
Gift für *Donnerstag.*

Ich umarme dich, liebe Marion.
Kopernikus

1   Briefbogen: Der Europäische Hof, Hotel Europa, Heidelberg.
2   Im Rahmen der Suhrkamp-Buchwoche vom 19. bis 27. September war auch
    W. K. auf Lesereise: 22. September Regensburg (Veranstalter: Buch- und
    Kunsthandlung Atlantis), Lesung im Alten Rathaus (vgl. auch: *Zum Lesen
    und Wiederlesen und Bedenken. Wolfgang Koeppen war bei ›Atlantis‹ in einer
    Autorenlesung zu Gast.* In: *Mittelbayerische Zeitung* vom 24. September 1975);
    24. September Heidelberg (Veranstalter: Buchhandlung G. Braun), Lesung
    in der Stadtbücherei; 25. September Saarbrücken (Veranstalter: Buchhand-
    lung Boch & Seip), Lesung in der Buchhandlung und 26. September Koblenz
    (Veranstalter: Görres-Buchhandlung), Lesung im Farbfenstervestibül.
3   Diese Lustlosigkeit verließ W. K. offenbar auch während seiner Lesungen in
    Heidelberg nicht. Die *Rhein-Neckar-Zeitung* berichtete am 26. September
    1975: »Koeppen also kam nach Heidelberg. […] Ein Kapitel aus dem neuen
    Roman wurde angekündigt. In Arbeit ist seit langem etwas Autobiographi-
    sches. Der Titel wurde an diesem Tag nicht genannt. Bekannt ist, daß Koep-
    pen an einer Kleist-Paraphrase [W. K.s Arbeit an *In Staub mit allen Feinden
    Brandenburgs*] schreibt. Er selbst sagte kein einziges freies Wort. Er hielt sich
    an das, was er schwarz auf weiß mitbrachte. Und das war wenig, auch wenn
    es eine Vorlesestunde füllte. Werkstattzustände eignen sich nur bedingt zum

Vorzeigen. Von Jugend war die Rede. Aber wer jung war und wie, das blieb rätselhaft. Und daß das unklare Geschehen an konkretem Ort, in Pommern der Zwischenweltkriegszeit, stattfand, das mußte man weitestgehend vermuten. ›Ziel ist Ziellosigkeit‹, hieß es an bezeichnender Textstelle. Und ›die deutsche Schmach‹ spielte eine Rolle. Die ›Zwiebelschmalzstullen‹ freilich schmeckte man förmlich. Auch wenn sonst wenig faßbar war und das Stimmungsbild sich zur Studie nicht runden, der Teil das Ganze nicht durchscheinen lassen wollte, Koeppen stand die Stunde durch. Fragt sich nur wie. Das Vorzeigen von Unfertigem, nicht allen macht das Vergnügen. Und dieser Schriftsteller litt während er las. […].« (*Von Zwiebelschmalzstullen und deutscher Schmach. Weil Suhrkamp 25 wird, ziehen die Hausautoren über Land – Koeppen las in Heidelberg* von Sabine Schultze. In: *Rhein-Neckar-Zeitung* vom 26. September 1975.)

[240; handschriftlich]

Saarbrücken

25. September 1975

Ach, mein liebes Kind, wie fühle ich den Tod des Handlungsreisenden nach. Zu müde, um aus dem Hôtel zu gehen, zu traurig, um im Hôtel zu bleiben. Diese sinnlose Fahrt nach Saarbrücken scheint mir nun symbolisch für die ganze Reise zu sein.[1] Unten im Restaurant gibt es Pilze. Soll ich sie essen?

Hoffentlich wird es am Sonntag schön!

Herzlich dein Kopernikus

1 Der Ärger über diese »sinnlose Fahrt« wird nach W. K.s Rückkehr noch gewachsen sein, da er feststellen mußte, daß er unterwegs sein Manuskript verloren hatte. Im WKA erhalten sind die Durchschläge eines entsprechenden Briefes an verschiedene Hotels: »Leider habe ich erst heute entdeckt, daß ich auf meiner Lesereise für den Suhrkamp Verlag ein Manuskript verloren, möglicherweise in Ihrem Hotel liegen gelassen habe. Es handelt sich um zwei Schnellhefter und ein großes Couvert (Aufschrift Suhrkamp Verlag Frankfurt). Eingeheftet waren Notizen, Entwürfe, Personen- und Schauplatzbeschreibungen, Handlungsskizzen für einen Roman, an dem ich zur Zeit arbeite. In dem Umschlag befand sich, handschriftlich korrigiert, ein Abschnitt aus dem Roman. Diese Papiere sind für mich unersetzlich: für jeden anderen wertlos.« (WKA) Ob W. K. seine Unterlagen wiederbekam bzw. wiederfand, ist nicht mehr zu eruieren.

1976

[241; handschriftlich][1]

[Zürich[2]
21. März 1976]
O ja, mir geht es schlecht. Und am liebsten spränge ich in den
See, dort an der grossen Brücke, die du kennst.
K

1 Briefbogen: Ambassador, Hotel, Bar, Restaurant, Falkenstrasse 6 / Dufour-
strasse 2, 8008 Zürich.
2 Im Oktober 1975 hatte der Schweizer Germanist Bernhard Böschenstein für
W. K. eine Lesereise für den Februar 1976 organisiert (Bernhard Böschenstein an W. K. vom 14. Oktober 1975, WKA), die Koeppen allerdings aus
Krankheitsgründen hatte absagen müssen. Die Lesungen wurden am 21. und
22. März nachgeholt. Darüber berichtete die Zeitung *Die Tat*: »Für den Verfasser des genannten Buches [*Eine unglückliche Liebe*], den 1906 in Greifswald geborenen Wolfgang Koeppen, scheint Zürich noch immer so etwas wie
eine unglückliche Liebe zu sein. So hinderte ihn zunächst eine Krankheit, die
für den 16. Februar im Städtischen Podium geplante Dichterlesung zu halten, und als nun am 22. März die Veranstaltung nachgeholt werden konnte,
fand sie bei beschämend geringer Publikumsbeteiligung statt. Wer sich an
den total überfüllten Saal anlässlich der unfruchtbaren Diskussion über Ar-
beiterliteratur erinnern kann, den muss es bedenklich stimmen, dass sich nur
knapp dreissig Literaturfreunde bereitfanden, dem Mann, den Walter Jens
den ›neben Max Frisch brillantesten Stilisten deutscher Sprache‹ genannt hat,
zwei Stunden lang zuzuhören.« (*Im Paradies wohnen keine Menschen. Der
Dichter Wolfgang Koeppen las im Literarischen Podium*. In: *Die Tat* vom 26.
März 1976; vgl. auch: *Leseabend eines schweigenden Autors. Wolfgang Koeppen im Zürcher Stadthaus*. In: *Neue Zürcher Zeitung* vom 24. März 1976.)

[242; handschriftlich; Ansichtskarte: »[Genf Luftansicht
des Hafens und der Kette des Mont Blanc«]

Genf[1]

4. November 1976

Liebe Marion,

der Spritzbrunnenabdreher hat die Fontäne schon abgedreht.
Je te serre la main![2]

Kopernikus

1 Der Aufenthalt in Genf war ebenfalls einem Ersatztermin für eine im Februar abgesagte Lesung geschuldet. Veranstalter der Lesungen am 4. (Genf)
und 6. November (Neuchâtel) war wiederum Bernhard Böschenstein. Auf
einer Karte notierte sich W. K. Zugfahrzeiten mit Ortsangaben und Datum.
Demnach war er am 1. November in Zürich, am 2. November in Fribourg,
am 3. November in Genf, am 5. November in Neuchâtel, Biel und Zürich und
am 7. November auf der Rückfahrt nach München.

2 »Ich drücke dir die Hand«.

1979

[243; handschriftlich]

Venedig[1]
[4. November 1979]
Sonntag, 15 Uhr

Liebste Marion,

eben angekommen in Venedig, der schönen Stadt, nach sehr unheimlichen Aufenthalt in Bozen, denke ich Tag und Nacht sehr düster und besorgt an dich. Ich beschwöre dich, lass dir nicht machen, was du nicht willst![2] Es wäre wieder das Fehlläuten der Nachtglocke und *nie* wieder gutzumachen.

Jetzt der erste Gang in die Stadt. Das Hôtel ist falsch und sehr teuer.[3]

Ich bin auch in Venedig mit Goethe und Casanova ganz dein Kopernikus

1 Anfang November 1979 hielt sich W.K. anläßlich Dreharbeiten zu dem vom Westdeutschen Rundfunk produzierten Film *Ich bin gern in Venedig warum* (vgl. Brief 214, Anm. 3) in der Lagunenstadt auf. W.K. tritt in diesem Film als älterer Herr auf, der – seinen Erinnerungen folgend – durch die Lagunenstadt wandert. Unterlegt sind die Filmbilder mit Texten von W.K., die er für diese Produktion geschrieben hatte. (Erstsendung 24. Oktober 1980, WDR)

2 W.K. meint hier die aufwendige Zahnbehandlung M.K.s, die sich über das ganze Jahr 1979 hinzog. Bereits im April hatte Ilse Metzger, eine Freundin M.K.s, einen Zahnarzt empfohlen. Metzger war auch bereit die Kosten dafür zu übernehmen, da M.K.s finanzielle Mittel nicht ausreichten. Sie erläuterte M.K. in einem Brief vom 6. April 1979 detailliert die Notwendigkeit einer, wenn auch schmerzhaften Behandlung, die letztlich einen Zugewinn an Lebensqualität bedeuten würde: »Ich schreibe Dir das, weil Du keine so sehr große Erfahrung hast und mir Dr. Ascher sagte, Du hättest ganz bestimmte andere Vorstellungen und Du hättest auch das, was er Dir erklärt hat, nicht ganz voll verstanden. Wenn Du jetzt noch eine Frage hast, dann ist es am besten, Du rufst mich selbst mal an, damit Du genau weißt, was Dir an Schmerzen und an Veränderungen in Deinem Mund blühen würde.

Die Nachschmerzen beim Ziehen würden nicht sehr schwer sein, weil diese sechs Zähne oben nicht mehr richtig fest sitzen, und Dr. Ascher ist sehr vorsichtig. Er würde Dir keinesfalls etwas ziehen, wenn Du nicht voll betäubt wärst. […].« (WKA)

3 W. K. übernachtete im Hotel Monaco & Grand.

[244; handschriftlich]

5. November 1979
2. Tag Venedig

Liebe Marion, kalt und eigentlich ausser Spesen und einer Erkältung nichts gewesen. Venedig gestern sonnig, heute fast winterlich. Am Montag haben alle Geschäfte geschlossen. Ich feierte trauriges Wiedersehen mit alten Stätten. Ohne Futter im Mantel. Ein Fehler und Irrtum. Im ganzen ziemlich bedrückt. Wäre lieber bei dir.

Umarme dich K

[245; handschriftlich]

Venedig
[6. November 1979]
Dienstag abend

So erschöpft, dass ich kaum noch an dich denken kann. Von 9^{00} früh bis 9^{00} spät mit dem unermüdlichen Radax, und am Ende, glaube ich, haben wir 1 Meter Film im Kasten. Radax ist ein Tüftler. Er probt jede Szene bis sie stirbt. Andauernd war die Kamera kaputt. Er nahm mich auf, wie ich die Spanier am Strand von Barcelona.
Dann wurde ich von einer rothaarigen Katze gebissen.[1]
Blitzschnell und drei tiefe Wunden. Ich hatte gemerkt, dass die Katze nicht mehr gestreichelt werden wollte, aber Radax bat mich, sie nochmal vor der Kamera zu kraulen, und da biss sie zu.

GottseiDank, ich nun allein im Hotel. Unheimlich ist, nichts von dir zu wissen. Du bist doch mein alter ego!
Mache nichts falsch!
Nichts! Lieber garnichts!
Nur nichts falsches.

Sehr lieb dein
K

1 Vgl. dazu W. K.s Erinnerungen und Reflexionen in *Ich bin gern in Venedig warum*: »Diese Katze war eine Persönlichkeit. Ich bewundere sie immer noch. Rothaarig, stolz und sehr gepflegt. Sie hatte sich mir liebenswürdig schnurrend genähert und plötzlich in einem tollen Sprung zugebissen. Es verletzte mich. Es verletzte mich tief. Nicht die Zähne der Katze, es war Venedig, das mich verletzte. Ich bin ein Freund, ein Liebender. Es war ein Biß Venedigs, hinterhältig, verwerfend. Es war, als sagte Venedig zu mir: Geh fort.« (Frankfurt am Main: Suhrkamp 1996, S. 48 f.)

[246; handschriftlich; Ansichtskarte: »Venezia – Allgemeine Ansicht bei Nacht«]

[Venedig]
7. November [1979]
[»Allgemeine Ansicht bei Nacht«], aber eine Sommernacht. Der Rest ist dunkel. Liebe Marion, ich grüsse dich. K
Krach mit R[adax] bist fast zum Abbruch.[1] Katzenbiss schmerzt.

1 W. K.s Bedenken und ein massives Unbehagen blieben auch nach Beendigung der Dreharbeiten bestehen. So schrieb er am 11. März 1980 an Ferry Radax: »Lieber Herr Radax, Ihr schöner Venedig-Film macht mir doch unruhige Nächte soweit er ein Koeppen-Film ist. Reservatio mentalis gegen den eignen Schatten und unüberlegtes, nicht gestaltetes Sprechen, das auf den Film gebannt und nicht mehr, wie auf Papier geschrieben, zu korrigieren wäre.
Grundsätzlich: ich sehe mich nicht von einem Geist verfolgt [im Film wird W. K. von einem Mann mit einer venezianischen Karnevalsmaske verfolgt], sondern fühle mich selber als Geist.

334

Also der fremde Geist! Ich blicke mich nicht nach ihm um; ich fürchte ihn nicht; er mag da sein, ich weiß von nichts. Ich bitte Sie, ihn sehr diskret, kaum erkennbar, fast als Augentäuschung des Betrachters kaum zu zeigen. Sie sprachen von Transparenz. Gut! Jedenfalls kein Maskierter, der hinter mir geht. Kein Witz. Kein Gag. Ein unheimlicher, ernster Schatten: die alte strenge Karnevalsmaske, die Tracht der Agenten der Inquisition. [...]. Eine andere Bitte: nach dem Katzenbiss, zu dem ich noch etwas Text bringe, nicht den Trunk aus der Flasche in Großaufnahme. Er gibt dem Augenblick eine falsche Deutung. Das Bild entwertet die Aussage des Films. Der unwürdige Greis, oder ein Clochard in Venedig. Der Katzenbiss würde gewinnen durch eine Aufnahme vorher mit einer Katzenfütterung beim Park vor dem Hotel Monaco. Zurückgewiesene Liebe. Eine Verletzung nicht nur der Hand.

Einmal am späten Abend sahen wir den Markusplatz düster und unheimlich. Man hetzte Hunde. Allerlei Nachtgesindel in den Bogengängen. Sie versuchten eine Aufnahme.

Steht der letzte Satz eines Buches auf dem Papier, möchte ich es neu schreiben.

Mein Brief ist keine Kritik. Ich bewundere sehr, was Sie mit der Kamera gezaubert haben.

Texte erwarten Sie hier!« (WKA)

[247; Telegramm]

[Venedig
8. November 1979]

mut komme Mittwoch
kopernikus

[248]

[1944]

Nicht meine Marion, aller Welt Marion also, gut – so grosse
Schönheit, so starker Reiz dürfen der Welt nicht entzogen werden. Ein Hurenkind gehört allen. Genau, wie ein Bild allen
gehört, wie eine Statue allen gehört, ein Gedicht, eine Musik
oder sonst ein Kunstwerk, wenn es nur vollkommen ist, so wie
du vollkommen bist. Ich sage, ein Hurenkind und ein Gedicht
gehören der Welt. Es ist eine halbe Wahrheit, ein äusserer An-
schein, der trügt. Ein Gedicht gehört nicht einmal dem Dichter,
der es schuf. Eine Marion gehört nicht der Marion, nicht den
Männern, die Marion so wollten, wie Marion ist. Ein Gedicht
ist etwas Absolutes. Es gehört höchstens sich selbst. Auch Marion gehört nur sich selbst. Ein Gedicht bleibt ein Gedicht, auch
wenn niemand es liest. Marion ist Marion, auch wenn keiner sie
anschaut. Nun gibt es aber den guten Leser. Er macht das Gedicht sich zu eigen. Er nimmt es völlig in sich auf. Es kann sein,
dass er im Klang der Worte noch mehr Geheimnis hört und
seltsamere Schönheit findet, als der Dichter |zu| geben meinte.
Dieser gute Leser kann von dem Gedicht, das er so verstanden
hat, sagen, es gehöre ihm. So gibt es den guten Liebhaber. Er ist
es, der des Mädchens Wesen erfasst, der von ihm erfüllt ist und
von ihm spricht. Und so kann ich sagen: Meine Marion.
Ich versprach dir eine kleine Pornographie.[1] Was ich dir vorgelesen habe, ist eine Skizze und in seinem Schlussteil noch
garnicht geschrieben. Ich verliess mich auf die Inspiration, auf
die Gunst des Augenblicks, das grosse Glück deiner Nähe. Das
Schreiben ist mein Handwerk. Ich kann es nicht ausüben. Ich
kann nicht arbeiten. Ich kann nichts arbeiten. Schon dieser Brief
fällt mir schwer. Du quälst mich. Du bist ein Gift in mir. Ich

denke, heute, morgen, übermorgen. Ich denke immer nur, ob
du kommen wirst. Dabei ist das Spiel, das du spielst, das lang-
weiligste, albernste und abgeleiertste Spiel von der Welt. Du, die
du so wunderbar bist, benimmst dich in diesem Bezirk mir gegenüber wie eine Kanzleiratstochter, wie eine Primanerin, wie
eine Kuh mit Wanderbeinen; ich sehe einen Mozartzopf hinter
dir wehen und deine Wäsche riecht nach getrockneter Lavendel
aus Grossmutters Schrank.

Ihr Mädchen liebt die Sportsleute, die Angehörigen der Tanzka-
pellen, die Direktoren der Portlandzementwerke, die Ingenieu-
re der Siemenselektrizität, die Schnapshändler und die Schieber
des Schwarzen Marktes. Verachtet die Dichter nicht, denn sie
sind es, die eurer Blüte Unsterblichkeit geben. Julia, Hero und
Helena, die Margot des Villon, Bettina, Schlegels Lucinde, wo
wären sie, verweht, begraben, vergessen, wenn nicht ein Dichter
den Augenblick ihres Leuchtens, damals als sie ein Stern waren, in ein Gedicht gebannt und mit diesem Widerschein ihres Wesens die Nachwelt erfüllt hätte. So viele Namen – Catull,
Petron, Aretino, Shelley, Baudelaire – so viele Namen unsterb-
licher Leidenschaft. Aber nicht dies wollte ich sagen, dass der
Dichter euch Mädchen über den Tod hinaushebt, ich will euch
erklären, dass er euer Verbündeter ist in der Welt. Der Dichter
geht immer mit den Huren. Ich setze voraus, dass ihr Huren
seid. Denn nur als Hure interessiert ihr ihn. Ich meine nicht die
Huren der Gasse, diese dummen Registrierkassen, die für zehn
Mark aufundzuschnappen. Ich meine Lulu, ich meine Pandora,
ich meine das Kind, das zum Huren geboren ist, des Dichters
Schwester. So steht der Dichter nicht auf der Seite der Kunden.
Es ist möglich, dass er euch bezahlt. Es kann sein, dass er sein
Hemd versetzt, um mit euch zu schlafen. Nehmt das nicht ernst,
das ist Spiel. Der Dichter sitzt im Schminkraum des Bordells
hinter dem Spiegel. Er zieht euch an. Er berät euch. Irgendwie
lebt er sogar von euch. Der Dichter ist nie nur der eine. Wie Pro-
teus wandelt er sich. In ihm ist die Möglichkeit des Bösen wie
des Guten. Er trägt den Mörder in sich wie den Märtyrer. Seid

niemals sicher, dass er heute ist, der er gestern war. Er ist wie ihr, die ihr Engel und Teufel seid, die ihr die demütigste Dienerin und den furchtbarsten Vampyr mimen könnt. Kein Mann kann so gemein sein wie eine Frau. Nur der Dichter kann noch gemeiner sein. Kein Mann kann so sich opfern wie eine Frau. Nur der Dichter kann noch mehr sich opfern. Die Frau tut es aus ihrem Wesen. Der Dichter, wenn seine Phantasie sich in dieser Rolle gefällt. Des Dichters Leidenschaft ist masslos. Das kleine Hurenkind sollte immer lächeln, wenn es ihn sieht. Das kleine Hurenkind und der Dichter, sie sind beide in keiner Weise verrückt, wie die Leute manchmal meinen, das Hurenkind und der Dichter sind vielleicht eiskalte Hunde, aber sie lieben das Spiel, sie schüren die Flammen.

Ich werde die Geschichte, die ich dir vorgelesen habe, mit der Hand in das Heft schreiben, das du mir gegeben hast, oder ich werde sie mit der Maschine auf kleine Blätter schreiben, die du in das Heft einkleben kannst, und wenn du die Widmung annimmst, gehört das Manuskript dir.

Ich bitte dich aber, lasse den Unsinn jetzt! Das Mass ist voll. Ich will wieder arbeiten. Der Roman wird langweilig. Ich will mit dir schlafen. Ich will dich ficken. Ich stehe so sehr auf dich. Als du gestern nacht aus dem Fenster der Bar stiegst, stützte ich dich. Für den Bruch einer Sekunde war, als du das Bein hobst, zwischen Wollstrumpf und Turn- und Sporthose dein nacktes Fleisch zu sehen, dort, wo du am Schenkel die kleine Kratzwunde hast. Warum lehntest du dich so kameradschaftlich auf meinen Arm? Ich will dein Kamerad nicht sein. Ich fühle für dich nichts was einer platonischen Liebe gleicht. Ich hätte dich gegen das Glas des Fensters drücken und dich im Stehen vögeln mögen. Ich wäre nichteinmal sanft zu dir gewesen: du hast kein verzärteltes Loch.

Welche Möglichkeit bietet dein Streuben? Keine Ueberraschung. Vielleicht wird mir die Geschichte zu dumm, zu langweilig, ich nehme meinen Koffer und sage Leb wohl, Marion, leb wohl. Oder es packt mich eines Tages die Wut, und ich trete deine Tür ein, oder ich versuche, dich hinzuwerfen. Würde dir das gefallen? Mir eigentlich nicht. Dumm, langweilig und genusslos. Vielleicht leiste ich es mir auch, mir einzureden, dass ich ohne dich nicht leben könnte, und schneide mir die Kehle durch. Vielleicht lustvoll, aber dumm und hysterisch und zweifellos am nächsten Tag schon langweilig für dich.

Wieviel schöner, wieviel farbiger, wieviel überraschungsvoller sind dagegen die Möglichkeiten, wenn du endlich diese blöde Haltung aufgäbest! Lass uns doch vögeln, Marion! Lass uns doch ficken. Lass mich dich doch lecken. Lass es mich dir besorgen! Ist es nicht eine Huldigung, die grösste Huldigung, die ein Mann einem Mädchen tun kann, wenn er so geil auf sie ist, wie ich auf dich? Benimm dich doch nicht kindisch! Dass ich |dich| ausserdem noch liebe? Was geht es dich an? Ich will dich nicht für mich. Ich will dich nicht einschliessen. Ich will dich der Welt geben. Sieh, dass ich dir den Schauspieler, Herrn B.[2] nicht hierherholte, geschah einzig deiner Weigerung wegen. Wenn du dich mir nicht gibst, soll dich keiner haben. Schläfst du mit mir, kann alle Welt mit dir schlafen. In dem einen Fall wird mir rot vor den Augen werden, wenn einer dich auch nur streichelt. Im anderen Fall könnte ich zusehen, wie du als kühne Reiterin den dicken Schwanz eines belanglosen Mannes dir ins Loch steckst. »Fürchtet Männer nicht beim Weib, die sind egal«, schrieb Bert Brecht, der Verfasser der »Dreigroschenoper«. Sie sind egal, Marion. Es ist im tiefsten Grunde gleichgültig, wer mit dir vögelt. So wie ich dich empfinde, empfindet dich keiner. Ich trage dich in mir. Du bist mir gegenwärtig in jeder Pore meiner Haut, in jedem Strom meines Blutes. Was ich will, ist nur, auch mit dir schlafen. Nicht mehr. Dann ist alles gut. Was im Fall B. gilt, trifft z.B. auch auf die Frage der Wehrmachttournee zu. Ich könnte dich da lancieren. Aber ich kann es so nicht. Es ist mir unmöglich. Ich sehe dich, mir verloren. Ich sehe dich auf den weiten Reisen. Du schläfst mit einem schmierigen Schauspieler. Ein süsslicher Klavierspieler teilt dein Bett. In der Steppe des Ostens kommt irgendjemand

339

aus dem Graben über dich. In der Etappe betasten dich Hände, die lange das Leben entbehrten. All dies könnte sein! Wenn ich wüsste, Marion, das leichte Vögelchen im All, sie lag in meinem Arm, sie kostete Lust bei mir, eines Tages wird das Telefon läuten, wird ein Telegramm kommen, eine Botschaft, und Marion wird wieder da sein: ich bin einen Tag in Berlin, und sie stösst mich an, die Zunge ist noch die gute Zunge des Bullenkälbchens, ein wenig gewandter nur, und ich betrachte dich und sage, du bist müde, Marion? Ja, so müde, sagst du, komm, fick mich, und wir finden unter den Trümmern der Stadt ein Bett, in dem man sich lieben kann, und ich drücke dich an mich und sage, mein kleines Kaninchen, in deinem Haar ist ein fremder Duft, und du ärgerst dich, weil ich mein kleines Kaninchen zu dir sage und nicht mein Tiger, mein gewaltiger, grosser, schöner, und dann umarme ich dich, und du beisst und kratzt, und wir träumen. Nachher erzählst du mir bei einer Zigarette wie es auf der Reise war. Der Mann war gut, der schlecht, der gemein, und der wollte mich heiraten, und der wollte auf mich schiessen, und ich lache. Und dann geb ich dir einen Klaps auf den Hintern, Marion, und auf's neue reist du ab, nach Frankreich, nach Lappland, die Welt ist im Kriege weit und eng zugleich. Ich liebe dich sehr! Ich winke, Marion, wenn der Zug abgeht. So könnte es sein. Mach, dass es so ist!

Ich glaube nicht, dass du den Mut haben wirst, in diesem Haus[3] mit mir zu schlafen. Ich glaube nicht, dass du eines Nachts herunterkommen wirst. Ich kann nicht einmal sagen, dass ich auf dich warte. Ich lasse die Tür zwar auf; aber ich weiss, du kommst nicht. Ich glaube auch nicht, dass du den Mut haben wirst, mich bei dir |im Zimmer| zu lassen. Was die öffentliche Meinung – oder die kleine Meinung des Hauses – betrifft bist du ein Kind. Die Furcht, es könnte einer etwas merken, lässt dich ängstlich sein. Es bliebe noch der Nachmittag. Am Nachmittag könntest du wirklich so, dass kein Mensch etwas ahnt, dass keinerlei Vermutung zu fürchten ist, herunterkommen. Es wäre ein schöner Nachmittag. Sonst also München. Ich hasse, genau wie du, verabredete Abenteuer. Aber wie können wir es anders tun, als uns verabreden? Die einzige angenehme Möglichkeit in München ist Gruss. Gruss muss bestellt werden. Ein Zimmer muss bestellt werden. Der Laune und dem Zufall bleibt keine Chance. Mit dem Zimmer ginge es noch. Vielleicht ist im Regina[4] Platz. Im Königshof komm ich immer unter, und der Königshof hat für dich den Vorteil der grösseren Sicherheit. Gerne würde ich die Initiative dir zuschieben, dir sagen, bestelle Zimmer, telegrafiere an Gruss

      Gruss Fürstenstrasse 2 München
      bitte reserviert für Dienstagabend
      für zwei Personen Koeppen Bavariafilm

aber nie wirst du es tun, nie mich überraschen und plötzlich sagen, komm, wir fahren heute mittag nach München, ich muss zum Friseur, und ich würde sagen, natürlich, Marion, zum Friseur – – – aber es wird an deiner Trägheit scheitern, an deiner Einfallslosigkeit, an deinen Mangel an Regietalent. So muss ich wieder fragen: Kann es am Montag sein, am Dienstag, am Mittwoch? Bitte, nicht darüber hinaus. Ich habe die Zeit nicht mehr. Ich kann nicht länger warten. Es ist albern. Es ist dumm. Es ist kindisch. Es ist ganz und gar lächerlich. Mein Liebes! Wir könnten auch für drei Tage zu den Salomons[5] nach Siegsdorf fahren. Willst du das? Die würden sich freuen. Wir können auch an einem Nachmittag im Hotel sein. Ich bot dir Geld. Ich weiss nicht, ob es dir was aus macht. Mir ist es egal, ob ich mit oder ohne Geld mit dir schlafe. Das spielt garkeine Rolle. Wenn du was brauchst, nimm es. Wenn du nichts brauchst, lass es sein. Ich werde mich nach dem Persianer umsehen. Ich weiss natürlich nicht, wann er mir begegnet. Ich würde dir gerne jede Freude machen. Doch die Freude im Gegenständlichen ist belanglos. Ich will die Wollust und dass du froh bist. Mein Herz, mein kleiner Stern, mein bunter Luftballon an einem Himmel mit weissen Wolken und Wind.

1 Gemeint ist der Text *Das Pariser Modell*. Es handelt sich um eine Kladde mit siebzig eingeklebten Typoskriptseiten, die W. K. vermutlich Ende 1943/ Anfang 1944 in Feldafing verfaßt hat. (WKA)

2 Vermutlich der Schauspieler Siegfried Breuer. Wie Ferdinand Marian spielte er in dem Film *Romanze in Moll* (Deutschland 1942/43. Regie: Helmut Käutner).

3 W. K. meint das Clubhaus in Feldafing.

4 Das Regina Hotel in München. Es wurde im April 1944 bei einem Bombenangriff zerstört.

5 Der Schriftsteller Ernst von Salomon und seine jüdische Lebensgefährtin Ille Gotthelft, die Salomon als seine Frau ausgab, um sie vor der Deportation zu retten.

[249]

[1944]

Liebe Marion,

kein Mensch ist es wert, geliebt zu werden. Kein Mensch kann es ertragen, geliebt zu werden. So will ich mich denn von dir lossagen und eine Liebe sterben lassen, die schrecklich ist und nur geeignet zu sein scheint, eine immer höhere, eine immer unüberwindlichere Mauer zwischen mir und dem geliebten Wesen zu errichten.

Verhängnisvoller Donnerstag: Der Morgen gehörte zu unsern schönsten Stunden. Ich hatte jede Hoffnung aufgegeben, nun schien mir das Leben wieder möglich zu sein. Wir verkehrten unbefangen miteinander. Unsere Stationen Eisenbahn, Bank, Regina, die verschiedenen Kleidermenschen, der Scherz mit Herrn Breuer, das Essen mit Merkens, die Anprobe, alles gehörte der heiteren und nicht der düsteren Seite des Lebens an. Der heiteren Seite, die du sein solltest. Im Geist sah ich uns nun doch noch einige Tage im Regina die Vergnügten spielen; und wäre es dein Wunsch, in der grössten Gesellschaft. So blieb es, bis zu unserm Bürstenkauf. So bleib es, bis du davonfuhrst. Noch nie liess ich so leicht dich gehen, nahm so unbeschwerten Abschied von dir. Konnte ich ahnen, dass dieser lächerliche Schirm deiner Mutter ein Requisit der Hölle in meinen Händen war? Der Teufel hole die Königsmarkestrasse! Mit Pech und Schwefel rotte er sie aus. Dich trieb es unwiderstehlich, ein wenig Witterung zu nehmen. Ich begreife das. Aber die Luft aus Geilheit und Trunk verpestete den Tag. Ich hatte für diesen Tag nichts geplant, als nach Feldafing zurückzufahren. Was uns in das Zimmer des Regina trieb, war Verhängnis. Bis zum Überschreiten der Schwelle warst du ja auch noch friedlich. Dein eigener Kummer aus dem Marianhaus verwandelte sich dann in die Wut, nicht mit ihm, sondern mit mir in den für die Liebe geschaffenen Räumen zu stehen. Erst brach dein Zorn in Worten wie eine Schlammflut über [mich] rein; dann machte dein bitteres, böses Schweigen den Raum atemlos. Und ich liebte dich, Marion! Du verkrampftest dich in deiner Ablehnung! Und mir wurde die Liebe zu einem Krampf! Es war, dass sich meine Empfindung für dich noch verstärkte, je mehr du dich ihr entzogst. Mein Verlangen, dich mit meiner Hand zu berühren, war die wahnsinnige Hoffnung, dass mit dieser Berührung sich die Intensität meines Gefühls auf dich übertragen und alles plötzlich verwandeln könnte. Maria sagte: glauben Sie ihm nicht, er spielt die Gefühle, er ist ein Dichter, im Grunde eiskalt. Wäre es doch! Wahrscheinlich würdest du folgsam das Händchen geben. Da ich aber auch heute noch, mit Freuden, wenn es ginge, für dich, statt mit Bitterkeit gegen dich sterben würde, macht die dir doch wahrscheinlich instinktiv irgendwie bewusste Echtheit meines Gefühls dich nervös, darum ärgerlich und endlich bockig. Einmal sagtest du in dieser teuflischen Nacht etwas Schönes: »Ich wollte, dass mir das einmal begegnet, wenn ich liebe!« Ein schönes Wort! Wie furchtbar für mich! Ich stehe verdurstend in einer Wüste und dein Mund malt mir eine Fatamorgana! Am Morgen benahm ich mich schlecht. Dein Wunsch, dass ich dich nicht zu Weiss ins Hotel Wolf begleiten sollte, war vernünftig. (Überdies, gebe ich zu, hätte ich deinem Wunsch auch dann entsprechen müssen, wenn er nicht vernünftig gewesen wäre). Warum ich mich so lächerlich benahm, wirst du kaum begreifen. Es erfüllte mich ein so irres Verlangen, dich zu schützen, dass ich fest glaubte, du

343

würdest verloren sein, Schrecklichem ausgesetzt, wenn ich nicht mit Weiss reden könnte. Als ich dich auf der Strasse endlich verliess, eilte ich in das Hotel zurück. Eigentlich wollte ich baden. Ich riss mit die Kleider vom Leib und legte mich in dein Bett. Auf dem Kopfkissen war ein Abdruck deines Mundes. Hier hatte dein Mund gelegen, hier hattest du geatmet. Ich küsste die Stelle. Ich drückte das Kissen an mich. Ich schrie wie ein Tier, das geschlachtet wird.

Vor dem Arbeitsamt rasten wir weniger. Die Stimmung wurde wieder menschlicher. Du schimpftest wie ein altes Waschweib. Das war gut. Es entspannte dich. Unser Mittagessen wurde noch unvermutet friedlich. Du warst wieder nett. Du warst wieder spassig. Du hattest eine Schramme Strassendreck auf der Stirn. Ich sagte es dir nicht, weil die Schramme dich zu gut kleidete. Dein Haar hing in einer wilden Strähne über dein leicht verstörtes Gesicht. »Marion, Kind, liebes Kind«, wollte ich sagen. Ich wollte dich an mich ziehen, dir über das Haar streichen. Zum Glück tat ich weder das eine noch das andere. Ich bewahrte mir wahrscheinlich dadurch das leichte Glück des Augenblicks vor neuer Bitterkeit. Ich freute mich dann, dir den kleinen Dienst mit der Zimmernummer des Amtes leisten zu können. Ich freute mich, dass mir das gelang. Am Abend, als du nach Feldafing gekommen warst, sass ich in deinem Zimmer. Irmgard war nicht da. Du zeigtest mir dein Höschen. Du lachtest über irgendetwas. Ich verliess ein freundliches Mädchen.

Rätselhafter Sonnabend: Ich erwachte früh. Ich dachte über dich nach, über mich nach. Ich dachte an die entsetzliche Spannung, die im Regina zwischen uns gewesen war, und Welt und Leben schien mir wieder sehr grau zu sein. Fast bedauerte ich, einen einmal schon gefassten Entschluss einer doch sich nicht erfüllenden Hoffnung wegen nicht ausgeführt zu haben. Ich hoffte aber doch wieder. Ich dachte, wie kann ich Marion gewinnen, wie kann ich den Abstand mindern, der uns trennt. Ich dachte dann an eine zeitliche und räumliche Trennung, an eine Reise nach Berlin, so, wie du es mir geraten hast. (Ich übersah nie den

344

Pferdefuss in der Geschichte. Deine Lügenversprechen hinken hier andere Wege). Dann aber schlich ich im Schlafanzug um das Haus. Ich wusste, Irmgard ist nicht da. Ich malte mir das Bild deines Zimmers. Ich hätte zusehen können, wie du dich schminkst und wie dein liebes Gesicht, das schön und reizvoll von Natur ist, durch Stift und Puder noch eine letzte künstlerische Vollendung erreicht hätte. Ich dachte, ich gehe zu ihr. Ich klopfte nicht an deine Tür.

Gegen Mittag gab es die Groteske der Ente. Eigentlich zum Totlachen wie ein amerikanischer Trickfilm. Anna[1] fragte mich, ob sie in meinem Zimmer für zwei Personen decken sollte. Ich sagte: für eine, nur für mich. Meine Stimme klang wohl gepresst. Du hättest gesagt: warum bist du schon wieder hysterisch. Hysterisch? Vielleicht. Ich wagte es nicht, dich zu bitten, mit mir zu essen. Wie gerne hätte ich es getan. So verwandelte sich, auf dem Tisch gekommen, der Entenbraten in einen tückischen Entenkobold, der nach mir schnappte, der mich verwundete, der mit scharfem, hämischen Entengequak über mich lachte. Das verfluchte Tier wurde zu einem Symbol dafür, wie falsch alles ist. Wie anders, wie wunderbar würde mir die Welt erscheinen, wenn es selbstverständlich und kein Wagnis gewesen wäre, dich zu bitten, mein Gast zu sein.

Die Ente hatte noch andere groteske Folgen. In der Halle treffe ich Frau von Alvensleben.[2]

Na Sie haben ja gut gegessen! Bei uns war es scheusslich.

Was gab es denn?

Rindsbraten.

Ach, Marion wird ja dann nichts gegessen haben.

Nein. Sie hatte die Hälfte ihres Stückes ihrer Mutter gegeben und nur etwas Fett gegessen.

Da setzte wieder stürmischer das Gefühl bei mir ein. Ich sah dich Hunger leiden. Ich suchte dich. Natürlich war es nicht Zufall, dass ich dich auf der Dorfstrasse traf. Aber es begegnete mir statt deiner das Rätsel. Du warst so abweisenden Wesens, dass kaum noch deine berühmte Höflichkeit (über die ich noch sprechen werde) es erlaubte, dich zu begleiten. Wir kommen ins Haus. Ich folge dir auf dein Zimmer. Du sagst: »Läufst du mir nach«. Am Abend sitzen wir bei Tisch. Du stocherst mit der Gabel durch dürren Krautsalat. Ich denke an die fast unberührte Ente in meinem Schrank. Ich wage aber nicht, sie dir direkt anzubieten. Ich frage, willst du nichts anderes essen, soll ich dir etwas besorgen. Du erwiderst giftig, eisig, ablehnend: was könntest du mir schon besorgen. Dies war der Anlass, dich zu kneifen. Wenn ich nachher auch sogar rot wurde, ich wollte deinen Schrei, ich wollte deinen Protest, ich wollte das Aufmerksamwerden! Ich hasse schlechte Manieren, und ich finde es unbedingt eine schlechte Manier, eine Dame bei Tisch unter der Tafel in den Schenkel zu kneifen. Ich würde es niemals bei einer Geliebten tun, die meine Geliebte wäre! Das ist der furchtbare Unterschied! Meine Liebe ist bereit, dir alles zu geben. In meiner Liebe zu dir hätte ich die Möglichkeit, ein guter Mensch zu sein. Deine Abweisung und meine Verzweiflung über sie ruft aber die schlechten Eigenschaften aus mir hervor. Ich bin im Augenblick wie eine verwildernde Pflanze ohne Sonne. Wäre es gut zwischen uns, ich glaube, ich hätte unser Verhältnis so geführt, dass im Haus kaum ein Mensch etwas gemerkt hätte. Ich liebe es garnicht, meine Erotik zur Schau zu stellen. Deine schroffe Ablehnung aber treibt mich zu dem Exzess, wenigstens in einer Ungezogenheit etwas Gemeinsames zwischen uns zu demonstrieren. Liebe Marion, dann badetest du und kamst als kleine Königin von Schottland in Purpur gekleidet in die Halle zurück. Seltsam: in Gegenwart deiner Mutter entwickelst du manchmal deinen grössten erotischen Charme. Du warst anbetungswürdig in einem heiteren Sinn. Du sprachst den Wirtinnenvers vom »Vögln in die Ferne«. Nicht, dass du einen solchen Vers sprachst, war der Reiz, aber wie du ihn sprachst, mit welchem Lächeln zu deiner Mutter hin – das war wieder Marion und nur Marion, und es gibt kein anderes Glück in der Welt. Ich verwandelte mich schnell aus einem tragischen Liebhaber wieder in einen hoffnungsvollen Erotiker. In Lisas Zimmer setztest du

346

dich einmal so – entschuldige –, dass ich die verborgenste Stelle deines Mädchenseins eine ganze Weile lang betrachten konnte. Ich habe nicht weggeschaut. Und ich dachte, verflucht sei der Himmel, wie lieblich ist dieses Geschöpf! Ich dachte wieder, was muss sie für ein süsses kleines Schwein sein! Ich liebe dich – das ist das eine. Ich stehe auf dich, ich stehe unentwegt auf dich, welchen Spass könnten wir haben – das ist das andere. Mit Irmgards Kommen wurde die Stimmung des Abends schlechter.

Schrecklicher Sonntag: Es gab keinen besonderen Streit zwischen uns. Ich hatte dich noch garnicht gesehen. Lisa sagte mir, holen Sie doch Marion zum Essen. Ich ging mit der Absicht eines Scherzes zu dir. Ich glaube, ich wollte dir etwas über die ägyptischen Oberkellner sagen und dass sie die Absicht hätten, einen Harem hier aufzukaufen. Da begegnest du mir im Gang des Oberstocks. Also nicht meine Geliebte, meine Freundin, sagen wir noch weniger, Marion, die ich doch immerhin etwas kenne, begegnet mir und du gehst an mir vorüber wie an einem Subjekt der Strasse, das dir einen dreckigen Antrag zuflüstert. Ich schlinge noch an dieser Kröte, die du mir da zu schlucken gabst, da passiert das Unglück mit der falschen Tischordnung, wir sollen zusammen speisen. Dein Gesicht genügte mir. Es hätte mir eigentlich für das Leben genügen können.

Ein grauenvoller Nachmittag! Die Sekunden schlichen. Jeder Schritt im Gang machte mich blass. Ich dachte, sie wird ja kommen! Sie muss ja kommen! Ich dachte mir, ich werde, wenn sie kommt, von ganz etwas anderem mit ihr sprechen, von harmlosen, heiteren Dingen. Ich wollte auch sagen, komm, wir gehen gleich in die Halle. Du kamst nicht. Um 6 Uhr betrank ich mich. Der Alkohol verführte mich zu einem kleinen Theater. Aber, verdammt noch einmal, wie soll man hier Theater spielen! Gäbe es doch Weiber in diesem Haus! Selbst für die kleinste Posse fehlt mir die Partnerin. Dein Gutenachtspruch war gut: »Warum bist du nicht gekommen, Marion?« »Ich habe es vergessen«.

»Die Höflichkeit ist eine Tugend« heisst es in dem Marianfilm »Romanze in Moll«.[3] Eine Tugend, die dir zu eigen ist, die du auch oft herausstellst, die mir gegenüber nun auch abzubrökkeln beginnt. Einmal erwähntest du, dass du aus Höflichkeit mir nicht die volle Wahrheit sagst. Ach, Marion. Es genügt. Es genügt ein Zucken um deinen Mund, und ich zergehe in Selbstzerfleischung. Solche Worte, wie ich sie mir sage, wenn dein Mund zuckt, die könnte deine hübsche Zunge garnicht tragen. So hässlich, Marion, wie ein schlimmer Blick von dir mich macht, so hässlich kann überhaupt kein Mensch sein, wie ich mich dann fühle.

Du nennst mich einen Egoisten. Ich bin weit davon entfernt, dies allgemein abzustreiten. Es ist nur grotesk, wenn grade du es mir wie einen Vorwurf sagst. Schon für ein Lächeln von dir, für weniger noch, für die Hoffnung auf ein Lächeln ist der Egoist zu jedem Opfer bereit. »Aber halt«, sagst du nun vielleicht, »das ist ja der Egoismus, du machst alles abhängig von dem Lächeln«. Ja, Marion. Sieh mal, ich bin in einer scheusslichen Lage. Ich darf ja gar nicht viel für dich tun, aber ich tue viel Unsinniges um dich und im Zusammenhang mit dir, und dann endlich das, was ich also zu tun versuche, dich zu erfreuen – – – – – es geht ins Nichts, es ist ein Ruf ins Leere, kein Widerhall, mich graust es manchmal. Herr Siedhoff sagte mir am Sonnabend, als er mir meine letzte Rechnung gab: »Eigentlich müsste ich stoppen. Sie verschwenden hier ein kleines Vermögen«. Das ist meine Sache. Aber ich habe garkein Vermögen. Ich lebe von meiner Arbeit. Das Schlimme ist, dass ich Zeit versäume. Noch wäre alles einzuholen. Ich werde ein paar Wochen lang viehisch arbeiten müssen. (Nicht schlimm. Wenn ich überhaupt in diesem Zustand arbeiten kann). Aber das Entsetzliche ist die Sinnlosigkeit in diesem Tun. Wären Zeit und Geld für dich verschwendet, ich würde Jubellieder singen! Ich leiste es mir gerne gefährlich zu leben, und meine Liebe zu dir schreckt vor keinem Abgrund zurück. Wie kleinlich schien es mir, als M.[5] neulich sagte, die V.[6] habe ihn schon 12000 Mark gekostet. Herr M. verdient etwa das Doppelte von dem, was ich verdiene. Wie dankbar würde ich dir sein, wenn du mir in der Weise von V. zugetan wärst und mich das Letzte gekostet hättest. Torheit? Das mag die Welt sagen. Du, Marion, darfst das nicht sagen. Aber hier in unserm traurigen Fall ist eben das festzustellen, dass Zeit und Geld im Grunde weder dir noch mir zu Dienste waren. Wenn ich die Hälfte gesoffen und dir für das andere hätte Geschenke machen dürfen! Ich wäre glücklich. Ich habe soviel Begabung zu einem guten Liebhaber. Es macht mir Spass, wenn eine Frau Geld kostet! Ich bin im eigenen Anzug nachlässig. Das Mädchen, das ich liebe, muss, soll, sonst wär es aus, die höchsten Ansprüche stellen. Und dann diese furchtbaren, diese sowohl tragischen wie lächerlichen Grotesken. Meine Zimmer im Regina. Ich bemühe mich, ein Arrangement zu treffen, dass sich M. nicht leistet, nur damit du, die örtliche Gegebenheit schön und behaglich finden sollst, damit du siehst, dass ich dich – entschuldige den kitschi-gen Ausdruck – auf Händen tragen möchte; ich mache mich gradezu lächerlich mit Appartements, die der Bavariachef nicht mieten würde – und warum, zu welchem Endeffekt?, um entwe-der eine Nacht entsetzlicher Auseinandersetzungen zu erleben oder allein und vor Schmerz dem Weinen nahe darin aufund-abzugehen. Ebenso: wie dachte ich es mir, mit dir bei Gruss zu essen. Wie hatte ich mir diesen Abend aufgestellt, mir vorher Weine gesichert, nur, damit dir vielleicht ein Schluck sagt, so liebt er mich!, und wie verdammt war dann alles. Ich machte dir den Vorschlag der lockeren erotischen Freundschaft ohne Szenen, ohne Bindung, nur der Heiterkeit gewidmet. Ich ste-he noch zu diesem Vorschlag. Er ist die einzige schmale Planke der Rettung. Ich würde die Bedingungen halten. Nie würdest du mich eifersüchtig sehen (ich wäre es vielleicht), nie würde ich mürrisch sein, nie mich beklagen, wenn du sagen würdest, nein, am Donnerstag geht es nicht, da hab ich einen neuen Flirt entdeckt, treffen wir uns am Freitag. Ich fange das Träumen an: denken wir mal, ich wohne für dauernd im Regina, ich schreibe ein Mistbuch für die Leinwand, wie wunderbar: Einstellung 50 ein Essen mit Marion mit Austern, mit weissem Bordeaux, mit Champagner, Einstellung 150 ein Kleid für Marion, Einstellung

300 ein Kostüm für Marion von Bedö[8]; dann so nebenbei ein Expose, ein Treatment, soviel seidene Strümpfe für Marion, ich würde schon Sachen aufreissen, wie schnell dann die Arbeit gehen würde, wie gut ich das schreiben würde, was die Industrie verlangt, und einmal in der Woche, einmal in vierzehn Tagen rief es an: »Hier ist Marion, ich bin schon in der Halle«. Und all die dummen Filmmenschen würden fragen: wer ist die reizende junge Dame, die Sie besucht, können wir sie nicht kennen lernen? Und ich würde sagen: vielleicht.

Wenn deine Verkrampfung gegen mich sich etwas lösen würde! Meine Liebe zu dir wird ja nur durch die vollkommene Abweisung ihrerseits zu einem Krampf. Ich würde garnicht mehr von Liebe reden, wenn du eine Stunde nett zu mir wärst. Von Liebe soll man garnicht sprechen. Vielleicht hättest du es nie erfahren, dass ich dich liebe, wenn du gleich im Anfang in diesem Sinn meine Freundin gewesen wärst. Es wäre natürlich viel besser gewesen. Die Erörterung von Gefühlen ist lästig. Lach nur, ich weiss es.

Soll ich noch weiter von Bitterem sprechen, von dem, wie du meine Hoffnungen hinhielst (und dabei: glaubte ich dir je?)? Du sagtest: in zehn Tagen, in fünf Tagen, nächste Woche, du sagtest: in München, du sagtest hier, du sagtest im Regina, du sagtest in der Ungererstrasse. Als ich dir die paar Seiten der Pornographie gab, bat ich dich, sie mir zurückzugeben, oder dein Behalten würde ein Versprechen sein. Du behielst das Buch. Ich tat in der Sache M. das äusserste. Es war der höchste Preis, den ich überhaupt für dich zahlen kann. Dein Wort betrog.

Herr Siedhoff sagte mir, er habe noch etwas Grossartiges für mich: eine Flasche Gordon rouge. Ich nahm sie. Herr Siedhoff sagte: heben Sie sie sich doch für eine besondere Gelegenheit auf.

Eine besondere Gelegenheit – so oder so –. Könnte es nicht doch noch sein, dass du bald einmal kommst und sagst mit hellem Mund:

»Du, i c h h a b e L u s t a u f C h a m p a g n e r !«

1 Vermutlich die Gastwirtin Anna Lechner. Auf einem im WKA erhaltenen Foto sind die Eheleute Lechner zu sehen. Auf die Rückseite ist die Todesanzeige von Anna Lechner geklebt. Die Gastwirtin starb am 29. September 1954.

2 Gemeint ist Annali von Alvensleben. Die erste Frau Georg Siedhoffs baute zusammen mit ihrem Mann das Clubhaus in Feldafing auf. Die Ehe wurde 1940 geschieden.

3 Vgl. Brief 248, Anm. 2.

4 W.K. arbeitete von Januar 1939 bis 1943 als Drehbuchautor für die Berliner Tobis Film, wechselte im Jahr 1943 nach München, wo er für die Bavariafilm Skripte verfaßte. (Vgl. »... *ich stellte mich unter, ich machte mich klein ...«*, S. 187-235.)

5 Der Schauspieler Ferdinand Marian.

6 Vermutlich Ferdinand Marians Geliebte Vlasta (vgl. Friedrich Knilli: *Ich war Jud Süß. Die Geschichte des Filmstars Ferdinand Marian.* Berlin: Henschel 2000, S. 174). In der Folge mit V. abgekürzt. Im Manuskriptkonvolut *In Staub mit allen Feinden Brandenburgs* sind Notizen vom 14. April 1977 über Dreharbeiten mit Marian in Prag erhalten: »Prag im Krieg. Das Hotel Alcron, dicht am Wenzelsplatz, moderner Bau, enge Stahlbetontreppe.

Hotel Esplanade (oder National) in der Nähe des Bahnhofs, in Anlagen, altes schönes Haus, große Gesellschaftsräume, pompöse Zweibettzimmer, Zimmer größtenteils von höheren SS-Offizieren belegt, sonst Geschäftemacher, Stars, Autoren, Regisseure, deutsche Filmschaffende, tätig für Pragfilm. Berührungen zwischen SS und Film über die Mädchen. Die tschechische Hotelleitung ohne Ordnungsbefugnis. Verkehr und Tausch der Mädchen von Zimmer zu Zimmer. Hotel National (?), in einer feinen Straße der Altstadt, dicht hinter dem Wallensteinpalais. Was war dort im Krieg? Ich wohnte dort auf der Rückreise von Moskau. Alte schöne Zimmer und Möbel. Etwas im Stil des Continental. Gutes Essen und gute Weine. In der Nähe die Hauptpost.

Am Wenzelsplatz ein Antiquariat. Die Schauspieler kauften dort die Kafkaausgabe des Verlages aus Marisch-Ostrau (Schocken), braune Bände.

Die Wirtschaft zum Hund. Man konnte dort markenfrei essen. Die Schauspieler behaupteten, es sei Hundefleisch.

Der Schleichhandel in den Hotels. Im Zimmer des Autors die Verteilung des großen, schon etwas angegangen Räucherschinkens. Wohin mit den Knochen? Die Eier zu Ostern. Alle schlugen sich dauernd Eier ins Zahnputzglas. Es war Hunger, Gier, Angst, auch sollte es die Potenz stärken.

Die erste Fahrt durch Prag. Vom Bahnhof. Mit einer Pferdekutsche. Ein Vorfrühlingstag. Das Mädchen, das Marian geschickt hatte. Zur Burg, zum Dom, zum Hotel. Das gänzlich ahnungslose Mädchen, 17 Jahre alt, etwas Vergnügen im Krieg. Die unterirdischen Kinos. Die unterirdische Weinstube. Die Maniküre im Frisiersalon neben dem Alcron. In den Straßen, an den

Fassaden, den Mauern jeden Tag neu die roten Plakate: Vollstreckung des Todesurteils, durch das Beil gerichtet nach dem Spruch des Volksgerichtshofs wegen Waffenbesitz (eine Pistole). [...] Das Mädchen vom Wenzelsplatz. Die Offenbarung des gänzlich unbelasteten Vergnügens. Sie sprach nur tschechisch.« (WKA)

7 Hans Schweikart, Geschäftsführer der Bavariafilm seit 1938. Ab Herbst 1947 Intendant der Kammerspiele München. Er führte bei dem Film *Die Nacht der 12* Regie. W. K. hatte zusammen mit Ernst von Salomon an dem Drehbuch zu diesem Film gearbeitet. (Vgl. »...*ich stellte mich unter, ich machte mich klein*...«, S. 236.)

8 Die Maßschneiderei von Michael Bedö, damals in der Theatinerstr. 23 in München (im WKA ist eine Rechnung erhalten geblieben).

[250; handschriftlich][1]

[1945]

Lieber Copernikus! Immer sitzt Du bei den anderen rum und ich bin krank vor Sehnsucht nach dem Pudding. Ich sehe ihn immer im Geiste vor dem Hause im Schnee stehen und das kalte Wetter wie der Mond auf den Pudding scheint und die Schneeflocken auf ihn fallen, daß er wie Eis schmeckt. Aber Du hast gar kein Erbarmen mit mir. Schlitten fahren willst Du auch nicht. Das möchte ich sehr gern. Und die Zeit vergeht nicht und ich denke wann kommst Du endlich runter. Hättest Du doch Halsweh, dann kommst Du bestimmt. Mein süßer Körper lockt Dich auch nicht. Du hast mich ja nicht lieb. Ich möchte jetzt geküßt und liebkost werden überall. Vielleicht will ich es auch nicht. Jedenfalls langweile ich mich und suche mir einen andern Freund. Du läßt mich so viel allein. Vielleicht gehe ich mit Gerda zu Herrn ? ach ich weiß im Moment die Namen nicht. Dann ziehe ich seine Hemden und Unterhosen an, nur um Dich zu ärgern. Ach Du Schwein. Das Buch habe ich auch schon ausgelesen bald. Ach Du bist mir widerlich. Ich glaube jetzt kommt[2]

1 Die mögliche Datierung ergibt sich aus einem Zusatz von fremder Hand: »The Stars and Stripes« [ein Wort unleserlich] Apr. 512 U.S. Army / Klaus Mann (32697270) (»Stars and Stripes« correspondenz) 7th Army Press Camp.

Rosenheim«. Klaus Mann, der 1945 als Offizier der amerikanischen Miltärre-
gierung aus den USA nach Deutschland zurückgekehrt war, versuchte, W. K.
in Feldafing zu erreichen, um ihm eine Stelle bei der *Neuen Zeitung* anzubieten: »Da war Klaus Mann gekommen und hatte mich gesucht. Es wäre
für mich in diesem Augenblick unerhört wichtig gewesen, und er hatte auf
den Zettel geschrieben, daß er mich gesucht habe, und er befände sich, ich
könne ihn finden, im Haus des Völkischen Beobachters in München in der
Schellingstraße. Nun gab es keinerlei Verkehrsmittel. Die Eisenbahn war völlig zerstört zwischen Feldafing und München, und es fuhr auch sonst nichts,
und ich organisierte mir ein Fahrrad. [...] Nun war es für mich sehr dumm,
daß ich Klaus Mann da nicht gesprochen, nicht mehr gefunden hatte. Ich
hätte allergrößten Wert darauf gelegt, ihn zu sprechen. Na, da fuhr ich mit
meinem Fahrrad zurück nach Feldafing.« (Vgl. *Zeugen des Jahrhunderts.
Herr Wolfgang Koeppen im Gespräch mit Herrn Marcel Reich-Ranicki.* Original Manuskript im WKA, S. 218 und 221.)
2   Der Brief bricht hier ab.

[251]
                                                              [undatiert]
Liebe Marion,
du flehst mich an, dich aus dem Institut[1] zu holen. Ich flehe dich
an, noch drei bis vier Tage dort zu bleiben. Das ist ein übersicht-
licher Zeitraum. Du hättest dann den Gewinn, dich freiwillig einer Behandlung unterzogen zu haben, evtl. auch ein Alibi gegen
weitere und wahrscheinlich schlimmere Maßnahmen.
Sieh, ich bin sicher, dass, wenn du jetzt schon nach Hause
kommst, das ganze Elend mit dem Trinken neu beginnen wird.
Und ich muß dir sagen, ich mache da nicht mehr mit. Ich kann
es nicht mehr. Du hattest es in der Hand, das jetzt Geschehe-
ne zu vermeiden. Du hättest mir deine Schlüssel geben müssen, dulden, dass ich dich einschließe, selbst in eine Abstinenz
einzuwilligen. Diese Forderung werde ich nun wieder an dich
stellen müssen. Lehnst du sie ab, werde ich wegfahren und dich
deinem Schicksal überlassen. Ich werde zunächst sechs Wochen
weg |sein|. Vielleicht fängst du dich. Ich hoffe es, aber glaube es
nicht. Geht es nicht, schaffst du es nicht, wird es dein Ende sein.
Ich werde dann die Wohnung auflösen, wenn du sie nicht be-

halten kannst, und ganz von München wegziehen. Du hast mir unendlich viel Kummer bereitet. Ich weiß, du bist krank. Ich bin dir nicht böse. Aber *du* mußt die Einsicht und den Willen haben, gesund zu werden.

dein K

1 Vermutlich meint W. K. die Privatklinik in Kempfenhausen, in der M. K. 1956 stationär behandelt wurde.

[252; handschriftlich; Karte]

[undatiert]

Meiner lieben Marion,
zu ihrem schlimmen Geburtstag – die roten Nelken sollen zeigen, wie lieb ich dich hab, die weisse Nelke, wie unschuldig ich bin, das Pferd soll ihr dienen und sie erfreuen in guten und bösen Tagen. Schenken will ich ihr heute: feste Schuhe, ein Buch und ich weiss nicht was. Was sie also will.
Wir gehen in die Läden und in die 4 Jahreszeiten!

[253; Telegrammentwurf][1]

[undatiert]

Bleib standhaft komme schon Sonntag früh.
Kopernikus

1 Hotelpapier: Savoy Hotel Düsseldorf, auf der Rückseite die aufgeklebten Telegrammstreifen. Adressiert ist das Telegramm an die Löwitherstraße.

[254; handschriftlich][1]

12. Januar
8 Uhr früh

Mein Liebling,
ich dachte die ganze Nacht an dich, schlief wenig, war besorgt, wie es dir wohl geht, wie schlecht, wie benommen, denn ich lie-

be ja dich, du Eigenartige, Sonderbare, Unverwechselbare, dich Märchenwesen, trotz allem, so wie du bist.
In Liebe und Angst
dein Kopernikus

1 Briefbogen: Hôtel Schweizerhof, Zürich.

[255; handschriftlich]

Wiesbaden
Mittwoch
Liebe Marion, eben in Wiesbaden angekommen, in einem komischen Hotel Fürstenhof, fällt mir ein, dass ich die *Geldbriefe* (Postscheck / Bank) auf dem Schreibtisch liegen gelassen habe. Wirf sie bitte gleich in den Kasten!

Grosse Sorge um dich. Bisher schlechte Reise.
Herzlich
dein Kopernikus

[256; handschriftlich]

Wiesbaden
7 Uhr früh
Meine liebe Marion,
ich habe Angst und Riesenärger und werde heute mit dem Berlin-Mann Krach machen. Vielleicht gar nicht nach Berlin fliegen.

Dieser Brief soll dir nun dein Gift bringen.
Herzlich Kopernikus

[257; handschriftlich]

Donnerstag abend

Liebe Marion, ich gehe jetzt noch durch Nacht und Wind, einen Briefkasten suchen, damit du deine Pillen hast. Diese sind für 2 *Tage*.

Möchte es zwischen uns wieder so sein, wie es war! Wenn ich zurück komme.

Dein Kopernikus

[258; handschriftlich]

14. Januar

Mittwoch 11 Uhr

Lieber Kopernikus, erst heute kam dein Brief von Montag früh und abend, ich liebe dich, ich denke an dich, ich wünsche dir immer eine gute Marion und wenn es sie am 16. noch gibt rufe sie doch bitte an.

Auf Wiedersehen mein Liebling

Anhang

1 »… ein Brief für dich liegt auf dem Küchentisch«

Notizzettel

Im Wolfgang-Koeppen-Archiv Greifswald ist eine große Anzahl undatierter Notizzettel erhalten, die hier in Auswahl erstmals gedruckt werden. Sie zeigen zum einen, daß sich Wolfgang und Marion Koeppen nicht nur während längerer Trennungen schriftlich austauschten, sondern das Schreiben ein fester Bestandteil der häuslichen Kommunikation war. Zum anderen ergänzen die auf einzelnen Blättern schnell hingeschriebenen Worte thematisch die Briefe: Die schwierige und konfliktreiche Beziehung des Ehepaares wird auch in dieser knappen und auf das Notwendigste reduzierten Form der Verständigung deutlich.

[259]

Liebe Marion,
ein Brief für dich liegt auf dem Küchentisch.
Alles Gute! kopernikus

[260]
An den Grafen von Rüdesheim.

Durchlaucht, Herr Graf!
Ich höre, dass Sie in Ihr eignes Verliess gefallen sind und dort mit Kröten und Schlangen als Gefangener leben. Ich sehe keine Befreiung, keine Hilfe für Sie, es sei denn, dass Sie es wie der Graf von Münchhausen machen, sich selbst am Schopf packen – Sie haben doch einen schönen – und sich selbst herausziehen.
        Die Kraft dazu wünscht Ihnen von Herzen
Ihr des Herrn Grafen treuester Diener
        Kopernikus
        Domherr in Frauenburg

Magister der erdkundlichen Künste
Doktor der irdischen und himmlischen Rechte
Kanonikus
Professor der Sternkunde

[261]

War schon hier. Mit wunden strumpflosen zerrissenen Füssen
und journalistisch erschöpft. Fand den Wermut ausgetrunken.
Bis auf kleinen schäbigen Rest, von dem du dachtest in einer
Regung von Güte: für den Kopernikus. Er trank ihn, den Rest!
Mehr oder minder auf dein Wohl. Mit viel Sodawasser.
Aus grossen Hungergründen ging ich dann nocheinmal fort.
Vielleicht, dass ich etwas zu essen finde. Es ist schon halb sie-
ben Uhr. Das französische Buch hinter der Schreibmaschine ist
unanständig. Nichts für dich. Es wurde mir von einer älteren
vornehmen Journalistin verkauft.
Dein
SEEHUBER, Postrat.

[262; handschriftlich]

Liebste Marion,
ich bin nicht böse, ich bin auch nicht zum Arzt gegangen, mich
hat nur Unruhe, Unausgeschlafenheit und Verzweiflung aus
dem Zimmer getrieben. Ich werde bald wieder zurück sein. Beunruhige dich nicht. Ich habe dich lieb.
Dein K.

[263; handschriftlich]

Mein liebes Kind,
ich bin in die Stadt gegangen,
zum Nachdenken,
zum Friseur,
aus Unruhe,
weil schönes Wetter ist.
Ich denke lieb an dich und werde um 1/2 11 anrufen und fragen,
wie es dir geht und ob ich zurückkommen soll.
Herzliche Küsse
dein

[264]

liebe marion, bin wirklich traurig, nicht mit dir zusammen zu
sein.
viele küsse

[265; handschriftlich]

Liebe Marion,
ich musste aus diplomatischen Gründen zu meinem Arbeitszimmer gehen. Ich komme in etwa 1 Stunde zurück. Beunruhige dich nicht.
Küsse dich K.

[266; handschriftlich]

Sei brav!
Ich liebe dich!
Du brauchst nichts zu fürchten!

Ewig dein
Kopernikus

[267]

Ich bin sehr traurig, weil du so lange weggeblieben bist. So wenig machst du dir also aus mir, selbst am vorläufig letzten oder überhaupt letzten Tag.
Ich stelle mir nun vor, wie du wohl nach Hause kommst, und mich graust.
Dabei |habe|¹ich freundlich traurig zärtlich an dich gedacht. Ich gehe jetzt mal weg. Vorläufig erst eine halbe Stunde. Dann bin ich – auch vorläufig – wieder hier.
3/4 6.

1 Handschriftliche Ergänzung von W. K.

[268]

|*Samstag abend*|¹

Ganz grosse Angst –
                    Verzweiflung –
und du hilfst mir nicht,
         und vielleicht kann auch ich dir nicht helfen.

1 Handschriftliche Ergänzung von W. K.

[269]

liebe Marion, verzeih bitte, ich muß doch mal richtig nachdenken. Hier greift mich zuviel an. Vielleicht gehe ich ins Apparte-

ment. Ich bin zu den Nachrichten wieder hier. Vielleicht früher.
Ich habe dich lieb. Kopernikus.
Keine Einkäufe. Keine Läden.

[270]

liebe marion, bin einsam und müde. gehe schlafen. komme
morgen. dir gute nacht!
dein alter leidensmann

[271; handschriftlich]

Liebe Marion,
ich war hier und habe den Hund ausgeführt.
Ich muss wieder ins Hôtel und bin traurig, dich nicht gesehen
zu haben.
Ich rufe zwischen 1/2 12 u. 12 an.
Hoffentlich geht es dir gut!
K

[272; handschriftlich]

Mein liebes Marionlein,
dein Gatte ist schon unterwegs. Er wollte dich mit 3 Tabletten
schlafen lassen, andererseits den Morgen nicht vertun. Jetzt freut
er sich schon, dich am frühen Nachmittag wiederzusehen!
Wasch dir schön den Kopf.
10 Mark für Fernsehen –
Bräutigam.
Alles Gute

[273]

liebe marion,
guten morgen!
die telefonnummer von Frau dr. siebert 224534. von 10-12.
ich muss leider gehen. rufe dich am mittag an.
hund war draussen und hat reichlich gefrühstückt.
sei vernünftig! hier liegen 70 mark. 50 für frau schirnding. 20,
dass du dir was besorgen lassen kannst.
herzlichst wk

morgen Freitag wird Dr. Siebert wohl kaum zu erreichen sein!

Frau Schirnding *deine* Zimmer, n i c h t mein Schlafzimmer.

[274]

Liebe Marion, da ich morgens nicht mit dir sprechen kann:
ich habe eine wichtige Verabredung und werde erst gegen 6 zu-
rück sein.
Um 3 Uhr kommt, glaube ich, Frau Schirnding![1]
60 Mark auf der Maschine zur Verrechnung.
Auf Küchentisch Semmel aller Art.
Liter Deller frisch im Kühlschrank.
Hund hat Hackfleisch bekommen.
Her[z]lich
         dein k

---

1 Mit rotem Farbband getippt.

[275]

Pula und ich waren 11.45 – 12.45, also eine Stunde Englischer Garten!
Pula hat noch nicht gegessen!
Ich habe Sülze mit wenig vom Karottengemüse gegessen.
Ich bin da, aber nicht zu sprechen.
Dir alles Gute.

[276]

Guten Morgen, liebe Marion, ich bin [zur] Bank und anderswohin, komme vor oder nach dem Essen zurück, rufe vielleicht auch mal an.
            dein k

15 Mark für dich + Pula neben der Schreibmaschine!

[277][1]

liebe marion, ich hatte verschlafen, kann nicht mit pula gehen, verzeihung, komme bald zurück, wohl bis 11, dann reden, saubermachen, waschen, rasieren, eitel, o gott!
dein kopernikus.

---

1 Auf demselben Zettel notierte M.K. einige flüchtige Worte: »Recht [zwei unleserliche Worte] Eigentum [ein unleserliches Wort] in Eile keine Wohnungsnot 2 Wohnung«.

[279; handschriftlich]

Liebe Marion,
das war eine Nacht. Seit 2⁰⁰ ein Gewitter nach dem andern. Bin
gerädert. Jetzt doch zur Zeitung gegangen.
Bringe dir Semmel mit.
Meine Liebe!
Dein K.

[280; handschriftlich][1]

Liebe Marion,
ich bin zur Arbeit Geschw.-Scholl-Institut gegangen.
Es kann spät werden.
Vielleicht rufe ich an.
K.

Zigaretten
Pillen
Schreibmaschine

---

1 Auf der Rückseite des Blattes notierte W.K. einige Sätze, die in den Kon-
text von *In Staub mit allen Feinden Brandenburgs* bzw. *Jugend* gehören: »wie
sie aus Gefässen und Käfigen Frösche und Mäuse griffen, um sie durch Ein-
spritzung von Giften auf ihre Überlebenschancen zu prüfen. Der Professor
sah wie ein Professor aus, hatte einen grauen Bart und kam mir sehr alt vor.
Ich versicherte ihm, daß ich mich der Schmähungen schäme, die ihm beim
Schein der Fackel widerfahren waren. Er fragte mich, ob ich ein Abgesandter
der Deutschen Jugend sei. Ich sagte, ich spreche nur für mich. So seltsam es
klingen mag, wir wurden Freunde. Ich lernte viel über das Gift im Leben.

Hinaufgewiesen nun in die Zeitgeschichte wollte mir ein freundliches Mädchen«

[281]¹

Liebe Marion,
ich weiß nicht, wo du bist. Ich selbst bin [in der] Bibliothek und
gehe dann essen: Bologna oder Tivoli.
Hab keinen Kummer!   k

20 M für Eure Verpflegung

1 Auf der Rückseite notierte W. K. den Satz: »September 1974 widerfuhr mir
   die Ehre, für ein Jahr der erste Stadtschreiber in Bergen-Enkheim zu werden«.

[282]

liebe marion, ich möchte gern noch etwas und gut und mit dir
leben.

ich habe nichts gegessen, auch keine lust.

es tun sich schlimme dinge mit bergen-enkheim.

der schwätzer ruft dauernd an.

ich werde jetzt mal weggehen. teils um den kopf zu lüften. teils
auch um jemand zu treffen und ihn um einen rat zu bitten.

ich habe das telefon mitgenommen, weil der schwätzer und andere leute wieder anrufen und versuchen könnten, dich dahin
zu beeinflussen, dass wir hals über kopf nach bergen fahren, was
ich nicht will.

wenn ich nach hause komme, werde ich dir alles erzählen.

ich freu mich schon drauf. ich bin um 3 verabredet, und es könnte wohl 5 werden.

vögelchen[1] war ernst und traurig. ich setzte mich für eine halbe stunde zu ihm, aber es heiterte ihn nicht auf. er blieb still in einer ecke.

dein

---

1 In einem Brief vom 25. Juli 1978 antwortet M. K. auf die Zuschrift einer Dame, die sich auf eine von Koeppens aufgegebene Anzeige in der *Süddeutschen Zeitung* gemeldet hat: »Sehr geehrte Dame, unsere Probleme sind, wenn wir verreisen wollen, jetzt und später, kurz und länger, ein zahmer kleiner Vogel, Erlenzeisig, und ein mittelgrosser, freundlicher, drei Jahre alter Hund. Wenn wir sie nicht mitnehmen können, möchten wir diese Tiere gut versorgt wissen. [...].« (WKA)

Die beiden Haustiere, die W. K. nach dem Tod seiner Frau weiter in der Wohnung hielt, sind auch Ulla Unseld-Berkéwicz in Erinnerung geblieben: »Am 18. April 1984 stand ich in einer Schlange vor der Kasse von Feinkost Käfer in München hinter einem alten Mann, in dessen Einkaufskorb zwei Flaschen Carlos Primero lagen. Ich glaubte in dem Mann Wolfgang Koeppen zu erkennen, [...]. Koeppen erzählte mir, daß seine Frau vor wenigen Tagen gestorben sei. Und sagte, Siegfried Unseld habe ihn nach Zürich eingeladen und er wolle nach Zürich, es wäre gut für ihn nach Zürich zu fahren, aber er könne nicht nach Zürich, könne seinen Hund und seinen Vogel nicht alleine lassen. Ich bot ihm an, Hund und Vogel zu hüten. [...] Unter den hohen Decken waren Wäscheleinen quergespannt, riesige Körnerhaufen lagen auf den Böden, Bottiche, Wasserwannen, Essen und Trinken für Fünferl, den Vogel, der Fünferl hieß, weil er so klein war, daß Marion, Koeppens Frau, ihn für fünf Pfennige gekauft hatte. Pulla, der Hund, ein schwarzer Labrador, war alt und hungrig, und wenn man mit ihm an der Isar spazieren ging, riß er derart an der Leine, daß er einen mitriß, [...].« (Ulla Unseld-Berkéwicz: »*Ich versuche, ein Mensch zu sein. Vielleicht stehe ich da im Regen.*« In: *Wolfgang Koeppen. Im Labyrinth des Schreibens.* Hg. von Anett Hauswald und Roland Ulrich. Greifswald 2006, S. 79.)

[283, vermutlich von W. K.]

dein Wein steht im Küchenschrank
im obersten Fach, dort wo sonst der
große schwarze Topf steht.

Gutes neues Jahr.

[284; handschriftlich]

Liebe Marion,
bin Donnerstag mittag wieder hier.
Du hast mich dazu getrieben.
Wenn du dann nicht nüchtern bist, Krankenhaus. Alles Gute.
Dennoch: ich liebe dich.
K.

[285; handschriftlich]

Liebe Marion,
ich rufe bis 11 1/4 an oder erwarte dich 12^{00} Bologna!
Küsse dich!
W.

Bin *nicht* Irrenarzt.

[286; handschriftlich]

Guten Morgen, liebe Marion,
2 Möglichkeiten:
Du kochst zu 2 Uhr das Mittagessen,
oder wir treffen uns um 1/2 2 im Mövenpik.

Ich rufe dich zwischen 12 + 1/2 1 an.
Sei bitte lustig!
K.

[287; handschriftlich]

Mein liebes, mein gutes Marionlein, vergiss mich nie!
Auch ich werde dich nie vergessen.
Recht traurig
Dein Kopernikus

Samstag

[288; handschriftlich]

Meine liebe Marion,
als wir durch Frankreich reisten, Trépot bei Wind und Regen,
vor den geschlossenen Badehütten, am Strand, und ich sie liebte, wie heute, Jahre später, immer noch.
Weihnachten 1979 Wolfgang Koeppen

[289]

Liebe Marion,
ich wollte gehen,
aber ich bin dir heute dankbar,
daß du gegangen bist. k

[290; handschriftlich]

Lieber Copernikus!
Bin um 12 1/2 Uhr aus dem Haus gegangen, bin bis 2 1/2 – 3

Uhr wieder zurück und freue mich dann sehr, dich zu sehen.
deine Marion

[291; handschriftlich][1]

Lieber Perni. Guten Morgen. Um 5 Uhr entboten mir die Tauben, ich habe nachgedacht, gegrübelt, wie du willst, und ich
glaub eigentlich, schon seit einigen Tagen *es ist nicht der Blinddarm. Denke nicht mehr an ihn,* auch wenn du hingehst, nicht
an Herrn [ein Wort unleserlich] und er wird dir sicher seine
schöne Klinik anbieten, doch vielleicht sieht er jetzt weiß und
blaß deinen Blinddarm garnicht.
Er kann ihn gar nicht sehen, ich bin ziemlich sicher. Ich bin besorgt um dich und ich glaube, jetzt hat Dr. Koeppel recht. Eigentlich wollte ich um 6 1/2 aufstehen, nun vielleicht schlafe ich
doch noch einmal ein und kann es dir dann nicht sagen, du bist
bestimmt gesund. Du hättest eine ganz vernünftige Frau und ich
einen ganz vernünftigen Mann gebraucht
mein Liebling sei vorsichtig, mißtrauisch, sage es sei gut, dann
ist es gut.
Laß den Blinddarm drin und geh bald von [ein Wort unleser-
lich] fort.
Ich umarme dich.
Sei fröhlich
deine Marion
Er muß sein Haus bezahlt haben, nicht du.
VORSICHTIG FAHREN
ICH LIEBE DICH

1 W. K. reagierte auf diese Notiz mit den folgenden handschriftlichen Zeilen:
   »Liebe Marion, es tut mir unendlich leid, dass dich die Tauben wieder ge-
   weckt haben, nachdem du so viel grübeln musstest! Dank für den lieben Brief
   Ich komme so bald wie möglich zurück. Bleib hier. Vielleicht fahren wir dann
   gemeinsam zu Woolworth.
   Ich liebe dich«

[292; handschriftlich]

BITTE COPERNICUS
REDE MORGEN FRÜH MIT MIR VOR DEM TELEFONAT
DEINE MARION

[293; handschriftlich]

LIEBER COPERNICUS
SEI VORSICHTIG OB DU ES WIRKLICH MACHEN
WILLST

[294; handschriftlich]

Mein lieber guter Copernicus,
ängstige dich nicht, ich habe meine Hemden und meinen Kopf
gewaschen, und bin dann gegangen und freue mich sehr darauf
dich wiederzusehen
Deine Marion

Habe nur 2mal telefoniert
Habe dich sehr lieb

[295; handschriftlich]

Lieber Copernicus,
es ist sehr traurig, das dich dein armes Bein so schmerzt ich
habe die Tiere versorgt und fahre nun auch kurz in die Stadt,
komme bald wieder und koche dann
deine Marion

2 Fragmente und Skizzen

Während der Jahrzehnte ihres Zusammenlebens und noch über Marion Koeppens Tod hinaus schrieb Wolfgang Koeppen zahlreiche Texte mit deutlichem biographischen Bezug auf seine Ehefrau. Alle Texte sind Fragment geblieben, einige davon werden in dieser Ausgabe erstmals gedruckt. Es sind Skizzen und Entwürfe, in denen Marion bzw. ihre Familie den unverschlüsselten Erzählkern bilden: *Tod eines Rechtsanwaltes*; *das weinfest (dorothea Grey)*; *Marion Koeppen geb. 1930* (vermutlich ein für eine ärztliche Untersuchung verfaßtes Protokoll aus dem Jahr 1972); *Liebe Marion* (tagebuchähnliche Aufzeichnungen zu den letzten Tagen und zum Tod Marion Koeppens) sowie *Traum*.
Die Textfragmente sind im Wolfgang-Koeppen-Archiv erhalten; Titel in eckigen Klammern stammen nicht vom Autor.

[*Der Tod eines Rechtsanwaltes*]

Der Tod eines Rechtsanwaltes

Marions Erzählung vom Tod ihres Vaters im Schwabinger Krankenhaus.

Der Totenbarbier

die Luftpumpe

das Insbettmachen

die Reinigung

der Neger-Krankenwärter

die Kesse-Väter-Ärztin

der Chefarzt beschäftigt

die Gattin

sie sorgt sich

der Hochzeitstag

Wir müssen dann das obere Stockwerk vermieten

Ms schlechtes Gewissen: ich hätte ihn rausholen, ich hätte ihn
retten können,
aber ich wollte es nicht, ich mochte nicht, ich konnte nicht.
Besoffen Klageweib

[*das weinfest (dorothea Grey)*]

das plakat. eingänge des engl. gartens. kleinhesseloher see.
bootsfahrten verwehrt. bootsfahrten mit mir. bootsfahren mit
den hunden. boot mit pula. das seehaus. bälle. fasching. der
guggl. orpheus. krieg. der deserteur aus dem fenster. nachkrieg-
fest. dann mussbacher eselshaut.
morgen an der isar. ich gehe mit pula. ich sehe es voraus: das
weinfest.

es tritt ein. frankfurt. telefon mit u. der geburtstag. die hoch-
häuser. das goethehaus. goethe sommerabend. die Oper. der
sänger.

rückkehr. alle rückkehren. unterbrechung würzburg.
sommermittaggang vorbei an den kaffeehäusern der leopold.
ich in leopold.
sonntag, 15. juni. gewitter appartement. die theresienwiese.
das appartment. der besitzer k. der mord auf der wie. die mörder im gefängnis. messeplatz. die linien 2 u. 20. der bahnhof. die
sonntagszeitung. die zigaretten. der flachmann.

taxi evtl. alibi. das haus. die betrachtung: kein feuer, kein fen-
stersprung. kein unrat. die tauben. das verbot. die raben.
der tag. pulas freude. sie nackt auf dem bett. angst. die barrikade
an der tür. der regenmantel. das erlebnis. weinfest. im revier des
oberförsters. der verfolger. die verfolger. einkreisung. wunden.
was hast du denn da. überall blaue flecken. erinnerungen an dr.
koeppel. teilwahrheiten.
sie telefoniert mit u. die schreibmaschine. die frau professor. sie
hat getrunken, was ich ihr in den schrank gestellt hatte. sie hat
telefonisch bestellt. geheime adresse eines verteilers von nacht-
alkohol. sie kommen 5 mann. schläger. irren sich. klingel bei
knorr. knorr droht polizei. dorothea hört alles durch die tür.
verkriecht sich unter decke. hält hund das maul zu. gangster
ziehen ab.
nachmittag heiß. sonne durch verhangene fenster. das vögelchen. vögelchen im käfig. piepst. dunkel. geschl. rolläden. sie
liebt den vogel. ich will ihn zu mir nehmen. eifersucht.
telefon mit unseld.
ich gehe mit dem hund. gehe durch engl. garten. liegewiese.
böser afghane. frau u töchter mit kl. äffchen.
sie trinkt meine flasche sanscerre. möwenpick. mein kühlschrank appartement. neue wirrnis.
gewißheit, daß arzt nicht hilft. beschreibung säufele. moderner
psychiater.
ich pansche im keller. sie: ich liebe dich. ich mochte dich damals
nicht. meine mutter wollte dich umbringen. krieg. tod. nach-
krieg.
ich fliehe. gehe nochmal mit pula. ungeduld. weinfest. lege ihr
hin zigaretten. stelle ihr hin gemischten wein. griechen. griechenland.
evtl.: sehe mich im film. die vorführung. radax. der sohn des
dicken. burgmann. terrasse möwenpick. (der schneideraum.
der redende theoretiker. sie können viel lernen!)
sonntag abend: Marienplatz vor regenschauer. säufer weg. clean.
gehe Ratskeller! Erinnerung. wein.

Kaufe SZ. Regenschauer.

U-Bahn. s-bahn. zum bahnhof. kaufe unten buch. bücher! lasse mir das plakat mit mir schenken. kein erkennen. telefon im bett versteckt. schlechtes gewissen. sehe ihren tod.

rolltreppe hoch zu den bahnsteigen. Helle Sonne durch wolken. alle bahnsteige und stände verklärt.

die jungen leute. die jungen paare. nackt. halb. braungebrannt. riechen nach dem bad im see. in den haaren noch das schwimmen. kein krieg. junge männer. magere trainierte körper. nicht hungermager. frisch. sauber. zu umarmen. das hemd flattert in der hand.

das wollte sie. für mich gab es keinen sommer. für mich kein badeleben. für mich keinen biergarten. gemütliches sitzen. für mich keine (Diskothek – Paris). kein autoschein. der trunk. trunkerinnerungen. Für ihn das gehetzte eilen. zum arzt. zum rezept. zur verhinderung. zur zertrümmerung.

der schöne schöne juniabend mit Licht der SOMMERZEIT mit der heimkehrenden sportlichen erotischen jugend des friedens.

vielmal ihr tod ausgedacht.

auch unser sterben.

alles bezahlt. abgedichtet. abbestellt. ruhen dort auf dem bett – nebeneinander   beieinander   hand in hand sie forderte siamesische zwillinge

ach ja

Marion Koeppen geb. 1930

Familie lebte, obwohl Vater Anwalt, vom Reichtum der Großmutter, den man für unerschöpflich hielt. Offenes Haus in Schwabing. Künstler. Geselligkeit bis in die Nacht. Mutter als Trinkerin bekannt. In nervenärztlicher Behandlung. Litt unter »Absencen«. Wurde mit Luminal behandelt. Starb, etwa 50jährig, kurz nach dem Krieg.

Lisa, 5 Jahre ältere Schwester: lebt am Starnbergersee in guten Verhältnissen, verheiratet mit einem heute 80jährigen Mann. Verläßt fast nie das Haus, lebt in der Nacht, schläft am Tag. Ständig unter Alkohol, doch ohne pathologischen Rausch, kaum Exzesse. Interessiert sich für nichts. Hat sich ihr privates Sanatorium geschaffen. Keinerlei Beschäftigung. Das Los ihrer Schwester Marion ist ihr gleichgültig.

Marion wurde schon als Kind von der Mutter zum Trinken verführt. Flaschen im Kinderzimmer versteckt. Von da an: Marion hält Flucht in den Alkohol bei jeder Schwierigkeit für den natürlichen Ausweg. Kann, betrunken, nicht aufhören.

1950 Heirat mit Koeppen. Ich erkannte bald, daß sie nicht aus Lebensfreude trank, sondern aus Angst und Zwang. Der Rausch war pathologisch. Ich habe 20 Jahre lang gegen die Sucht gekämpft. Anfangs nicht ohne Erfolg. Ich verbot ihr zu trinken, nahm ihr die Flaschen weg, zerschlug sie, vermied Geselligkeit, wir vereinsamten. Verschiedene Versuche ärztlicher Behandlung scheiterten. Sie ging nicht hin oder nicht wieder hin.
Manchmal hielt ich sie wochenlang nüchtern, aber ich mußte mich dauernd um sie kümmern und meine Arbeit vernachlässigen. Auf längeren gemeinsamen Reisen ging es gut, sogar mit Wein am Abend.

1954 fand Marion, nach einigen vorangegangenen Neigungen zu älteren Damen, eine gleichalte Freundin. Sie verbrachte bei ihr die Wochenenden. Wie ich heute weiß, um sich hemmungslos zu betrinken. Das ging drei, vier Jahre so. Dann stellte die (lesbische) Freundin ein Ultimatum: Marion sollte zu ihr ziehen. Sie lehnte ab und blieb bei mir. Hatte aber nun ausser mir keinen Menschen mehr, auch keinen Platz, heimlich zu trinken.

Wahrscheinlich als Folge des Trinkens traten Schlafstörungen auf. Sie bekam Schlaftabletten. Bald merkte ich, dass wir nun eine zweite Sucht hatten. Sie nahm die Tabletten nicht um zu schlafen, sondern erst als Ersatz für Alkohol, um einen ähnlichen Rausch zu erzielen, später um den Alkoholrausch zu verstärken. Sehr verschlimmerte Zustände. Ich nahm ihr die Tabletten weg, aber sie besorgte sich in den Apotheken andere. Die nicht rezeptpflichtigen, von denen sie 10 auf einmal nahm, wirkten noch verheerender als die Barbiturate. Schlaf zerstört. Hysterische Angst abends zu Bett zu gehen und nicht einzuschlafen. Seit 2 Jahren täglich 2 Vesparax gegen das Versprechen, keine freien Mittel zu nehmen. Wirkung immer unsicherer. Sie kommt nachts und fleht um eine dritte Tablette. Zermürbend. Hat sie Schnaps getrunken, wirkt das Vesparax paradox, fördert nicht den Schlaf, stärkt Erregung und Rausch.

Zustand: In Abständen von einer, von zwei, selbst von drei Wochen Trunkenheitsexzesse von 2, 3 Tagen und Nächten ohne Schlaf und ohne Essen. Heimlich ins Haus gebrachte Vorräte von Schnaps, die ich ihr nicht mehr wegnehmen kann. Zu fürchterliche Szenen. Körperliche Gewalt, in der sie betrunken unheimliche Kräfte entwickelt. Ich soll diese Tage über bei ihr sitzen. Tag und Nacht. Sie hockt da, trinkt und raucht (100 Zigaretten am Tag) und spricht von ihrer Mutter, ihrer Großmutter (die das Geld hatte, das nicht mehr da ist) und von ihrer Kindheit. Sie schreit, sie will das alles wiederhaben, die Großmutter, die Mutter, die Häuser, die Gärten, die Kindheit. Sie möchte wieder Kind sein. Sie verflucht den Tod, spricht anklagend zu Gott, beschimpft ihn. »Damit finde ich mich nicht ab«. Wenn ich krank bin, eine kleine Erkältung habe, im Bett bleiben will, malt sie sich meinen Tod aus und betrinkt sich, weil sie das nicht erträgt.

Sie hindert mich, meinen Beruf auszuüben, den sie haßt, auf den sie eifersüchtig ist. Ich wage nicht, beruflich zu verreisen, Vorlesungen zu halten, sie verfolgt mich telefonisch in der Nacht, delir[riert?], ruft alle Leute aus dem Schlaf, mit denen ich zu tun haben könnte, beschimpft meinen Verleger, er ginge mit mir ins Bordell. In der Wohnung zerschlug sie meine Schreibmaschine, brachte meinen Schreibtisch, Manuskripte, Akten durcheinander, warf meine Anzüge ins Treppenhaus. Zunehmender Eifersuchtswahn. Absurde Szenen, setzt mich in Beziehungen zu Frauen, die ich garnicht kenne, fällt mich an, würgt mich wegen einer Schauspielerin, deren Namen ich ahnungslos einmal in einem Feuilleton erwähnt habe.

Nach drei Tagen wieder halbwegs normal, findet sie das alles nicht schlimm, meine Aufregung lächerlich.

Natürlich habe ich Ärzte und Psychiater konsultiert. Sie haben mir nicht geholfen. Sie raten zur Einweisung nach Haar und können sonst nichts machen. Freiwillig wird meine Frau nie nach Haar gehen, und ich scheue immer wieder den Weg der Zwangseinweisung über eine Entmündigung. Und würde meine Frau in Haar geheilt werden? Wäre es nicht nur, dass ich sie in eine wahrscheinlich schreckliche Verwahrung gebe, weil ich sie in ihren Zuständen nicht mehr ertrage, weil es über meine Kraft geht?

Die erwähnte lesbische Freundin, die keine Freundin mehr war, fuhr in diesem Sommer ihren Mercedes als Taxi und wurde ermordet. Dieses Unglück führte bei Marion zu neuer Zerstörung. Sie hat die tote Freundin in den Himmel der Großmutter und Mutter versetzt. Sie ist eine Heilige geworden, und ich bin an ihrem Tod Schuld. Da dies geschehen konnte, da Gott dies zuliess, ist ihr, Marion, alles erlaubt, jede Gemeinheit, jedes Verbrechen. Dies ihre kranke Vorstellung und ihr letztes Alibi für die Trunksucht.

Physischer Zustand: Sie geht zu keinem Arzt. Schmerzen: Leber, Galle, Magen, Rückenschmerzen. Sehstörungen. Vom Vesparax? Seit 3 Monaten ist ihre Regel ausgeblieben. Keine Schwangerschaft. Neuerdings nach starkem Alkoholgenuß weißer Schaum aus dem Mund. Kein Erbrechen.

Nach Exzessen äußerlich schnelle Erholung. Junges Aussehen. Schlanke Figur. Nach 3 Tagen ohne Nahrung und Schlaf gesunder Appetit.

Völlig falscher Blickpunkt: man müßte in erster Linie dich in Verwahrung bringen, um mich von dir zu befreien, um die fortdauernde Zerstörung zu unterbinden, die du mir antust, erst in zweiter Linie, um dich zu heilen. Ich kann Leben und Arbeit an deiner Seite nicht mehr bestehen. Soll ich es widerstandslos hinnehmen, daß du mich vernichtest? Ich kann dich nicht verlassen, weil ich keine Hilflose verlassen darf. Also muß ich dich in Obhut geben.

Liebe Marion,   10.4.84 abendbesuch

das gespannte, überanstrengte, fast fleischlose vergeistigte Gesicht. Die Angst und das Wissen. Das Fieber. Die mageren Arme, die heisse, sich in Angst festkrallende Hand. Das Hellseherische: Sind wir gut miteinander??????
Sie wünschte Milch und hat den ganzen Tag um Milch gebeten, man hat sie ihr nicht gebracht. Barmherzige Brüder? Ohne Angaben von Gründen.
Die Versorgungsläden in den Kliniken. Geschäft? Jede Menge Alkohol. Eine Mafia leistet Botendienste gegen Geld. Warum keine Schwester zur Wunschversorgung der Kranken delegiert? Ja, ich ging ins Mövenpick! Der Burgunder der roten Karte. Steakwoche. Am Nebentisch der böse Zwerg. Intelligentes Gesicht. Boshafte Sprache. Geld von Freundin. Er lacht, sie ernst. Opfer, das sich noch wehrt.

Ich ging. Ich ließ sie da allein in ihrer Not. Die Supermarktgespräche der drei Zimmergenossinnen! Laut von Bett zu Bett über Marions Bett. (Und das war zuhaus: Komm ins Bett. Wissend.)

*

Du kommst morgen? Auf Wiedersehen. Wenn ich morgen früh nicht schon auf dem Schutthaufen liege.

15.4. ein schönes, fast edles, ruhiges gesicht, von der fleischlichkeit schon entblößt, die feinen wimpern und brauen über den zugedrückten augen. 15.4. 5 Uhr 20. eine nachtschwester sei bei ihr gewesen.
die leichenhalle im keller neben dem lebensmittelladen. kühlhalle irgendeines betriebes. 2 aufbahrungen: marion und ein mann, 6 jahre älter als sie. beide tote weiss zugedeckt. über marions leiche wölbt sich ihr kranker leib. sie ist schön. sie ist wieder schön.
es liegt ein schreibmaschinenzettel über dem totentuch: hausangaben, krankenkasse, angabe der kostenübernahme durch die kasse. ebenso bei dem mann.
zwischen den beiden toten steht ein leuchter und brennt eine kerze. hat ein barmherziger bruder ein totengebet gesprochen? ich glaube nicht. der, der mich um halb acht anrief, gab anweisungen für die behördlichen ausbuchungen. kalte bürokratenstimme. als ich mit ms letzten habseligkeiten an der pforte stand, ein taxi erbittend, lachte ein jüngerer bruder, weil er die taxinummer komisch fand.
der taxifahrer: sind sie aus dem krankenhaus entlassen?
nein.
das merkwürdige tier auf dem leichentuch. eine biene, eine wespe, ein höllenbote, der mass nahm?
gestern abend: man hat mich in eine holzkiste gelegt, um mass zu nehmen. auf wieder sehen, wenn ich nicht schon auf dem schutthaufen liege.
15.4.84   5.20
in der leichenhalle der klinik ist man allein.
ich bat die schlüsselschwester zu gehen. sie fragte, 5 minuten?

ich sagte zehn.
dann holte sie mich.
sie fragte, was ist mit den sachen, wollen sie sie gleich mitnehmen oder am montag, die büros sind ja geschlossen. ich sagte
gleich, aber bringen sie sie mir bitte runter. der koffer war nicht
da, noch im alten zimmer 108.

*

in eine holzkiste gelegt es kommt jemand, sie zu holen, sie mag
sich nicht mehr wehren
vielleicht bin ich morgen noch nicht auf dem schutthaufen

wieder das lange wochenende

*

am 2. totentag, am 16.4. als ich sie das zweitemal sah: in gegenwart des brummigen fraters: die augen wieder geöffnet, ganz
klar, blau wie damals auf der terrasse von feldafing, ja sie sah
mich an, nicht vorwurfsvoll, doch auch nicht vergebend, vielleicht noch einmal prüfend. ich hätte nicht kommen sollen, an
kinn und hals schon bläulich einsetzende verwesung, schon am
2. tag! der frater drängte.

am ersten tag, sonntag, todestag, hatte sie das schöne, sehr ruhi-
ge, fast edle gesicht. die augen geschlossen, sehr zarte wimpern,
kein schweiss, die stirn kalt unter meiner bittenden hand. der
leib hart, hochgewölbt unter dem weissen totenlaken. der leib,
der sie auffrass. ich langte unter das tuch nach ihren händen,
sah sie nicht fühlte sie nur, totenhände, die nicht festnehmen
wollten, ja, knochig, gerippig.
überhaupt kaum noch fleisch, am arm, als sie noch lebte, ein
striemen wie ein schnitt.
zeichen. das verlegen in die einzelkammer, nicht ihr, nicht mir
zuliebe, eine massnahme, schutz der drei anderen frauen.
und bleib doch noch! die fünf minuten! das verlangen nach saft

382

und milch in den letzten tagen. warum erfüllten sie die bitte
nicht. die schmerzen am letzten abend.
die schwester, die mich telefonisch gerufen hatte. marions freude, dass du gekommen bist. fast kindlich dankbar. dann diese
sätze: sie haben mich zum mass nehmen in eine holzkiste gelegt, und ich, das hast du geträumt, und sie zum schluss beim
aufwiedersehen, wenn ich morgen nicht schon auf dem schutthaufen liege. ich: aber nein das auge brach doch schon. ich ging,
ging, ging, die schwester versprach die tabletten zu bringen, unfreundlich zu mir, wissend, aber nicht sprechend. ich ging, ging.
vorfrühling in nymphenburg. ich ging, ging, ja, möwenpick. der
gute wein. überliess sie dem todeshaus. der nachtschwester. bis
5.20 der anruf des rechnenden frater 7.20. mein Gott! ich liebe
sie doch.
sie hatte ja manchmal etwas von einer hellseherin. sah die mädchen, wußte alles, auf der fahrt zur klinik. »ich komm da nicht
lebend raus«. hatte ich angst vor der pflege, ekel vor der unrein-
heit?? ich war doch nicht blind! wie bei meiner tante in reinfeld.

jetzt reist sie vom Ostfriedhof zum Nordfriedhof. reist im geschlossenen sarg. kiefer, natur, weich. 580 M ohne ausstattung.
dafür sparen sie

die reisegefährtin, der festschnallgurt
m auf dem sitz neben mir, ich streichle den gurt, ich streichle
ihre hand, die aus dem bett gestreckte hand der brüder
1. kl., die 1. kl. stewardessen,
zur landung über münchen, noch in der luft,
steig jetzt aus, lass dich fallen, dir geschieht nichts mehr, unver-
wundbar schwebend in der luft, zum friedhof, grab.

professor und bildhauer
das wasser   die erste kanne
weltkriegsteilnehmer 14-18 gest. 23

*

Geistl. Beistand in der letzten Stunde????????
ja oder nein? gewünscht oder ein Quälen? Nichts gesagt.
sie trat wohl die reise ohne segen an, oder verweigern die barmherzigen brüder der ketzerin das letzte wort?

*

die Supermarktfrauen. die letzte rote tasche. sie wollte abrech-
nen. 30 mark------------ ich sagte, lassen sie-s doch. sie war be-
fremdet.
nichts.

*

Ostermontag 84
Am Vormittag zum Friedhof. Es gab keine Blumen zu kaufen.
Die Händler hatten geschlossen. Doch das Grab war noch geschmückt. Die Erdnüsse, die ich für die Raben ans Grab gelegt
hatte, waren geholt. Ein Rabe krächzte aus der Luft, als ob er
mich erkannte. War es Marions Rabe? Ein flinkes graubraunes
Eichhörnchen kam, inspizierte den Hügel nicht ängstlich. Ich
hörte von fern Gesang und Musik, glaubte merkwürdigerweise
diese seien arabisch, Klänge aus einer Moschee, Ruf des Muez-
zin. Noch 5 Minuten sagte Marion. Ich ging den Lauten nach. Es
hatten sich aber jenseits der Friedhofsmauer Anhänger der Frie-
densbewegung zum Ostermarsch versammelt. Sympathische
junge Leute. Ein hübsches junges Mädchen in einem langen weissen Leinenkleid, auf das sehr kunstvoll mit schwarzer Tusche
ein Totengerippe gemalt war, lebensgross, lag langgestreckt im
Gras. Ich dachte, du hast Mut. Am Ausgang des Friedhofs ein
schwarzes Verordnungsbrett. Es sei verboten, an den Gräbern
Vögel zu füttern, besonders die Krähen, die andere Friedhofs-
besucher erschreckten. Marion, der gleiche Ärger mit den Menschen, wie im Leben. Ich dachte an meinen Rabenspruch aus
HIOB.
Versammlung war vor dem alten Bunker.

17.7.90

[*Traum*]

Traum: Marion und ich wohnten in Paris in einem neuen Hotel in der Nähe des Parks. Wir hatten 2 Zimmer. Sie waren gross und hoch. An diesem Morgen gab es kein Frühstück. Die Rechnung wurde unter die Tür geschoben. Sie war unbezahlbar. Marion sagte, gehn wir spazieren. Das Wetter war schön. Sie zog sich durchsichtig an. Vor dem Hotel standen die Pferdedroschken. Marion stieg ein. Ich sagte, wir können uns das nicht leisten, ich möchte noch zu Mittag essen. Wir fuhren durch den Park. Das Pferd lief seinen geduldigen Gang. Die Strasse war breit. Die elegante Welt, wie man sagt. Der Wald wurde enger. Schon am Morgen standen die Mädchen da. Die Zuhälter residierten zwischen den Gebüschen. Frühstück im Freien. Noch weiter. Die alte Lüge des Malers. Champagner auf weissen Tüchern. Marion wollte aussteigen. Ich sagte, wir können nicht teilnehmen. Natürlich nicht. Wir gingen in den Wald hinein. Die Stadt blieb zurück. Der Wald wurde tropisch. Palmen und Schlinggewächse. Die Luft wurde schwer. Der Kutscher hatte unser letztes Geld bekommen. Ich stritt mit Marion. Die Bäume wuchsen über dem Weg zu. Marion sagte, ich gehe weiter. Ich blieb stehen. Wir lachten. Ich ging zurück. Die Frühstücksplätze der Zuhälter waren leer. Auch die Mädchen waren verschwunden. Ich ging auf einem unterirdischen Pfad. Kam in einem feinen Viertel ans Licht. Ich suchte die Botschaft. Ich wollte Geld leihen. Die Botschaft war ein altes Gebäude, innen prächtig. Einer in Uniform wies mich eine Treppe hinauf. Ein orientalischer Teppich. Man schickte mich zurück. Zum Konsul, nach unten, in den Keller. Der Konsul blickte über mich hinweg und sagte: Marion ist tot.

Editorische Notiz

Die in diesem Band versammelten Briefe, Postkarten und Telegramme dokumentieren die komplette, bisher aufgefundene Korrespondenz zwischen Marion und Wolfgang Koeppen. Sie wird hier erstmals vollständig gedruckt. Sämtliche Vorlagen und Originale befinden sich im Wolfgang-Koeppen-Archiv der Ernst-Moritz-Arndt-Universität Greifswald. Titel von Büchern, Zeitungen und Zeitschriften wurden in den Briefen vereinheitlicht in Anführungszeichen gesetzt. Unterstreichungen in den Originalen sind kursiv dargestellt, handschriftliche Zusätze werden zwischen senkrechte Striche gesetzt. Koeppen unterschrieb seine Briefe immer per Hand. Dies wird nicht gesondert hervorgehoben und sei hiermit kenntlich gemacht. Komplett handschriftlich verfaßte Briefe, Karten und Notizen werden entsprechend ausgewiesen.

Die Abschrift der Briefe und Notizettel folgt konsequent dem jeweiligen Original. Nur offensichtliche Verschreibungen und Tippfehler, wie ausgelassene oder verstellte Buchstaben sowie doppelt getippte Worte oder Wortteile, werden stillschweigend korrigiert, Eigenheiten in Orthographie und Interpunktion sowie uneinheitliche Schreibungen jedoch belassen. Dies gilt auch und vor allem für die in den Briefen uneinheitliche Verwendung von ss und ß.

Weder Wolfgang noch Marion Koeppen schrieben die Anredeformen einheitlich groß; die Abschrift folgt auch hier konsequent der Vorlage. Die Schreibweise der Datumsangabe wurde hingegen vereinheitlicht. Datierungen, die nicht aus dem Brieftext hervorgehen, sondern mit Hilfe des Poststempels oder anderer Quellen ermittelt wurden, stehen in eckigen Klammern. Unsichere Schreibungen und Ergänzungen durch die Herausgeberin im Brieftext stehen ebenfalls in eckigen Klammern. Anlagen zu den Briefen werden komplett in den Kommentarteil

aufgenommen, mit Ausnahme zweier Zeitungsartikel, die nur in Auszügen zitiert werden (vgl. Brief 26 und 103).
Die beigefügte Zeittafel versammelt bisher unbekannte Details aus den Biographien von Wolfgang und Marion Koeppen.
Trotz aller Bemühungen konnten nicht mehr alle zitierten Briefpartner bzw. deren Erben ausfindig gemacht werden.

Mein Dank gilt: Bele Bachem (postum) und Alfred Gutt für überlassene Materialien und die Bereitschaft zum Gespräch; Walter Erhart (Universität Bielefeld), Arne Grafe (Universität Bielefeld), Anett Hauswald (Literaturzentrum Vorpommern), Jörg Hucklenbroich (Archiv des Südwestdeutschen Rundfunks), Elke Machon (Stadtarchiv Stuttgart), Ursula Neudorfer (Archiv der Gemeinde Feldafing), Wolfgang Schopf (Archiv der Peter Suhrkamp Stiftung an der Johann Wolfgang Goethe-Universität Frankfurt am Main), Friederike Tschochner (Gemeindearchiv Gräfelfing) und Franz Wörndle (Marktarchiv Garmisch-Partenkirchen) für Auskünfte und Ratschläge.
Katharina Krüger (Wolfgang-Koeppen-Archiv), Erika Harmel, Kerstin Tölle, Nicola Kaiser, sowie Gudrun und Franz Ebner gilt mein besonderer Dank.

A. E.

Anja Ebner
»Ich warte, … mein düsterer Literat.
In Liebe Marion.«

Über Marion Koeppen

Marion Koeppen kam am 27. Januar 1927 als zweite Tochter des Münchner Rechtsanwalts Dr. Wolfgang Ulrich und der Kommerzienratstochter Luise Ulrich (geb. Schneider-Dörffel) in Garmisch-Partenkirchen zur Welt. Die Familie lebte, großbürgerlich und gut situiert, in einer Villa im Münchner Stadtteil Schwabing, Ungererstraße 43. Marions Großmutter Luise, die in zweiter Ehe mit Wilhelm von Schrenk (1876-1959) verheiratet war, hatte ihrer Tochter das herrschaftliche Haus geschenkt. Die wohlhabende Fabrikantenwitwe wohnte selbst in der Villa Felseneck in Garmisch-Partenkirchen und besaß dort als eine der ersten ein Automobil. Ihr Vermögen aus Grundbesitz und Aktien stammte zum größten Teil aus der ersten Ehe mit dem Leipziger Lampenfabrikanten und Kommerzienrat Eduard Hugo Schneider-Dörffel (1865-1920).

Marion wuchs, wie schon ihre Mutter, in Verhältnissen auf, in denen materieller Wohlstand selbstverständlich war. Ihre Erziehung und Ausbildung, und auch die ihrer sieben Jahre älteren Schwester Lisa, zielten weniger auf eine spätere Berufstätigkeit als auf die Förderung musischer Talente und die Vorbereitung auf ein Leben als wohlhabende Erbin. Die musische Begabung lag in der Familie; so portraitierte Luise von Schrenk unter dem Namen Luise Schneider-Dörffel nicht nur ihre Enkelinnen, sondern malte auch Stilleben, die noch heute auf dem Kunstmarkt gehandelt werden.

Ende 1943, im Alter von 16 Jahren, lernte Marion Ulrich den damals 37jährigen Wolfgang Koeppen kennen. Er war in München für die Filmgesellschaft Bavaria tätig, »um dort für einige Wochen bis ungefähr Ende Dezember d. Jahres an einem Drehbuch zu arbeiten.«[1] Die Münchner Künstlerin Bele Bachem, eine Freundin Marions, berichtete in einem 2004 geführten Gespräch[2], daß Koeppen auf einer Feier der Ulrichs die Bekanntschaft der jungen Frau gemacht hatte. Marions Mutter schätzte die Gesellschaft von Künstlern und das Schwabinger Bohemeleben. Zu diesen Bohemiens gehörte auch der Schriftsteller Karl Kurt Wolter. In seinen Erinnerungen an das Schwabing Ende der 1930er und Anfang der 1940er Jahre erwähnt er auch Marions Eltern und das Leben in ihrem Haus:

»Ich entsinne mich eines Ehepaares, in dessen gastlicher Villa in der Ungererstraße sich an manchen Abenden ein Kreis von Gleichgesinnten zusammenfand. Der Hausherr, ein angesehener Rechtsanwalt und einstiger Tennismeister, sowie seine Gattin, die aus vermögender Familie entstammte, waren dem Schwabingertum derart verfallen, daß sie bereits einen festen Bestandteil dieses Milieus bildeten. Die liebenswerte, infolge ihrer Korpulenz etwas asthmatische Hausfrau beanspruchte zwar wenig rücksichtsvoll die ersehnte Nachtruhe ihres Gatten, da sie ihre Einladungen zu später Stunde zu arrangieren pflegte. Die Gäste störte es kaum, daß der Hausherr meist in seinem Sessel einnickte, um hin und wieder kurz aufzuschrecken, wenn die Schauspieler Will Dohm und Otto Brüggemann allzu temperamentvoll diskutierten oder der geniale Maler Erwin von Kreibig zu gröhlen [!] begann. Solche Abende, bei denen der Alkohol in Strömen floß, dauerten gewöhnlich bis in die Morgenstunden.

Gar mancherlei Anekdoten kursierten um das Phlegma der gutmütigen Gastgeberin, das sie mittels Cognac ausgiebig zu beleben trachtete. Und wenn auch nahezu alles der Vergessenheit anheimgefallen ist, ein Ausspruch wurde zum geflügelten Wort in Schwabing. Sie äußerte es eines Nachmittags im ›Carlton‹,

---

1 Bescheinigung vom 11. November 1943. (WKA) In den Jahren 1939 bis 1943 war W. K. für die Berliner Tobis Filmgesellschaft tätig, danach arbeitete er für die Bavaria in München (vgl. auch: »...*ich stellte mich unter, ich machte mich klein...*«, S. 165-244).

2 Interview der Herausgeberin mit Bele Bachem im März 2004 in München.

als der Reichskanzler Adolf Hitler ihre Tochter [gemeint ist Lisa Ulrich] an seinen Tisch beordern wollte: ›Heil Hitler, Herr Hitler, aber meine Tochter geht jetzt nachhaus!‹

Einige Jahre später, während des Krieges, ist die Gute – wie böse Zungen behaupteten – aus Mangel an Cognac verstorben.«[3]

Bele Bachems Angaben zufolge war Luise Ulrich keineswegs gegen eine Verbindung ihrer minderjährigen Tochter mit dem Schriftsteller und Drehbuchautor Wolfgang Koeppen, paßte eine solche Liaison doch in die angestrebte Lebensart inmitten der Schwabinger Künstlerwelt. Wolter erzählt in seinen Erinnerungen, daß es ein leichtes war, über eingeführte Freunde und Bekannte Zugang zu den verschiedenen Künstlerkreisen zu erhalten. Koeppen war durch seine Tätigkeit für den Film mit diesen Kreisen in Kontakt gekommen – er war u. a. mit den Schauspielern Aribert Wäscher und Ferdinand Marian befreundet. Auch Marions Schwester Lisa war ausgebildete Schauspielerin; sie spielte 1941 an der Seite von Heli Finkenzeller in der Bauernkomödie *Hochzeitsnacht*.[4]

Koeppen bezog aus seiner Arbeit als Drehbuchschreiber für die Bavaria ein festes Einkommen und verfügte in dieser Zeit über »mehr Geld, als [er] sonst je gehabt hatte«.[5] Dies versetzte ihn in die Lage, einer jungen verwöhnten Frau wie Marion Ulrich den Hof zu machen. Er konnte es sich leisten, im Feldafinger Clubhaus, das auch Tennishotel genannt wurde, Quartier zu nehmen. Das Hotel gehörte dem ehemaligen Tennisprofi und -lehrer Georg Siedhoff.[6] Das Clubhaus war ein beliebtes Aus-

3 Karl Kurt Wolter: *Die Pappeln hinterm Siegestor*. Pfaffenhofen: Ilmgau 1969, S. 91 f.

4 Vgl. *Lisa Ulrich – eine Hoffnung des Film-Nachwuchses*. In: *Garmisch-Partenkirchener Tagblatt* vom 4. März 1941.

5 *Zeugen des Jahrhunderts. Herr Wolfgang Koeppen im Gespräch mit Herrn Marcel Reich-Ranicki*. Original Manuskript im WKA, S. 211.

6 Georg Siedhoff hatte, zusammen mit seiner ersten Frau Annali von Alvensleben (die Ehe dauerte von 1933 bis 1940), das am Starnberger See gelegene Grundstück samt der darauf errichteten »Villa Rosa« (erbaut 1870) im ersten

flugsziel der Münchner Schickeria, zu der auch die Familie Wolfgang Ulrichs gehörte. Während des letzten Kriegsjahres 1944/1945 brachte Marions Vater seine Familie vor den Bombenangriffen auf München in diesem weit außerhalb der Stadt gelegenen Hotel in Sicherheit – eine Unterkunft, in der sie auf die gewohnten Annehmlichkeiten auch weiterhin nicht verzichten mußte. Hinzu kam, daß Lisa Ulrich inzwischen mit dem Besitzer des Clubhauses liiert war. Siedhoff nahm, neben der Familie seiner zukünftigen Frau, auch seine erste Frau Annali von Alvensleben und deren Sohn bei sich auf.[7]

Wie viel Koeppen daran lag, Marion für sich zu gewinnen, zeigen die erhaltenen Briefe aus diesen Jahren. Ihm war bewußt, daß die Sechzehnjährige nur ein Leben kannte, in dem es keine

---

Jahr ihrer Ehe zu einer Tennisanlage mit Clubhaus umgebaut. Von Alvensleben beschreibt den Einzug in die Villa in ihren Memoiren: »Uns begeisterte, daß die Villa genügend Platz bot, um ohne viel baulichen Aufwand die Voraussetzungen für das Club-Haus und einen Pensionsbetrieb schaffen zu können. Im Obergeschoß ließen sich Gästezimmer einrichten. Im Souterrain war die Küche; außerdem gab es dort Räume für Personal. […] Künftig sollte dort unsere Wohnung sein, die wir natürlich auf geringe Flächen, soweit sie für den rein privaten Bereich unerläßlich waren, beschränken wollten. Im Vordergrund stand die Funktion des Hauses als Pension und Gästeunterkunft, zu der auch ein größerer Aufenthalts- und Speiseraum gehören sollte.« (Annali von Alvensleben: *Abgehoben.* Hamburg: Christians 1998, S. 78 f.) Neben den Sportgrößen Gottfried von Cramm und Cilly Aussem trafen sich auch die Feldafinger Nachbarn im Clubhaus: »der Schriftsteller Eugen Roth, Feuilletonist Wilhelm Emanuel Süßkind, Rolf von Hörschelmann, die Malerin Bele Bachem und ihr Mann, der Suhrkamp-Autor Gustav Böhmer, […].« (Vgl. »*… ich stellte mich unter, ich machte mich klein …*«, S. 239 f.)

7 Vgl. Alvensleben: »Irgendwie arrangierten wir uns, was das Zusammenleben anging. In dem mir einst so vertrauten, von mir mit soviel Eifer eingerichteten Haus waren auch Lisas Eltern untergebracht. Ich sah das alte Ehepaar oft in der Halle sitzen. Von ihm, er war ein Rechtsanwalt, ging eine gleichbleibende Freundlichkeit aus; Frau Ulrich, Lisas Mutter, war recht korpulent und kurzatmig, sie hatte ständig ein Röhrchen mit Herzpillen in der Hand, oft aber auch ein Cognacglas. Marion, die jüngere Schwester von Lisa, hatte sich mit Wolfgang Koeppen, dem Schriftsteller, liiert; sie wohnten beide im Souterrain.« (Ebd. S. 104 f.)

finanziellen und offenbar auch wenige moralische Einschränkungen gab: »Marion ist ein Kind, eine Hure, eine Göttin. Wenn ich sie einen Engel nenne, muss ich ihr das Attribut des Bitteren geben: Engel der Verdammnis, Engel der Hölle, Engel des Todes«, schrieb er in einem Brief an seine Tante Olga Köppen.[8] Auffällig ist, daß die politischen Verhältnisse in diesen frühen Briefen keine Rolle spielen. Koeppen verliert darin kein Wort über die aktuelle Kriegssituation. Vielmehr steht die hartnäckige Liebeswerbung um Marion im Vordergrund, und die offenbar ungeliebte Arbeit für den Film diente allein dazu, diese Werbung angemessen betreiben zu können: »Das Mädchen, das ich liebe, muss, soll, sonst wär es aus, die höchsten Ansprüche stellen. [...] ich schreibe ein Mistbuch für die Leinwand, wie wunderbar. Einstellung 50 ein Essen mit Marion mit Austern, mit weissem Bordeaux, mit Champagner; Einstellung 150 ein Kleid für Marion; Einstellung 300 ein Kostüm für Marion von Bedö; dann so nebenbei ein Expose, ein Treatment, soviel seidene Strümpfe für Marion, ich würde schon Sachen aufreissen, wie schnell dann die Arbeit gehen würde, wie gut ich das schreiben würde, was die Industrie verlangt, [...].«[9]
Nicht nur materiell versuchte Koeppen zu beeindrucken, sondern auch durch seine Kontakte zum Film. So bot er Marion zum Beispiel an, sie bei einer Wehrmachtstournee unterzubringen.[10] Allerdings blieb es beim Angebot; was wohl auch daran lag, daß Koeppen als »Drehbuchautor minderen Ranges«[11] einen eher geringen Einfluß in der Filmbranche hatte.
Am 11. Juli 1944 starb Marions Mutter Luise im Alter von fünfzig Jahren in Feldafing. Für die darauf folgende Zeit bis Kriegsende 1945 sind keine aussagekräftigen Dokumente erhalten. Marion lebte weiterhin bei ihrer Schwester im Clubhaus am

---

8 W.K. an O.K. vom 6. Januar 1944. (WKA)
9 Vgl. Brief 249.
10 Vgl. Brief 248.
11 »... ich stellte mich unter, ich machte mich klein ...«, S. 173; außerdem S. 173-186.

Starnberger See, und auch Koeppen blieb dort wohnen, obwohl er die Anstellung bei der Bavaria Film und damit ein festes Einkommen verloren hatte.

Mit Kriegsende wird Feldafing für kurze Zeit von französischen Truppen besetzt. Annali von Alvensleben hat an diese Zeit drastische Erinnerungen:

»Die Soldaten, die sich bei uns einquartiert hatten, gaben schnell zu erkennen, worauf sie bei uns Frauen hinauswollten. Eines Abends drängte mich einer von ihnen ins Souterrain zu seinen Kameraden und forderte mich auf, ihnen einen Tanz vorzuführen. […]. Ich machte mich los und sagte, daß ich nicht tanzen könne, ich hätte es auch nie versucht, weil ich extrem unmusikalisch sei. Aber vielleicht, sagte ich, komme fürs Tanzen jemand anders in Betracht. Ich hoffte, was meinen Mitbewohnerinnen gegenüber nicht gerade fair und solidarisch war, daß die Aufforderung nun an Lisa oder an Marion, ihre Schwester, gehe.

Doch die Soldaten wollten sich mit Tanzen schon nicht mehr aufhalten. Einer packte mich fest und schob mich vor sich her. Mir schien es sinnlos, mich mit Kraft zu wehren. Inzwischen waren auch Lisa und Marion zum ›Tanzen‹ geholt worden. Ich sah, daß die französischen Soldaten den beiden in gleicher Weise wie mir zusetzten. Der es auf mich abgesehen hatte, drängte mich nach oben. Ich mußte ihn in mein Zimmer lassen. Daß Christian dort in seinem Kinderbett lag, störte ihn nicht. Christian war noch nicht ganz vier Jahre alt, er schlief fest. Für uns Frauen war es keine Frage, daß wir der von den Besatzern eingesetzten Gemeindeverwaltung den Vorfall anzeigen werden. Ich bin mit Lisa zur Polizeidienststelle gegangen, wo wir den Leiter zu sprechen wünschten. […] Lothar-Günter Buchheim war überraschenderweise jetzt der örtliche Polizei- und Verwaltungschef. Mit ihm bekamen wir es zu tun. Das heißt, wir bekamen von ihm in rüdem Ton klargemacht, daß die autorité municipale, die er im Auftrag der französischen Besatzer verkörperte, von solchen Märchen nichts wissen wolle. ›Vergewaltigt worden, wenn ich das schon höre‹, entrüstete er sich, ›jeden Tag kommen Frauen angelaufen, die vergewaltigt worden sein wollen. Das sind Hirngespinste!‹ Wenn wir nachweisen könnten, daß wir mißhandelt wurden, dann sehe die Sache anders aus. Das werde bestraft. Aber da wohl keine von uns Spuren einer Mißhandlung vorweisen könne, komme er zu dem Schluß, daß wir uns das alles nur einbildeten. Diese Frechheit machte uns sprachlos.«[12]

Ob Marion Ulrich an jenem Abend tatsächlich vergewaltigt worden ist, wie es die Erinnerungen von Annali von Alvensleben nahelegen, kann nicht mehr geklärt werden. 2005 darauf angesprochen, erinnerte sich Alfred Gutt[13], daß Soldaten der in Bad Reichenhall stationierten französischen Garnison den Schmuck Lisa Siedhoffs gestohlen hatten, und die Schwestern eines Abends vor den Zudringlichkeiten der Soldaten durch das Kellerfenster zu den amerikanischen Besatzern geflohen waren. Marions Vater Wolfgang Ulrich, der den Rang eines Majors innehatte, arbeitete während des Kriegs als »Büro-Offizier« und »Personal-Referent« in der Abwehrstelle 7 in München. Unmittelbar nach Kriegsende wurde er von den amerikanischen Truppen in Haft genommen und erst im Juni 1946 entlassen.[14]

---

12 Alvensleben, *Abgehoben*, S. 115 f.

13 Ich beziehe mich hier auf ein mit Alfred Gutt geführtes Gespräch in Garmisch-Partenkirchen vom 19. Februar 2005. Nach der Trennung von Georg Siedhoff (ca. Anfang der 1970er Jahre) lebte Lisa Siedhoff bis zu ihrem Tod am 11. Dezember 1992 mit ihrem Lebensgefährten Alfred Gutt in Garmisch-Partenkirchen.

14 Am 11. März 1946 schreibt der Gefangene 0686 Sektion B, Wolfgang Ulrich, an das Kommando CIC eine Ergänzung zu seinem am 8. März gestellten Entlassungsgesuch: »Bei der Ausfüllung des Fragebogens anlässlich meines Entlassungsantrages vom 8.3.46 sind mir Zweifel entstanden: Ich gehörte der Abwehrstelle 7 (zuletzt Kommando Meldegebiet München benannt) als Büro-Offizier und Personal-Referent an. Bei der allgemeinen Umgliederung der Abwehr von Juni 1944 wurde, wie bei allen Abwehrstellen, der Teil meiner Dienststelle, dem ich angehörte, dem neugebildeten militärischen Amt (Abwehramt) des Reichssicherheitshauptamtes unterstellt. Die Aufgabe der

Anstelle ihres abwesenden Vaters unterschrieb Marion am 14. September 1945 die polizeiliche Wohnungsanmeldung Wolfgang Koeppens als Besucher bei Ulrich, Ungererstraße 43. Feldafing blieb aber zunächst der eigentliche Wohnort des Paares. So wurde Koeppen zum Beispiel am 6. Mai 1947 der Entnazifizierungsbogen, in dem er als »nicht betroffen« eingestuft wurde, nach Feldafing geschickt.

Nach Kriegsende sah sich Marion Ulrich, die bisher in gesicherten Verhältnissen gelebt hatte, mit gravierenden finanziellen Einschränkungen und einer grundlegend veränderten familiären Situation konfrontiert. Es läßt sich bestenfalls darüber spekulieren, ob und inwiefern Wolfgang Koeppen in dieser Situation die Rolle des Beschützers und Versorgers für die nun achtzehnjährige Marion übernommen hat. Koeppens lapidarer Kommentar zu den Umständen ihrer Heirat, freilich aus der Distanz von fast vier Jahrzehnten gegeben, verweist auf einen schlichtweg pragmatischen Grund für die Eheschließung: »Es ergab sich, daß wir heirateten. Wir haben zusammen gelebt.«[15]

Koeppens einzige zu dieser Zeit noch lebende Verwandte, die in Reinfeld wohnhafte Schwester seiner Mutter Maria, Olga Köppen, wußte von der Freundin ihres Neffen seit Anfang 1944.[16] In einem Brief vom 15. Februar 1945 warnt sie ihren Neffen unter anderem, den großen Altersunterschied zwischen ihm und Marion nicht zu unterschätzen: »Suche dir eine Frau die zu dir paßt und dich vor allen Dingen liebt. Denn nun bist du mit ei-

---

Dienststelle, sowie meine Tätigkeit und mein Dienstgrad (Major des Heeres) blieben unverändert. Da ich dem RSHA [Reichssicherheitshauptamt] nicht angehörte, habe ich im Fragebogen die diesbezügliche Frage verneint. Um mich nicht evtl. dem Vorwurf der Ungenauigkeit auszusetzen, gestatte ich mir obigen Sachverhalt nachzubringen. [...].« Am 28. Juni 1946 meldet er sich offiziell bei der Erbengemeinschaft Ulrich in der Ungererstraße 43 an. (Vgl. den polizeilichen Meldebogen im WKA.)

15 *Warum sind Sie so unglücklich, Herr Koeppen?* Gespräch mit Hanne Kulessa. In: *Einer der schreibt*, S. 195.
16 Vgl. Brief 3, Anm. 5.

nem Schlage nicht nur ein Schriftsteller und ein gut aussehender Mensch, sondern eine *gute Partie*. Ich habe auch nichts gegen Marion. Das Gesicht gefällt mir, nur der Altersunterschied könnte sich später schärfer bemerkbar machen. Die richtige Frau scheint es mir für dich nicht zu sein. [...].«[17]

Tatsächlich konnte Wolfgang Koeppen nur mit Einschränkungen als »gute Partie« gelten. Zwar hatte Olga Köppen ihren Neffen kurz nach Theodor Willes Tod[18] zum Alleinerben eingesetzt[19], doch die zu erwartende Erbschaft sicherte die aktuellen Versorgungsengpässe des Paares nicht. Koeppens gelegentliche Veröffentlichungen, zum Beispiel in *Der neuen Zeitung*[20], und die Arbeit als freier Lektor für den Herbert Kluger Verlag[21] garantierten keine regelmäßigen Einkünfte. Auch kam eine von Wilfried Seyferth in Aussicht gestellte Anstellung als Dramaturg in Hamburg letztlich nicht zustande.[22] Auch Marion versuchte

---

17 O. K. an W. K. vom 15. Februar 1945. (WKA)
18 Vgl. Brief 1, Anm. 1.
19 Vgl. O. K. an W. K. vom 15. Februar 1945: »Du bist nun mein einziger, richtiger Erbe. Das Testament liegt auf dem Oldesloe-Amtsgericht. Es lautet auf Wolfgang Arthur Reinhold Koeppen, Schwesternkind, Schriftsteller, z. Zt. Feldafing Oberbayern, geb. 23.6.06 zu Greifswald. Alleinerbe.« (WKA)
20 Vgl. »*Ich wurde eine Romanfigur*«, S. 62 ff.
21 W. K. gab für den Herbert Kluger Verlag Émile Zolas *Germinal* in einer deutschen Übersetzung heraus und bearbeitete die autobiographischen Aufzeichnungen Jakob Littners zu einer Lesefassung um. (Zur Publikationsgeschichte dieses umstrittenen Buches vgl. das Nachwort von Alfred Estermann in: Wolfgang Koeppen: *Jakob Littners Aufzeichnungen aus einem Erdloch*. Frankfurt/M.: Jüdischer Verlag im Suhrkamp Verlag 2002; Jakob Littner: *Mein Weg durch die Nacht*. Hg. von Roland Ulrich und Reinhard Zachau. Berlin: Metropol 2002; »*... ich stellte mich unter, ich machte mich klein ...*«, S. 272-327.)
22 Seyferth hatte W. K. eine Stelle als Dramaturg am Hamburger Theater angeboten: »Hilpert [der Theaterregisseur Heinz Hilpert] übernimmt ab 15. IV. drei Hamburger Theater. Ich bin und bleibe sein direkter Stellvertreter und bin zu allen Engagements und abschließenden Verhandlungen mit dem Senat bevollmächtigt. Das Ensemble wird sich zu dreiviertel aus neuen Leuten zusammensetzen. Jedem Theater wird ein verantwortlicher Direktor vorstehen. Natürlich brauchen wir erstklassige Dramaturgen; natürlich ist

Koeppen beruflich weiterzuhelfen, indem sie bestehende Bekanntschaften nutzte und um Unterstützung bat. Am 17. Januar 1948 antwortete ihr die Sonderkorrespondentin der *Neuen Zeitung*, Paula Stuck von Reznicek: »Liebe Marion! Komme doch einmal in Ruhe zu mir, wenn Du wirklich kannst und ich auch. In den Club können wir z.Zt. – wie ich selbst von dem Vorstand höre – ich selbst bin nur Licenzfatzke – nur aktive Bühnenmitglieder die *auftreten*, aufgenommen werden [!]. Sollte dies bei Deinem Freund der Fall sein, so ja, andererseits sehe ich schwarz, obwohl wie gesagt ich nur wenig mit dem Club in diesen Dingen zu tun habe. [...].«[23]

Am 24. November 1948 heiratete das Paar. Seine materielle Existenz sicherte es mit dem Verkauf und Handel von Antiquitäten aus dem Familienbesitz. Fotos aus jenen Jahren zeigen die Räume der Villa in der Ungererstraße so gut wie unmöbliert. Darüber hinaus gab es Geldzuwendungen von Freunden wie etwa Wilfried Seyferth, dem Koeppen am 6. Mai 1950 für ein erhaltenes Geldtelegramm dankt. Auch der Schwiegervater sprang hin und wieder ein, wie die überlieferten Abzahlungsquittungen Koeppens an Wolfgang Ulrich aus dem Jahr 1954 dokumentieren.[24]

Die von Beginn an schwierige finanzielle Lage des Paares ist ein

---

jetzt der Moment gekommen, wo ich in aller erster Linie an Dich denke; Hilpert ist einverstanden. Ich richte also an Dich die offizielle Anfrage, ob Du bereit wärst, ab 15. IV. als Dramaturg ein Engagment an die Hamburger städt. Theater anzunehmen. Neben den Theatern, d.h. eigentlich ihnen übergeordnet, gilt unser Hauptinteresse der Errichtung des ›Grünen Wagens‹, der nun aus den Elitevorstellungen der festen Theater entstehen und von ihnen abzweigen soll. [...].« (Wilfried Seyferth an W.K. vom 28. Januar 1946, WKA.) Eine Antwort W.K.s ist im WKA nicht erhalten.

23 Paula Stuck von Reznicek an M.K. vom 17. Januar 1948. Adreßstempel auf dem Briefbogen der *Neuen Zeitung*: Paula Stuck von Reznicek, Sonderkorrespondentin Österreich – Deutschland – Italien, ICD Presseausweis Nr. 110 Theaterclub im Continental München Ottostraße 5, Lizenz Nr. 1413. (WKA)

24 Vgl. Zeittafel, S. 442.

wiederkehrendes Thema in Koeppens Korrespondenz. Schriftsteller zu sein, hing für ihn eng mit der Vorstellung finanzieller Unabhängigkeit zusammen: »So habe ich oft gedacht, dass ich ein Schriftsteller werden könnte, wenn ich ein wohlhabender Mann wäre, wenn ich Geld, wenn ich Muße hätte. Vielleicht war dies eine Selbstentschuldigung, aber doch mit einem Kern von Wahrheit. Ich habe einen Geldkomplex und kann mit Geld nicht umgehen. Aber selbst der schlechte Umgang mit Geld gibt mir Freiheit: die Freiheit des Ortswechsels, das Behagen in Hotelzimmern, den Kaffeehausstuhl in fremder Menge.«[25]
Eine Verbesserung der finanziellen Situation erhoffte sich das Ehepaar Koeppen von der Eröffnung des Testaments von Luise von Schrenk am 29. Februar 1952. Doch schon bald wurde deutlich, daß das Vermögen, das Marion seit ihrer Kindheit in Aussicht gestellt worden war, während des Krieges in großen Teilen verlorengegangen war. Zwar erhielten die Schwestern je ein Wohnhaus in Garmisch-Partenkirchen, Wertpapiere und das noch vorhandene Bargeld, doch waren davon erhebliche Verbindlichkeiten zu begleichen.[26] Veräußert wurde auch das Wohnhaus von Luise von Schrenk, die Villa Felseneck in Gar-

---

25 W. K. an Otto Walter vom 29. November 1959. (WKA)
26 Der Wert der ererbten Häuser belief sich auf 39 700 DM (Lisa Siedhoff) bzw. 23 200 (M. K.). M. K. verkaufte das Wohnhaus in der Mittenwalderstraße 2a bald. Jene Immobilien und Grundstücke der Verstorbenen, die nunmehr in der Ostzone Deutschlands lagen, galten als verloren und wurden dem Vermögen nicht zugerechnet. Noch Jahre später versuchten sowohl Lisa Siedhoff als auch M. K., Ausgleichsansprüche geltend zu machen, allerdings ohne Erfolg (vgl. Briefverkehr mit dem Ausgleichsamt München im WKA). Die zu begleichenden Verbindlichkeiten umfaßten z. B. die angefallene Erbschaftssteuer sowie Schulden gegenüber dem Testamentsvollstrecker Wilhelm von Schrenk und anderen. Hinzu kam eine Hypothekenschuld auf die Villa in der Ungererstraße. Lisa Siedhoff erhielt die vorhandenen Wertpapiere (u. a. von der Fabrik ihres Urgroßvaters Hugo Schneider) und erklärte sich bereit, weitere Zahlungsverpflichtungen wie z. B. die Grundschulden zu übernehmen. M. K. erhielt das vorhandene Aktivguthaben von 465,90 DM.

misch-Partenkirchen, und der nach Abzügen verbliebene Betrag unter den Schwestern aufgeteilt.[27]

Im Oktober 1952 starb Olga Köppen. Das Haus Theodor Willes, das nach dessen Tod im Januar 1945 in ihren Besitz übergegangen war, hatte sie schon 1950 verkauft[28], so daß nur noch Möbel und Hausrat Teil des Erbes waren. Das erhalten gebliebene Angebot einer Transportfirma dokumentiert, daß Koeppen nicht alle Einrichtungsgegenstände verkaufte, sondern mit einigen Möbelstücken die Wohnung in der Ungererstraße ausstattete, die von Oktober bis Dezember 1952 großzügig renoviert wurde.[29] Die seit 1946 anstehende Entscheidung über den Hauptwohnsitz des Paares war somit zugunsten Münchens und der Villa in der Ungererstraße gefallen. Daß Koeppen damit nie ganz zufrieden war, zeigt ein Brief an Alfred Andersch aus dem Jahr 1963: »Seit Jahren klage ich meinen Überdruss an der Ungererstrasse, schiele nach allen Hauptstädten der Welt und tus nicht. Meine Entschuldigung ist lächerlich: zu Rom und London kann ich Marion nicht bestimmen, und in Paris finde ich keine Wohnung, d. h. ich habe nicht das Geld, mir eine zu kaufen.«[30]

---

27 Am 29. Februar 1952 wurde die Villa Felseneck für 65 000 DM an Frau Karoline W. [Name anonymisiert] verkauft. Davon bekamen die Schwestern je 2 500 DM sofort und zweimal 30 000 DM innerhalb von 8 Tagen bzw. 4 Monaten. Beide Vertragsnehmer hatten je zur Hälfte die Kosten der Kaufvertragsurkunde, die Soforthilfeabgabe, die Grunderwerbssteuer samt Zuschlägen und den Lastenausgleich zu tragen. (Vgl. Verkaufsvertrag im WKA.)

28 Vgl. Brief 9, Anm. 1.

29 Am 13. November 1952 schreibt W. K. an Goverts: »Die Pension Biederstein, in der ich schreibe, tut mir wohl. Aber die Wohnung in der Ungererstrasse ist ein wogendes Fegefeuer, nah, beunruhigend, und ich kehre jeden Abend heim, ohne mich dort daheim zu fühlen. Umbauten geschehen da zur Zeit, eine Dekoration wird errichtet wie zu einem bürgerlichen Bühnenweihefestspiel der Lebensangst.« W. K. hatte sich in der Pension vom 8. November bis 17. Dezember 1952 und am 11./12. Januar 1953 als Tagesgast eingemietet. Die Renovierung der Villa in der Ungererstraße ist im WKA durch verschiedene Handwerkerrechnungen belegt.

30 W. K. an Alfred Andersch vom 3. Januar 1963. (WKA)

Ein Grund für das anhaltende Unbehagen war wohl das gespannte Verhältnis zu den ebenfalls im Haus lebenden Schwiegereltern. Wolfgang Ulrich hatte nach dem Tod seiner Frau Luise wieder geheiratet und bewohnte mit seiner zweiten Frau Elisabeth die erste Etage des Hauses. Ein schriftlich ausgetragener, aus heutiger Sicht anekdotenhaft wirkender Streit um Schneeräumungsarbeiten illustriert die Spannungen: »Wir haben den Weg für uns freischippen lassen. Da Euch der Schnee gleichgültig ist, bitten wir über die Wiese zu gehen und den von *uns* freigemachten Weg nicht zu benützen. Die Hausmeister vom 1. Stock.«[31] Koeppen antwortete darauf: »Liebe Liesel, zu Deinem Brief an unserer Tür erlaube ich mir, Dir sehr höflich und durchaus freundlich mitzuteilen, dass wir nicht verrückt sind.«[32]

Bis etwa 1951 versuchte Marion Koeppen, in der Berufswelt Fuß zu fassen. Anders als ihre Schwester schlug sie nicht den Weg ins Schauspielfach ein, sondern begann zunächst eine Tanzausbildung, brach diese aber bald wieder ab und versuchte sich schließlich auch als Schriftstellerin. Im WKA sind insgesamt einundzwanzig Gedichte Marion Koeppens erhalten. Im Juli 1949 überließ sie ihre Gedichte Bele Bachem zur Beurteilung, nicht zuletzt weil Bachem Herbert Kluger kannte, jenen Verleger, der auch Koeppen als freien Lektor beschäftigte. In einem Brief vom 23. Juli 1949 an Marion urteilte Bachem:

»Wirklich fortfallen *müssen* (Dir zum Vorteil) ›Karneval‹; ›Damenkränzchen‹; ›Lebenslauf‹; ›Einer ist der Offizier‹ und auch den [ein Wort unleserlich] gesehen wiegt zu [dünn?]: ›Der letzte Gang‹. ›Hymenäus 12‹ ist, bei allem Reizenden, eben doch einen Stich zu roh. Gemessen an ›November‹, ›Immergrün‹, am ›Traum‹, an den ›Stiefellilien‹, ›Zu meinen Bildern‹ [Originaltitel: ›Zu Bildern von Bele‹]. Die alle und noch die anderen eine bestimmte Atmosphäre konservieren.

---

31 Elisabeth Ulrich an W. und M. K., handschriftliche Notiz Januar 1959. (WKA)
32 W. K. an Elisabeth Ulrich vom 15. Januar 1959. (WKA)

Für meine Wahl – ich kann es Dir gerne erklären, wenn Du kommst, sind 13 Gedichte Du selbst – traumhaft ein und der gleiche Atem.

Die übrigen sind [ein Wort unleserlich], was nicht Du bist aus fremden Mitteln bezogen aufgesetzt.

Dieses schreibe ich Dir und werde zugleich Kluger anrufen, [ihn bitten] Mittwoch 7 Uhr zu kommen und komme Du doch etwas eher, daß wir zuvor noch reden können und ich Dir alles genau aufzeigen kann. Dieses alles im vorbeigehen aufgeschrieben, daß ich [ein Wort unleserlich] auf dem Rückweg schnell den Brief in den Kasten werfe. [...]«.[33]

Kluger hielt, trotz Bachems Fürsprache und ihres Angebots die Gedichte zu illustrieren, nur sieben für druckfähig. Nachweislich erschien schließlich das Gedicht *Die Netze leer* am 23. Juli 1951 in der *Neuen Zeitung*. Koeppens Aussage zufolge gab Marion ihre schriftstellerischen Ambitionen seinetwegen auf: »Sie war in einer Ballettausbildung und tanzte in München, im Gärtnerplatz Theater. Die Bühne gefiel mir nicht. Dann schrieb sie Gedichte, die in der ›Neuen Zeitung‹ als junge Gedichte erschienen. Dann sagte sie, das geht an deiner Seite nicht.«[34]

Im Archiv ist neben den Gedichten auch ein handschriftlicher Märchenentwurf Marions mit dem Titel *Mandelblüte und der reiche General* erhalten. Der Text handelt von einem jungen knabenhaften Mädchen namens Mandelblüte. Dieses wird einem General zur Frau gegeben, um die in eine finanzielle Notlage geratene Familie zu retten. Schon bald nach der Hochzeit läßt der General das Mädchen in ein Verlies sperren. Eine wunderschöne Frau errettet Mandelblüte und gesteht ihr ihre Liebe.

Ungewöhnlich an dem auch sprachlich wenig ausgefeilten Märchenplot ist die Errettung des Mädchens nicht durch einen Prinzen, sondern durch eine Frau, die sich Mandelblüte als Geliebte

---

33 Bele Bachem an M. K. vom 23. Juli 1949. (WKA)
34 *Einer der schreibt*, S. 195.

anbietet und sie auf eine Burg führt, in der zwanzig Jungfrauen wohnen.

Nicht nur in Marion Koeppens Phantasie, auch in ihrem Leben spielten Frauen eine wichtige Rolle. Koeppens Briefe aus dem Jahr 1953 dokumentieren, daß er wenigstens von einer Freundin Marions wußte. Der erste erhaltene Brief dieser Freundin stammt vom 18. Juni 1952. Darin siezt Gerda Kiefl Marion noch. Bedingt wohl auch durch Koeppens langen Aufenthalt in Stuttgart 1953, intensivierte sich das Verhältnis der beiden Frauen und wurde in den folgenden Jahren ein fester Bestandteil in Marions Leben. Kiefl hielt auch auf der gemeinsamen Reise Marion und Wolfgang Koeppens nach Spanien im Herbst 1955 den Kontakt aufrecht. In einem Brief nach Madrid berichtet sie Marion von alltäglichen Dingen, erkundigt sich nach dem Befinden des »H. K.« und dankt für ein von ihm an sie ausgeliehenes Buch. Sie schließt mit »Viele, sehr viele xxxxxxx (7 ist das Symbol der Unendlichkeit). Grüße H. K., wenn Du es für richtig findest. [...]!«[35] Während Koeppen annahm, daß die Beziehung nach etwa vier Jahren beendet war, blieb sie nachweislich bis ins Jahr 1970, vielleicht noch darüber hinaus bestehen. Der letzte erhaltene Brief stammt vom 23. Januar 1970. Allerdings lockerte sich das Verhältnis im Laufe der Zeit, wie Gerda Kiefls Beschwerden über Marions nachlässige Beantwortung ihrer Briefe und die umständliche Kontaktaufnahme zeigen. Früh schon hatte man sich auf die Modalität der Postlagerung geeinigt, um die heimlich fortgesetzte Freundschaft vor Koeppen zu verbergen. Briefe, die an Marions Hausadresse gerichtet waren, wurden mit maschinenschriftlicher Adresse versehen und blieben ohne Absender. Gelangte ein Brief nicht in Marions Hände, fiel der Verdacht unausgesprochen auf Koeppen: »Es ist ja reizend, daß Du meinen Brief vom April nicht bekommen hast und kaum zu glauben. Abgesehen von früher ist das jetzt schon der zweite, der Dir nicht gegeben wur-

---

35 Gerda Kiefl an M. K. vom 16. September 1955. (WKA)

de (es kommt höchst selten vor, daß ein Brief verloren geht, das Mittel ist also reichlich naiv).«[36] Gerda Kiefl wurde am 14. Mai 1972 ermordet.[37] Im selben Jahr erlitt Marion einen schweren Zusammenbruch, der wohl durch den Tod der langjährigen Freundin mit ausgelöst wurde.

Am 19. Februar 1963 starb Wolfgang Ulrich in München. War es 1944, nach dem Tod der Mutter, noch der Vater, der Marions Interessen vertrat, so ist es nun der Ehemann, der die Verwaltung des Erbes übernimmt: »Liebe Lisa, lieber Bino, erlaubt mir ein paar Worte zur Lage. Ich fürchte manchmal, Ihr glaubt, dass wir das Haus möglichst schnell und selbst weit unter seinem Wert verkaufen möchten. Diese Annahme wäre völlig falsch! Auch Marion will, durch Erfahrung klug geworden, und in düsterer Aussicht auf ihr Alter, ihren letzten Besitz verständlicherweise nur zum höchsten erzielbaren Preis hergeben, und auch wir könnten die Entwicklung in aller Ruhe abwarten, ein Jahr, zwei Jahre, gut und gern selbst zehn Jahre, wenn es sich ergeben sollte.«[38]

Bereits im Herbst 1963 wurde die Villa in der Ungererstraße 43 veräußert. Aufgrund immenser Reparatur- und Instandhaltungskosten war ein Erhalt nicht länger möglich. Das Haus wurde bald nach dem Verkauf abgerissen.

Anfang 1964 zogen Wolfgang und Marion Koeppen in eine Wohnung in der Löwitherstraße, in der sie aber nie richtig heimisch wurden.[39] Während Marion sich in der Ungererstraße,

---

36 Gerda Kiefl an M. K. vom 24. August 1967. (WKA)
37 Vgl. dazu: *Gestern schilderte Arno Perle, wie er die Taxifahrerin ermordete.* »Ich bin der Mörder!« Von Heinz Sünder. In: *Münchner Abendzeitung* vom 27./28. Mai 1972. Ebenfalls im WKA erhalten ist: *Im Mordfall Gerda Kiefl: Obdachloser gesteht die Tat. Er prahlte in der Kneipe mit dem Verbrechen. Die Waffe wurde bei ihm gefunden.* Von Johann Freudenreich. In: *Süddeutsche Zeitung* vom 26. Mai 1972.
38 W. K. an Lisa Siedhoff vom 31. Juli 1963. (WKA)
39 Vgl. die im Nachlaß erhaltenen Wohnungsgesuche W. K.s in den darauffolgenden Jahren. (Zeittafel, S. 445)

neben der Beschäftigung mit Renovierungs- und Gartenarbei-
ten, immer noch der Illusion hatte hingeben können, nicht alles
aus ihrer Vergangenheit verloren zu haben, war diese mit dem
Auszug aus dem Elternhaus endgültig zerstört. Die Räume in
der Löwitherstraße konnten großbürgerliches Villen-Flair weder ersetzen noch simulieren. Marions Alkoholsucht, an der sie
schon seit Jahren litt, nahm zunehmend gefährliche Ausmaße
an, und Koeppen sah sich 1966 erstmals gezwungen, einen Psy-
chotherapeuten um Hilfe zu bitten.[40]
Zu Marions schweren Krisen trugen fraglos auch die weiter un-
gesicherten finanziellen Verhältnisse des Ehepaares bei – Wolfgang Koeppen sah sich außerstande, den lange angekündigten
Roman zu schreiben.[41] Diese belastende Situation veranlaßte
Marion, sich 1966 um eine Stellung als erste Verkäuferin in einem Luxuslederwaren- und Schuhgeschäft zu bewerben: »Ich
bin gebildet, gewandt, höflich, freundlich, zuverlässig, von guten
Manieren, ich besitze Kenntnisse und Geschmack in modischen
Dingen und die Fähigkeit, andere zu beraten und zu beeinflussen. Vielleicht könnten mir diese Eigenschaften bei Ihnen nützlich sein. Ich bin verheiratet, war bisher nie im Erwerbsleben
tätig, möchte es nun werden, um evtl. später ein eigenes Geschäft zu eröffnen. Zeugnisse besitze ich nicht. Das Bild senden
Sie mir bitte zurück. [...].«[42] Eine Antwort auf diese Bewerbung
ist nicht erhalten. Sicher ist aber, daß Marion Koeppen nie als
Verkäuferin gearbeitet hat.
Gegen Ende der sechziger Jahre zeichnete sich ab, daß Marion
dauerhaft nur im Rahmen einer stationären Behandlung geholfen werden konnte. Eine Maßnahme, die sie aber strikt ablehnte
und zu der sich auch Koeppen nicht entschließen konnte, zumal
die bisherigen Versuche, wie etwa ein Sanatoriumsaufenthalt in

---

40 Vgl. dazu W.K. an Siegfried Unseld vom 27. November 1966 (»*Ich bitte um
    ein Wort*«, S. 142-144).
41 Vgl. dazu Hans-Ulrichs Treichels Nachwort in diesem Band, S. 411 ff.
42 M.K. an Fa. Pellux Mailand Piazza S. Fedele vom 16. März 1966. (WKA)

Kempfenhausen 1956, von geringem Erfolg waren. Die zunehmende Aggressivität Marions entlud sich bald nicht mehr nur innerhalb der eigenen vier Wände, sondern traf auch Nachbarn und sogar Koeppens Verleger. In einem Brief vom 25. April 1968 entschuldigt sich Koeppen bei Siegfried Unseld für Marions nächtliche Telefonattacke. Im selben Brief erwähnt Koeppen auch Marions Selbstmordversuch.[43]

Bereits einen Monat zuvor berichtete er Alfred Andersch über seine Ehe: »Obwohl Marion und ich, wie ich immer noch überzeugt bin, sehr gut zusammenpassen und uns lieben, führen wir eine immer schwierigere und unser beider Leben vernichtende Ehe. Es wäre dumm, bei einem die Schuld zu suchen. Wir bringen uns gegenseitig um. So liege ich nachts und denke an den Tod, nicht mit Hoffnung, nur mit Schrecken. [...] Morgens, ich stehe ja früh auf, verspüre ich Anfälle der Schaffensfreude, eines törichten Optimismus, der mit dem ersten Gespräch en famille verfliegt, so daß ich die Reise nach innen antrete, mich abwende und in meinem Kopf schöne Romane schreibe. [...].«[44]

In den Jahren 1973 bis ca. März 1975 stabilisierte und verbesserte sich Marions Zustand vorübergehend. In dieser Zeit arbeitete sie als Abonnementen-Verkäuferin unter anderem für *Die Welt*. Koeppen zufolge verdiente sie dabei nicht schlecht: »Meine Frau kam durch Zufall zu einem Job. Sie verdiente in einem Monat mehr als ich in einem Jahr. Dann gab sie das auf.«[45] Vielleicht beflügelt vom Erfolg ihrer Tätigkeit, versuchte Marion sich eine neue Anstellung zu suchen. Im Nachlaß sind drei Bewerbungsschreiben erhalten (vermutlich aus dem Jahr 1975), eines davon gerichtet an eine Agentur für Kunst- und Kunsthandwerk, in dem Marion, wie schon in der Bewerbung 1966, ihre Erfahrungen aus jungen Jahren unterstreicht: »Ich habe Kenntnisse im Kunst- und Antiquitätenhandel und in der Werbung. [...]

---

43 Vgl. »*Ich bitte um ein Wort*«, S. 166-168.
44 W. K. an Alfred Andersch vom 26. März 1968. (WKA)
45 *Einer der schreibt*, S. 195.

Man könnte in meiner Wohnung gegebenenfalls auch kleinere Ausstellungen und Vernissagen veranstalten. Ich verhandele gern und gewandt.«[46] Auch hier sind keine Antwortschreiben erhalten geblieben. Es kam zu keiner neuen, dauerhaften Anstellung.

Unter dem ständigen Geldmangel litt Marion Koeppen sicher nicht weniger als ihr Mann, wie zum Beispiel ein nicht abgeschickter Brief an Ilse Metzger zeigt. Die Frau des Philosophen Arnold Metzger hatte Marion 1979 zu einer umfassenden Zahnbehandlung geraten und sich bereit erklärt, diese auch zu finanzieren.[47] In dem Briefentwurf heißt es:

»Liebe Ilse, ich danke dir sehr für deinen Brief, aber der Scheck bedrückt mich, nach allem, was geschehen ist, und was du mir gesagt hast. Deine Weihnachtspakete von Käfer haben mich immer unendlich gefreut, weil mir einer ein Paket schickte – meine Schwester tat es nie –, und weil die Gabe von dir kam. Den Scheck, glaube ich, werde ich liegenlassen. Es ist ja nicht so, daß wir Weihnachten nichts zu essen hätten. Mich macht nur krank und schürt meine Depressionen der Blick, der Nachtgedanke auf die Zukunft. Ich kann nicht ertragen, was Koeppen leichter nimmt, übermorgen wirklich mittellos zu sein, wenn K. nicht mehr schreiben kann, oder nur noch langsam arbeiten kann, oder ihm nichts mehr abgenommen werden sollte. Wir stünden dann konkret im Nichts, denn wir beide haben keine Pension, keine Rente und kein Vermögen. Und das Allerschlimmste, daß wir in keiner Krankenkasse sind und [uns] schon heute einen Arzt nicht leisten können. Was Koeppen verdient, reichte in der letzten Zeit zum Leben und zum Wohnen, und das ist schon viel. Um so dankbarer waren wir dir für deine große und menschlich ganz ungewöhnliche Hilfe.«[48]

Ende 1981, in einem Brief an Siegfried Unseld, legte Koeppen

46 M. K. an Unbekannt, nicht datiert, vermutlich 1975. (WKA)
47 Vgl. Brief 243, Anm. 2.
48 M. K. an Ilse Metzger, Ende 1979. (WKA)

die eigentlichen Probleme seiner Ehe offen: »Ich hätte nicht
heiraten dürfen. Ich bin ein Junggeselle. Fähig, allein zu sein.
Verlangend nach Einsamkeit. Sonst verantwortungslos. Ich zog
Marion ins gänzlich Ungesicherte. Meine Schuld. Drückend. Ich
liebte sie. Ich liebe sie. (Wollte aber eigentlich nie heiraten. Sie
auch nicht. Plötzlich standen wir verheiratet in einer Münchner Strasse). Immer lebten wir über unsere Verhältnisse. Kein
Wunsch nach Luxus oder Highlife. Doch wir sind beide (aus
gänzlich verschiedenen, ja sich gegen einander reibenden Motiven) keine ordentlichen Leute. Marion dachte aus ihrer Kinder-
stube: Geld hat man. Ich weiß aus meiner Jugend: Geld hat man
nie. Unsere Herkunft kannte den Erwerb nicht. Meine Anlagen
hätten mich auf Reisen und dem Schreiben in Herbergen geführt. Dieses Leben hättest du mir geschaffen. Eine produkti-
ve Freundschaft. Ich hauste aber in Wohnungen des absoluten
Nihilismus. Weit entfernt von der anderen Schreibmöglichkeit,
der großbürgerlichen Regel und Tod in Venedig.«[49]
1982, zwei Jahre vor ihrem Tod, als Koeppen längst vor der
Suchtkrankheit seiner Frau kapituliert und die Verwaltung von
Tabletten und Alkohol übernommen hatte, beschimpfte Marion nach einem Gasthausbesuch ein Ehepaar und wurde sogar
handgreiflich. Eine Anklage konnte nur durch die Wiedergut-
machung der entstandenen Schäden verhindert werden.[50] An
Marcel Reich-Ranicki hatte Koeppen nicht lange vorher, am 27.
Dezember 1981 geschrieben:
»Marion und ich empfingen vor Weihnachten den Besuch eines Psychiaters. Da Marion die Nacht über in seiner Erwartung
gezittert und geschrien hatte, mußte ich ihn empfangen. Ein
freundlicher Doktor, der an den guten Willen glaubt, der nicht
da ist. Dies überstanden, gingen wir auf den Markt eine Ente

---

49 W. K. an Siegfried Unseld vom 13. November 1981 (»*Ich bitte um ein Wort*«,
    S. 371-374).
50 Insgesamt belief sich die Schadenssumme auf 1 233,50 DM. M. K. hatte, laut
    Anwaltsprotokoll vom 17. März 1982, der Geschädigten den Ledermantel
    zerrissen und einen Vorderzahn ausgeschlagen. (WKA)

und den Rücken eines Hasen kaufen. Große Harmonie. Am 25. briet ich die Ente. Gab mir Mühe. Das Werk gelang. Viel Lob. Als Koch hör ich das gern. Wir aßen die Ente. Zu ihr paßt ein Frankenwein. Hammelburger Trautlestal. Schönes Fest. Marion führt gegen Abend den Hund aus. Kommt böse und betrunken heim. Hotel. Ich wehrte mich nicht gegen Zimmer mit Bad. Hatte in meinem Fluchtkoffer einen Fotoapparat. Nahm mich im Bad auf. Verschiedene Stellungen. Hatte auch den ›Ulysses‹ bei mir, die schöne Taschenbuchausgabe. Bewunderung für Wollschläger! Versuche heimzugehen. Jeden Morgen. Der Hasenrücken modert. Das Hotel nun ohne Bad. Die Restaurants geschlossen. Die Strassen kalt. Für ›Tasso‹ keine Karte. Überall Pornofilme von der Sorte, die mich langweilt. Sie fragten mich einmal, was ich so mache. Nun, dies.«[51]

Im November 1983 wird Marion Koeppen schließlich ins Münchner Krankenhaus Josephinum eingewiesen. In einem Brief an Jan Philipp Reemtsma, dessen finanzielle Unterstützung diesen Aufenthalt erst ermöglichte, schildert Koeppen den immer schlechter werdenden Zustand seiner Frau:

»Meine Frau, wörtlich zu nehmen, todkrank. Fast nicht mehr da. Dazu noch ein Bruch des Handgelenks, von der Ärztin als Verstauchung mit Rheumasalbe behandelt. Behandlung der ins Endstadium getretenen Leberzirrhose von Ärztin und zugezogenen Arzt als ambulant nicht möglich abgelehnt. Suche nach einer Klinik. Dann dieser Brief von Ihnen. Ich werde mit dem Josephinum einig, einer städtischen Privatklinik, fromme Schwestern, guter Ruf. Es ist aber kein Platz frei. Auch wehrt sich Marion in alter standhafter Weise gegen jede Einweisung. Schließlich bringe ich Sie hin: gegen ihren Willen, mit schlechtem Gewissen. Ich hatte ihr versprochen, es nicht zu tun. Die Ärzte im Josephinum machten auf Kassandra: düsterste Prognosen, zu spät. Nun ist sie zwanzig Tage dort. Keine zu erkennende Besserung. Die Ärzte sagen Geduld. Suchen eine innere

---

51 W.K. an Marcel Reich-Ranicki vom 27. Dezember 1981. (WKA)

Sickerblutung, die sie noch nicht gefunden haben. Marion jetzt apathisch, nimmt meine Besuche kaum wahr.«[52]

Im Februar 1984 leitete Koeppen das Entmündigungsverfahren ein. Noch Anfang April erkundigte er sich nach den Chancen seiner Frau auf Heilung und wollte sie wieder zu Hause pflegen, doch ließ Marions Zustand dies nicht mehr zu.

Am 15. April 1984 starb Marion Koeppen im Münchner Krankenhaus der Barmherzigen Brüder. Nur wenigen teilte Koeppen den Tod seiner Frau und seine Trauer mit. Jan Philipp Reemtsma war einer von ihnen:

»Lieber, sehr verehrter Herr Reemtsma, Marion ist am 15. April im Krankenhaus der Barmherzigen Brüder in München gestorben und wurde am Gründonnerstag auf dem Schwabinger Friedhof begraben. November, Dezember, Januar lag sie ans Bett gefesselt in der Privatklinik Josephinum. Dann transportierte die Klinik sie in das Bezirkskrankenhaus Haar. Dort besserte sich im Februar alles, und Ärzte und Schwestern waren nett. Dann nahm ich sie zu mir nach Haus. Ärzte und Krankenschwestern kamen täglich. Erst hoffte man, dann wurde es wieder schlimm. Alle rieten wieder zur Klinik. Ich hörte von den Wundern eines Professors und las seine Schrift ›Zur Biochemie und Klinik der alkoholischen Leberschädigung‹. Ich brachte Marion in sein ›Krankenhaus der Barmherzigen Brüder‹. Der Professor sah meine Frau, machte ein ernstes Gesicht und verreiste am nächsten Morgen für acht Tage. Als er zurückkam sagte er, ernst, ernst, und am nächsten Morgen war sie tot. Die Barmherzigen Brüder zeigten sich nicht sehr barmherzig. Ich grüsse Sie herzlich!«[53]

Wolfgang Koeppen überlebte seine Frau um zwölf Jahre. Er starb am 15. März 1996 im Seniorenheim »Saul Eisenberg« der Israelitischen Kultusgemeinde in München.

---

52 W. K. an Jan Philipp Reemtsma vom 28. Dezember 1983. (WKA)
53 W. K. an Jan Philipp Reemtsma, Ostern 1984. (WKA)

Nachwort

Hans-Ulrich Treichel
»Jetzt wird es nur noch ernst sein.«

In seiner Rede zur Verleihung des Georg-Büchner-Preises im Jahr 1962 beschrieb sich der Preisträger Wolfgang Koeppen mit den Worten: »Ich bin ein Zuschauer, ein stiller Wahrnehmer, ein Schweiger, ein Beobachter …«[1] Die Literaturkritik hat diese Selbstcharakterisierung dankbar aufgegriffen und besonders das Wort vom ›Schweiger Koeppen‹ in eine geläufige Münze verwandelt. Dabei hatte Koeppen nur ausgesprochen, was für die meisten Autoren eine Selbstverständlichkeit ist: daß sie nicht in erster Linie Handelnde sind, sondern Beobachter und Wahrnehmer. Und daß Wahrnehmung und Beobachtung ebenso wie der stille Rückzug an den Schreibtisch zu den Voraussetzungen ihres Handwerks gehören. Wenn Koeppen von sich also als Schweiger sprach, dann war damit vorerst niemand anderer gemeint als der Autor, der an gleicher Stelle von sich sagt: »… ich scheue die Menge nicht, aber ich genieße gern die Einsamkeit in der Menge, und dann gehe ich in mein Zimmer, an meinen Tisch und schreibe oder versuche es wenigstens. Das Buch, das so vielleicht aus Welterleben und Klausur entsteht, gebe ich meinem Verleger, der sendet es in den Handel, und dann geht mich die ganze Geschichte nichts mehr an.«[2]
Damit hat Koeppen gleichsam den Normalzustand beschrieben, und der *schweigende* Schriftsteller wäre vor allem der *schreibende* Schriftsteller, der schweigt, weil er sich von der Welt zurück-

---

[1] Wolfgang Koeppen: *Rede zur Verleihung des Georg-Büchner-Preises 1962.* In: Ders., *Gesammelte Werke. Band 5: Berichte und Skizzen 2.* Hg. v. Marcel Reich-Ranicki in Zusammenarbeit mit Dagmar von Briel und Hans-Ulrich Treichel. Frankfurt am Main: Suhrkamp 1986, S. 253.
[2] Ebd.

zieht, um in Ruhe seine Arbeit zu tun. Diesen Normalzustand hat es für den Schriftsteller Wolfgang Koeppen allerdings nur selten gegeben. Wenn überhaupt. Koeppens Schreibbiographie ist eine Biographie der Störungen. Allzu viele Bücher, es mögen mehrere Dutzend sein, sind vom Autor zwar konzipiert und zum Teil auch in Briefen und Interviews angekündigt, aber nie geschrieben worden, so daß das ungeschriebene Werk – nehmen wir alles in allem – das geschriebene zu überragen scheint. Insofern mag das Wort vom Schweiger Koeppen eine gewisse Berechtigung haben. Mit noch größerer Berechtigung plädiert allerdings Alfred Andersch für eine differenziertere Bewertung von Koeppens sogenanntem Schweigen, wenn er einwendet: »Er veröffentlicht nur nicht. Das ist etwas ganz anderes, als nicht schreiben. Geschweige denn schweigen.«[3] Koeppen hat in der Tat nicht nur nicht geschwiegen, er hat sogar ziemlich viel geschrieben – Publiziertes und eben auch Unpubliziertes, wie sein Nachlaß dokumentiert. Blickt man auf die Vielzahl seiner Publikationen[4] und nimmt man noch die Tausende von Seiten aus dem Nachlaß hinzu, dann scheint es nicht zu weit hergeholt, mit Iris Denneler zu dem Ergebnis zu kommen: »Nicht die Dürre scheint dem Autor Schwierigkeiten bereitet zu haben, die Fülle bedeutete das Problem.«[5]

Freilich ist allzu vieles von dieser Fülle Fragment geblieben und hat die Leser nicht erreicht. Dies gilt vor allem und auf signifikante Weise für den sogenannten »großen Roman«[6], den Koeppen

3 Alfred Andersch: *Die Geheimschreiber*. In: Ders.: *Gesammelte Werke in zehn Bänden. Kommentierte Ausgabe*. Hg. v. Dieter Lamping. Band 10. *Essayistische Schriften 3*. Zürich: Diogenes 2004, S. 475.
4 Vgl. Alfred Estermann: *Wolfgang Koeppen. Eine Bibliographie*. In: *Wolfgang Koeppen*. Hg. v. Eckart Oehlenschläger. Frankfurt am Main: Suhrkamp 1987, S. 385 ff.
5 Iris Denneler: *Verschwiegene Verlautbarungen. Textkritische Überlegungen zur Poetik Wolfgang Koeppens*. München: Verlag Martin Meidenbauer 2008, S. 18.
6 Wolfgang Koeppen an Henry Goverts, Brief. v. 15.11.1951, WKA, Archiv-Nr. 24416.

bereits im Jahr 1953 seinem damaligen Verleger Henry Goverts als einen generationenübergreifenden Familienroman im Umfang von »etwa 600 Seiten« ankündigt, der »die Zeit 1870 bis etwa 1948 umfassen soll« und den er in knapp einem Jahr schreiben möchte, ist doch für ihn »der Herbst 54 der späteste Termin für sein Erscheinen«.[7] Koeppen scheint im Juli 1953 und kurz vor Erscheinen von *Das Treibhaus* geradezu überschäumende Produktionsphantasien zu haben, denn neben dem 600-Seiten-Roman hat er noch Ideen für drei weitere Romane: Der erste soll »in den Vereinigten Staaten von Nordamerika unter reichen Leuten« spielen, der zweite »in einem Warenhaus«, und der dritte sei, so Koeppen, »ein sehr großer Roman, der ›Afrika‹ heißen soll, in Afrika spielt und z.T. utopisch ist«[8]. Keiner dieser insgesamt vier Romane ist jemals erschienen, dafür aber publiziert Koeppen ein Jahr nach dem *Treibhaus* den *Tod in Rom*, so daß er, die *Tauben im Gras* eingerechnet, für den Zeitraum von 1951 bis 1954 auf die Publikation von drei Romanen blicken kann, die ohne Zweifel den Kernbestand seines Werkes ausmachen und zu den wichtigsten Romanen der deutschen Nachkriegsliteratur zählen, auch wenn sie für ihn selbst, am Maßstab seiner Projekte und Werkvisionen gemessen, möglicherweise eher Nebenwerke waren. Der ›große Roman‹ dagegen wird, von allen weiteren kleineren und größeren Romanvorhaben einmal abgesehen, unter dem Titel *Die Scherzhaften* das nächste Jahrzehnt des Autors begleiten, um dann anderen Romanplänen wie *Ein Maskenball, In Staub mit allen Feinden Brandenburgs* oder auch *Tasso* zu weichen.[9]

---

7 Wolfgang Koeppen an Henry Goverts, Brief v. 10.7.1953, WKA, Archiv-Nr. 24428.

8 Wolfgang Koeppen an Henry Goverts, Brief v. 25.7.1953, WKA, Archiv-Nr. 24430.

9 Vgl. hierzu: Wolfgang Schopf: »*Hätte ich ein Tonband gehabt, so wäre jetzt ein neues Manuskript von Koeppen da …*« *Siegfried Unselds Berichte von seinen Reisen zu Wolfgang Koeppen.* In: »*Ich bitte um ein Wort …*« *Der Briefwechsel Wolfgang Koeppen – Siegfried Unseld.* Hg. von Alfred Estermann und Wolfgang Schopf. Frankfurt am Main: Suhrkamp 2006, S. 525-546.

Es verwundert nicht, daß angesichts dieser Umstände aus dem »Schweiger« der Büchner-Preis-Rede, der schweigt, weil er schreibt, der zusehends schreibgestörte Autor wird, der schweigt, weil er so vieles von dem, was er schreiben möchte, eben nicht schreibt. Und es verwundert auch nicht, daß dieses krisenhafte und von Koeppen durch die verschiedensten Romanankündigungen immer erneut beglaubigte Schweigen auf großes Interesse der Literaturkritik und der literarisch interessierten Öffentlichkeit stößt. Es gibt kaum ein Interview, in dem er sich nicht Fragen nach seinen gescheiterten oder bislang nicht realisierten Romanvorhaben stellen muß. Es sind allerdings Fragen, die nicht so sehr die poetologischen oder handwerklichen Dimensionen des Schreibens betreffen, sondern vor allem auf die privaten Lebensumstände des Autors zielen und auf die Koeppen in der Regel ausweichend reagiert. So antwortet er beispielsweise im Jahr 1972 Christian Lindner auf die Frage nach einer möglichen Schreiblähmung in geradezu stockender Diktion: »Nein. Ich muß Ihnen etwas anderes sagen: ... Ich bin mit meinem Schreiben an einen Punkt gelangt, wo ich nicht brutal rücksichtslos egoistisch genug bin, um jeden Preis zu schreiben ... Es liegt sehr kompliziert ... Das werden Sie alles gar nicht verwenden können, es tut mir leid, sie werden mit einem unbrauchbaren Tonband nach Köln zurückkreisen müssen ... Es schwebt mir im Augenblick eine ziemlich absurde und wahrscheinlich unverständliche Äußerung vor: ... Ich lebe in einem Roman, und das mindert meinen Willen, ihn zu schreiben, zehrt auch an meiner Kraft.«[10]

Heute glauben wir zu wissen, welchen Lebensroman Koeppen meint, der ihn, wenn nicht von seiner Arbeit, so doch von der Fertigstellung von Büchern abhält: die Ehe mit seiner suchtkranken Frau Marion. Es sollte noch einige Zeit dauern, bis Koeppen erste öffentliche Hinweise auf diese krisenhafte Privat-

10 Wolfgang Koeppen: *Einer der schreibt. Gespräche und Interviews.* Hg. v. Hans-Ulrich Treichel. Frankfurt am Main: Suhrkamp 1995, S. 63.

situation gibt. So in einem Gespräch mit Karl Woisetschläger im Jahr 1991, in dem der Interviewer fragt:»›Wann haben Sie zum letzten Mal jemanden angeschrien?‹ KOEPPEN: ›Oje ... Ja, leider, meine Frau.‹ WOISETSCHLÄGER: ›Haben Sie es später bereut?‹ KOEPPEN: ›Ja. Das war zum Schluß ein Kampf – sie hat getrunken. Und ich habe alles getan, sie zu retten. Ich wußte, daß sie tödlich enden würde. Es ist mir nicht gelungen. Ich habe sie geliebt.‹«[11] In einem Gespräch mit Volker Wehdeking aus dem Jahr 1989 erwähnt Koeppen, daß die Probleme seiner Frau bereits ein Arbeitsvorhaben in der unmittelbaren Nachkriegs-zeit durchkreuzten:»Zuerst kam Kästner, den ich vom Vorkrieg und im Krieg gut kannte, und wollte für die ›Die Neue Zeitung‹ einen Aufsatz über den Chaplin-Film ›Der große Diktator‹, ein wichtiger und interessanter Auftrag, keine Frage. Da war aber eine große Krise mit Marion und dem Alkohol, und ich habe es nicht geschrieben.«[12] Am deutlichsten wird Koeppen in einem Gespräch mit André Müller, in dem er der Unterstellung des Interviewers, daß Marion Koeppen Alkoholikerin gewesen sei, ohne Zögern nachgibt:»Ja, sie konnte zuletzt nicht mehr auf den Beinen stehen. Da habe ich sie in eine Klinik einweisen lassen. Ich habe sie weggegeben. Das machte mir Schuldgefühle.«[13] Spätestens mit diesen Äußerungen im Zeit-Feuilleton hat Koep-pen das Schweigen um seine privaten Lebensumstände und speziell die Suchterkrankung seiner Frau Marion einer breite-ren Öffentlichkeit preisgegeben. Nun durfte und sollte alle Welt wissen, welchen Bedrückungen sein Privatleben über Jahrzehn-te ausgesetzt war, und natürlich läge es nahe, Marions Krankheit für die gescheiterten Romanprojekte verantwortlich zu machen. Auch André Müller möchte wissen:»Hat die Trunksucht Ihrer Frau Sie am Schreiben gehindert?«, worauf Koeppen allerdings

---

11 Ebd. S. 247.
12 Ebd. S. 218 f.
13 *Ich riskiere den Wahnsinn. Wolfgang Koeppen im Gespräch mit André Müller.* In: *Die Zeit* v. 15. November 1991.

die Antwort verweigert: »Diese Frage«, so Koeppen, »beantworte ich eigentlich nicht.« Und er ergänzt: »Ich liebte diese Frau. Natürlich gab es rein praktisch Verhinderungen. Manchmal habe ich mir ein Zimmer in einem Hotel genommen, wenn ich in der Wohnung nicht schreiben konnte. ›Das Treibhaus‹ ist zum größten Teil im Bunkerhotel unter dem Stuttgarter Marktplatz entstanden.«[14]

Es spricht für Koeppen, daß er nicht gewillt ist, Marion öffentlich anzuklagen. Ganz anders klingt es freilich in einem nachgelassenen Textfragment über seine Frau, in dem er zumindest vor sich selbst die Überzeugung preisgibt, daß Marion seine Schriftstellerei nicht nur beeinträchtigt habe, sondern sogar zu verhindern versuchte: »Sie hindert mich, meinen Beruf auszuüben, den sie haßt, auf den sie eifersüchtig ist. Ich wage nicht, beruflich zu verreisen, Vorlesungen zu halten, sie [...] beschimpft meinen Verleger, er ginge mit mir ins Bordell. In der Wohnung zerschlug sie meine Schreibmaschine, brachte meinen Schreibtisch, Manuskripte, Akten durcheinander, warf meine Anzüge ins Treppenhaus. Zunehmender Eifersuchtswahn.«[15]

Daß solche Szenen einer Ehe dem Schreiben abträglich sind, steht außer Zweifel. Wie es aber dazu kommen kann, daß ein Schriftsteller sich über Jahre und Jahrzehnte solchen Szenen aussetzt, muß unbeantwortet bleiben. Laienpsychologische Deutungen wollen wir uns verbieten, auch wenn der Verdacht naheliegt, daß Marions Sucht und das häusliche Chaos Koeppens eigenen Schreibschwierigkeiten entgegenkamen.

Das alles bleibt letztlich Spekulation. Wir wissen nicht, warum ein Schriftsteller die Bücher, die er schreiben möchte, am Ende doch nicht schreibt. Genausowenig wissen wir, warum eine junge und attraktive Frau aus besserem Hause schon als Sechzehnjährige, wie Koeppen uns wissen läßt, zu trinken beginnt. Möglicherweise liefert die von Koeppen notierte Tatsache, daß

---

14 Ebd.
15 Wolfgang Koeppen: *Marion Koeppen geb. 1930*, S. 378 in diesem Band.

Marions Mutter »als Trinkerin bekannt war« und Marions sieben Jahre ältere Schwester »ständig unter Alkohol«[16] stand, eine, wenn auch keinesfalls hinreichende Erklärung für die Krankheit der Tochter. Die familiäre Vorbelastung ist jedenfalls unbestreitbar, und für Marion war der Alkoholkonsum offenbar von Jugend an selbstverständlich: »Sie trank bereits als ich sie kennenlernte. Sie war sechzehn Jahre alt. Ich traf sie kurz nach dem Krieg. Wir feierten ihren Geburtstag. Damals fand ich ihr Trinken noch lustig. Ich wußte nicht, daß es ein Leiden war, eine Krankheit.«[17]

Auch der vorliegende Briefwechsel zwischen Marion und Wolfgang Koeppen wird die Frage nach den innersten Motiven der beiden Briefpartner nicht beantworten. Weder die nach den Gründen für Marions Alkoholkrankheit, zu der später noch eine Tablettenabhängigkeit hinzukommen wird, noch die nach den Ursachen für Koeppens Schreibschwierigkeiten. Aber die Briefe machen neben dem Autor Wolfgang Koeppen eine Person sichtbar, die ohne Zweifel die wichtigste in seinem Leben war. Und das Verhältnis zu ihr war keinesfalls nur das einer unglücklichen Liebe – keine bloße Obsession, wie die unerwiderte Liebe zu Sybille Schloß, die er als 21jähriger im Herbst 1927 in Berlin kennenlernte. Aus letzterer konnte Koeppen trotz und wegen aller Versagung immerhin Stoff und Inspiration für seinen Roman *Eine unglückliche Liebe* gewinnen. Seine Ehe mit Marion war für einen Roman hingegen nicht tauglich. Was freilich nicht heißt, daß Koeppen vor allem am Anfang der Beziehung nicht auch einen gewissermaßen literarischen Blick auf das noch sehr junge Mädchen geworfen hatte, wie zwei undatierte Briefe aus dem Jahr 1944 (Brief 248 und 249) deutlich machen. Koeppen war, als er Marion Ulrich in Feldafing kennenlernte, kein junger Mann mehr, sondern ein Publizist und Schriftsteller, der sowohl auf seine Berliner Zeit als Journalist

16 Vgl. ebd. S. 376 f.
17 Koeppen, *Ich riskiere den Wahnsinn.*

beim *Berliner Börsen-Courier* (1930-1934) als auch auf eine erste Werkphase mit zwei publizierten (*Eine unglückliche Liebe*, 1934; *Die Mauer schwankt*, 1935) und einen fragmentarisch gebliebenen Roman (*Die Jawang-Gesellschaft*, 1937/38) sowie auf seine Tätigkeit als Drehbuchautor zuerst bei der Berliner Tobis und dann bei der Münchener Bavaria zurückblicken konnte. Ein Mann mit Berufserfahrungen und einer fortgeschrittenen Biographie also, der nun in dem einundzwanzig Jahre jüngeren Mädchen die Liebe seines Lebens gefunden zu haben schien.

Koeppen wird alt und erfahren genug gewesen sein, um seine Chancen nicht allzu hoch einzuschätzen. Welches sechzehnjährige Mädchen würde sich auf eine solche Mesalliance einlassen wollen? Und er war zugleich Schriftsteller genug, um sich vor einer möglichen Enttäuschung und Abweisung mit entsprechenden Literarisierungsversuchen zu schützen. Hierbei greift Koeppen zu durchaus traditionellen Motiven, wenn er das junge Mädchen ein »Hurenkind« (Brief 248) nennt – paradoxerweise deshalb, weil es ihn nicht erhört, obwohl er es doch mit allen Mitteln versucht. Einerseits vergöttert er sie und vergleicht sie mit einem Kunstwerk: »… so grosse Schönheit, so starker Reiz dürfen der Welt nicht entzogen werden. Ein Hurenkind gehört allen. Genau, wie ein Bild allen gehört, wie eine Statue allen gehört.« (ebd.) Andererseits bietet er ihr – möge sie doch wirklich zur Hure werden – Geld an, um ihm zu Willen zu sein: »Mir ist es egal, ob ich mit oder ohne Geld mit dir schlafe.« (ebd.)

Mehr noch als in diesen frühen Briefen an Marion beweist Koeppen in einem Brief an seine Tante Olga Köppen, wie sehr ihn die junge Marion Ulrich auch als gleichsam literarische Figur fasziniert: »Das Milieu und das Mädchen ähneln ein wenig dem in der ›Mitternacht‹ von Julien Green geschilderten. […] Marion steht vor dem geschlossenen Fenster der großen Terrasse. Ihre blauen Kinderaugen sind dem trügerischen Schein der Unendlichkeit anheimgegeben. Der grellgefärbte Mund in dem blassen Gesicht gibt das Bild, dass Flammen Schnee aufsaugen. Die blutig lackierten Nägel ihrer eigentlich unsympathischen,

zornigen, zanksüchtigen, mit Brillanten und Perlen geschmück-
ten Hände klopfen leicht gegen das Glas des Fensters, und das
Vibrieren der hellen Scheibe teilt mir sich mit, der ich hinter ihr
stehe und seit langer Zeit wieder mein Herz schlagen höre [...]
Marion ist ein Kind, eine Hure, eine Göttin. Wenn ich sie einen
Engel nenne, muß ich das Attribut des Bitteren geben: Engel der
Verdammnis, Engel der Hölle, Engel des Todes.«[18]
Es ist nicht nur erstaunlich, daß Koeppen die zukünftigen Ge-
fährdungen Marions hier schon vorauszuahnen scheint. Es verwundert zugleich, daß er eine solch literarisierte Männerphan-
tasie von »Kind, Hure, Göttin« der altersschwachen Tante Olga
zumutet. Doch versucht Koeppen nicht nur, seine Obsession
für Marion durch ihre Literarisierung zu balancieren und so für
sich erträglich zu machen, sondern auch das Mädchen durch
Literatur – in diesem Fall »eine kleine Pornographie« – zu ver-
führen. Hierbei handelt es sich um einen in Koeppens Nachlaß aufbewahrten Text mit dem Titel *Das Pariser Modell*, eine
längere, erotisch-pornographische Erzählung, die er im Januar
1944 »M. U.« (Marion Ulrich) gewidmet und schließlich auch
geschenkt hat in der Hoffnung, sie damit für sich auch im erotischen Sinn zu verpflichten: »Als ich dir die paar Seiten der Pornographie gab, bat ich dich, sie mir zurückzugeben, oder dein
Behalten würde ein Versprechen sein. Du behieltst das Buch.
Ich tat in der Sache M. das äusserste. Es war der höchste Preis,
den ich überhaupt für dich zahlen konnte. Dein Wort betrog.«
(Brief 249) Es scheint, als habe Marion dieser massiven Werbung vorerst nicht nachgegeben. Das mag auch damit zusam-
menhängen, daß sie und ihre Mutter Luise wie auch Koeppen in
dem Feldafinger Tennis- bzw. »Golfhotel«[19] mit dem offiziellen
Namen »Klubhaus«[20] wohnen, und die Sechzehnjährige Hem-

---

18 zit. n. Brief 3, Anm. 5.
19 Vgl. Koeppen, *Einer der schreibt*, S. 214.
20 Vgl. Jörg Döring. »*... ich stellte mich unter, ich machte mich klein ...« Wolf-
    gang Koeppen 1933-1948*. Frankfurt am Main und Basel: Stroemfeld 2001,
    S. 236.

mungen hat, in dieser halböffentlichen Situation eine sexuelle Beziehung mit einem – dazu noch so viel älteren – Gast zu beginnen. »Die Furcht, es könnte einer etwas merken, lässt dich ängstlich sein« (Brief 248), vermutet Koeppen gewiß zu Recht. Als Ausweg schlägt er ein Hotelzimmer in München oder einen dreitägigen Besuch bei Ernst von Salomon vor, dem ehemaligen Freikorpskämpfer und späteren Autor des Romans *Der Fragebogen* (1951), der wie Koeppen als Drehbuchautor für die Produktionsfirma Bavaria tätig war.

Irgendwann erfüllt sich Koeppens Traum, und er nimmt mit Marion ein Zimmer im »Regina Hotel«. Doch es kommt, wie es nicht kommen sollte: »Was uns in das Zimmer des Regina trieb, war Verhängnis. […] Erst brach dein Zorn in Worten wie eine Schlammflut über [mich] rein; dann machte dein bitteres böses Schweigen den Raum atemlos. Und ich liebte dich, Marion! Du verkrampftest dich in deiner Ablehnung! Und mir wurde die Liebe zu einem Krampf!« (Brief 249) Koeppen besitzt freilich immer noch die Souveränität, Marions »Verkrampfung« beziehungsweise Ablehnung auch nach ästhetischen Maßstäben zu werten: »Einmal sagtest du in dieser teuflischen Nacht etwas Schönes: ›Ich wollte, dass mir das einmal begegnet, wenn ich liebe!‹« Und mit allem Recht kommentiert er: »Ein schönes Wort! Wie furchtbar für mich!« (ebd.)

Es scheint, als seien alle Weichen gestellt für eine weitere unglückliche Liebe im Leben des Schriftstellers. Koeppen versucht zu retten, was zu retten ist, indem er seine Ansprüche an Marion mindert: »Ich machte dir den Vorschlag der lockeren erotischen Freundschaft ohne Szenen, ohne Bindung, nur der Heiterkeit gewidmet. Ich stehe noch zu diesem Vorschlag. Es ist die einzige schmale Planke der Rettung.« (ebd.) Und zugleich stellt er sich vor, dauerhaft im Regina Hotel zu leben, ohne jede Schreibstörung Drehbücher zu schreiben – »wie schnell dann die Arbeit gehen würde, wie gut ich das schreiben würde, was die Industrie verlangt« (ebd.) – und einmal in der Woche oder alle vierzehn Tage würde seine Geliebte Marion ihn besuchen kommen, die er mit »Austern, mit weissem Bordeaux, mit Champagner« (ebd.), mit maßgeschneiderten Kleidern und seidenen Strümpfen verwöhnen würde, um so – als Liebhaber einer außergewöhnlich jungen und schönen Frau – zum Neidobjekt aller anderen »dummen Filmmenschen« (ebd.) zu werden.

Zu solch sonnigen Scènes de la vie de Bohème sollte es nicht kommen, wohl aber zur Heirat am 24. November 1948 und einer langjährigen ehelichen Verbindung, die erst mit dem Tod Marion Koeppens am 15. April 1984 endete. Wie glücklich oder unglücklich Koeppens Ehe mit Marion war, wollen wir an dieser Stelle nicht ermessen. Daß die Belastung durch Marions Suchterkrankung beständig zunahm, steht außer Frage, doch wird auch das Zusammenleben mit einem so störungsanfälligen Schriftsteller wie Koeppen nicht einfach gewesen sein.

Überhaupt gehört es zur Natur eines solchen Briefwechsels, daß er uns vom Zusammenleben der Briefpartner eher wenig wissen läßt. Briefwechsel sind per se Dokumente der Distanz und des Getrenntseins, was nicht zuletzt ein Grund sein mag für die wiederholten brieflichen Versicherungen besonderer Nähe. Den Briefen zwischen Wolfgang und Marion Koeppen mangelt es jedenfalls nicht an Liebesbezeugungen und Sehnsuchtsäußerungen, und dies vor allem von seiten des Ehemanns. Marions Briefe, die ohnehin den weitaus geringeren Teil der Korrespondenz ausmachen, sind eher zurückhaltend und weniger emphatisch.

In den frühen Briefen aus den vierziger Jahren wird zudem deutlich, daß sich die »Verkrampfungen« des Anfangs nicht so schnell lösten. Auch im Jahr 1946 sorgt sich Koeppen um seinen Platz in Marions Leben und Herz: »Betrügst du mich ordentlich? Findest du das Leben ohne mich schöner?«, fragt er am 5. Oktober 1946 (Brief 3). Koeppen ist zu dieser Zeit in Reinfeld in Holstein, um sich um den Nachlaß zu Lebzeiten seiner altersschwachen Tante Olga Köppen zu kümmern, die bereit ist, so Koeppen, »mir ALLES zu geben« (Brief 3), wenn er denn nur den Möbeltransport finanzieren könnte.

Zugleich nutzt er den Aufenthalt in Norddeutschland zu einem Gespräch »mit Claassen-Goverts« (ebd.). Henry Goverts wird von 1951 bis 1961 Koeppens Verleger sein, und sehr wahrscheinlich sind hier Gespräche über die zukünftige Zusammenarbeit geführt worden. Im Jahr 1951 erscheint denn auch Wolfgang Koeppens Roman *Tauben im Gras* im Scherz & Goverts Verlag, den Goverts zusammen mit Alfred Scherz nach der Trennung von Claassen gründete. Der Briefverkehr zwischen Wolfgang und Marion Koeppen ist in diesen Jahren spärlich, was auf wenige Trennungen der Eheleute schließen läßt. Trotz der besorgten Ermahnung »meide den dummen Schnaps« (Brief 9), scheint Koeppen Zeit und Ruhe gefunden zu haben, nicht nur die unter dem Pseudonym Jakob Littner erschienenen *Aufzeichnungen aus einem Erdloch* zu schreiben beziehungsweise nach einer von Koeppen zeitlebens verschwiegenen umfangreichen – und inzwischen publizierten[21] – Vorlage Jakob Littners zu adaptieren[22], sondern auch den Roman *Tauben im Gras* fertigzustellen. Auch wenn es sich dabei um ein Zeitpanorama und nicht um einen autobiographischen Roman handelt, so ist doch unverkennbar, daß speziell zwei Figuren des Romans autobiographisch angelegt sind: der Schriftsteller Philipp und seine Lebensgefährtin Emilia. Philipp weist zahlreiche Eigenschaften auf, die an Koeppen erinnern, so wie die aus bürgerlichen Verhältnissen stammende, nun aber verarmende und ihre Erbstücke versetzende Emilia als eine von Marion Koeppen inspirierte Figur gelesen werden kann.

Die Jahre 1951-1954 gehören wie die Jahre 1933/34 zu Koeppens produktivsten Jahren. In diesen Zeitabschnitten erscheinen insgesamt fünf Romane von ihm, sein Gesamtwerk als Romancier also, die *Aufzeichnungen aus einem Erdloch* von

---

21 Vgl. Jakob Littner: *Mein Weg durch die Nacht.* Hg. v. Roland Ulrich u. Reinhard Zachau. Berlin: Metropol 2002.

22 Vgl. Wolfgang Koeppen: *Jakob Littners Aufzeichnungen aus einem Erdloch.* Roman. Frankfurt am Main: Jüdischer Verlag im Suhrkamp Verlag 1992.

1948 einmal ausgenommen. Hinzu kommt eine weitere intensive Arbeitsphase am Ende der fünfziger Jahre (1958-1961), in denen Koeppens Reisebücher erscheinen. Wenn Koeppen also ein Autor mit großen Schreibschwierigkeiten war, dann war er zugleich auch ein Autor mit enormem Schreibpotential, der in drei kürzeren Lebens- und Arbeitsphasen beinahe sein Gesamtwerk geschaffen hat.

Daß der Briefwechsel mit Marion die Entstehung von Koeppens *Treibhaus* dokumentiert, ist allerdings auch den häuslichen Störungen durch Ehestreit und Marions Trunksucht zu verdanken. Ganz offensichtlich floh Koeppen die Münchener Wohnung, um ungestört an seinem Roman arbeiten zu können. »Könnte man nicht a l l e s rückgängig machen, nie wieder darüber reden?« (Brief 12), schreibt er in seinem ersten erhaltenen Stuttgarter Brief vom 23. April 1953. Und: »Mein Liebes, Gutes, Hübsches, Eigenartiges – leider, ach leider sah ich dich in der Nacht völlig verwirrt, völlig aufgelöst, völlig betrunken. Kannst du dich nicht fangen, nicht dich lösen. Es wäre so herrlich! Ich würde mit Freude wieder zu dir kommen!« (ebd.)

Koeppen hielt sich von April bis Juli 1953 in Stuttgart auf, wo er mit Unterbrechungen im *Hotel am Marktplatz* wohnte, einem unterirdisches Bunkerhotel, das noch bis 1985 existierte und dem Koeppen »Grabesluft« (Brief 15) bescheinigt. In den Briefen aus Stuttgart wird auch zum erstenmal deutlich, wie sehr die ehelichen Probleme die unmittelbare Schreibtätigkeit beeinflussen und sich auch des Romanstoffes selbst bemächtigen. Gemeint ist die Liebesbeziehung, die Marion Koeppen mit Gerda Kiefl unterhält: »Ich denke an dich, sehr freundlich, sehr liebevoll«, schreibt Koeppen am 24. April 1953, »und dabei muss ich annehmen, dass du jetzt noch in den Armen von K[iefl] ruhst und nach Bier und Zank riechst. Gib's auf! Gib's auf!« (Brief 14) Immerhin hat Koeppen angesichts dieser ganz speziellen Eifersuchtsprobleme noch Sinn für ein Kafka-Zitat (»Gib's auf!«), das freilich seine Wirkung verfehlt. Die Beziehung zwischen Gerda Kiefl und Marion Koeppen belastet nicht nur Koeppens Ehe, sie drängt sich auch in seinen Roman, an dem er gerade schreibt: Eine lesbische Affäre bedroht die Ehe des Abgeordneten Keetenheuve mit der ›Kindfrau‹ Elke, die – eine weitere Marion-Reverenz – sechzehn Jahre alt ist, als der über zwanzig Jahre ältere Keetenheuve ihr zum erstenmal begegnet. Der Bundestagsabgeordnete phantasiert einen eifersüchtigen Mord an »der Wanowski«, einer »Tribade« und »pervertierten Frauenschaftsführerin«, die Elke eine »unwiderstehliche Bestechung«[23] bot: »Zweisamkeit und Bier.«[24] So viel Haß wie Keetenheuve der Wanowski entgegenbringt, die er einen »Oger des Geschlechtsneides« und eine »böse und dick gewordene Penthesilea«[25] nennt, wird Koeppen gegenüber der lesbischen Rivalin wohl nicht verspürt haben. Obwohl er in Marions Beziehung zur Gerda Kiefl ebenfalls eine Trinkergemeinschaft sieht, wie er in seiner biographischen Skizze über Marion vermerkt: »1954 fand Marion, nach einigen vorangegangenen Neigungen zu älteren Damen, eine gleichalte Freundin. Sie verbrachte bei ihr die Wochenenden. Wie ich heute weiß, um sich hemmungslos zu betrinken.«[26] Daß Gerda Kiefl in den siebziger Jahren als Taxifahrerin arbeitete und hierbei Opfer eines Mordes wurde, wie Koeppen an gleicher Stelle berichtet, mag als nachgeholte Erfüllung von Keetenheuves Mordphantasien wie tragische Ironie wirken. Für Marion wiederum scheint der Tod Gerdas ein »letztes Alibi für die Trunksucht«[27] geworden zu sein, wenn wir Koeppens Deutung folgen wollen.

Noch während der Arbeit am Roman kommen Koeppen Zweifel an der Lesbierinnen-Thematik. »Es steht mit der Arbeit gefährlich. Durch die Spannungen der Ungererstrasse ist in das

23 Wolfgang Koeppen: *Das Treibhaus. Roman.* Mit einem Kommentar von Arne Grafe. Text und Kommentar. Frankfurt am Main: Suhrkamp 2006, S. 23.
24 Ebd. S. 24.
25 Ebd.
26 *Marion Koeppen geb. 1930*, S. 377.
27 Ebd. S. 195.

Manuskript das persönliche Drama hineingerutscht, das mit der Geschichte des Abgeordneten (die ich schreiben wollte) keine allzu glückliche Verbindung eingegangen ist, und die Kritik könnte alles sehr gesucht und an den Haaren herbeigezogen finden.« (Brief 16) Am 27. April 1953 denkt er daran, »das Gerüst des Romanes völlig umzukonstruieren« und ihn auf eine »frauenlose Basis« zu stellen, am 28. April berichtet er Marion, daß er »die ganze lesbische Geschichte – leider 30 gute Seiten – aus dem Roman geworfen« hat. (Brief 17) Aus einem Brief Marions geht hervor, daß Koeppen die Zweifel an der Romankonzeption noch bis in den Mai hinein beschäftigen: »Findest du dein Buch noch so unmöglich?« fragt sie am 19. Mai 1953 (Brief 37) und läßt ihn im gleichen Brief wissen, daß sie aufs Land gefahren, zum »Naturburschen« geworden sei und »inmitten eines alten Bauernhofes« ein Wurstbrot gegessen und »Bier mit Brause« getrunken habe. Koeppen zeigt sich einmal mehr beunruhigt – »… wie kommst du auf den Bauernhof? Hast du ein Auto?« – und sieht sich, ganz wie Keetenheuve, von den Lesbierinnen verfolgt: »Wahrscheinlich haben sich die kessen Väter wie Ratten vermehrt« (Brief 38), schreibt er Marion, hierbei auf *Das Treibhaus* anspielend oder es vorwegnehmend, wo es heißt: »Wenn Keetenheuve von der Reise zurückkam, huschten die kessen Väter mit höhnischem Grinsen wie gesättigte Ratten durch die Tür. Er schlug nach ihnen; sie huschten in ihre Verstecke.«[28]
Unter Koeppens Briefen aus Stuttgart ragt der Brief vom 24./25. Mai 1953 besonders hervor, da Koeppen hier Szenen aus einem Stuttgarter »Zuhälterlokal« beschreibt, die jederzeit in einen seiner Romane hätten Eingang finden können: »Diese Burschen gehen zwar auch (als Nebenerwerb) auf den Strich, aber in der Hauptsache leben sie von hässlichen Mädchen, die schneller verblühen als sie. Doch eine war da, die war nicht reizlos. Sie war jung, aber schon aufgeschwommen, hatte schon den fettigen Mehlteint der Prostituierten … Sie küsste die verseuchten

28 Koeppen, *Treibhaus*, S. 24.

Münder, öffnete die Hosenschlitze, redete sehr drollige Sachen und sammelte für die Drei-Mann-Gelegenheits-Kapelle Geld, damit sie ›Shoe Shine Boy‹ spiele ...« (Brief 46). Doch ein weiterer Brief vom gleichen Tag fällt wieder in eine Art Stuttgart-Melancholie zurück, weitab von jeder Verdorbenheit und Verruchtheit, die ja der schwäbischen Metropole auch ganz unangemessen erscheint: »Bin tieftraurig. Traurig in Spiesserstrassen und auf Spiesserplätzen. Rettete einen Maikäfer. Vielleicht. Sehr traurig. Ist was mit dir?« (Brief 47) Worauf die oft ironische und eben nicht »immer so brave« (Brief 49) Marion, wie sie selbst von sich sagt, mit einem beruhigenden Brief reagiert, ihrem »Kopernikus« über ein Treffen mit dem Vater und seiner zweiten Frau sowie von den beiden Hunden Trinkulo und Bimbus berichtet: »Bimbus hat den Reklamekopf des Maibocks, den Stiernacken des Obergruppenführers und den Leib eines Zollbeamten. Trinkulo ist ein manchmal gepflegter, manchmal staubiger Bettvorleger mit masochistischen Neigungen. Er schläft in deinem Bett, unter deinem Bett oder auf dem roten Sofa.« (Brief 49)

Koeppens zweite intensive Werkphase in der Nachkriegszeit fällt in die Jahre 1958 bis 1961, in denen er, wiederum bei Goverts, seine Reisebücher *Nach Rußland und anderswohin* (1958), *Amerikafahrt* (1959) und *Reisen nach Frankreich* (1961) publiziert. Während die Arbeit am *Tod in Rom* in Koeppens Briefen an Marion nur sehr wenige Spuren hinterlassen hat, sind die Recherchereisen für die Reisebücher relativ ausführlich dokumentiert. Das hängt wiederum mit der Trennung der Eheleute zusammen. Hatte Marion ihren Mann 1954 auf der Reise nach Rom, die den *Tod in Rom* inspirierte[29], noch begleitet, so unternimmt Koeppen die vom Süddeutschen Rundfunk finanzierten Reisen nach Rußland, Amerika und nochmals nach Rom allein.

---

29 Vgl. Wolfgang Koeppen: *Wie ich dazu kam. Zur Entstehung des Romans »Der Tod in Rom«*, wo es lakonisch heißt: »Ich war in Rom, und der Roman fiel mir dort ein.« In: Ders., *Gesammelte Werke, Band 5*, S. 242.

Ob er nach England und Holland in Begleitung seiner Frau reiste, ist ungewiß. Die mangelnde Korrespondenz aus dieser Zeit spräche ebenso dafür wie Koeppens von New York aus mitgeteilte briefliche Erinnerung an das »Londoner Gummisteak«[30] – die Tatsache, daß Marion in den Texten an keiner Stelle erwähnt wird, eher dagegen. Allerdings mag letzteres auch dramaturgische und erzähltechnische Gründe haben, denn eine Reise zu zweit würde dem Autor zumindest gelegentlich eine »Wir-Perspektive« aufzwingen, wie dies in den *Reisen nach Frankreich* der Fall ist, wo der Name Marion zwar auch nicht vorkommt, es aber beispielsweise heißt: »Wir sind an der oberen Saône, lieblich wie alle Flüsse Frankreichs«[31] oder auch »Wir schliefen gut«[32]. Allerdings wechselt Koeppen sehr schnell wieder zur Ich-Perspektive – »Ich ging die Landstraße zum Meer hinunter. Ich wandelte unter Palmen.«[33] –, womöglich mit der Absicht, das erlebende und erzählende Ich nicht zu sehr als Privatperson erscheinen zu lassen. Einzig im Text über Spanien finden sich mehrere explizite Erwähnungen Marions als Reisebegleiterin, einige spielen sogar auf Marions Trinkgewohnheiten an: »Auch Marion sagte, sie sei nun ein Caballero, sie streckte die Füße mit den strahlenden Schuhen aus und verlangte noch einen Cognac«[34], heißt es über einen Barbesuch auf der Rambla in Barcelona, und in Madrid, anläßlich eines Besuches in »Chicotes Bar«, notiert Koeppen: »Marion trank schnell drei Cognacs, um zu drei Tellern gerösteter Haselnüsse zu kommen …«[35]
Die Reise nach Rußland tritt Koeppen im Juni 1957 ohne seine Frau an. Er bezahlt vier Fahrkarten, reserviert vier Betten,

---

30 Brief 159. Vgl. dazu auch ebd. Anm. 5.
31 Wolfgang Koeppen: *Reisen nach Frankreich*. In: Ders., *Gesammelte Werke*, Band 4, S. 492.
32 Ebd. S. 527.
33 Ebd. S. 528.
34 Vgl. Wolfgang Koeppen: *Nach Rußland und anderswohin*. In: Ders., *Werke*. Band 8. Hg. v. Walter Erhart. Frankfurt am Main: Suhrkamp 2007, S. 29.
35 Ebd. S. 65.

reist auf diese Weise sehr komfortabel allein im komplett bezahlten Vier-Bett-Abteil[36] mit dem Zug von Berlin aus nach Moskau und grüßt seine Frau gleichwohl wie so oft »Recht traurig« (Brief 130). Von Moskau beziehungsweise dem »Moskauer Schiffsbahnhof«[37] aus geht es mit dem Motorschiff »Kasastan« weiter die Wolga hinab, wo Koeppen die Zeit für gutes Essen (»Kaviar aus dem Fluß«), ausführlichere Korrespondenz und gelegentlich auch schlechte Träume nutzt: »Du warst betrunken und krank und mochtest mich nicht.« (Brief 138) Der letzte umfangreichere Brief erreicht Marion aus Sotschi am Schwarzen Meer mit Koeppens Eindrücken vom russischen Strandleben: »Im Badeleben herrscht hier der Bikini vor. Selbst die aeltesten und dicksten Frauen tragen ihn in winzigster Form und haben ihn damit ganz allgemein enterotisiert. Man sieht so auch die huebschen Maedchen nicht mehr an.« (Brief 142)
Am ausführlichsten ist die Korrespondenz aus den USA. Koeppen reist mit dem Schiff, und schon nach der Ausfahrt aus Le Havre beschwört er Marion einmal mehr, vom Alkohol zu lassen. Vor Southamptom meldet er am 24. April 1958: »Noch immer keine Reiselust. Nur Traurigkeit.« (Brief 152) Am nächsten Tag geht es ihm nicht besser: »Ich bin kein glücklicher Passagier. Ich bin traurig«, um sich dann zu besinnen und von den ersten Eindrücken auf dem Schiff sowie dem unmittelbar vorhergehenden Aufenthalt in Paris zu erzählen, wo er »impfkrank« zum Arzt mußte und den vermögenden und in luxuriösen Verhältnissen lebenden Schriftsteller Joseph Breitbach besuchte: »Mein Besuch bei Breitbach war zunächst von Kafka erfunden, und ich benahm mich den ganzen Abend wie Chaplin.« (Brief 154) Am 30. April 1958 kommt Koeppen um 5 Uhr morgens in New York an, und am Mittag des gleichen Tages berichtet er Marion von dem gar nicht so grandiosen Erlebnis der Ankunft: »Also die Skyline vor dem Sonnenaufgang: lange nicht so impo-

---

36 Vgl. ebd. S. 110.
37 Ebd. S. 152.

nierend, wie man sich das vorstellt. Wolkenkratzer, gewiss. Auf einem schmalen Raum, der Spitze von Manhattan zusammengedrängt, wirken sie wie ein grössenwahnsinnig gewordenes Dorf.« (Brief 159) Die Wendung von New York als »grössenwahnsinnig gewordenem Dorf« findet sich auch in Koeppens *Amerikafahrt* wieder[38], was darauf schließen läßt, daß der Autor die Briefe an seine Frau zumindest gelegentlich als Material für seine Reiseberichte nutzte. Auch Koeppens Bericht von seiner Ankunft in Washington findet Entsprechungen und Varianten in der *Amerikafahrt*: Heißt es beispielsweise im Brief an Marion »Eine Schwüle wie ein Sack heisser Watte« (Brief 161), so heißt es in der *Amerikafahrt* »Durch den Portikus drang die Schwüle wie heiße Watte ...«[39]. Die im gleichen Brief vom 5. Mai 1958 geschilderte Anekdote, daß er im Hotel zuerst ein falsches und zu teures 40-Dollar-Zimmer zugewiesen bekommt, um auf eigenes Verlangen in ein billigeres Zimmer geführt zu werden, das allerdings wiederum 40 Dollar kostet, um schließlich ein 20-Dollar-Zimmer ohne Klimaanlage und mit Ventilator zu beziehen, kehrt ebenfalls in der *Amerikafahrt* wieder, nur die Zimmerpreise hat er geändert.

Koeppens wohlorganisierte und stationenreiche[40] Amerikareise endet am 19. Juni 1958, und er vergißt nicht, bereits von Washington aus Marion zu bitten, beim Delikatessenhändler Dallmayr »6 Boxbeutel, aber nur Abfüllung aus *Juliusspital* oder *Bürgerspital* oder *Hofkeller*« zu bestellen. »Rechnung wird nach meiner Ankunft bezahlt.« (Brief 187)

Zu Beginn der sechziger Jahre bricht für den Schriftsteller Koeppen insofern eine neue Ära an, als er nun Autor des Suhrkamp Verlages ist. Die Jahre bis zum Erscheinen von *Jugend* im Jahr 1976, dem lange erwarteten nächsten Buch nach den

---

38 Vgl. Wolfgang Koeppen: *Amerikafahrt*. In: Ders., *Gesammelte Werke, Band 4*, S. 258.
39 Ebd. S. 326.
40 Vgl. das Programm der Reise, Brief 161, Anm. 4.

Reisen nach Frankreich, sollten ganz im Zeichen der Arbeit an dem auf vier Bände projektierten autobiographischen Roman *Die Scherzhaften* stehen, dessen ersten Band unter dem Titel *In Staub mit allen Feinden Brandenburgs* der Verlag zwar für das Frühjahr 1975 ankündigt, der aber nie erscheinen wird.[41] Der Briefwechsel ist in den sechziger Jahren auffallend spärlich. Daß diese Jahre auch immer wieder Krisenjahre sind, wird aus einem Brief Koeppens an seinen Lektor Walter Boehlich deutlich: »Ich gebe Geld, das ich nicht habe, für drei Wohnungen aus, um zwischen ihnen zu fliehen. In keiner dieser Wohnungen bin ich was ich sein müsste: allein.«[42] Seit Anfang der siebziger Jahre protokolliert der Briefwechsel auch die Tablettenabhängigkeit Marions, da Koeppen während seiner Abwesenheiten Marions Tablettenkonsum per Brief zu kontrollieren und zu rationieren sucht: »1 Tablette« schickt er ihr beispielsweise am 12. Januar 1970 von einer Lesereise und »eine Stunde vor meinem ersten Auftreten« aus Burgdorf (Brief 207), am 14. Januar 1970 sind es »2 x Tabletten« (Brief 209) aus Solothurn, am 15. Januar 1970 wiederum »1 Tablette« (Brief 210) aus Aarau oder, viereinhalb Jahre später, »noch einmal gift für 2 tage« (Brief 219).

Offenbar häufen sich die physischen und psychischen Zusammenbrüche Marions gegen Ende der sechziger und Anfang der siebziger Jahre. Es ist eine Zeit, die in der Korrespondenz ebenfalls nur sehr schwach dokumentiert ist. Aus den Jahren 1963-1965 liegen gar keine Briefe vor. Eine lebensbedrohliche Krise aber fällt in diesen Zeitraum, als Marion Koeppen im April 1968 einen Selbstmordversuch unternimmt. »Ich hatte die Nacht in einem Hotel verbracht«, schreibt Koeppen am 25. April 1968 an Siegfried Unseld, »und fand Marion am Sonntag vormittag nach einem Selbstmordversuch so vor, dass ich einen Arzt holen mußte und grauenvolle Tage erlebte.«[43] Eine weitere

---

41 Vgl. Brief 196, Anm. 1 sowie: »*Ich bitte um ein Wort …*«, S. 528.
42 Zit. n. Brief 206, Anm. 1.
43 »*Ich bitte um ein Wort …*«, S. 166.

Zuspitzung scheint im September 1972 erreicht. Am 25. dieses Monats schreibt Koeppen an Marion: »Mir wird der Anblick von Samstag unvergeßlich bleiben, du, wie du am Boden lagst, flehtest, hilf mir doch, und die Grenze jeder Hilfe überschritten war. Wie ein Weltuntergang. Ich fürchte, dass sich von diesem Moment an unser Leben geändert hat. Vorher war es noch gut. Manchmal sogar lustig. Jetzt wird es nur noch ernst sein.« (Brief 213)

Wolfgang Koeppen hält sich im Jahr 1975 vorübergehend und mit Unterbrechungen als »Stadtschreiber« in Bergen-Enkheim auf, wo er an der Zusammenstellung von *Jugend* arbeitet, denn »in Frankfurt sitzen sie gierig und warten und schicken reitende Boten.« (Brief 226) *Jugend* erscheint im Herbst 1976, ist aber kein Gegenstand der Korrespondenz zwischen Wolfgang und Marion Koeppen. Für ihn kann das Jahr 1976 aber zumindest literarisch als ein gutes Jahr gelten. *Jugend* erfährt eine zum Teil enthusiastische Aufnahme. Marcel Reich-Ranicki nennt das Buch ein »vollendetes Fragment«[44], Siegfried Unseld läßt Koeppen am 19. Juli 1977 wissen, daß von *Jugend* »bis jetzt 34 260 Exemplare verkauft seien. Das finde ich ungewöhnlich, fast sensationell gut.«[45] Ein glückliches Ende also? Zumindest für diesen Zeitraum und in bezug auf das eigene Schreiben? Koeppen selbst wird es nicht so empfunden haben. Zu sehr wird ihm der fragmentarische Charakter von *Jugend* bewußt gewesen sein. Und zu sehr wird ihm das vorliegende Buch wie ein mahnender Hinweis auf alle die Bücher vorgekommen sein, die er nicht geschrieben hat. Weder vor noch nach 1976.

Koeppens Briefwechsel mit seiner Frau können wir mit gutem Grund auch als eine gemeinsame innere Biographie des Paares lesen. Daß der weitaus größere Teil der Briefe von Wolfgang

---

44 Marcel Reich-Ranicki: *Wahrheit, weil Dichtung. Wolfgang Koeppens vollendetes Fragment »Jugend«.* In: *Frankfurter Allgemeine Zeitung* v. 20. November 1976.

45 *»Ich bitte um ein Wort ...«*, S. 308.

Koeppen geschrieben worden ist, bedeutet nicht, daß Koeppen in diesen Briefen immer die Hauptfigur wäre. Das Gegenteil ist der Fall: Marion Koeppen ist überaus präsent in den Briefen ihres Mannes, und manchmal sogar mehr als das, wenn wir nur an seine durchaus anrührende und zuweilen tägliche Tablettenzusendung denken. Anrührend nicht nur wegen der Fürsorglichkeit, sondern auch wegen der Ohnmacht gegenüber der Sucht seiner Frau, die sich in dieser Art der Tablettenrationierung ausdrückt. Konnte Alfred Estermann, einer der Herausgeber des Briefwechsels zwischen Wolfgang Koeppen und Siegfried Unseld, noch mit einem gewissen Recht bemerken, daß in Koeppens Briefen an seinen Verleger »Marion Koeppen Hintergrundfigur, gelegentliche Staffage« bleibt und Koeppen sogar zuweilen »völlig gefühllos«[46] gegenüber seiner Frau erscheint, so gilt für den vorliegenden Briefwechsel das genaue Gegenteil. Koeppen erweist sich immer wieder und über Jahrzehnte hinweg als sehnender, eifersüchtiger, liebender, werbender und um seine Frau besorgter Ehemann, unabhängig davon, wo er sich gerade befindet. Daß er darüber hinaus auch Unwillen, Resignation, Wut, Enttäuschung und Verärgerung verspürt hat und dies – in den Briefen selten genug – auch äußert, ist mehr als verständlich. Wenn Siegfried Unseld nach einem Besuch des kranken neunundachtzigjährigen Koeppen notiert: »Es ist schwer, ihm nicht helfen zu können«[47], dann ist dies ein Satz, den Koeppen auch für sich in bezug auf seine Frau hätte reklamieren können. Wie schwer muß es gewesen sein, der suchtkranken und immer gefährdeten Marion Koeppen nicht helfen zu können. Und dies von ihrem sechzehnten Lebensjahr an und über einen Zeitraum von insgesamt vierzig Jahren hinweg.

Angesichts dieser Dauerbelastung, der sich Koeppen offen-

---

46 Alfred Estermann: »*Komm' an meinen leeren Schreibtisch voll von meinen Träumen*«. In: »*Ich bitte um ein Wort …*«, S. 562.

47 Zit. n. Wolfgang Schopf: »*Hätte ich ein Tonbandgerät gehabt, so wäre jetzt ein neues Manuskript von Koeppen da …*«. In: »*Ich bitte um ein Wort …*«, S. 546.

bar niemals wirklich entziehen konnte, werden seine Schreibschwierigkeiten verständlicher, wenn auch nicht restlos erklär-
bar. Die kranke Ehefrau hätte von sich aus wohl niemals die
Macht gehabt, auch nur einen einzigen Roman zu verhindern.
Es mußte der Partner hinzukommen, der diese Verhinderung
aufgrund eigener Dispositionen erst ermöglicht. Und der, wie
im Fall Koeppen, sich nicht zu einer »Zwangseinweisung über
eine Entmündigung«[48] durchringen konnte, obwohl er einmal
notierte: »Ich kann dich nicht verlassen, weil ich keine Hilflose
verlassen darf. Also muß ich dich in Obhut geben.« Und: »…
man müßte in erster Linie dich in Verwahrung bringen, um
mich von dir zu befreien, um die fortdauernde Zerstörung zu
unterbinden, die du mir antust, erst in zweiter Linie, um dich
zu heilen.«[49]

Was und wieviel Koeppen ohne seine lebenslange Bindung an
Marion geschrieben hätte, wissen wir nicht. Welche Auswege es
für Marion Koeppen aus ihrer Krankheit gegeben hätte, wissen
wir ebensowenig. Die Berufstätigkeit vielleicht – oder gar Kinder? Beides waren offenbar keine Optionen, auch wenn in ihrem
Nachlaß mehrere Bewerbungen auf Stellenangebote[50] erhalten
sind. Eine dritte Variante, nämlich Marion Koeppen als Schriftstellerin, können wir uns nur schwer vorstellen, obwohl es erste
zaghafte Schreibversuche gegeben hat. Im Nachlaß sind knapp
zwei Dutzend Gedichte erhalten, bei denen es sich um lyrische
Fingerübungen handelt, wie beispielsweise das Gedicht *Traum
Traum Traum*, dessen erste Strophe lautet: »In den [!] Traumes
Wehe/ Wo ich dich sehe/ Schon seit Jahren/ Mit gepuderten
Haaren/ Liegst du süchtig/ Blickst du flüchtig/ In den Raum/
Ich fühle dich kaum.« Daß Marion Koeppens Texte mehr als
bloße Amateurlyrik sein sollten, macht die Tatsache deutlich,
daß am 23. Juli 1951 das Gedicht *Die Netze leer* in der *Neuen*

---

48 *Marion Koeppen geb. 1930*, S. 379.
49 Ebd.
50 Vgl. *Über Marion Koeppen*, S. 405 ff. in diesem Band.

Zeitung unter dem Mädchennamen Marion Ulrich gedruckt worden ist.[51] Doch war Marion Koeppens literarisches Debüt ganz offenbar ein Anfang und ein Ende zugleich.

»Ich bin ein Zuschauer, ein Beobachter« hatte Koeppen von sich gesagt und damit eine Haltung beschrieben, die es erlaubt, wohl in der Welt und doch nicht ganz in ihr zu sein. Der Idealzustand des Schriftstellers, der freilich nicht immer aufrechtzuerhalten ist, schon gar nicht der eigenen Frau gegenüber. Der »Marion-Roman« findet sich darum auch nicht in Koeppens Nachlaß, diesen Roman hat der Lebensroman verhindert. Und auch aus der kurzen nachgelassenen Skizze mit dem Titel *Marion Koeppen geb. 1930*[52] wäre wohl kein Roman geworden, selbst wenn Koeppen der 1927 geborenen hier ein verändertes Geburtsjahr zuschreibt – möglicherweise nur eine Fehlleistung, als solche vielleicht aber ein Indiz für den zaghaften und mehr unbewußten als bewußten Versuch, die Person Marion in die Figur Marion zu verwandeln.

Wenn Wolfgang Koeppen über seine Frau geschrieben hat, dann hat er dies nicht zuletzt in seinen Briefen getan. Zum einen in den Briefen an Marion selbst, indem er ihr von ihren eigenen Leidenszuständen berichtet: »… du, wie du am Boden lagst, flehtest, hilf mir doch …« (Brief 213). Zum anderen in einigen der Briefe an Siegfried Unseld, wobei der Brief vom 18. August 1967 eine Art traurigen Höhepunkt darstellt: »Marion war brisant, mit Rum aufgeladen«, heißt es da, und: »Ich war erschöpft. Wir fuhren nach Düsseldorf. Im Hotel Explosion, Ringkämpfe am Boden um einen Koffer voll Flaschen, Hass, Trostlosigkeit, Gotteshader, Todesverlangen.«[53] Koeppen läßt im gleichen Brief einen Bericht über die weiteren Tage folgen, in dem er eine sich steigernde Entwicklung beschreibt bis hin zur häuslichen Kata-

---

51 Vgl. Hiltrud und Günter Häntzschel: »*Ich wurde eine Romanfigur*« – *Wolfgang Koeppen. 1906-1996*. Frankfurt am Main: Suhrkamp 2006, S. 119.
52 Vgl. S. 376 ff. in diesem Band.
53 »*Ich bitte um ein Wort …*«, S. 148.

strophe in München samt Einsatz von Rettungskräften in der eigenen Wohnung: »Es erscheinen riesige sture Burschen mit einem Krankenwagen, geborene SS-Männer füllen das Zimmer, füllen das Haus, stehen vor dem Bett meiner Frau ...«[54]

Es lohnte sich, den ganzen Brief zu zitieren, denn er zeigt, wie aus einer brieflichen Mitteilung über die private Misere mitreißende Koeppensche Erzählprosa entsteht. Und es verwundert nicht, daß Siegfried Unseld in seiner Antwort zuerst auf dessen erzählerische Qualität und dann erst auf den bedrückenden Inhalt des Briefes reagiert: »Lieber Herr Koeppen, als ich Ihren Brief vom 18. August las, dachte ich, welch ein Brief, welch ein Dokument, welch ein Schreiber.«[55] Freilich hat Koeppen es nicht gewagt, diese Geschichte der Welt zu erzählen. Schon gar nicht zu Lebzeiten Marions. Doch finden sich in Koeppens Nachlaß einige Notizen mit dem Datum 15.4., die offenbar noch am Todestag Marions geschrieben worden sind und die in der Leichenhalle aufgebahrte Frau beschreiben: »ein schönes, fast edles, ruhiges gesicht, von der fleischlichkeit schon entblößt, die feinen wimpern und brauen über den zugedrückten augen.« Und: »über marions leiche wölbt sich ihr kranker leib. sie ist schön. sie ist wieder schön.«[56] Und schließlich heißt es auf einem weiteren, undatierten Blatt: »am 2. totentag, am 16.4. als ich sie das zweitemal sah: in gegenwart des brummigen fraters: die augen wieder geöffnet, ganz klar, blau, wie damals auf der terrasse von feldafing, ja sie sah mich an, nicht vorwurfsvoll, doch auch nicht vergebend, vielleicht noch einmal prüfend. ich hätte nicht kommen sollen, an kinn und hals schon bläulich die einsetzende verwesung, schon am 2. tag! der frater drängte.«[57] Diese gleichsam letzten Notizen hätten die Keimzelle für einen Text bilden können über das Leben und Leiden Marion Koep-

54 Ebd.
55 Ebd. S. 150.
56 S. 381 in diesem Band.
57 S. 382 in diesem Band.

pens, die Keimzelle des Marion-Romans. Es wäre nicht das erste Mal, daß der Tod die Lizenz zum Schreiben erteilt. Doch wenn es Wolfgang Koeppen schon vorher an der nötigen seelischen Unangefochtenheit fehlte, um ungestört produktiv sein zu können, dann jetzt erst recht. Bemerkenswert genug, daß er unmittelbar nach dem Tod seiner Frau überhaupt in der Lage zu solchen Notizen war. Sie dokumentieren auf eine Weise wie vielleicht keiner seiner Texte zuvor, daß der Schweiger Wolfgang Koeppen ein unablässig Schreibender war.

Literatur

Im folgenden werden jene Bücher von und über Wolfgang Koeppen angeführt, die in den Anmerkungen zu den Briefen und Notizzetteln sowie in der Darstellung zum Leben Marion Koeppens nur mit Kurzangaben zitiert werden.

Wolfgang Koeppen. Hg. von Eckart Oehlenschläger. Frankfurt am Main: Suhrkamp 1987.

Wolfgang Koeppen: *Gesammelte Werke in sechs Bänden*. Hg. von Marcel Reich-Ranicki in Zusammenarbeit mit Dagmar von Briel und Hans-Ulrich Treichel. Frankfurt am Main: Suhrkamp 1990.

Einer der schreibt. Gespräche und Interviews. Hg. von Hans-Ulrich Treichel. Frankfurt am Main: Suhrkamp 1995.

Wolfgang Koeppen: *Auf dem Phantasieroß. Prosa aus dem Nachlaß*. Hg. von Alfred Estermann. Frankfurt am Main: Suhrkamp 2000.

Wolfgang Koeppen: *Eine unglückliche Liebe. Werke Band 1*. Hg. von Jörg Döring. Frankfurt am Main: Suhrkamp 2007.

Wolfgang Koeppen: *Tauben im Gras. Werke Band 4*. Hg. von Hans-Ulrich Treichel. Frankfurt am Main: Suhrkamp 2006.

Wolfgang Koeppen: *Nach Rußland und anderswohin. Werke Band 8*. Hg. von Walter Erhart. Mitarbeit: Anja Ebner und Arne Grafe. Frankfurt am Main: Suhrkamp 2007.

Wolfgang Koeppen: *Das Treibhaus*. Text und Kommentar. Suhrkamp BasisBibliothek. Mit einem Kommentar von Arne Grafe. Frankfurt am Main: Suhrkamp 2006.

»Ich bitte um ein Wort ...«. Wolfgang Koeppen – Siegfried Unseld. Der Briefwechsel. Hg. von Alfred Estermann und Wolfgang Schopf. Frankfurt am Main: Suhrkamp 2006.

Hiltrud und Günter Häntzschel: *»Ich wurde eine Romanfigur«. Wolfgang Koeppen. 1906-1996*. Frankfurt am Main: Suhrkamp 2006.

Hiltrud und Günter Häntzschel: *Wolfgang Koeppen*. Suhrkamp Basis-Biographie. Frankfurt am Main: Suhrkamp 2006.

Zeittafel

Die nachfolgende Zeittafel versammelt die ermittelbaren relevanten Daten und Lebensstationen von Marion und Wolfgang Koeppen in chronologischer Folge. Als Grundlage und Quelle dienen neben den in dieser Ausgabe gedruckten Briefen diverse Dokumente aus dem umfangreichen Nachlaß im Wolfgang-Koeppen-Archiv Greifswald, wie z. B. Briefe Dritter, amtliche Schreiben und persönliche Notizen Wolfgang Koeppens.

1906   *23. Juni*: Wolfgang Koeppen wird in Greifswald geboren.

1927   *27. Januar*: Marion Ulrich wird in Garmisch-Partenkirchen geboren.

1943   *11. November*: das Berliner Büro der Bavaria-Filmkunst München bestätigt W. K. (wohnhaft in Berlin W 15, Württembergischestr. 35/36) eine Reise nach München, um »dort für einige Wochen bis voraussichtlich Ende Dezember d. Jahres an einem Drehbuch zu arbeiten«.

1944   *Januar*: W. K. erwähnt in einem Brief an Olga Köppen. vom 6. Januar 1944 seine Freundin Marion. Im selben Monat schreibt er die unveröffentlicht gebliebene Erzählung *Das Pariser Modell*, die mit der Widmung versehen ist: »Für M. U. von W. K. Feldafing Januar 1944«.

   11. Juli: Marions Mutter Luise Ulrich stirbt in Feldafing.

1945   *9. Januar*: W. K.s Nennonkel Theodor Wille stirbt in Reinfeld.

   25. April: der Feldafinger Arzt Dr. Theodor Struppler verordnet W. K. »Ruhe, Schonung [und] vorübergehende Arbeitsentlastung zur Wiederherstellung seiner Gesundheit«. Dieses Attest bescheinigt W. K., daß er zur Zeit »an allgemeinen Erschöpfungszuständen in Folge von Überarbeitung – ferner an Depressionen, starker Nervosität bei Mitbeteiligung des Herzens, an periodisch auftretenden schweren Kopfwehattacken, an Schlaflosigkeit, patholog. Übermüdung, Anämie, starker Abnahme des Körpergewichtes, jetzt bis auf 106 Pfund« leidet.

   13. Juni: W. K. erhält von der amerikanischen Militärregierung die Erlaubnis, als Journalist zu arbeiten.

13. September: W.K. registriert sich beim Arbeitsamt Starnberg / Gemeinde Feldafing.

14. September: W.K. meldet sich bei der polizeilichen Meldebehörde in München als Zugezogener zu Besuch bei Ulrich, Ungererstraße 43. Als letzte Wohnadresse gibt er Feldafing, Höhenberg [!] 122 bei Ulrich an. Den Meldezettel unterschreibt neben W.K. auch Marion Ulrich. Zur Frage, ob er schon einmal in München gewohnt habe, gibt er an: »Ja, 42-43 Hotel Königshof«.

Am selben Tag erhält W.K. einen Personalausweis des Military Government of Germany. Darin ist als ständige und aktuelle Adresse München 23, Ungererstraße 43 eingetragen.

1946 *25. Januar*: der Autorenausschuß im Arbeitsausschuß für den bayerischen Buchhandel in München stellt W.K. eine Berufsbestätigung über die freiberufliche Tätigkeit als Schriftsteller aus. Die angegebene Adresse lautet: Feldafing, Höhenberg [!] 122.

20. März: W.K. erhält eine vorläufige Arbeitsbescheinigung des *Schutzverbandes Deutscher Schriftsteller*, als ständige Adresse ist Feldafing, Höhenberg [!] 122 angegeben.

28. Juni: Wolfgang Ulrich meldet sich als Untermieter bei der Erbengemeinschaft Ulrich in der Ungererstraße 43. Als letzter Wohnort wird das Internee Camp 27 Ludwigsburg / Württemberg angegeben.

2. bis ca. 14. Oktober: W.K. besucht seine Tante Olga Köppen in Reinfeld, um ihr bei der Sichtung und Ordnung der Gegenstände in der Villa Daheim zu helfen.

6. Dezember: die vom Amtsgericht München übernommene Pflegschaft für Marion Ulrich wird aufgehoben. Wolfgang Ulrich kann die elterliche Vormundschaft wieder selbst ausüben.

1947 *20. März*: der *Schutzverband Deutscher Schriftsteller* bestätigt W.K., daß er hauptberuflich als Schriftsteller tätig ist. Die ständige Adresse lautet: Feldafing, Höhenweg 122.

Seit April: W.K. arbeitet als freier Lektor und Herausgeber für den Herbert Kluger Verlag in München. In einem Brief an das Finanzamt Starnberg gibt er als Entlohnung für diese Tätigkeit einen monatlichen Festbetrag von 250,- Mark an. 1947 gibt

W. K. im Kluger Verlag Emil Zolas *Germinal* heraus. 1948 folgt *Jakob Littner: Aufzeichnungen aus einem Erdloch.*

1. April: W. K. erhält einen Presseausweis und die Mitgliedskarte des Verbandes der Berufsjournalisten in Bayern. Nachweislich entrichtet er Beiträge bis 1948. Als Wohnort ist Feldafing, Höhenweg 122 angegeben.

6. Mai: W. K. wird aufgrund seiner Angaben im Entnazifizierungsfragebogen als »nicht betroffen« eingestuft.

2. Oktober: Wolfgang Ulrich unterzeichnet die Einwilligungserklärung für die Heirat seiner Tochter Marion mit W. K.

10. bis 22. Oktober: W. K. besucht seine Tante Olga Köppen in Reinfeld.

1948   *31. Oktober:* W. K. in Reinfeld.

24. November: W. K. und Marion Ulrich heiraten auf dem Standesamt München I. Als Tätigkeit von M. K. wird Privatsekretärin angegeben.

1949   *7. September bis 3. November:* Koeppens besuchen Olga Köppen in Reinfeld. Während ihres Aufenthalts wohnen sie in der Pension H. W. Schmidt.

11. November: Eintragung in das Grundbuch von Neuhof: »Viertausend Deutsche Mark Grundschuld für den Schriftsteller Wolfgang Koeppen in München. Die Grundschuld ist seit dem 1. November 1949 mit sechs von Hundert jährlich in halbjährlichen Nachtragsraten zu verzinsen und mit halbjähriger Frist kündbar. Die Zinspflicht und die Kündigungsmöglichkeit ruht, solange Fräulein Olga Köppen Eigentümer des Grundstücks ist.«

18. November: Lisa Ulrich und Georg Siedhoff heiraten auf dem Standesamt in Feldafing.

1950   *2. bis ca. 17. Februar:* W. K. hält sich in Hamburg und Reinfeld auf.

8. Februar: Olga Köppen verkauft das Grundstück Neuhof in Reinfeld und die darauf befindliche Villa Daheim an Marie Heitmann. Grundstück und Haus sind mit zwei Hypotheken belastet. Zum 1. März 1950 geht beides in den Besitz von Frau Heitmann über. »Der Verkäuferin wird folgendes Altenteil gewährt. Freie Wohnung in dem Zimmer, indem sie jetzt wohnt und freie Benutzung ihres jetzigen Abstellraumes, dazu freie Feuerung und Licht. Ferner erhält sie freie Verpflegung und zwar ein warmes Mittagessen und die notwendigen Lebensmittel für die anderen Mahlzeiten. Die Verpflegung hat standesgemäss zu erfolgen. Neben dem Zimmer der Verkäuferin wohnt das Ehepaar Schröder [recte: Schröter], von Frau Schröder wird die Verkäuferin betreut. Die Erwerberin verpflichtet sich zu Lebzeiten der Verkäuferin die Eheleute Schröder nicht zwangsweise aus der Wohnung zu setzen und für den Fall des Auszugs der Eheleute Schröder der Verkäuferin das Auswahlrecht zu überlassen, wer dann die Wohnung erhalten soll, damit die etwaigen Nachfolger wieder die Betreuung übernehmen. [...].«

26. Juli: M. K.s Großmutter Luise von Schrenk stirbt in Garmisch-Partenkirchen.

1951 *23. Juli*: *Die Neue Zeitung* druckt M. K.s Gedicht *Die Netze leer*.

14. August: die Holsten-Bank Lübeck sendet W. K. eine detaillierte Aufstellung des Wertpapier-Depots von Olga Köppen. Um die angefallene Erbschaftssteuer von 367,50 DM begleichen zu können, weist W. K. die Bank an, einen Teil der Aktien zu verkaufen.

Herbst: *Tauben im Gras* erscheint im Goverts Verlag.

1952 *29. Februar*: Testamentseröffnung der Erbschaft Luise von Schrenk. Alleinige Erbinnen sind Lisa Siedhoff und Marion Koeppen.

24. April: W. K. besteht die Führerscheinprüfung.

1. Mai: Die Villa Felseneck in Garmisch-Partenkirchen geht nach dem Verkauf in den Besitz von Karoline W. über (Name anonymisiert).

2. September: Ludwig Beckenbauer quittiert M. K. den Erhalt einer Schlußrate. Die geliehene Summe belief sich auf 1282,25 DM.

8. bis 9. September: W. K. besucht seine Tante und wohnt während seines Aufenthalts im Hotel »Stadt Hamburg in Reinfeld«.

14. Oktober: Schröters informieren W. K. in einem Telegramm über den schlechten Gesundheitszustand seiner Tante.

Ab dem 15. Oktober: W. K. hält sich in Reinfeld auf.

16. Oktober: Olga Angelika Marie Köppen stirbt in Reinfeld.

Oktober bis Dezember: Renovierung der Wohnung in der Ungererstraße 43.

1953 *28. bis 30. Januar:* M. K. und Gerda Kiefl wohnen im Hotel »Kaiserin Elisabeth« in Feldafing.

23. April bis 18. Juni (mit Unterbrechungen): W. K. hält sich in Stuttgart auf, um den Roman *Das Treibhaus* zu verfassen.

Um den 11./12. Juli: W. K. reist nach Vaduz, um mit seinem Verleger Henry Goverts das Manuskript von *Das Treibhaus* durchzusehen.

Herbst: *Das Treibhaus* erscheint im Goverts Verlag.

1954 *2. bis 7. Januar:* W. K. hält sich zu Besprechungen und Vorschußverhandlungen im Goverts Verlag Stuttgart auf.

13. Januar: W. K. kann nach seinem Besuch bei Goverts in Stuttgart eine Schuldenrate von 100.– DM an Wolfgang Ulrich bezahlen.

8. bis 10. Februar: W. K. hält sich in Zürich auf, um dort mit dem Dramaturgen Kurt Hirschfeld über ein geplantes Theaterstück zu sprechen. Vermutlich trifft er dort auch Henry Goverts.

13. Februar: W. K. kann nach seinem Besuch bei Goverts eine Schuldenrate von 50,– DM an Wolfgang Ulrich bezahlen.

April: gemeinsame Reise nach Rom. M. K. erkrankt in Rom. Aus diesem Grund kann W. K. nicht an der Tagung der Gruppe 47 in Circeo teilnehmen.

Herbst: *Der Tod in Rom* erscheint im Goverts Verlag.

7. bis ca. 11. September: W. K. hält sich erneut zu Besprechungen und Vorschußverhandlungen im Goverts Verlag in Stuttgart auf.

18. September: W. K. kann nach seinem Besuch in Stuttgart eine Schuldenrate von 100,– DM an Wolfgang Ulrich bezahlen.

9. Oktober: W. K.s Freund Wilfried Seyferth stirbt bei einem Autounfall.

2. bis 7. Dezember: W. K. hält sich zu Lesungen und Interviews in Köln, Bremen und Hamburg auf.

1955 *12. bis 17. Januar:* W. K. nimmt am deutsch-französischen Schriftstellertreffen in Bad Griesbach teil.

23. bis 28. Februar: W. K. hält sich in Hannover (Lesung), Hamburg (Unterredung mit dem Intendanten des NWDR) und Frankfurt (Unterredung mit dem Herausgeber der Zeitschrift *Akzente*) auf.

13. Mai bis 3. Juni: W. K. hält sich in Hamburg und Göttingen zu Besprechungen über ein geplantes Filmprojekt (Arbeitstitel: »Treatment Smorzick«) bei der Filmaufbau GmbH auf.

7. bis 9. Juni: W. K. hält sich zu Besprechungen und Vorschußverhandlungen im Goverts Verlag in Stuttgart auf.

17. bis 20. Juni: W. K. hält sich erneut in Göttingen zu Manuskriptbesprechungen für »Treatment Smorzick« auf.

26. Juni: W. K. kann nach seinem Besuch bei Goverts eine Schuldenrate von 150.– DM an Wolfgang Ulrich bezahlen.

4. bis 5. Juli: W. K. hält sich in Heidelberg zu Manuskriptbesprechung für »Treatment Smorzick« auf.

30. Juli bis 6. August: W. K. wohnt in der Pension »Grotejahn« in München, um an dem Drehbuch für »Treatment Smorzick« zu arbeiten.

2. bis 19. August: W. K. hält sich in Göttingen zu weiterer Manuskriptbesprechung für »Treatment Smorzick« auf, außerdem in Hamburg zu Besprechungen mit dem NWDR und in Stuttgart zu Besprechungen mit dem SDR.

3. September bis 2. Oktober: Koeppens reisen gemeinsam nach Madrid, Toledo und Barcelona (im Auftrag des SDR).

1956 *18. März bis ca. 5. April*: W. K. hält sich für Gespräche über den Film »Treatment Smorzick« in Zürich auf. Vermutlich traf er dort auch Henry Goverts.

ca. vom 11. bis 23. Mai: M. K. läßt sich im Privatsanatorium von Dr. Bannaski in Kempfenhausen am Starnberger See behandeln.

ca. vom 6. bis 14. Dezember: W. K. reist über Florenz nach Rom (im Auftrag des SDR).

1957 *ca. vom 8. bis 28. Juni*: W. K. bereist die UdSSR (im Auftrag des SDR).

November: W. und M. K. reisen vermutlich gemeinsam nach London und Holland (im Auftrag des SDR).

1958 *ca. vom 23. April bis 19. Juni*: W. K. bereist die USA (im Auftrag des SDR).

Herbst: Nach Rußland und anderswohin. Empfindsame Reisen erscheint im Goverts Verlag.

1959 *Mai/Juni*: W. und M. K. reisen gemeinsam per Auto durch Frankreich (im Auftrag des SDR).

4./5. August: W. K. hält sich in Frankfurt am Main zu einer Besprechung im Hessischen Rundfunk über einen geplanten Fernsehfilm auf.

6./7. August: W. K. trifft Alfred Andersch zu einem Arbeitsgespräch in Locarno.

Herbst: *Amerikafahrt* erscheint im Goverts Verlag.

1960 *September/Oktober*: W. K. reist vermutlich in Begleitung seiner Frau nach Paris (im Auftrag des SDR).

1961 *August/September*: W. und M. K. reisen nach Athen (im Auftrag des SDR).

Herbst: *Reisen nach Frankreich* erscheint im Goverts Verlag.

1962 *9. bis 25. Juli*: Arbeitsaufenthalt in Frankfurt. W. K. wohnt im Haus seines Verlegers Siegfried Unseld in der Klettenbergstraße.

19. bis 22. September: neuerlicher Aufenthalt in Frankfurt. W. K. liest am 20. September beim Kritikerempfang des Suhrkamp Verlags.

19. bis 20. Oktober: W. K. erhält den Georg-Büchner-Preis der Deutschen Akademie für Sprache und Dichtung in Darmstadt.

1963 *19. Februar*: M. K.s Vater Wolfgang Ulrich stirbt in München.

13. April: Wegen des bevorstehenden Auszugs aus der Villa in der Ungererstraße holt W. K. erste Wohnungsangebote ein.

1. November: das Haus in der Ungererstraße wird für 260 000 DM verkauft und soll im Februar 1964 abgerissen werden. Bis spätestens zum 31. Januar 1964 müssen Koeppens das Gebäude geräumt haben.

9. Dezember: W. K. erhält ein Angebot für eine Wohnung in der Löwitherstraße 2: »4 Zimmer, Küche, Bad, Garage, Garten/Telefon / beziehbar 1. Jan. 1964 / wie bereits besichtigt / Mietpreis 600,– DM voraussichtlich / Kaution oder Mietvorauszahlung nach Vereinbarung / Übernahme des Ölbestandes und sonstiger Abgaben, wie Tonnen, Kaminkehrer, Wasser, Strom […].«

1964 *1. Januar*: Mietvertrag über das »gesamte Einfamilien-Reihenhaus« in der Löwitherstraße 2. Das Mietverhältnis dauert bis 1967, ab dann wohnen Koeppens in der Widenmayerstraße 45.

1965 *10. Februar*: die Eheleute Koeppen setzen ein gemeinsames Testament auf. Allein Begünstigter ist der jeweils andere.

September/Oktober: gemeinsame Urlaubsreise nach Italien

(den gesammelten Prospekten nach zu urteilen, reisen Koeppens vermutlich nach Rimini, Florenz und Lavagna).

1966 *Januar*: erneute Wohnungssuche.

März: W. K. bezieht eine Arbeitswohnung in der Leopoldstraße.

16. März: W. K. sagt eine Reise zum Treffen der Gruppe 47 in Princeton ab.

M. K. bewirbt sich als Verkäuferin in einem Luxuslederwaren- und Schuhgeschäft.

September: W. K. gibt die Wohnung in der Leopoldstraße wieder auf.

1967 *1. Januar*: Mietvertrag über eine Wohnung in der Widenmayerstraße 45.

21. April: W. K. erhält den Immermann-Preis der Stadt Düsseldorf.

1968 *April*: M. K. verübt einen Selbstmordversuch.

1970 *12. bis 15. Januar*: W. K. liest auf seiner Lesereise durch die Schweiz in Zürich, Burgdorf, Solothurn, Biel und Aarau.

9. bis 11. Dezember: W. K. hält sich in Nürnberg auf, um dort im Rahmen des Dürer-Jahres an einer Lesereihe des BR teilzunehmen.

1972 *Januar*: W. K. trifft Christhart Burgmann in Köln, um über ein geplantes filmisches Selbstportrait zu sprechen.

14. Mai: Gerda Kiefl wird in ihrem Taxi ausgeraubt und ermordet.

ca. 11. bis 30. September: W. K. hält sich im Literarischen Colloquium Berlin auf.

1974 *30. August*: W. K. wird offiziell in das Amt des Stadtschreibers von Bergen-Enkheim eingeführt.

13. bis 18. Oktober: W. K. hält sich in Frankfurt (Lesung) und Darmstadt (Verleihung des Georg-Büchner-Preises an Hermann Kesten; Laudatio: W. K.) auf.

ca. von November bis März 1975: M. K. arbeitet als Abonnement-Verkäuferin u. a. für *Die Welt*.

28. bis 30. November: W. K. hält sich in Bergen-Enkheim zu Dreharbeiten für den Stadtschreiberfilm auf.

1975 *2. Februar*: M. K. bewirbt sich um eine Stellung im Außendienst für das Großversandhaus Quelle.

18. bis 20. Februar: W. K. hält sich in Berlin zur Aufnahme der Sendung *Open-End – Februar 1975* des SFB auf.

14. bis 16. April: W. K. hält sich in seiner Funktion als Stadtschreiber in Bergen-Enkheim auf, um am Werkstattgespräch der Volkshochschule teilzunehmen.

ca. 28. April bis 8. Mai: W. K. in Bergen-Enkheim.

ca. Anfang August: W. K. in Bergen-Enkheim.

19. bis 27. September: W. K. reist während der Suhrkamp-Buchwoche nach Regensburg (22. September), Heilbronn (23. September), Heidelberg (24. September), Saarbrücken (25. September) und Koblenz (26. September).

1976   *Herbst*: *Jugend* erscheint im Suhrkamp Verlag.

1977   *14. bis 19. Dezember*: W. K. erhält in Ascona das Hauptstipendium des Arbeitskreises Europa Forum für Literatur für das Jahr 1977/78 (Verleihung am 17. Dezember).

1979   *3. bis 11. November*: W. K. hält sich zusammen mit dem Regisseur Ferry Radax zu Dreharbeiten von *Ich bin gern in Venedig warum* in der Lagunenstadt auf.

1980   *17. April*: M. K.s Bekannte Ilse Metzger stirbt.

1981   *Ende Juni bis Anfang September*: M. K. wird in einem Schwabinger Krankenhaus auf der Intensivstation behandelt.

       16. September bis 27. Dezember (mit Unterbrechungen): W. K. wohnt im Hotel »Das Blaue Haus« in München.

1982   *11. März*: M. K. attackiert und verletzt im alkoholisierten Zustand eine Passantin.

       24. bis 27. Juli: W. K. hält sich in Nürnberg und Bayreuth auf, um für einen Text über Bayreuth zu recherchieren.

1983   *November*: M. K.s Zustand verschlechtert sich erneut. Sie wird in die städtische Privatklinik Josephinum eingewiesen. Dort bleibt sie bis Ende Januar 1984.

       W. K. erhält den Arno-Schmidt-Preis.

1984   *31. Januar*: M. K. wird in die psychiatrische Abteilung des Bezirkskrankenhauses Haar verlegt. W. K. übernimmt die Pflegschaft seiner Frau.

       März: M. K. wird aus dem Bezirkskrankenhaus Haar »ohne psychiatrischen und neurologischen Befund« entlassen. Nach einem schweren Rückfall wird M. K. in das Krankenhaus der Barmherzigen Brüder in München eingeliefert.

15. April: Marion Koeppen stirbt im Krankenhaus der Barmherzigen Brüder in München.

1992   *11. Dezember*: M. K.s Schwester Lisa Siedhoff stirbt in Garmisch-Partenkirchen.

1996   *15. März*: Wolfgang Koeppen stirbt in München.

Personenregister

Dieses Personenregister berücksichtigt keine Namen, die lediglich in bibliographischen Nachweisen auftauchen oder Bestandteil von Buchtiteln, Literaturpreisen oder Firmennamen sind. Die Verweise beziehen sich auf die Seitenzahl; kursiv gesetzte Verweise kennzeichnen die Nennung in den Anmerkungen.

452